Isabelle Von Fallois

La LETTERA della MADDALENA

TRIGONO
EDIZIONI

www.trigono.it

MACRO

Cesena • Paris • Montréal
Barcelona • Madrid • Santiago de Chile

www.gruppomacro.com

Ogni episodio di questo romanzo ha come titolo il nome del personaggio coinvolto e racconta quanto gli accade quel giorno.

Molte parti di questo romanzo sono frutto di canalizzazioni che portano messaggi per il momento attuale, per questo sono scritti con un linguaggio e una terminologia contemporanei.

AVVERTENZA

Il Gruppo Editoriale Macro ha a disposizione molti testi, ricerche ed esperienze personali che confermano quanto scritto nei libri che pubblichiamo. L'essere umano è un'"entità" dotata di caratteristiche straordinarie, spesso inverosimili, così come l'infinita varietà della natura e dell'universo di cui siamo parte. L'enorme quantità di informazioni scientifiche, sanitarie, psicologiche, dietetiche e alimentari fornite nei nostri libri non comportano alcuna responsabilità da parte dell'editore circa la loro efficacia e sicurezza in caso di utilizzo da parte dei lettori.

Ognuno è tenuto a valutare e utilizzare con buonsenso e saggezza il percorso esperienziale, psicologico, curativo e nutrizionale più appropriato. Ognuno è tenuto ad assumere tutte le informazioni necessarie, confrontando rischi e benefici delle diverse terapie e regimi dietetici disponibili.

Per maggiori informazioni su questa autrice e sulla collana visitate il nostro sito:
www.gruppomacro.com

Titolo originale: Der brief der Magdalena

Pubblicato in lingua originale da
Europa Verlag
Theresienstr. 18
80333 München, Germania

Coordinamento editoriale: Isabella Monti
Traduzione: Cristina Unterberger
Coordinamento grafico e copertina: Roberto Monti
Impaginazione: Gloria Riceputi
Stampa: Tipografia Lineagrafica, Città di Castello (PG)

Collana: Nuova Saggezza
ISBN: 9788828537816

I edizione novembre 2022

un marchio di Macro Gruppo Editoriale S.r.l.
Via Giardino 30, 47522 Cesena (FC)

MACRO E L'AMBIENTE

Il Gruppo Macro mantiene e sviluppa la sua attenzione verso l'ambiente e lo fa con modalità sempre più concrete, coerenti e sostenibili. Stampiamo i nostri libri, dvd, riviste, cataloghi e depliant in Italia su carta riciclabile, utilizzando inchiostri ecologici. Acquistando uno dei nostri prodotti contribuirai a sostenere il progetto della Fattoria dell'Autosufficienza (www.autosufficienza.it), un'isola autosufficiente dal punto di vista alimentare ed energetico che si pone l'obiettivo di sensibilizzare istituzioni, imprese e comunità al fine di rendere sempre più sostenibile la vita sul nostro pianeta. Grazie al suo impegno nell'ottica di un sempre minore impatto ambientale, il Gruppo Macro è riconosciuto da Greenpeace come editore Amico delle Foreste.

SUSTAINABLE WOOD FOREST *La cellulosa utilizzata per la produzione della carta su cui sono stati stampati gli interni di questo libro proviene da foreste amministrate.*

ECF CARING FOR NATURE *La cellulosa utilizzata per la produzione della carta su cui sono stati stampati gli interni di questo libro è sbiancata senza utilizzo di cloro (ECF). Questa carta è riciclabile.*

Gli inchiostri utilizzati per stampare questo libro non contengono composti organici volatili, sono esenti da oli minerali e sono con base vegetale, ambientalmente compatibile.

Prologo

SALISBURGO, 19 LUGLIO 2013

Svanito l'ultimo accordo, per alcuni secondi nel Grande Teatro del Festival regnò il silenzio. La possente musica del *Tristano e Isotta* di Wagner aveva incantato gli ascoltatori.

Quando il Maestro Jean Chevalier, massimo interprete wagneriano della sua epoca, si inchinò davanti ai cantanti e all'orchestra, le mani giunte in preghiera sulla fronte, nessuno osò ancora muoversi.

Solo quando il direttore d'orchestra si avviò per abbandonare il suo posto echeggiarono i primi "bravo" a sovrastare gli scroscianti applausi del pubblico della prima, convenuto per l'inaugurazione del Festival di Salisburgo.

Attraversando lo stretto passaggio dietro le quinte, Jean Chevalier si affrettò a raggiungere il palcoscenico per accogliere in tempo l'applauso. Una strana sensazione si era impossessata di lui. Che dipendesse dal fatto che dopo tanto tempo sua figlia Marie era tornata a una rappresentazione all'Opera? Non sapeva come spiegarsi quella sensazione. E comunque ora non aveva tempo per pensarci, toccava già a Tristano e Isotta ricevere l'omaggio del pubblico e il prossimo sarebbe stato lui. I frenetici applausi a scena aperta si protrassero ancora per qualche istante. Era una grande gioia vedere il suo

Tristano, alias Christian Dannenberg, e la sua Isotta, nella vita reale Greta Nordeng, ricevere l'ovazione del pubblico.

Quando si ritrovò sotto la luce dei riflettori tutto il teatro si alzò in piedi osannandolo come mai prima. Con lo sguardo cercò sua figlia seduta in prima fila e lì non riuscì a trattenersi. Le lacrime iniziarono a scendere silenziosamente sul suo volto.

Profondamente toccato, lasciò il palcoscenico per dirigersi, come sempre faceva dopo uno spettacolo, nel suo camerino e recitare una preghiera. In cuor suo sapeva di doversi sbrigare. Dio avrebbe compreso. Perché c'erano questioni importanti da discutere con sua figlia. Non era più possibile rimandare.

Pieno di slancio salì i gradini che portavano al suo camerino. Sedutosi dritto sulla sedia di fronte allo specchio illuminato, chiuse gli occhi e iniziò a pregare.

Poi la porta si aprì con un rumore quasi impercettibile ma che all'orecchio del Maestro risultava forte, come un sacrilegio: chi osava disturbarlo? Neppure Marie si sarebbe permessa, tutti conoscevano il motivo per cui dopo un'esibizione lui si ritirava. Forse si era sbagliato.

Ma ecco di nuovo quel rumore, come di un respiro sconosciuto. Automaticamente il Maestro Chevalier aprì gli occhi e scorse, non lontano dalla porta, un uomo che non aveva mai visto prima. La targhetta che portava al collo lo identificava come un dipendente del Festival di Salisburgo. Strano però che indossasse dei guanti.

«Non sa che dopo una rappresentazione, per cinque minuti non desidero essere disturbato?», chiese Jean Chevalier a bassa voce ma con tono deciso.

«Mi scusi, egregio Maestro», rispose lo sconosciuto con finto rispetto accennando un inchino.

«Ho qui qualcosa che deve urgentemente pervenire nelle mani di sua figlia».

«Va bene allora», ribatté il Maestro con tono più conciliante, «lo dia pure a me».

In quello stesso istante lo sconosciuto sfoderò dalla cintola un'arma, mirò al cuore di Chevalier e fece fuoco. Senza proferire alcun suono il Maestro si accasciò ferito a morte.

L'aggressore infilò sotto la giacca la pistola munita di silenziatore e in fretta lasciò la stanza.

Marie si augurava che suo padre avesse terminato la preghiera. Si era presa un po' di tempo per raggiungerlo. Girato l'angolo, lo sguardo in cerca delle targhette sulle porte, notò stupita un uomo che usciva dal camerino del direttore d'orchestra allontanandosi a passo spedito. Chi poteva essere tanto in confidenza con suo padre da fargli visita subito dopo lo spettacolo?

Incuriosita premette la maniglia e aprì la porta. Di fronte a lei c'era suo padre seduto davanti allo specchio in un bagno di sangue. Le sfuggì un grido che risuonò nei corridoi. Marie si fece forza precipitandosi sul padre nella speranza di potergli ancora salvare la vita. Cosa doveva fare ora? Passi frettolosi nel corridoio, gli aiuti stavano arrivando. Ma una voce nella sua testa aveva già concluso: ogni aiuto sarebbe arrivato in ritardo. Piangendo disperatamente, Marie si accasciò a terra accanto a suo padre.

PARTE PRIMA

I COMPAGNI DI VIAGGIO

MARIE

PARIGI, 27-28 AGOSTO 2013

Un acquazzone estivo flagellava il tetto dell'appartamento di Marie e lei si augurò che le finestre della casa un po' malandata reggessero l'urto. Quando aveva trovato e preso in affitto il comodo appartamento a Montmartre quelle considerazioni non le aveva proprio fatte. Di prendere sonno non se ne parlava proprio. Non era solo per la tristezza. Sin da bambina era perseguitata da incubi che, dall'assassinio di suo padre avvenuto solo poche settimane prima, erano ulteriormente peggiorati.

Avvolta nell'accappatoio di velluto blu di suo padre, che le era più che grande, Marie decise di prepararsi un tè giapponese, il suo metodo preferito per sfuggire all'orrore dei suoi sogni. Non avrebbe potuto confessare a nessuno di non sapere più cosa ne era stato di lei. Dov'era finita la giovane professoressa d'arte di successo che solo qualche mese addietro aveva ricevuto un premio internazionale? Possibile che lei e quella donna sicura di sé fossero la stessa persona? Marie non aveva neppure il coraggio di confidarsi con Véronique, la sua migliore amica. Mentre il bollitore borbottava rassicurante, Marie si sedette sulla panchetta del tavolo di cucina, le ginocchia appoggiate al petto, la testa nascosta tra le braccia e lasciò scorrere tutte le lacrime. Si scosse solo quando il fischio del bollitore la riportò alla realtà e lei lo zittì. Se solo fosse stato così semplice far tacere anche le voci che aveva nella testa. Persa nei suoi pensieri fissò la fotografia del padre che le faceva compagnia lì sul tavolo di cucina. All'epoca, nel fiore degli anni, la sua folta chioma scura era venata solo da qualche filo d'argento e i suoi occhi blu acciaio sembravano osservarla con amore e sapienza allo stesso tempo. Suo padre le era stato sempre così vicino pur restando un enigma. Perché lui, che aveva sempre una risposta a tutto, si era rifiutato di istruirla? Perché le era stato precluso l'accesso ai poteri superiori? Era veramente così terribile essersi affidata alla scienza e alla ricerca piuttosto che alle sue mezze verità spirituali?

Quante volte si era vergognata di lui! Ma come poteva spiegarsi che un musicista di grande successo e direttore d'orchestra di fama mondiale come lui, di tanto in tanto, si abbandonasse a certe sciocchezze? Che poi suo padre era sempre così imperturbabile, cosa che lei aveva vissuto quasi come una provocazione; un tale controllo di sé, lei non sarebbe mai riuscita ad averlo. Ora che non poteva più parlargli si rammaricava di averlo evitato negli ultimi anni. Troppa differenza nel loro modo di pensare. E troppo tardi si era resa conto con quanto amore lui l'avesse sempre seguita con i pensieri, non importa quanto lontano lo avessero portato i suoi viaggi.

All'epoca non avrebbe mai potuto immaginare di sentirne così tanto la mancanza. Solo dopo la sua morte si rese conto di essere irrimediabilmente sola con quel dolore che la trafiggeva come un pugnale. Non l'avrebbe mai più rivisto, non gli avrebbe mai più potuto parlare. Quando se ne ricordò il tè era ormai diventato freddo e amaro e Marie decise che era arrivato il momento di andare a dormire. Non sognare, almeno per una volta, era il suo desiderio più grande. Si accovacciò sotto la coperta in posizione fetale pregando che le fosse concessa una notte tranquilla e riposante.

Trascorsero solo pochi secondi e si ritrovò a guardarsi intorno impaurita e stupita quando vide ergersi di fronte a lei la facciata di una grande cattedrale. Era notte fonda eppure Marie ebbe la netta sensazione di essere osservata da un infinito numero di figure celate nell'oscurità. Un brivido gelido la fece tremare come una foglia.

Poi un lampo illuminò la notte tracciando una croce in cielo. Non poteva essere un caso. Era un segno, era per lei, Marie ne ebbe subito la certezza, doveva essere così, non era previsto alcun temporale. Ma era ancora in pericolo. Lo sapeva istintivamente. Doveva trovare un nascondiglio e, con una lentezza quasi insopportabile, cautamente si fece strada all'ombra dei muri per raggiungere una porta laterale che sapeva essere aperta. Rivolse automaticamente una preghiera al cielo nella speranza che il cigolio della porta non la tradisse. In lontananza si udiva un cane abbaiare e Marie aprì la porta con un colpo secco. Il cigolio la scosse fino al midollo ma il rumore fu coperto dall'abbaiare dei cani. Con passo lesto si infilò nello stretto varco che portava alla chiesa. Doveva essere qui, qualunque cosa stesse cercando. Iniziò dunque a cercarla con una disperazione del tutto inspiegabile, così come quella sensazione che le diceva che le cose non potevano che stare così.

Marie si rannicchiò tra le file dei banchi inginocchiandosi davanti a una meravigliosa statua della Madonna con il bambino. Una missione. Questa ricerca era una missione che doveva portare a termine. Ma chi era il mandante? Cos'era questa misteriosa missione? Cosa stava cercando? Era forse troppo cieca? E perché aveva l'assoluta certezza di essere in pericolo? Marie nascose il volto tra le mani cullandosi dolcemente sino a quando un rumore la fece trasalire. Fissava l'oscurità con gli occhi sbarrati dalla paura quando udì che qualcuno si stava avvicinando. Più di una persona a giudicare dai passi.

Prima di poter reagire Marie venne circondata da figure avvolte in abiti scuri e con il capo coperto da un velo nero. Una voce tagliente le chiese: «Cosa cerchi qui, indegna? O hai già trafugato ciò che in realtà appartiene a noi?». Invisibili mani la afferrarono da dietro. Marie non riuscì a proferire parola.

La voce si fece più minacciosa: «Parla, o capirai cosa significa avere paura!».

Ma Marie era come paralizzata. La presa si fece più stretta e per le braccia venne trascinata attraverso la cattedrale. Un uomo la prese maldestramente alle spalle. E poi ancora avanti attraverso cunicoli sotterranei. Infine, venne gettata a terra sul nudo pavimento come un sacco fradicio. Le sfuggì un grido rauco, poi serrò le mandibole in preda alla paura e allo sconforto. L'orrore era senza fine, l'afferrarono e la incatenarono su un gelido tavolo. Poi le sfilarono i pantaloni.

Con la fredda punta di un pugnale uno degli uomini tagliò il pizzo delle sue mutandine così da esporre alla vista di tutti la parte più vulnerabile del suo corpo.

Marie si sentì salire un singhiozzo in gola che rischiava di soffocarla mentre qualcuno le sussurrava: «Se non ci dici ciò che vogliamo sapere, puttanella, distruggeremo il tuo corpo tanto che non potrai più gioire della tua vita! Mi hai capito?»

Dalla gola di Marie fuoriuscì un acuto grido di paura che la strappò dalle tenebre delle catacombe. Assalita dal panico, si sedette sul letto chiedendosi dove si trovava.

Fu il suono familiare delle campane a rivelarglielo, le campane della vicina basilica del Sacré-Cœur che annunciavano la mezzanotte, e Marie riconobbe la sua piccola mansarda e accanto a lei il familiare blu dell'accappatoio di suo padre appoggiato lì accanto.

Il suo respiro si fece più calmo. Anche se dalla morte del padre continuava a essere perseguitata da varie versioni di uno stesso sogno, nessuno era stato così terribilmente reale come quello appena fatto. Come doveva interpretarlo? Nel suo inconscio erano forse sopiti desideri morbosi? Era forse questa la ragione per cui i suoi rapporti con gli uomini non erano mai durati a lungo?

Marie era sconvolta. Non c'era da stupirsi che non avesse il coraggio di raccontare le sue tribolazioni notturne neppure alla sua migliore amica Véronique. Tanto più che il terrore di essere torturata in quella perfida maniera era talmente vivo ai suoi occhi da non poter immaginare di volergli ridare vita parlandone.

Respirare, aveva bisogno d'aria. Non appena fu di nuovo in grado di muoversi raggiunse la finestra sporgendo il viso nell'aria notturna. Come faceva bene. E tuttavia si sentiva sola sotto la volta del cielo.

Mentre lo osservava con occhi spalancati vide baluginare una stella cadente. Era sicuramente un segno, doveva essere un avvertimento. E nello stesso momento ebbe una rivelazione. Il motivo era forse questo: il suo inconscio voleva che lei risolvesse l'enigma che dalla morte di suo padre la tormentava, il segreto della chiave dorata! La chiave che mettendo ordine tra i documenti di suo padre aveva trovato nella sua cassaforte, avvolta in un prezioso foglio di carta sul quale erano scritte le seguenti parole:

Amata figlia,
con questa chiave ti lascio un'eredità preziosa quanto pericolosa. Non appena si saprà che sei diventata la nuova custode di questo tesoro celeste, la tua vita non sarà più sicura.
Sono profondamente addolorato che non mi resti più tempo per spiegarti come stanno le cose. Inoltre, purtroppo

non ti posso proteggere, ma quel che resta della mia forza continuerà a vivere in te. Ti prego, prenditi cura di te stessa, amata bambina! Credimi, è dimenticato tutto ciò che si frapponeva tra noi. Ti prego, non dimenticare mai: la chiave deve venire assolutamente protetta. E abbi fiducia in me, un'ultima volta.
Je t'embrasse fort. Ti abbraccio forte
Tuo padre.

Pensierosa, Marie osservava le stelle in cielo. Non riusciva a resistere alla sensazione di dovere, per una volta, chiedere aiuto. Chissà se suo padre avrebbe ascoltato la preghiera? O qualche altra forza? Crederci proprio del tutto no, non ci riusciva neppure ora. Ma una cosa era chiara: la versione ufficiale della polizia non faceva assolutamente luce sulla morte di suo padre. La versione era che fosse stato uno psicopatico ad assassinare Jean Chevalier, a causa di un'ossessione patologica per Richard Wagner. Naturalmente Marie sapeva che *Tristano e Isotta*, o meglio "l'azione in tre atti" come Wagner stesso aveva definito questa grande opera, produceva effetti molto speciali. Si diceva che questa singolare musica avesse il potere di elevare alcune anime e trascinarne altre nella follia.

Marie aveva rifiutato l'idea con un'alzata di spalle come faceva per tutto ciò che si rifaceva al paranormale. Sicuramente non aveva nulla a che fare con la morte di suo padre, dietro ci doveva essere ben altro. Si ricordava benissimo di quello sconosciuto che si era allontanato dal camerino del direttore d'orchestra. E lei era assolutamente certa che il suo atteggiamento non fosse stato quello di una persona con problemi psichici, bensì che avesse agito con la lucida freddezza di un sicario. Naturalmente non poteva confessarlo a nessuno. Sarebbe sembrata un'idea folle. No, avrebbe dovuto tenere tutto per sé.

Ma sentiva il bisogno di essere compresa e aiutata.

Un brivido la percorse mentre lì, al cospetto delle stelle, le tornò in mente il suo incubo. Si fece coraggio, rivolse lo sguardo al cielo e con voce titubante esclamò:

> *Voi esseri di luce lì fuori, chiunque voi siate, vi prego aiutatemi a superare gli incubi e a svelare il segreto della chiave dorata. Vi prego anche di continuare a inviarmi dei segni, voglio muovermi nel mondo con sguardo attento. Vi prego, aiutatemi e indicatemi la via che devo percorrere. E vi prego di proteggermi dal male in agguato nell'oscurità dei miei sogni e contro il quale mio padre mi ha messo in guardia!*

Non appena pronunciate queste parole Marie si sentì avvolta in un bozzolo di amore e protezione. Stupita e stranamente tranquillizzata, si allontanò dalla finestra e senza indugio andò immediatamente a dormire, in quel momento era in pace con se stessa e con il mondo.

JULIEN

PARIGI, 28 AGOSTO 2013

Era mattina presto quando Julien si risvegliò da un sogno intenso. Era quasi senza respiro e serbava dentro di sé l'immagine vivida di una donna straordinariamente attraente avvolta nella luce. Istintivamente sapeva che non si trattava di sua madre. La pensò con gratitudine, perché era stata lei che gli aveva insegnato a dare importanza ai sogni e, quando si trattava di interpretarli, a non lasciarsi sviare dalle emozioni, come quel desiderio ardente che albergava in lui. Julien era grato a sua madre che fin da quando era bambino lo aveva preparato alla sua vera missione senza tuttavia trascurare la sua formazione canora. Spesso si chiedeva se allora lei avesse avuto il presentimento che non lo avrebbe potuto accompagnare a lungo attraverso la vita.

Chi era mai la donna del sogno? Non dubitò neanche un istante che ci fosse una connessione con la realtà, con una donna in carne e ossa. Tuttavia non poteva essere la giovane lì nel suo letto, sul cui corpo nudo si posò lo sguardo di Julien. No, decisamente no. La sua compagna di piacere lì accanto non era una persona importante per lui. Lo sentiva a pelle. Comunque, sogno o no, era una presenza molto reale e lui era più che disposto a lasciarsi nuovamente trascinare altrove dal piacere.

Si chinò verso la bella addormentata e iniziò a sfiorare con le labbra i suoi seni turgidi. Giulia reagì subito, lui vide che si era svegliata e che di buona voglia si abbandonava all'eccitazione che lui risvegliava in lei. Con uno sguardo ancora assonnato lo osservava con adorazione quasi fosse una statua greca. Julien non era certamente di marmo e dall'atteggiamento di Giulia capì che desiderava concedersi ancora una volta.

Dopo aver raggiunto più volte l'apice del piacere, caddero esausti sui cuscini dell'enorme letto; Giulia sussurrò all'orecchio di Julien: «Ti amo, caro», cosa che spiazzò Julien. Si accorse lui stesso come quel suo «anche tu mi piaci molto» in risposta fosse forzato. Diede un'occhiata all'orologio. «Sono le sei e mezza, devo alzarmi», aggiunse poi scattando su dal letto.

«Cosa? Già adesso?», ribatté Giulia stravolta cercando di riportarlo a letto. Ma Julien si era già allontanato e a nulla servirono le mosse sensuali di Giulia che solitamente sortivano l'effetto voluto sugli uomini.

Julien afferrò velocemente la sua t-shirt e i boxer prima di uscire dalla camera da letto.

Nella stanza della musica fu accolto dalla luce del sole, felice che il locale che usava non solo per cantare e fare musica, ma anche per i suoi esercizi di yoga mattutini, fosse rivolto a Oriente.

Srotolò il suo tappetino da yoga blu sul parquet, accanto al pianoforte Steinway, si legò i capelli neri lunghi sino alle spalle unendo poi le esili mani davanti al petto nel gesto del *namasté*.

Intonò il suono sacro "OM" e si sintonizzò sulla pace interiore.

Quando Julien si accorse che il respiro si era calmato, mentre si placavano i sussulti del piacere appena provato, si concentrò completamente sull'impegnativo "saluto al sole" che amava praticare, anche se non c'era giorno che quelle lancinanti fitte al ginocchio sinistro non gli ricordassero l'incidente subìto in scena; ma questo non gli impediva di eseguire la sua personale variante. Sapeva che il suo corpo ne traeva giovamento, che lo teneva in forma e snello. E sottoporsi a questa disciplina gli dava grande piacere, neanche la donna più bella e seducente l'avrebbe potuto distogliere dai suoi esercizi mattutini e dalla sensazione di essere Uno con l'universo.

Controvoglia, terminò prima i suoi esercizi di yoga, perché non voleva irritare inutilmente Giulia. Julien sapeva che non amava essere trascurata e lasciata da sola a letto.

Si buttò sotto la doccia godendosi il getto di acqua calda sul corpo e lavando via da sé gli ultimi resti di ciò che lo aveva oppresso.

Perfettamente rilassato, si asciugò, indossò la sua camicia preferita su un paio di jeans attillati che mettevano in risalto la sua figura scolpita dagli allenamenti, dedicandosi poi ai lucenti capelli neri. Con un sorriso notò la ciocca d'argento all'altezza della scriminatura. Un po' di vanità, abbinata al suo talento canoro, gli spettava, lo sapeva, e gli garantiva il successo con le donne. Cautamente si sporse attraverso la porta della camera da letto. Giulia dormiva ancora profondamente e allora decise di preparare la colazione e servirgliela a letto. Canticchiando tagliò la frutta a pezzettini disponendoli a forma di mandala su due piattini di fine porcellana. Poi versò del tè Sencha pregustando il piacere di sorseggiare il suo tè verde preferito. Diede ancora un'occhiata critica alla frutta e alle due fragilissime tazze sul vassoio in lacca e annuì col capo.

Quando Giulia aprì gli occhi, di primo acchito voleva tenergli il broncio ma vedendo la colazione preparata con tanta cura si mise seduta sul letto con gli occhi che brillavano. Velocemente indossò il negligé trasparente che a quanto pare la sera prima aveva gettato a terra e si dedicò alle prelibatezze. Quando Julien le infilò in bocca un pezzetto di mango, il suo sorriso si illuminò del tutto. Conosceva fin troppo bene la fama che aveva come tenore, ma che avesse anche queste qualità! Che Julien de la Tour fosse un ottimo partito questo

Giulia lo aveva già capito durante le prove a Salisburgo, ma non si sarebbe mai aspettata che il più richiesto tenore al mondo fosse anche un amante così esperto. Era molto di più che un'influenza positiva sulla carriera di cantante d'opera agli esordi. E decise che non voleva limitarsi a essere una delle sue tante famose e famigerate storie amorose, ma che l'avrebbe legato a sé per molto tempo.

MARIE

PARIGI, 28 AGOSTO 2013

Marie balzò giù dal letto. Il sonno breve ma senza sogni l'aveva ristorata. Inoltre, c'erano le vacanze tra un semestre e l'altro e niente le impediva di godersele. Uno sguardo allo specchio del bagno le rivelò le tracce lasciate dagli incubi. Non aveva mai avuto occhiaie così profonde. Le settimane di insonnia iniziavano a farsi vedere. Decise che un bel sorso di tè l'avrebbe sicuramente aiutata o quantomeno l'avrebbe fatta stare meglio.

La foto di suo padre sul tavolo di cucina tuttavia risvegliò il dolore nel suo cuore. Gli occhi si riempirono di lacrime. Se solo avesse potuto risolvere l'enigma della chiave. Jean Chevalier non poteva più darle una risposta.

Prima di rendersi conto di come fosse accaduto, il suo sguardo si era perso negli occhi blu sulla foto e sentì se stessa dire ad alta voce:

> *Salve papà, anche se non credo veramente al soprannaturale, presumo che tu mi possa sentire. Ti prego perdonami per non aver saputo apprezzare abbastanza il tuo sostegno e per averti chiamato così di rado. Ma se ora riesci a sentirmi, sai quanto me ne rammarichi! Se veramente esiste quell'altro lato dietro al velo, di cui*

hai sempre parlato, aiutami, ti prego, e dammi una risposta. Farò attenzione anche ai simboli, te lo prometto. Dopo la morte della mamma mi avevi parlato di questi segni. Di come erano stati inequivocabili per te e anche per me furono una piccola consolazione. Parlami! Ti prego! Ti imploro!.

Marie fece un bel respiro, pervasa da una sensazione di appagamento. Poi percepì un lieve fruscio provenire dalla finestra della cucina. Sul davanzale si era posata una colomba bianca come la neve, nel becco un bocciolo di rosa di colore rosa tenue. Le si scaldò il cuore, sentì che quella colomba era il segno tanto atteso.

E se la colomba non fosse stata lì solo per confortarla? Suo padre voleva forse inviarle anche una specie di segno che l'avrebbe aiutata a risolvere il mistero della chiave? Fissando l'animale ebbe la certezza che fosse così: suo padre le aveva inviato un messaggio.

Ancora persa nell'osservare il bianco intenso dell'animale, la mente di Marie iniziò a lavorare a pieno regime. Suo padre non le aveva forse raccontato una volta che la colomba non era solo un simbolo dello Spirito Santo, ma che, se abbinata a una rosa di colore rosa, simboleggiava anche il legame d'amore divino e puro tra Gesù Cristo e l'altra Maria, la "sua" Maria Maddalena?

Suo padre era stato veramente iniziato al cosiddetto mistero della linea di sangue di Cristo e Maria Maddalena? Gli aveva fatto un torto sorridendo di lui quando con convinzione sosteneva che Gesù Cristo, figlio di Dio, fosse stato un maestro d'amore su tutti i piani? Oppure lui aveva taciuto sul suo coinvolgimento in questa cosa sapendo che si trattava di una conoscenza molto pericolosa? Avrebbe potuto continuare all'infinito a fare congetture senza scoprire ciò che veramente lo aveva mosso.

Quando squillò il telefono Marie fu quasi grata di potersi dedicare ad altro e tornare così alla realtà. Al primo accenno di squillo la colomba si era alzata in volo e ora lì, sul davanzale, non c'era nulla che potesse confermare che non era stato solo un sogno. Ma se anche fosse stato un sogno, una colomba della pace era, in un modo o nell'altro, un segno molto più benvenuto dell'oscuro, opprimente incubo della notte.

Marie fu sollevata quando all'altro capo del telefono udì la voce familiare e ridente della sua migliore amica: «*Salut*, sono io, Véronique! Come stai, *ma chére*?».

Sentiva ancora battere il cuore su sino alla gola, tanto violentemente l'aveva strappata dai suoi pensieri il suono del telefono. Indugiò un attimo: «Sono… sì sono un po' confusa».

«Confusa? Per quale motivo?».

«Beh, sinceramente non so se posso parlartene e di certo non al telefono».

«Cosa vuoi dire? Sei in pericolo? Vuoi che venga da te?».

«Se lo sapessi… Ma mi farebbe molto piacere vederti. Se solo sapessi cosa…». Le mancavano le parole.

«Hai già chiesto aiuto agli angeli?», chiese cautamente Véronique conoscendo molto bene la sua amica.

«Dai, lo sai che non credo a queste cose!».

Véronique sorrise. «Sì, lo so molto bene. Però talvolta vale la pena tentare, quando non resta altro modo per andare avanti…». Véronique non mollava.

«Ehm, forse hai ragione», ribatté Marie. «Sai, prima ho chiesto a mio padre di darmi un segno. E poco dopo qualcosa è arrivato effettivamente. Forse dovrei provare anche con gli angeli».

«E vedrai che funziona», disse Véronique al telefono ridendo. Dalla voce traspariva la felicità: finalmente l'amica si era decisa a seguire il suo consiglio e a provare anche lei la strada che le era stata così tanto d'aiuto.

«Cara, ho bisogno di ancora un po' di tempo per me, ma mi faccio viva più tardi, okay?».

«Va bene, Marie! A più tardi! Sono felice».

«Anche io! Arrivederci!».

Non appena chiusa la comunicazione, Marie si ascoltò. Una preghiera. Chiedere aiuto agli angeli. Di colpo sapeva dove farlo. Sarebbe andata alla basilica del Sacré-Cœur. Sin da bambina in quella chiesa si era stranamente sentita come a casa, anche se in verità non è che proprio credesse in Dio, Gesù Cristo o altri simili.

Velocemente indossò il suo abito estivo preferito e un paio dei suoi amati tacchi a spillo e si legò i lunghi riccioli castani. Poi si gettò sulle spalle una pashmina, in chiesa poteva fare freddo, e per il tragitto sin là afferrò anche gli occhiali da sole e il telefonino. Fischiettando scese per le sbieche scale rischiando di scontrarsi con una limousine scura parcheggiata proprio davanti al suo portone. All'ultimo momento riuscì a evitarla constatando con stupore che i turisti si erano addentrati sino nei più remoti vicoli di Montmartre. Che pazzi questi forestieri. Divertita pensò poi che vedendola salire la gradinata del Sacré-Cœur qualcuno avrebbe preso per pazza anche lei.

JULIEN

PARIGI, 28 AGOSTO 2013

Julien aveva ancora in bocca il sapore del mango mentre il suo sguardo era posato su Giulia. Non era solo attraente, era bella, aveva successo, era solo un po' esaltata, ma nel complesso un buon partito. Eppure non riusciva a liberarsi di quel senso di vuoto, la sensazione che non fosse ancora la donna che poteva amare con tutto il cuore. Riaffiorò quel vecchio senso di soffocamento, la paura della vicinanza e soprattutto di un legame stabile. Involontariamente scosse la testa. Sino a quel momento aveva incontrato una sola donna che non risvegliasse in lui quella sensazione. Si chiamava Véronique ed era una sua collega dell'Opéra Bastille, il teatro dell'Opera di Parigi. Véronique non era una cantante ma una prima ballerina che aveva casualmente incontrato nei più svariati eventi a che poi aveva conosciuto meglio. Era una delle poche donne che non gli avesse fatto un qualche tipo di avance. Una donna in tutto e per tutto speciale. Da un lato, per il suo modo di fare gentile ricordava un angelo, ma dall'altro il suo corpo atletico irradiava una tale forza da farla apparire una dea eterica in sembianze umane. Incredibilmente attraente, eppure Julien non si era mai innamorato di lei. Sembrava davvero strano anche a lui. Parlare con lei sarebbe stato un sollievo. Julien, che aveva imparato a dare ascolto alla sua pancia senza indugiare, prese lo smartphone spiegando a Giulia che una vecchia amica aspettava una sua chiamata; sapendo che Giulia non parlava bene francese.

Ebbe fortuna perché Véronique rispose al primo squillo e il suo gioioso «pronto!» fece sentire Julien subito più sollevato. Si accorse che stava involontariamente sorridendo.

«Ciao Véronique, sono io Julien. Che bello che ti ho trovata subito!». «Oh, ciao Julien! Non pensavo fossi tu».

«Cosa vorresti dire? Stavi forse aspettando la chiamata di un ammiratore?», scherzò Julien.

«Ma no! Sono veramente felice di sentirti».

«Questo lo so, mia cara», ribatté Julien con un sorriso sulle labbra.

«È solo che la mia migliore amica Marie non sta bene e stavo aspettando che mi richiamasse, ma all'occorrenza posso raggiungerla con l'iphone».

D'un tratto a Julien venne in mente che doveva trattarsi della figlia di Jean Chevalier, recentemente assassinato. «Dimmi un po', stai forse parlando di Marie Chevalier?».

«Sì, perché?», Véronique sapeva che i due non si erano mai incontrati di persona.

«Beh, intendo che allora non c'è da stupirsi che non stia bene, visto quanto io stesso sia stato colpito da questa terribile perdita», sospirò Julien.

«Sì, questo è vero. Ma non è certo il motivo per cui mi hai chiamata, non è vero?».

«Giusto. Volevo semplicemente chiederti se avevi voglia di incontraci per una caffè o un tè?».

«Molto volentieri, Julien. Facciamo oggi?».

«Perché no!».

«E dove?».

«Penso che sarebbe bello rivederci ai tavolini del Café Flore. Cosa ne pensi?».

«Bella idea. Facciamo nel pomeriggio per le cinque? A te andrebbe bene?».

«Sì, perfetto! Allora ci troviamo lì. Sono felice!».

«Anche io. A dopo, Julien».

Dopo aver chiuso la chiamata, Julien continuò la conversazione nella sua testa raccontando a Véronique ciò che in verità faticava ad ammettere: ovvero che durante le prove della *Carmen*, al Festival di Salisburgo, aveva conosciuto una giovane cantante italiana e che si era tuffato in una storia passionale dalla quale non vedeva l'ora di uscire. E già questo monologo interiore lo convinse che era esattamente così.

MARIE

PARIGI, 28 AGOSTO 2013

Lentamente si fece largo tra una frotta di turisti per entrare in quella chiesa che le stava tanto a cuore. Cercò con determinazione un banco al centro della basilica per avere una visuale ottimale sul grande mosaico del Cristo nell'abside. Era lì che respirava profondamente per raggiungere la calma interiore quando si accorse di essere osservata. Si sentiva il cuore in gola, non era cominciato così il suo incubo? Marie si guardò intorno e il suo sguardo cadde su un giovane seduto all'altro capo del banco. Deglutì perché le sembrava di una bellezza ultraterrena. Con quei capelli biondi che arrivavano alle spalle, per Marie era l'arcangelo Michele in sembianze umane. Più cercava di distogliere lo sguardo da lui e più ne veniva attratta come da una calamita.

"È un uomo in carne e ossa? Oppure vedo veramente un angelo accanto a me?", si domandò ansiosa. Si scosse e lo osservò più attentamente. Possibile? Possibile che indossasse una tuta da motociclista?

Fu come se questo ultimo pensiero avesse spezzato l'incantesimo, il bisogno di continuare a fissarlo, e Marie sollevò lo sguardo verso il mosaico. Eccolo, era lì Gesù, il fidato compagno della sua infanzia. Allora provava un amore molto speciale per il figlio di Dio. Era addirittura convinta di averlo conosciuto personalmente. Forse non era un caso che fosse nata di Venerdì Santo. Ma i giorni in cui aveva cercato consolazione in quel mosaico erano lontani, molto lontani nel tempo. Così come le atroci sofferenze che l'avevano perseguitata quando al Venerdì Santo regolarmente si ammalava. Nel delirio febbrile aveva avuto spesso visioni della Crocifissione, così come se vi avesse partecipato. In quei momenti solo suo padre era capace di rincuorarla e arginare le sue lacrime. Ah, come avrebbe voluto chiedergli di farlo ancora.

Marie alzò gli occhi sull'immagine di Gesù con il cuore in fiamme contornato da una corona di spine e le braccia allargate. Nell'aureola si stagliava una croce isoscele la cui parte inferiore era coperta dal capo di Gesù sortendo così un effetto molto speciale. Era come se fuoriuscisse dal blu, in prospettiva, come se lei potesse veramente andargli incontro. Ovviamente conosceva l'autore: il pittore Luc-Olivier Merson che già agli inizi del XX secolo era riuscito a produrre sull'enorme mosaico quell'effetto tridimensionale, la sensazione di una presenza forte e vivente.

Finalmente Marie riuscì ad abbandonarsi al raccoglimento e a rimuovere l'ombra dell'uomo angelico vestito da motociclista. L'ansia e gli interrogativi però non svanirono, e nemmeno il mistero sulla morte di suo padre e sulla chiave.

Mossa da questo stato d'animo, e anche perché si ricordava della promessa fatta a Véronique di provare a farlo, almeno una volta si rivolse direttamente al Gesù del mosaico parlandogli come in preghiera:

> *Anche se per tanti anni non ne ho voluto più sapere, caro Gesù, ora sono talmente disperata da volerti pregare di aiutarmi. Se veramente esisti, sai quanto i miei incubi mi tormentino e ho paura di perdere la ragione.*

Presumo che tutto ciò abbia a che fare con la chiave dorata che mio padre mi ha lasciato in eredità. Ti prego aiutami a svelare il mistero della chiave dorata! Così da poter ritrovare la pace.

Implorante, Marie contorse le mani senza accorgersi che l'angelico biondo non l'aveva persa di vista per un attimo squadrandola con sguardi tutt'altro che innocenti.

Sospirò e un rumore la fece trasalire. Di colpo si rese conto del fiume di turisti, dei loro fruscii e mormorii e dello scalpiccio dei loro passi. Mentre si allontanava dal banco notò nuovamente il giovane dalle sembianze angeliche che si alzò nello stesso istante. La precedette sulla via per l'uscita dalla chiesa e non appena fuori si girò e le chiese: «Hai voglia di prendere un caffè con me?».

Il suo modo di fare le sembrò piuttosto sfacciato, ma così attraente che non riusciva a distogliere gli occhi da lui.

«Allora, cosa c'è, *ma belle*?». Poteva percepire quasi fisicamente la seduzione del suo sorriso affascinante.

Poi, sentì se stessa rispondere con voce fioca: «Perché no, dove vogliamo andare?».

«Che bello! A proposito, io sono Lucius. E tu come ti chiami?».

«Mi chiamo Marie. Allora, hai qualche idea?».

«Dai, andiamo al Café des Deux Moulins».

«Bella idea!».

«Sei coraggiosa?».

«Direi di sì. Perché?».

«Te la senti di sederti dietro di me sulla moto, sì?».

Involontariamente le venne da sorridere, erano anni che andava in moto. «Da quand'è che ci vuole coraggio per farlo. Per quanto ne so io serve solo un casco. Ne hai uno in più?».

«Sì, ce l'ho» rispose lui sorpreso. «Dai, giù per la scalinata e poi via, si parte».

Marie si stupì di se stessa mentre erano lì sulla scalinata. Si era proprio lasciata travolgere. Ma era davvero troppo bello. Altrimenti mai nella vita avrebbe detto di sì. Ma la curiosità ebbe la meglio sul senso di leggero fastidio che sentiva e risoluta balzò in sella alla Ducati Diavel Carbon, che nulla aveva da invidiare alla sua BMW-Roadster.

Senza il minimo avviso Lucius partì di scatto e a Marie non restò altro che mettere le braccia attorno alla sua vita abbandonandosi con lui alle curve. Sfrecciando, Lucius si fece strada nel traffico evitando al pelo i paraurti e più di una volta Marie si accorse di come istintivamente si stringeva a lui meravigliata della sensazione piacevole che provava al contatto con il suo corpo tonico.

Quando i due raggiunsero il Café des Deux Moulins, scendendo dalla pesante moto Marie si accorse di quanto era accaldata e fu più che felice di togliersi il casco. Trovarono subito un piccolo tavolino e due sedie libere all'esterno, quasi fossero stati prenotati proprio per loro.

Quando si sedette al tavolino accanto a Lucius, Marie non si sentì del tutto a suo agio. In qualche modo quest'uomo la sconcertava, e ancora di più era sconcertata dalla propria reazione. Normalmente l'essere vicina a un uomo di bell'aspetto non la rendeva insicura. Conosceva questo effetto simile a quello che del resto anche lei talvolta aveva sul genere maschile. Troppo spesso li aveva visti perdersi balbettando e gesticolando. Ma solo mentre era seduta sulla moto dietro a Lucius si rese conto quanto le mancasse nella vita la vicinanza maschile e quanto desiderasse il contatto fisico. I segnali del suo corpo erano inequivocabili.

Era già da tempo, da prima della morte di suo padre, che non aveva voluto coinvolgimenti preferendo una vita da single. Non c'era stato nessuno che le sembrasse abbastanza interessante da convincerla a rinunciare alla sua libertà.

"Cosa mi sta succedendo? All'improvviso mi sento come una ragazzina immatura?" si chiese preoccupata. "Mi ci vorrebbero un paio di parole di Véronique per mettermi la testa a posto. Dovevamo vederci oggi!".

Marie fu felice quando Lucius si allontanò un attimo per andare alla toilette. Tirò subito fuori il telefonino. Era ora di scriverle un messaggio: «Mia cara, è successa una cosa strana! Ero al Sacré-Cœur, per tranquillizzarmi. E lì ho incontrato un uomo che sembrava l'arcangelo Michele in carne e ossa… Di una bellezza ultraterrena! Ora sono seduta qui con lui al Café des Deux Moulins. Possiamo incontrarci per le 15? Vieni da me? Sarebbe bello! Baci, Marie».

Aveva appena finito di scrivere quando lui tornò, non restava che inviare il messaggio.

Lucius le rivolse uno sguardo interrogativo a cui Marie rispose sorridendo: «Ah lo sai, no! Le solite chiacchere tra donne».

«Capisco», fece Lucius con un ghigno da monello.

Ma Marie notò che sorrideva solo con le labbra e non con gli occhi e all'improvviso si mise in guardia.

Chi era quest'uomo e cosa voleva da lei? Di colpo era completamente sull'attenti.

Lucius le rivolse uno sguardo indagatore con i suoi occhi blu acciaio e tuttavia in qualche modo freddi. Ora però Marie era in grado di rispondere tranquillamente a quello sguardo, aveva ripreso completamente il controllo di sé, era una giovane donna sicura di sé.

Lucius fece un cenno al cameriere e Marie notò che lui era in qualche modo sotto pressione.

Con fare innocente gli chiese: «Come ti è venuto in mente di rivolgermi la parola?».

«Beh, devi certamente ammettere che né tu né io abbiamo l'aspetto tipico dei turisti. Mi sono chiesto cosa ci facesse una donna splendida come te nella basilica sovraffollata».

«Bella domanda! E un giovane attraente che sfreccia con un bolide attraverso le strade di Parigi cosa ci faceva invece lì al Sacré-Cœur?».

«Mia cara, ho fatto prima io la domanda! Allora?».

A Marie venne da ridere: «Molto semplice, il Sacré-Cœur è per me un luogo di riflessione e raccoglimento. E per te?».

«Uhm, non l'avevo mai vista in quest'ottica. Io sto lavorando a una ricerca sui simboli della chiesa. È per questo che ho visitato il Sacré-Cœur e incontrato te».

«Però, veramente interessante! Che tipo di simboli in particolare?».

«Te ne intendi in materia? Oppure perché me lo chiedi?».

«Direi proprio che me ne intendo: sono professoressa in storia dell'arte e pittura all'École nationale supérieure des Beaux-Arts qui a Parigi».

«Wow! Ma quanti anni hai?».

«Ma ti sembra una domanda da fare a una donna?», ribatté sorridendo.

«Beh, prendilo come un complimento se ti ritengo troppo giovane per essere già una professoressa!».

«Sì, qui non ti do torto» sorrise Marie. «Ho trent'anni. E tu?».

«Io ne ho trentotto».

«E cosa fai, oltre a scrivere libri?».

«Lavoro per una fondazione culturale che apprezza le mie conoscenze in fatto di arte».

«Questo significa che in qualche modo lavoriamo nello stesso campo».

«Potremmo proprio direi così», fece Lucius divertito dal fatto che stava praticamente ripetendo alla lettera le parole di Marie.

«Se non è destino questo, l'esserci trovati», aggiunse lei.

«Può essere», fu la risposta laconica di Lucius.

Percepì che Lucius si era fatto più prudente da quando lei aveva pronunciato la parola "destino". «Tu non credi al destino?», gli chiese.

«È un argomento molto vasto… non voglio parlare di questo. Ti prego, perdonami. Non ha niente a che fare con te».

«Tutto bene! Non volevo essere troppo invadente».

«Al contrario! Invadimi pure tranquillamente». Il sorriso di Lucius si fermò nuovamente agli angoli della bocca.

Automaticamente Marie si ritrasse sorseggiando pensierosamente il suo *café au lait*. Lui la osservava e lei non sapeva come reagire ai suoi modi così diretti. Sperava che Véronique rispondesse presto, così prese il suo cellulare.

«Fantastico, mia cara! Si può fare. Solo che per le cinque ho già un appuntamento al Café de Flore con Julien, il tenore. Potresti raggiungerci, visto che è da un sacco di tempo che vuole conoscerti. Glielo chiedo? Ti abbraccio Véronique».

Che strana giornata. Erano settimane che non incontrava uomini interessanti. E ora di colpo uno dietro l'altro e il secondo a quanto pare particolarmente attraente. Suo padre le aveva parlato di Julien, ma a lei quei tipi pieni di sé, ai cui piedi le donne cadevano a frotte, non erano mai piaciuti. Era per questo che l'aveva sempre evitato nonostante suo padre e Véronique l'avessero sempre caldeggiato. Forse era arrivato il momento di rivedere il suo giudizio.

«Tutto okay?», chiese Lucius. Doveva essersi accorto che Marie si era fatta pensierosa.

«Sì, tutto bene» ribadì lei. «É che fra un po' devo andare».

«Capisco. Vogliamo continuare la nostra conversazione un'altra volta? Ti va di darmi il tuo numero di cellulare?».

Marie non indugiò, anzi gli dettò subito il suo numero da inserire in rubrica. Non appena lui ebbe finito, lei si alzò con l'intenzione di accomiatarsi senza alcun contatto. Ma non aveva fatto i conti con Lucius che nel giro di pochi secondi la attirò a sé così da farle sentire distintamente il suo corpo maschile. Lei arrossì. Correva decisamente troppo. La sensazione però era piacevole.

Marie si alzò per avviarsi alla sua moto ma poi realizzò di essere arrivata lì con Lucius che era già lì a fianco a lei.

«Posso accompagnarti da qualche parte?».

«Sì grazie, a casa». Rispose presa alla sprovvista.

VÉRONIQUE

PARIGI, 28 AGOSTO 2013

Soddisfatta Marie scrutò la sua amica. Che bene le aveva fatto raccontarle tutto. Véronique non solo sapeva delle difficoltà che lei aveva incontrato con le convinzioni del padre, ma nonostante tutto aveva continuato negli anni a credere fermamente negli angeli e nella forza della fede anche quando Marie ne dubitava. Tutto questo era iniziato dopo la morte della madre per un incidente. Ma per fortuna non aveva mai pregiudicato la loro amicizia. E ora, finalmente, aveva confidato tutto all'amica: il ritrovamento della chiave, gli incubi e persino quella cosa con il coltello. Véronique l'aveva abbracciata, tenendola stretta e di colpo Marie comprese il detto "mal comune, mezzo gaudio". Fu un sollievo constatare come Véronique rispettasse i suoi sentimenti quando Marie le confessò che ora anche lei trovava rifugio nella preghiera e riceveva dei segni. Mai come prima la parola "destino" significava così tanto per lei, e ora aveva un'amica unita in questo destino e appartenente alla stessa linea di sangue di cui suo padre le aveva una volta parlato senza poi accennarvi mai più vista la sua perplessità. Sorridendo involontariamente Marie guardò Véronique, che ricambiò il sorriso con uno sguardo luminoso. Questo le fece venire in mente

Lucius. Solo un attimo di esitazione e poi Marie raccontò a Véronique anche di quello splendido uomo in vesti da motociclista. E proprio mentre finiva di raccontare ecco arrivare un messaggio sul cellulare, proprio di Lucius.

«Cara Marie, è stato un piacere conoscerti oggi e voglio rivederti al più presto. Sei già impegnata per stasera? Baci, Lucius».

«Caspita sembra proprio che tu abbia fatto colpo su di lui», ridacchiò Véronique mentre Marie le leggeva il messaggino.

«Credi? Io non ne sono proprio certa, non so, era un po' strano. Il suo sorriso si fermava sempre alle labbra senza coinvolgere gli occhi».

«Cosa vuoi fare allora?».

«Non lo so. Tu cosa mi consiglieresti?».

«Ma ti piace?».

«Ma come fa a non piacerti un uomo che ha l'aspetto di un angelo? Che razza di domande mi fai!», esclamò Marie scuotendo il capo.

«Capisco. Ma ti piace anche come persona?».

«Non so bene, in fondo non abbiamo parlato a lungo. Diciamo che mi ha molto confusa. E non mi è chiaro perché».

Marie non sapeva come fare a descrivere la sensazione che aveva provato seduta dietro a lui sulla Ducati, i loro corpi così vicini.

«Beh, allora dovresti in ogni caso rivederlo. Ma non oggi, per evitare che si senta troppo sicuro di sé», fece Véronique interrompendo i pensieri di Marie.

«È vero! Quindi ha anche senso aspettare un attimo prima di rispondergli», rifletté Marie.

«Assolutamente!» concordò Véronique. «Però ora pensiamo a come tu debba procedere per quanto riguarda l'eredità di tuo padre».

«Sì è vero! Com'è possibile che Lucius mi abbia così distratta dall'essenziale!».

«Beh, sai com'è, gli uomini belli fanno un certo effetto...», sussurrò Véronique sbattendo le ciglia e facendo piegare Marie dalle risate.

«Non sapevo fossi un'attrice così brava!».

«Da ballerina classica si imparano un sacco di cose».

«Lo immagino!», ribatté Marie ammiccando. «Sai una cosa? Mi fa proprio bene parlarti di nuovo con calma. Ti ringrazio di cuore per avermi semplicemente ascoltata senza bombardarmi di consigli come avrebbe fatto al posto tuo la maggioranza delle persone. Mi sento molto, molto meglio! *Merci*!».

A quel punto Marie si alzò dal tavolo di cucina, andò dietro alla sedia di Véronique e delicatamente le mise le mani sulle spalle. Stettero così un attimo in silenzio per godere appieno di quell'istante di profonda comunione.

Infine, Véronique si rivolse a Marie con gli occhi bagnati di lacrime. Come in trance le sussurrò: «Le nostre anime hanno deciso di camminare a fianco in questa vita molto prima della nostra nascita. Per condividere i momenti decisivi, per sostenerci a vicenda quando è necessario, così da imparare nuovamente che l'amore puro realmente ci aiuta a superare ogni dolore e da ricordarci di chi in verità siamo».

Sentendo queste parole anche gli occhi di Marie tradirono la sua commozione, venne travolta da un sentimento d'amore infinito. Era un senso di appartenenza che le legava l'una all'altra strettamente. Poteva essere la comune appartenenza alla linea di sangue a produrre qualcosa del genere?

Marie si lasciò nuovamente andare sulla sedia abbandonandosi completamente a questa sensazione perché sapeva che le donava guarigione. E anche se non aveva mai fatto un'esperienza simile prima, era consapevole che qualcosa in lei era cambiato. Come se si fosse aperta una porta. Una finestra verso una luce.

Grata, rivolse lo sguardo a Véronique che anche senza parole comprese ciò che era accaduto a Marie. Si alzarono nello stesso istante e si abbracciarono. Sapendo che qualunque cosa fosse loro capitata l'avrebbero superata insieme.

Dopo essere tornate alla realtà con una tazza di tè verde, Marie chiese a Véronique: «E ora cosa suggerisci di fare?».

«Se tu ti senti tanto attratta dal Sacre-Coeur, io sono molto legata alla chiesa di Saint-Sulpice. Penso che dovremmo visitare anche quella».

«Bene!», rispose Marie. «Si trova anche lì qualcosa di speciale, come lo è per me il mosaico del Cristo?».

«Direi di sì. Diversamente da quanto accade in molti luoghi di culto, lì percepisco la presenza di Maria Maddalena tanto quanto quella della Madonna».

«Mi basta come ragione per andarci».

Marie si accorse che solo il giorno prima non avrebbe reagito così; la cosa le provocò un sorriso e un profondo senso di soddisfazione per avere nel frattempo imparato a fidarsi dei segni.

Poco dopo si avviarono verso la BMW Roadster di Marie parcheggiata nel cortile. Véronique prese posto sulla moto color blu reale dietro a Marie. E in un attimo eccole già sfrecciare in strada.

Con la coda dell'occhio Marie notò nuovamente una limousine nera uscire da un parcheggio e iniziare a seguirle. Fu assalita da un brivido e non poté fare a meno di pensare che quella Mercedes nera fosse fonte di pericolo. Ma ora non era il momento per occuparsene. Avevano in mente una meta e cercavano consiglio da Maria Maddalena.

MARIE / VÉRONIQUE

PARIGI, 28 AGOSTO 2013

In silenziosa devozione entrarono nella chiesa di Saint-Sulpice, immerse nel silenzio dopo il rombare della moto. Entrambe si accorsero di trovarsi in un luogo molto speciale dove sentirsi a casa. Questo era un luogo sacro del femminile divino. La chiesa era pervasa non solo dell'energia immacolata della Vergine Maria ma anche di quella diversamente più terrena di Maria Maddalena, ne erano entrambe consapevoli.

Toccate nel profondo, le due amiche presero posto su due sedie al centro della chiesa e chiusero gli occhi in attesa degli eventi.

Mentre Marie cercava semplicemente di tranquillizzarsi, Véronique iniziò a respirare seguendo delle tecniche a lungo sperimentate per raggiungere uno stato di profondo rilassamento e una ricettività che forse le avrebbe permesso di capire perché avesse provato il forte impulso a recarsi in questo luogo sacro.

Non ci volle molto e Véronique iniziò a percepire la presenza della Vergine Maria, a lei così familiare da molti anni.

Al centro del suo essere percepì le seguenti parole:

> *Amata figlia, che bello poterti parlare. È di grande importanza ciò che ho da dirti. Marie Madeleine, la tua sorella del cuore, in questa vita ha preso su di sé una missione*

immane, che non è in grado di portare a termine da sola. Tuttavia, era stata prescelta per portarla a termine già molto tempo prima di morire in questo Paese come Giovanna d'Arco.
Non è ancora consapevole della grande forza che alberga in lei, dunque sta a te starle accanto e aiutarla a ricordarsene nuovamente. Sei pronta, amata figlia?

Con grande ardore Véronique annuì. E Maria continuò a parlare:

Come già hai visto, Marie è in serio pericolo. Un'alleanza di anime oscure si è prefissa di impedirle di portare a termine il compito della sua vita. Naturalmente noi potenze celesti faremo tutto quanto ci è concesso fare per preservarla dai danni peggiori, ma spetta anche a te tenere bene aperti gli occhi per riconoscere i segni di luce e quelli oscuri, così che voi due possiate pianificare i vostri passi sotto la nostra guida.

Ti ringrazio, figlia mia per la tua grande purezza che ti consente di comunicare così facilmente con gli esseri di luce. Saluti a te dunque e a Marie da parte mia! E che tu sia ora avvolta nel mio manto di luce così da poter rifulgere ancora di più.

Véronique potè chiaramente percepire Maria che le metteva sulle spalle il suo manto color acquamarina mentre lei veniva pervasa da una luce di intensità ultraterrena. La calma scese su di lei insieme alla certezza che tutto ciò che doveva accadere sarebbe accaduto.

Lei e Marie erano parte di qualcosa di più grande e avrebbero fatto tutto ciò che era in loro potere per portare a termine il loro compito per il mondo.

Piena di gratitudine, Véronique promise che avrebbe aiutato Marie a portare a termine la sua missione, a tutti i costi.

La luce che in seguito la abbagliò non era di questo mondo. Véronique seppe così che Maria aveva accolto il suo ringraziamento e che il messaggio era vero. Quando riaprì gli occhi rivolse lo sguardo verso Marie seduta lì accanto assorta. La osservò amorevolmente, grata che la sua amica, prima così confusa, fosse ora così in pace.

Marie sembrava essersi accorta che qualcuno la osservava perché iniziò a socchiudere gli occhi girandosi lentamente verso Véronique. Dall'espressione luminosa di Marie intuì che aveva vissuto un'esperienza altrettanto profonda. Si abbracciarono in silenzio con la piena consapevolezza e comprensione per il vissuto dell'altra. Si alzarono e si avviarono verso l'uscita.

All'improvviso Marie si arrestò attratta irresistibilmente dalla Pietà di Jean- Baptiste-Auguste Clésinger. Diversamente da altre raffigurazioni simili, il Cristo flagellato giaceva sì tra le braccia di sua madre, ma questa stringeva a sé anche Maria Maddalena seduta ai suoi piedi, sprofondata in se stessa mentre con il capo sfiorava quello di Gesù.

L'infinito dolore e la profondità di sentimento che trasparivano da questa scultura colpirono al cuore Marie. Senza volerlo iniziò a piangere e rivisse con angoscia la scena della Crocifissione con la stessa intensità dei suoi sogni che l'avevano perseguitata il Venerdì Santo. L'esperienza di rivivere quei sogni fu tale che Marie iniziò a essere scossa da brividi incontrollati. Véronique abbracciò l'amica per cercare di tranquillizzarla. Grazie a lunghi anni di addestramento nelle diverse scuole misteriche era in grado di connettersi con Marie sul piano dell'anima e sintonizzarsi sulle sue visioni. Quando realizzò ciò che Marie stava passando fece finalmente quello che avrebbe dovuto fare già da tempo: con l'aiuto dell'arcangelo

Raziel, il mago tra gli arcangeli, e della dea Iside, liberò Marie dal trauma che aveva subìto nella sua vita passata all'epoca di Gesù Cristo.

Il suo coinvolgimento fu tale da poter effettivamente percepire il dolore che abbandonava Marie mentre lei iniziava a raddrizzarsi interiormente ed esteriormente.

Dopo alcuni profondi e consapevoli respiri che la riportarono nel qui e ora, Marie strinse Véronique con gratitudine, conscia dell'assistenza spirituale che le aveva offerto. Con un cenno del capo si avviarono verso l'uscita della chiesa.

Il portale si aprì e all'improvviso si ritrovarono davanti a Lucius. Venne loro incontro a passo leggero. Dallo spavento Marie restò senza parole. Come faceva a sapere che lei si trovava qui?

Lucius sembrò stupirsi meno e sorridendo disse: «Ma guarda che caso! Oggi ci incontriamo di nuovo per la seconda volta».

«Ma, cosa ci fai qui?», si lasciò sfuggire Marie mettendosi poi la mano davanti alla bocca spaventata; qualcosa nel silenzio della chiesa le suggeriva che era in pericolo.

«Lo sai che sto facendo delle ricerche per il mio libro e che studio i simboli nelle chiese».

«Ah sì, è vero», rispose Marie cercando di controllare la propria paura. Si ricordò quanto fossero utili le azioni abituali quando le emozioni minacciano di sopraffarci e dunque aggiunse: «Tra l'altro, lei è la mia amica Véronique».

E rivolgendosi a Véronique. «Lui è Lucius, che ho incontrato oggi al Sacré-Cœur».

Stupita, notò Lucius rivolgere uno sguardo adorante alla sua amica. Marie non riusciva a credere ai suoi occhi tanto era evidente la loro somiglianza fisica. Se non l'avesse saputo, avrebbe certamente pensato di essere di fronte a fratello e sorella. Entrambi avevano l'aspetto di angeli in carne e ossa scesi dal cielo. "Che senso ha tutto questo?", si chiese Marie mentalmente mentre Lucius e Véronique si scambiavano amichevolmente i saluti.

Poi lui si rivolse nuovamente a Marie: «Non hai ricevuto il mio SMS?».

«Sì, ma non ho ancora avuto tempo per rispondere».

«Allora, che c'è? Hai tempo stasera?».

«No, non ce l'ho perché Véronique e io avevamo già un altro impegno. Sarà per un'altra volta».

«Peccato! Va bene dai, in fondo non si può pretendere che una bella donna come te fosse lì ad aspettare di conoscere proprio me», ribadì Lucius con tono flirtante.

«Eh già, hai proprio ragione», rispose Marie con un sorrisino sarcastico. «Dai, Véronique, ora andiamo altrimenti si fa tardi. Arrivederci Lucius» tagliò corto prendendo Véronique sotto braccio per avviarsi insieme verso l'uscita della chiesa.

Quando si trovò nuovamente nel mondo al di là della chiesa Marie barcollò un attimo ancora immersa nei pensieri sull'incontro inaspettato. Godendosi il calore dei raggi del sole si guardò intorno e trasalì. Spaventata riconobbe la limousine nera che le aveva seguite sino alla chiesa. Una spiegazione avrebbe fatto loro perdere del tempo e così disse solo: «Leviamoci di qui al più presto, a piedi, ma non per la strada diretta al Café de Flore, perché penso che qualcuno ci segua. Dopo ti dico di più».

Véronique capì all'istante e seguì l'amica che rapidamente, ma senza ostentare fretta, si era avviata.

MARIE

PARIGI, 28 AGOSTO 2013

Allungando qua e là la strada, Marie e Véronique raggiunsero il Café de Flore, mosse non solo dalla paura. Con un'occhiata d'intesa si diressero subito alla toilette per darsi una rinfrescata. Erano d'accordo di non fare cenno a quanto accaduto in presenza di Julien. Mentre Marie raccontava alla sua amica perché la Mercedes nera l'avesse spaventata, la sensazione non era già più così forte. Ma Véronique era preoccupata e le suggerì di non sottovalutare determinate paure.

Quando uscirono di nuovo fuori alla luce del sole per cercarsi un tavolino all'aperto, l'occhio di Marie cadde su un uomo che sembrava emanare una sorta di aura brillante. Persino i capelli scuri parevano più una sorta di velo luminoso. Non riusciva a spiegarselo, ma dovette ammettere che la sua bellezza non era da meno di quella di Lucius. Solo che non era biondo. Marie lo fissava affascinata, ebbe infatti subito la certezza che si trattava di Julien.

Julien rivolse loro uno sguardo diretto, anche lui sembrava aver perso la parola, perché quando Véronique si fece avanti per salutarlo lui non reagì, quasi non l'avesse neppure notata, aveva occhi solo per Marie.

Véronique guardò prima l'uno e poi l'altra e si chiese cosa stesse accadendo. Il tempo sembrava essersi fermato.

Quando Véronique gli mise infine una mano sulla spalla, Julien tornò in sé e si alzò per abbracciarla amichevolmente. Poi però si rivolse a Marie, prese la mano di lei tra le sue dicendo: «Salve Marie, che piacere conoscerti finalmente di persona».

La presenza di Julien confuse Marie più di quanto avrebbe potuto pensare. Di colpò provò un profondo dolore unito a una nostalgia sconosciuta. Le era estraneo e familiare allo stesso tempo. Mai prima una persona di sesso maschile le si era avvicinata così tanto al primo sguardo. Tentò di dominarsi rispondendo solo dopo una mezza eternità: «Sono felice anche io di conoscerti perché mio padre parlava più che bene di te e della tua voce».

Julien, trattenendo ancora la mano di Marie, rispose con voce calda: «Oh, che bello sentirtelo dire! Me ne rallegro con tutto il cuore perché tuo padre era il direttore a me più caro tra tutti quelli con cui ho avuto modo di lavorare. Ti porgo le mie più sentite condoglianze. Credimi, non è una frase di circostanza: condivido il dolore per la tua perdita».

Marie si sforzò di sorridere e facendosi coraggio disse: «Grazie, le tue parole l'avrebbero sicuramente reso molto felice».

«Non vogliamo sederci?», intervenne poi Véronique.

«Certo! Ero così sopraffatto dall'aver finalmente potuto incontrare la figlia di Jean da essermi dimenticato di tutto ciò che mi circonda».

Nel frattempo Marie si era fatta silenziosa. Poteva essere che a Julien fosse accaduta la stessa cosa? Altrimenti cosa l'avrebbe indotto a parlare di suo padre in quel modo? Oppure voleva solo essere galante?

Dopo che il cameriere ebbe preso l'ordinazione, Julien chiese senza troppi fronzoli: «Che programmi hai Marie per le tue vacanze semestrali dopo quanto è successo?».

Marie trasalì, perché questa domanda le faceva venire in mente Lucius e il suo modo di incalzarla.

La conversazione tra i due si era subito incagliata. Osservò Véronique che intervenne nel silenzio che si era creato: «Julien, quali sono le prossime parti che canterai?».

Con un sorriso Julien si rivolse a Véronique: «Dato che nel 2013 ricorre il bicentenario della nascita di Wagner, canterò molto Wagner. I prossimi impegni sono *Parsifal* e *Lohengrin*, in assoluto tra le parti che più amo, e ciò mi rende più che felice».

Sentendo questo Marie sobbalzò perché quelle due opere significavano molto anche per suo padre. Osservò Julien cercando di capire cosa ci fosse in quell'uomo da fargli meritare da un lato la stima di suo padre e dall'altro da renderlo capace di sondare la sua intima essenza al primo sguardo.

Sentì Véronique chiedere: «Che bello! E dove andrai in scena?».

«Prima canterò *Parsifal* all'Opera di Stato di Vienna e a seguire *Lohengrin* al Teatro dell'Opera di Dresda. A fine anno ripropongo il *Lohengrin* al Metropolitan a New York».

«Wow! Ma è fantastico!», sfuggì a Véronique che rivolta a Marie disse: «Dovremmo concordare una data per assistere insieme a una delle rappresentazioni, perché ti assicuro che al momento non c'è nessuno che possa dare vita a questi personaggi così mistici meglio di Julien».

«Va bene! Mi hai convinta, perché mio padre sosteneva sempre la stessa cosa: Quel Julien ha un approccio particolare alla mistica, mi diceva».

«Voi due adesso però mi mettete in imbarazzo», si intromise Julien con un sorriso smagliante. «Tutti questi complimenti in così poco tempo…», con la mano sinistra spostò una ciocca che gli era scesa sul viso e Marie notò come brillasse di riflessi d'argento. Lo fissò affascinata.

«Dai, Julien che sei abituato a sentir parlare di te in questo modo, a giudicare dalla massa di persone che ti attende alla fine di ogni rappresentazione», esclamò Véronique.

«Quella è tutta un'altra storia, sono fan. Ma dalla bocca tua e da quella della figlia di Jean Chevalier il complimento vale molto di più, non c'è paragone. Perché so che anche voi, come me e Jean, discendete dalla linea di sangue e che a Wagner stava molto a cuore richiamare velatamente l'attenzione su questi legami, specie nel *Parsifal* e nel *Lohengrin* ma anche nel *Tristano e Isotta*».

E lì Marie tese le orecchie. «Cos'è che stai raccontando sulla linea di sangue?».

Non appena formulata la domanda, Marie si morse la lingua. Non era pericoloso fare una simile domanda a un estraneo? Quante volte fin da bambina, suo padre le aveva intimato di fare attenzione perché certi temi non erano per gli estranei!

«Marie, mia cara, questa è una storia piuttosto lunga. Non immagini quanto mi dispiaccia, ma purtroppo devo già andare perché ho un altro appuntamento. Perdonatemi, vi prego».

Le parole di Julien furono per Marie come una spina nel fianco. Aveva forse un appuntamento con un'altra donna? Suo padre raccontava sempre di come Julien a stento riuscisse a salvarsi dalla montagna di lettere d'amore da parte delle sue fan. E in qualche modo Marie sapeva che, come molti artisti, lui non era di certo insensibile ai piaceri fisici.

Julien, che era sensibile, si accorse che qualcosa nelle sue parole aveva turbato Marie. Reagì all'istante: «Marie, volentieri possiamo continuare a parlare di musica e di mistica un'altra volta. Vuoi forse darmi il tuo numero di cellulare, così da poterti rintracciare per metterci poi d'accordo?».

«Ehm, non so», fu la risposta di Marie che non sapeva spiegarsi perché con Lucius le fosse riuscito facile mentre ora con Julien era titubante. Lo sguardo atterrito di Véronique non cambiò le cose. A Marie era tuttavia sfuggito il turbamento di Julien di fronte al suo atteggiamento reticente.

«Mi puoi dare il tuo», fece dopo una breve esitazione, «così posso farmi viva io».

«Con piacere», disse Julien. Gli si poteva leggere in volto la soddisfazione per il cambio di rotta di Marie. Così le dettò il suo numero. «Spero di poterti rivedere presto», concluse facendo un cenno a Véronique.

Dapprima si rivolse proprio a lei che nel frattempo si era alzata. La abbraccio cordialmente prima di andare verso Marie, fissando intensamente con sguardo serio i suoi occhi e accomiatandosi con un tenero bacio sulle guance.

«A presto, spero» lo sentì ancora dire prima di dare una banconota al cameriere e sparire.

Quasi contro la sua volontà Marie lo seguì con lo sguardo e solo quando Véronique le rivolse la parola si accorse di avere trattenuto il respiro.

JULIEN

PARIGI, 28 AGOSTO 2013

Arrivato nel suo appartamento Julien era ancora con la mente all'incontro con Véronique e Marie. Per fortuna che Giulia era ancora in viaggio. Si augurò che stesse via a lungo perché era intenzionato a fare qualcosa dove la presenza di lei sarebbe stata più che indesiderata. Voleva fare chiarezza sui suoi sentimenti.

Per fare ciò doveva prima arrivare alla pace interiore. Con una tazza di tè in mano, si sedette su uno degli alti sgabelli di fronte al bancone bianco brillante della cucina e chiuse gli occhi.

Immediatamente se la rivide davanti, quella donna piena di fascino, sentiva la sua voce, vedeva il suo sorriso: Marie. Mai prima di allora l'incontro con un essere femminile l'aveva scosso così tanto. Forse era lei la donna preannunciata da sua madre? Spesso gli aveva raccontato che avrebbe dovuto proteggere la sua prescelta da grandi pericoli. Si augurava che questa profezia si rivelasse falsa. Sospirò sorseggiando il tè. Sì, ne era assolutamente certo, Marie era la persona preannunciata. Lei e nessun'altra.

Fu percorso da un brivido quando gli tornarono alla memoria le parole pronunciate da sua madre in punto di morte, con tono flebile e dunque ancora più incisivo:

> *Amato figlio mio, non appena avrai trovato la ragazza che da tempo ti è stata destinata, dovrai leggere il mio diario, ma in nessun caso prima di allora! Soprattutto se dubiti che sia la persona giusta per te. Promettimelo: il mio diario ti darà la certezza che cerchi.*

Queste parole gli tornavano in mente ogniqualvolta emergeva la tentazione di aprire quel diario. Questa volta era certo: la donna era Marie. Così si preparò a leggere ciò che sua madre aveva scritto per lui. Che strano, si ascoltò nel profondo, senza dubitare un attimo che lei sapesse veramente prevedere il futuro. Sua madre aveva il dono della divina preveggenza. Quante volte era stato testimone di come lei a casa raccontasse di eventi inaspettati, che avrebbero sconvolto la gente in tutto il mondo, prima che accadessero perché li aveva previsti nelle sue visioni. Sorrise a se stesso sicuro dell'affetto di sua madre. Lei gli avrebbe dato la forza per affrontare le parole che aveva scritto per lui.

Fiducioso si recò nella stanza della musica e si diresse a un'antica cassapanca dove custodiva il diario. In raccoglimento, sollevò il coperchio di legno e prese tra le mani il prezioso libro. Quasi in trance mise su la sua registrazione preferita dell'opera *Lohengrin* con Wolfgang Windgassen nel ruolo principale e la lasciò andare in sottofondo. Solo dopo che le prime note del preludio del primo atto sfumarono, con grande cautela, aprì il diario.

Già le prime righe ebbero su di lui l'effetto di una scossa elettrica.

Parigi, 19 gennaio 1990

Amato figlio mio,
ora è arrivato il momento. Hai trovato LEI, la donna predestinata per te dall'inizio e il cui nome in questa vita è Marie Madeleine Chevalier!

Com'era possibile che sua madre conoscesse il nome di Marie già nel 1990? Il battito del suo cuore per un attimo si arrestò e poi fu pervaso dal calore della certezza. Come avrebbe voluto avere accanto a sé sua madre ora, nel momento della rivelazione e del turbamento emotivo, per poterle fare tutte le domande che gli stavano a cuore.

Solo dopo essersi ricomposto, ebbe il coraggio di continuare, profondamente convinto che anche le parole seguenti si sarebbero rivelate vere.

Sono immensamente grata che sia ora finalmente arrivato il momento per svelarti i segreti che non mi era permesso rivelarti prima della mia morte. Credimi, figlio mio, è stato solo per il tuo bene!
Come sai, prima che tu nascessi facevo la cantante.
Seguimi in questo passato e ti confiderò come faccio a conoscere il nome della tua promessa. Molti anni fa ho avuto l'occasione di cantare la parte di Maria Maddalena nell'omonimo oratorio "Marie-Magdeleine" di Jules Massenet sotto la direzione dell'allora giovane e ambizioso direttore Jean Chevalier. Tu sai che è una delle poche opere musicali che ufficialmente rendono onore a Maria Maddalena. Ero al settimo cielo, perché avevo sempre desiderato mettermi al suo servizio con la mia voce. Inoltre per me era anche un grande onore poter lavorare con Jean Chevalier che stava raggiungendo fama mondiale. Ciò che non sospettavo era

la sua profonda connessione con Maria Maddalena, e noi eravamo due spiriti affini. Non dirmi ora che non avrei dovuto accettare che lui mi prendesse in simpatia dal primo momento. Ovviamente fu proprio ciò che accadde e io ho goduto di ogni istante della sua presenza. Poi un giorno, durante le prove, mi prese da parte e mi confidò di sapere senza alcun dubbio che sarei stata la madre della creatura preannunciata che sarebbe venuta alla luce il giorno di Maria Maddalena, il 22 luglio, dell'anno 1970. Ero senza parole. Ero da poco diventata adulta quando mia madre me ne aveva parlato in segreto. Quindi gli chiesi come facesse a saperlo perché si trattava di un segreto gelosamente custodito. Non dimenticherò mai come mi rispose: "Mia cara, come tu sarai la madre del figlio preannunciato, così io sarò il padre della figlia preannunciata, che nascerà il Venerdì Santo, il 1° aprile del 1983. Mia figlia e tuo figlio sono i prescelti per realizzare la profezia millenaria".
Mio caro figlio, posso immaginare come tu ora sia sconvolto, lo ero anche io al momento. La nostra famiglia aveva tenuto nascosto il segreto della nostra discendenza e anche io devo ora pregarti di non rivelare nulla in nessun caso. Ti prego di non andare avanti con la lettura per non influenzare il futuro che ha un'immensa importanza per l'intera umanità. Saprai quando sarà il momento per leggere anche il resto del mio diario.
Ti abbraccio con ardore e sappi che sarò sempre al tuo fianco, ovunque tu sia!

Julien sentì lacrime silenziose rigargli il volto. Le parole di sua madre l'avevano toccato nel profondo dell'anima e tuttavia si sentiva sopraffatto al pensiero di quale missione attendesse Marie e lui. Per un attimo fu tentato di continuare a leggere per scoprire qualcosa del suo futuro. Nel suo cuore si fece strada il timore di non essere all'altezza del compito.

Si ricordò per fortuna all'istante che sua madre l'aveva sempre messo in guardia di fronte alla paura. Ogni paura ci allontana dal pensare chiaramente. Di questo lei era intimamente convinta. E lo aveva esortato, nelle situazioni minacciose, ad affidarsi all'arcangelo Michele. Fece un profondo respiro e lo invocò al suo fianco. Era la prima volta dopo tanto tempo che pregò Michele, con le parole imparate da sua madre, di liberarlo dalle sue paure con la sua spada d'amore, luce e verità.

Julien si sentì subito meglio. Il suo primo pensiero fu per Marie. Come fare per contattarla? Lei non gli aveva lasciato neppure il suo numero. E non era facile chiedere a Véronique, che era presente alla reazione titubante di Marie.

Come sempre, quando era assalito dal dubbio, faceva ciò che la sua anima amava di più. Iniziò a cantare l'aria *Toute mon âme est là* dal *Werther* di Jules Messenet perché era quella che esprimeva al meglio ciò che stava provando. Non appena iniziò a cantare venne pervaso da una nuova forza e dalla certezza che Dio avrebbe sistemato tutto.

MARIE

PARIGI, 28 AGOSTO 2013

Non appena Julien sparì alla sua vista, Marie si lasciò cadere sulla sedia rivolgendo uno sguardo interrogativo alla sua amica: come doveva gestire le sue emozioni? Decisero di bersi una cioccolata calda nella tranquillità dell'appartamento di Marie e di parlare con calma di quanto era appena successo.

Véronique e Marie lasciarono il locale e si diressero alla moto. In sella e con la possibilità di scegliere da sola il suo percorso, Marie si sentì subito meglio. Si divertì a guidare nel traffico, sorridendo tra sé e sé: due uomini affascinanti in un giorno solo.

Ma all'improvviso venne superata da una Chevrolet Camaro gialla che sfrecciò loro così vicino da lasciarla allibita mentre cercava con tutte le forze di riprendere il controllo del mezzo. Mentre riassestava la moto, che aveva sbandato violentemente durante le manovre per evitare l'ostacolo, Marie notò che la vettura davanti a lei aveva una targa canadese. Più che il pericolo le dava da pensare seriamente il fatto che non fosse una situazione nuova. E poi quello lì accanto alla targa non era un *fleur de lys*, un giglio? Il suo cervello iniziò automaticamente a scandagliare tutto ciò che sapeva sull'argomento: nelle cerchie più ristrette il giglio era il simbolo dei custodi della conoscenza segreta, di persone come suo padre. E sotto al giglio di Francia riconobbe delle lettere e dei numeri. Marie strizzò gli occhi e lesse: "MMM 722" così come le parole "*Je me souviens*", "io mi ricordo".

Questo era troppo anche per la mente razionale di Marie, non poteva essere un caso. A fatica riuscì a non perdere il controllo della sua BMW. Senza sapere come, all'improvviso affiorarono tutti i ricordi memorizzati nel suo subconscio. Marie accostò la moto al marciapiede spegnendola il più velocemente possibile prima di essere travolta dalle immagini. Una Camaro nera, identica alla vettura con il giglio, che si avvicinava sempre di più. Era seduta di nuovo sull'auto di suo padre, era tornata bambina e osservava la Chevrolet Camaro mentre tentava di farli uscire di strada. Poi all'improvviso udì un boato assordante, involontariamente portò le mani in alto tappandosi le orecchie e, come al rallentatore, vide l'auto schiantarsi mentre lei e suo padre venivano catapultati fuori. Pochi secondi dopo la vettura prese fuoco sotto i suoi occhi e sua madre morì tra le fiamme allacciata al suo sedile.

Le fuoriuscì un grido straziante che la riportò bruscamente alla realtà. Marie si guardò attorno e a un tratto ebbe la certezza che, ventiquattro anni prima, sua madre non era stata vittima di un incidente d'auto, ma era stata assassinata; era stata una Chevrolet nera a ucciderla in un attentato alla vita di tutti loro.

Riconoscendo questo, ebbe improvvisamente la consapevolezza di come suo padre avesse avuto ragione quando voleva addestrarla, spiegarle tutto, metterla in guardia. Gli rivolse automaticamente una preghiera e lo ringraziò per la sua perseveranza.

Persa nei suoi pensieri, non si accorse di aver gridato forte e che un gruppo di persone erano accorse attorno a loro due in sella alla potente moto.

Véronique respirò profondamente e fece ricorso al suo autocontrollo così da riuscire a tranquillizzare la folla di persone che la sommergeva di domande. Perché aveva gridato la sua amica? Dovevano chiamare un medico? Con voce chiara e calma spiegò che la sua amica era ancora sotto shock perché entrambe avevano appena rischiato la vita ed erano sopravvissute per miracolo. Preferì tacere sul fatto che un'auto le avesse volutamente fatte uscire di strada. Non immaginava che la sua amica avesse notato la targa.

Marie non era ancora in condizioni di parlare. Grazie all'obiettivo resoconto degli eventi e al fatto che Véronique rimanesse chiaramente padrona della situazione, la folla si disperse rapidamente e lei poté finalmente occuparsi della sua amica ancora scossa da brividi incontrollati.

Véronique era stata addestrata a riportare alla calma le persone in stato di shock e così fece con Marie incoraggiandola a rimettersi in moto.

Una volta rientrata nell'ambiente intimo di casa, Marie crollò nuovamente sotto il peso dell'esperienza vissuta. Era profondamente scossa dagli eventi e dalle rivelazioni dei giorni e delle notti precedenti, emotivamente molto provata. Véronique, che percepiva fin troppo bene le sue emozioni, l'accompagnò in cucina e le preparò una robusta cioccolata.

Con le tazze fumanti in mano si spostarono in soggiorno accomodandosi sul divano. Véronique percepì subito che qui poteva lasciarsi andare augurandosi che nell'ambiente a lei familiare anche Marie potesse riprendersi rapidamente.

Quando Marie si fu leggermente calmata, Véronique azzardò la domanda che già voleva farle da un bel po' di tempo: «Dimmi, ma da quant'è che hai la sensazione di essere seguita?».

«A essere sincera, solo da oggi. Quando nel tardo pomeriggio sono uscita di casa, volevo recarmi al Sacre-Cœur, quando ho notato una limousine nera parcheggiata vicinissimo a casa mia, cosa che in qualche modo mi era parsa strana, visto che raramente in questa zona si vedono auto di lusso. E non appena siamo uscite dal cortile sul retro, l'auto ha lasciato il parcheggio per venirci dietro sino a Place Saint-Sulpice. Dapprima ho pensato che fossero turisti che casualmente facevano la nostra stessa strada. Ma quando siamo uscite dalla chiesa l'auto era ancora lì».

Véronique aggrottò la fronte. Tutto questo non le piaceva per niente. Pensierosa disse: «È tutto molto strano, ma ci sta benissimo con quanto Maria, la Madonna, mi ha rivelato in chiesa: sei in pericolo».

«Come scusa? Maria in persona ti ha parlato? Ti ha detto qualcosa su di me?», chiese Marie spalancando gli occhi come se avesse sentito male.

«Sì, mia cara, l'ha fatto», rispose Véronique tranquillamente. «Come sai, da molti anni sono stata istruita a comunicare con gli esseri dei livelli superiori. Non ne ho praticamente mai parlato perché tu mi avevi fatto chiaramente intendere che non volevi saperne nulla. Credo tuttavia che ora non sia più così».

Marie annuì automaticamente, in fondo si era appena biasimata per non aver creduto a suo padre. I ricordi appena affiorati confermavano però le sue premonizioni, le sue conclusioni, in pratica tutto ciò che non avrebbe mai voluto ascoltare.

«Véronique, ti prego raccontami tutto ciò che Maria Vergine ti ha chiesto di fare», la sollecitò.

«Non è così facile», Véronique esitava, «non si tratta di un messaggio semplice. Fatti animo perché non sarà facile accettarlo».

Véronique lesse la commozione di Marie sul suo volto.

«Maria ha lasciato trapelare qualcosa di più sulla missione?», chiese curiosa nonostante tutto.

«No, non proprio; solo che sei in pericolo perché, a quanto pare, un'accolita di persone si è prefissa di impedirti di raggiungere il compito della tua vita. Credo che abbia a che fare con la chiave dorata che hai ereditato da tuo padre».

«Uhm, suona tutt'altro che tranquillizzante», si lamentò la sua amica.

«Anche se può sembrare incredibile, Maria mi ha annunciato che tu sei molto più forte di quanto credi se hai fiducia in te stessa».

«Tu ci giureresti, o no?».

«Penso di sì», ribatté Véronique sorridendo, «perché sino a ora tutti i messaggi che ho ricevuto si sono alla fine rivelati veri». Sperava che la sua amica potesse guardare al futuro rincuorata. Subito le ritornarono però alla mente le parole nel messaggio "evitare danni maggiori" e involontariamente sospirò.

«Capisco», Marie annuì ed esitando un attimo disse: «Eppure c'è qualcosa che non mi dici, giusto?».

Véronique trasalì. La sua amica la conosceva proprio bene!

«Hai ragione», ammise e rifletté attentamente su come formulare le parole che le pesavano sul cuore. «È che non so se sarai disposta ad accettare questo pezzo del puzzle».

«Dai, allora spara! Non cadrò subito svenuta», fece Marie cercando di riportare un po' di leggerezza nella conversazione.

«Va bene, allora. In un'incarnazione precedente sei stata Giovanna d'Arco e già allora sei stata sopraffatta da quelle forze oscure».

Come Véronique temeva, a Marie mancò la parola. In silenzio la osservava. Rabbrividendo si sfregò la parte alta delle braccia come se avesse la pelle d'oca. Poi però Marie iniziò da sola a respirare consapevolmente come per volersi rilassare e percepire in sé un'eco; un metodo di mindfulness che Véronique conosceva più che bene.

Marie chiuse gli occhi e quando li riaprì guardò l'amica con gratitudine. «È stato molto coinvolgente, sai, le parole di Maria… come se avessero generato in me una eco, di colpo ero piena di calore e pervasa da un senso di sicurezza. Grazie, per avermi lasciato il tempo per tornare in me stessa. Che affermazione la tua, Giovanna d'Arco! E tuttavia credo di poterla elaborare». Involontariamente sorrise all'amica. «Hai idea di che associazione potrebbe trattarsi?», chiese infine.

«A essere sincera, non lo so veramente, ma chiederò a mio fratello Richard, che se ne intende di più. Fin da ragazzino si è interessato di queste cose», promise Véronique.

Marie era sì un po' più sollevata da un lato, ma dall'altro quello stato di leggerezza le consentiva di riflettere meglio sul genere di pericolo che correva.

«Cosa pensi, che anche Lucius mi stia perseguitando? Non è strano che mentre ero a Saint-Sulpice di colpo sono stata sopraffatta dalla paura e proprio in quel momento sia apparso Lucius?».

«Sinceramente potrei immaginarmi che faccia parte della combutta di anime oscure di cui ha parlato Maria. Con lui devi fare attenzione». Véronique si sentì un poco in colpa nel giudicare così negativamente il nuovo arrivato nella vita della sua amica. Per questo fu a maggior ragione sollevata nel riscontrare il distacco con cui ne parlava Marie.

«Qui ti do completamente ragione! C'è qualcosa di strano. Da un lato lo trovo molto attraente e dall'altro percepisco in lui qualcosa di gelido, calcolato». Gli occhi di Marie brillavano mentre chiedeva a Véronique: «Ma dimmi, tu come lo trovi? È evidente che gli sei piaciuta subito e la vostra somiglianza è a dir poco sbalorditiva! Avete l'aspetto di due angeli biondi scesi dal cielo».

«Davvero? Dai dacci un taglio».

«No, dico sul serio. Ma allora, come l'hai trovato?».

«Un po' strano. Incredibilmente familiare e allo stesso tempo ho sentito scattare il mio sistema d'allarme interiore, il che significa che mi dovrei tenere alla larga da lui», ribadì Véronique pensierosa. «Però mi è piaciuto in qualche modo...».

Marie scoppiò a ridere: «Posso capirlo. È decisamente attraente. Emana un grande fascino. Pensi che dovrei incontrarlo un'altra volta? Forse riesco a scoprire di più su di lui».

«La domanda è se da uno come lui si riesca a cavare qualcosa, sembra essere un ottimo attore».

«A proposito di attori», tentennò Marie impacciata, «anzi, volevo dire a proposito di cantanti: il tuo Julien mi ha proprio scombussolata».

Con piacere Véronique notò un rossore salire sulle guance della sua amica. «Me n'ero accorta eccome».

«Cosa, te ne sei accorta?».

«Ebbè, non si poteva fare a meno di notarlo, altrimenti non saresti stata lì impalata tutto il giorno».

«Come, prego? Sono stata lì a guardarlo per una mezza eternità?», chiese Marie del tutto inorridita.

«Oh sì cara. Da te, così forte e indipendente come sei di solito, non me lo sarei aspettata».

«Non dici sul serio! Trovo veramente imbarazzante che mi sia comportata come una *groupie* qualunque».

«Anche lui era come impietrito. Quindi rilassati».

«Dici davvero? Pensi che l'abbia turbato anche io?».

«Sì, assolutamente. Io lo conosco e so come reagisce di solito alle donne».

«Grazie al cielo!» esclamò Marie come se si fosse liberata da un peso al cuore.

Véronique le accarezzò il braccio aggiungendo: «Inoltre con Julien non ti devi preoccupare. Nonostante sia così famoso è rimasto una persona molto umile. Questo era sicuramente uno dei motivi per cui tuo padre lo stimava così tanto. E non può farci niente se ha successo con le donne. È solo che canta come un giovane Dio e ne ha anche l'aspetto».

Marie annuì in silenzio.

«Ti è piaciuto sul serio, tanto che anche ora ti lascia senza parole».

«Sì, è così, ma soprattutto mi ha confusa come nessuno prima. Come faccio a spiegartelo? Sai, ho provato un dolore lancinante e una profonda nostalgia nello stesso istante. Mi è parso estraneo e familiare allo stesso tempo. Già al primo sguardo ho avuto l'impressione che mi fosse più vicino di qualunque altro uomo prima. Non ho la più pallida idea su come gestire questa cosa. È un tipo di emozione che non conosco, anzi mi fa sentire impotente», confessò Marie.

«C'è un solo rimedio, dovresti rivederlo presto».

«Ma ho così tante altre cose da fare! Mi hai appena fatto la predica che, come Giovanna d'Arco, devo dedicarmi al mio compito...».

«Chi ti dice che questo non abbia anche a che fare con Julien?».

«Pensi che lui possa essere versato in questi misteri?».

«Sì».

«Ma...», rifletté Marie a voce alta, «potrebbe diventare un pericolo come Lucius».

«Non lo credo proprio! Conosco Julien da anni ed è una persona decisamente leale».

«In tutti questi anni, da quando lo conosci, non ti sei mai innamorata di lui?».

Véronique le lanciò uno sguardo perplesso e si accorse che Marie veramente voleva sentire da lei una risposta a questa domanda. Era così seria la cosa? Per fortuna non le fu difficile risponderle: «No, fin dall'inizio l'ho amato come essere umano e non come uomo».

«E a parti inverse? Voglio dire, sei una donna bellissima».

«Credo che per lui sia lo stesso. Siamo semplicemente amici che si fidano ciecamente l'uno dell'altra».

«Capisco», rispose Marie e dal sorriso si poteva leggere il suo sollievo.

«Quindi chiamalo. In fondo sei stata tu a non volergli lasciare il tuo numero. Perché poi?». Véronique non aveva compreso il motivo fin dall'inizio. Rivolse uno sguardo curioso all'amica. «Evidentemente due uomini belli in un giorno solo erano troppo». Véronique scoppiò a ridere. Poi entrambe stettero in silenzio godendo della piacevole sensazione di potersi confidare tutto.

Avvolta in questa confortevole sensazione, Marie si rese conto all'improvviso che effettivamente erano sedute lì sul divano nell'intimità della sua casa. Il suo sguardo cadde poi sul suo quadro preferito, felice una volta di più che suo padre avesse in passato acquistato per lei a Monaco quella preziosa copia del *Compianto sul Cristo morto* di Sandro Botticelli. Quante volte aveva osservato la scena riprodotta sul dipinto. Poi con la rapidità di un lampo fu trafitta da un dolore lancinante. In cerca di aiuto guardò Véronique; ma anche il suo di sguardo era come incatenato al dipinto, le mani in grembo strette tra loro in una morsa. Istintivamente Marie sapeva che quello era il dolore provato da Maria Maddalena e da Maria mentre piangevano il Cristo morto. Marie fissò nuovamente il dipinto come se lo vedesse per la prima volta. Con quanta grazia Maria Maddalena teneva tra le mani il capo di Gesù. Di colpo capì che il suo presentimento doveva essere vero. Tra Maria Maddalena e Gesù Cristo esisteva un legame molto più profondo di quanto non si sapesse ufficialmente. Non era una discepola che reggeva tra le mani il capo del suo Maestro, quella davanti a Marie era invece la donna che più era vicina a Gesù oltre alla madre.

Immersa in questa rivelazione, come colpita da un'ispirazione celeste, Marie si accorse che il quadro era appeso storto, qualcuno l'aveva spostato!

Con occhi umidi di pianto guardò Véronique sentendo se stessa dire: «Stacchiamo il dipinto dal muro. Non è nella solita posizione».

Véronique contraccambiò lo sguardo: «Oggi c'è qualcosa di diverso, lo sento».

Con cautela staccarono il quadro dal muro, lo girarono ed ecco lì fissato sul retro un biglietto ripiegato su se stesso.

Si scambiarono ancora uno sguardo. Marie staccò il foglio e lo spiegò. Era uno scritto con la calligrafia di suo padre.

Parigi, 6 gennaio 2013

Amata figlia,

mi duole così tanto, ma quando leggerai queste righe probabilmente non sarò più con te e non potrò darti la protezione di cui hai bisogno in questi tempi così densi di pericoli. Come avrei voluto raccontarti tutto, ma era meglio tenerti all'oscuro. Non volevo esporti al pericolo che è costato la vita a tua madre. Purtroppo non è deceduta di morte naturale. È stato sì un incidente d'auto, ma è stata investita di proposito. Questo doveva essere un avvertimento, un'intimidazione affinché desistessi dalle mie ricerche su Maria Maddalena e il suo segreto.

Tu mi conosci e sai che niente e nessuno avrebbe potuto impedirmi di seguire la mia strada e non solo nella musica, come direttore d'orchestra. Eppure ho voluto tenerti lontana da tutto il più a lungo possibile.

Quando leggerai queste righe io sarò già morto e purtroppo credo di sapere che non sarà per cause naturali. Questo non è un motivo per essere in lutto, perché sii certa che dietro a tutto questo si cela un piano superiore che ti verrà svelato.

Quello che però voglio rivelarti è che ora sei tu la custode della chiave dorata e hai accesso ai messaggi sacri di Maria Maddalena e Gesù Cristo nascosti in diverse località del globo. Parte del tuo compito è anche trovare questi messaggi e rivelarli agli esseri umani.

Sicuramente sarai affiancata da compagni che faranno di tutto per proteggerti. Fidati del tuo istinto. Tu possiedi

la forza per distinguere il bene dal male. Non disperarti dunque quando dovrai riconoscere che la mia morte è stata provocata intenzionalmente da una perfida società segreta, i cui accoliti mirano a nascondere al mondo gli scritti segreti di Maria Maddalena, addirittura a distruggerli definitivamente.
Scegli dunque saggiamente i tuoi amici e recati come prima tappa a Vienna. Là troverai altre indicazioni. Di più non posso svelarti in questo modo perché esiste il pericolo che il mio messaggio finisca nelle mani sbagliate. Io solo so che il tuo amato amico, Cristo, ti accompagnerà e ti proteggerà in ogni istante della tua ricerca. E di chi dovremmo fidarci, se non di lui.
Ti saluto dunque con tutto il mio amore.
Come tua madre anche io ti amerò sempre – per tutta l'eternità. Ti abbraccio forte
Tuo padre

Con il volto rigato di lacrime Marie porse il messaggio a Véronique. Non riusciva a parlare e nemmeno voleva farlo, era troppo sconvolta.

Evidentemente non solo suo padre, ma anche sua madre era stata assassinata. Le immagini dei suoi ricordi le avevano quindi rivelato la verità. Cercò di immaginare la sua vita com'era stata sino a qualche settimana prima, e come pensava allora. Era come se tra il suo "io" di allora e quello di oggi si frapponessero dei mondi. Poi si mise seduta, ben dritta. Avrebbe accettato il suo destino. Attenta, osservò le movenze del viso dell'amica mentre leggeva la lettera di suo padre. Anche lei chiaramente non fu in grado di proferire parola, si limitò a stringere Marie a sé dopo aver appoggiato con cura la lettera sul tavolino del soggiorno. Fu un abbraccio pieno di calore e Marie sentì chiaramente di non essere sola. Véronique sospirò e disse: «Possano gli angeli lenire il tuo dolore».

Quando si sentì più rinfrancata, Marie si sciolse dall'abbraccio di Véronique. Sapeva di aver preso una decisione e dopo le ultime ore passate con il cuore affranto in lei scese una profonda calma.

«Penso di avere parecchio da fare!», disse tranquilla.

«Sembra proprio di sì», fece Véronique di rimando.

«Allora sono stati assassinati tutti e due, mamma e papà. Pensi che abbiano sofferto?».

«Ah, Marie è meglio se cerchi di guardare avanti, gli angeli del Signore saranno stati al loro fianco».

Marie fece sì col capo. Solo ventiquattro ore prima avrebbe riso delle parole della sua amica, ma ora la riempivano di una tale fiducia da poter affrontare il passato: «Sai, oggi mentre quella Chevrolet gialla ci stava sorpassando, all'improvviso sono tornati i ricordi dell'incidente di mia madre. Per anni medici e psicoterapeuti hanno provato di tutto per aiutarmi. Ma lo shock era troppo forte, non riuscivo a ricordare nessun dettaglio. Era come un oscuro buco nero nella mia memoria. Ma la vettura gialla e la targa con il *fleur de lys* hanno fatto affiorare brandelli di ricordi. All'improvviso ho rivisto tutto come al rallentatore. È stato terribile. Ma ora, stranamente, mi sento meglio. Da quando so ciò che veramente è accaduto».

Con sincera compassione Véronique accarezzò il braccio di Marie mentre lei raccontava della Chevrolet nera che aveva intenzionalmente speronato la macchina di suo padre. Marie iniziò a tremare descrivendo come le fiamme avevano avvolto l'auto e inghiottito sua madre. Esitando disse: «È semplicemente orrendo. Conosci *Il Vangelo di Maddalena* di Kathleen McGowan? Era come se qualcuno mi avesse inserito nella trama di quel romanzo. Non avrei mai pensato di fare un'esperienza del genere. E ora vengo io stessa perseguitata da tizi che presumibilmente fanno parte di un'oscura società segreta e che con tutta probabilità hanno sulla coscienza anche la vita dei miei genitori. E poi ancora la faccenda con gli scritti di Maria Maddalena e Gesù Cristo. Non è tutto una follia? Io credevo che il mio compito fosse di avvicinare più persone possibili al mio amato mondo dell'arte…».

«Questa sembra essere solo una parte del piano della tua anima», fece Véronique pensierosa. «Se ricordo bene anche la targa della Camaro gialla celava un messaggio per noi».

«Credi che l'auto non sia solo servita a farmi ricordare l'incidente? Ho come un vuoto di memoria, vedo solo la vettura e poi come dal nulla affiorano i ricordi».

Aveva fatto appena a tempo a pronunciare le ultime parole che venne nuovamente catapultata indietro nel film composto da immagini ricordate quasi come se vi si immergesse.

Véronique agì subito, sfregò le sue mani facendola uscire da quello stato grazie a quanto le disse con voce cristallina: «Inspira ed espira profondamente e apri immediatamente gli occhi!».

«Oh, mio Dio, ma questa cosa non finisce più?» si lamentò Marie.

«Ma sì, certamente», le disse Véronique per tranquillizzare la sua amica. «Devi solo avere un po' di pazienza con te stessa».

Ci volle parecchio prima che Marie si raddrizzasse di nuovo. Guardò attentamente l'amica.

«Qual era dunque il messaggio sulla targa dell'auto?»

«MMM 722».

«E allora?», chiese Marie. Poi fu come se le avessero tolto le bende dagli occhi: «Già il giglio era di per sé un indizio, ma solo il primo. Perché MMM sono le iniziali di Maria Maddalena. E il 722 è la data in cui ricorre la sua festa, il 22 di luglio, solo scritto alla maniera americana, ovvero con il mese prima del giorno. Se non era un messaggio questo! Oltretutto era di nuovo una Chrevrolet Camaro come quella dell'incidente di mio padre, una minaccia per farlo desistere dal continuare le sue ricerche su Maria Maddalena e sul suo lignaggio».

«Sì lo penso anche io», concordò Véronique. «Inoltre sotto alla sigla MMM722 comparivano anche le parole 'io mi ricordo'! E adesso l'hai fatto anche tu». Tra sé e sé aggiunse anche: "E ti ricorderai di molto altro ancora...". Véronique sentì un peso al cuore.

«Cosa dovrei fare ora come prima cosa?».

«Scrivere a Lucius».

«Cosa, scusa?», Marie pensava di aver capito male.

Ma imperterrita Véronique ribadì: «Scrivere a Lucius e chiedergli un incontro. Solo così possiamo scoprire se è in qualche modo collegato con la faccenda».

«Non riesco davvero a immaginare come possa entrarci...». Incredula Marie guardò Véronique.

«Beh, non può essere un caso che lui sia comparso in tutte due le chiese lo stesso giorno e alla stessa ora in cui c'eri tu».

«Pensi che faccia parte di quella società segreta di cui parlava mio padre?».

«Questo lo dobbiamo scoprire! Può essere di importanza vitale».

«Di importanza vitale? Dai, non essere così melodrammatica!». Gli occhi di Marie brillavano.

«Qui si tratta di vita o di morte, non ne hai ancora preso coscienza? Lo so Marie che tu hai vissuto nel tuo mondo, ma ora devi imparare a convivere con la realtà nella quale sei nata».

Marie scrisse un breve messaggio per Lucius e da come premette il tasto di invio Véronique capì che la sua amica stava ancora lottando con il suo destino. Come fare per infonderle un po' di coraggio? Poi, facendosi animo si lanciò: «Dovresti scrivere anche a Julien».

«Come sarebbe? Adesso devo rivedere anche lui?».

«Penso proprio di sì», fece Véronique cauta, «perché lui sicuramente qualcosa sa. Sono peraltro piuttosto sicura che lui faccia parte dei buoni, di quei compagni di cui parlava tuo padre».

«Lo pensi?».

«Sì, credo che sia così».

«Se lo dici tu... domani gli invio un SMS» concluse Marie rivolgendo un timido sorriso a Véronique.

«Ottima decisione», Véronique contraccambiò il sorriso, felice che la sua amica si fosse veramente fatta coraggio.

«*Chérie*, ti dispiacerebbe fermarti a dormire qui da me? In qualche modo mi sento un po' a disagio con tutto quello che è accaduto nelle ultime ventiquattr'ore».

«Figurati».

«Sei un tesoro!», Marie abbracciò la sua amica, poi salì velocemente in soffitta a prendere il secondo letto e quando si furono coricate, chiacchierando come facevano all'epoca della scuola, tutti i pensieri negativi erano stati scacciati.

Ma la presenza di Véronique non preservò Marie da un'altra notte di incubi. Nel sogno Marie si trovava nel buio di una cattedrale che le sembrava in qualche modo familiare. Era alla ricerca di qualcosa, sapendo di doverlo trovare. Ma nell'oscurità incombeva quella minaccia, tanto che a un certo punto osò avanzare solo strisciando carponi, mentre con le mani nervosamente tastava il pavimento in marmo bianco-nero. All'improvviso venne circondata da uomini avvolti in vesti nere che infierivano su di lei a coltellate. Disperata cercava di evitare le lame mentre sentiva che la sua forza vitale andava scemando. Poi di colpo si accorse della presenza di una figura simile a un'ombra; nella sua testa prese forma un'immagine, era l'arcangelo Michele o era Lucius? Doveva tenerla d'occhio, venirle in aiuto. Le sfuggì un urlo di paura e si svegliò.

Le giunse la voce tranquillizzante di Véronique: «Marie, sono io Véronique. Era solo un sogno. Va tutto bene!».

Quando Marie la fissò confusa, Véronique la prese tra le braccia, cullandola dolcemente sino a quando si accorse che l'amica si era di nuovo calmata.

Dopo un po' le chiese con cautela: «Mi vuoi raccontare cosa hai visto?».

«Sì», sussurrò Marie iniziando a raccontare il sogno spaventoso.

«Hai detto che la chiesa non ti era del tutto nuova? Eri già stata lì?».

«Sì, dev'essere stato molto tempo fa», fece Marie rimuginando.

«Quanto tempo?».

«Decisamente molto tempo fa. Credo di essere stata lì con mio padre da bambina. Lui deve...». Il suo sguardo sembrava un punto esclamativo: «Era il Duomo di Santo Stefano, ero a Vienna. E nella sua lettera mio padre mi diceva che dovevo recarmi a Vienna».

«Di questo ci occupiamo domani. Forse dovremmo veramente andare a Vienna. Ma per ora è il momento di dormire, il riposo è il miglior consigliere, specie quando ci attendono compiti importanti».

«Grandi pericoli», la corresse Marie che per un attimo rivide le lame affilate. Ciononostante si coricò senza ribattere. Non appena chiuse le palpebre una colomba bianca attraversò i suoi sogni donandole il sonno.

PARTE SECONDA

LE TRAME DEL MISTERO

LUCIUS

PARIGI, 28-29 AGOSTO 2013

Dopo aver lavorato assiduamente alla sua ricerca sul Sacre-Cœur e su Saint-Sulpice, Lucius uscì di casa e andò alla Société Arts e Culture de Paris, per la quale lavorava da quando aveva terminato i suoi studi in scienze dei beni artistici e culturali. La sede era in un antico e sontuoso *hôtel particulier*, una residenza aristocratica nel quartiere Marais. In origine era un terreno paludoso poi però bonificato nel XIII secolo da alcuni appartenenti all'Ordine dei templari.

Ogni volta che saliva la gradinata marmorea che portava ai locali della fondazione, Lucius godeva della sensazione di trovarsi in un ambiente di rilevanza storica, perché dopo la perdita prematura dei suoi genitori gli premeva ancora di più di fare qualcosa ed essere qualcuno di importante. E il suo maestro d'arte, Maurice de la Fontaine, che per lui era stato anche un padre adottivo, gli dava il riconoscimento di cui aveva bisogno.

In brevissimo tempo aveva fatto di lui il manager culturale meglio retribuito. Lucius sapeva che questo non era dovuto al loro rapporto personale, bensì unicamente alle sue capacità professionali. De la Fontaine era sempre stato con lui molto più esigente di quanto non lo fosse con gli altri impiegati perché lui stesso voleva splendere alla luce del suo pupillo.

Educatamente, ma con decisione, bussò alla porta ed entrò solo quando udì un chiaro: «Entra!».

Monsieur de la Fontaine indossava, come sempre, un costoso abito nero di fattura italiana e l'acconciatura era impeccabile tanto quanto la barba elegantemente spuntata, i suoi segni distintivi oltre all'anello con sigillo che portava al mignolo della mano sinistra. Aveva un aspetto decisamente prestante: manteneva il fisico allenato di un giovane atleta unito al portamento aristocratico che ne rivelava la nobile discendenza. Non era facile dargli un'età. Solo una cosa era certa, era consapevole dell'effetto che produceva e sembrava molto più giovane di quanto non fosse.

Da quando era diventato adulto Lucius non si lasciava più ingannare da tutte queste apparenze, da tempo ormai aveva constatato che, nonostante appartenesse all'élite francese, de la Fontaine aveva in sé qualcosa di vagamente degenerato e la sua intelligenza non poteva decisamente competere con la propria. Maurice de la Fontaine doveva la sua posizione solo e unicamente al nome della sua famiglia dalla quale, dopo la morte del padre, aveva anche ereditato la famosa fondazione culturale. Quasi contemporaneamente il Presidente della Repubblica francese l'aveva anche nominato Segretario di Stato con mansioni particolari. Fungeva da suo consulente culturale incaricato di realizzare progetti unici nel loro genere. Proprio per questo motivo aveva affidato a Lucius il compito di dedicarsi agli affascinanti simboli presenti nelle chiese della capitale francese, perché era consapevole che non fossero ancora stati studiati a sufficienza.

Pieno di aspettative osservò Lucius mentre, come un monarca, troneggiava dall'alto della sua imponente scrivania in legno di quercia.

«Allora, hai scoperto qualcosa di nuovo, mio diletto?».

«Sì, l'ho fatto, *mâitre*», rispose Lucius con sufficienza prima di lasciarsi andare sul divano, non distante dalla scrivania, con sfacciata, disinvolta eleganza e riferire dettagliatamente a Maurice de la Fontaine sulle sue impressioni e scoperte nonché sul suo incontro con Marie Chevalier.

«Sembra tutto molto promettente». Soddisfatto de la Fontaine incrociò le dita davanti alla pancia: «E quali sono i tuoi prossimi passi?».

«Mi metterò d'accordo per andare a cena con Marie». Sicuro di vincere, Lucius sorrise sapendo che nel frattempo Maurice, noto per l'incredibile effetto che aveva sul "gentil sesso", vedeva in lui il suo principale concorrente.

Per una frazione di secondo l'espressione di de la Fontaine cambiò, anche se riprese subito il controllo di sé. Ma a Lucius non era sfuggito, perché dall'attentato costato la vita ai suoi genitori era costantemente in guardia. Anche se dall'esterno sembrava il ritratto della calma, intimamente era pronto a tutte le eventualità. Questo faceva di lui un pericoloso avversario.

Prima che la persona che aveva di fronte fosse consapevole delle sue emozioni, Lucius sapeva già come si sarebbe comportata.

Quindi non si stupì che proprio in quell'istante il suo smartphone iniziasse a vibrare. Senza guardare lo schermo esclamò: «Marie ha già abboccato».

De la Fontaine non si stupì più di tanto del sesto senso del suo protetto, perché da quando, da adolescente, era stato addestrato da un maestro di arti marziali, questi episodi erano all'ordine del giorno.

«Fila tutto liscio come l'olio». Maurice ridacchiò. «Del resto hai imparato dal migliore».

«È proprio vero!», Lucius sapeva più che bene quello che Maurice voleva sentirsi dire: «Adesso però devo andare».

Con uno scatto si alzò dal divano, fece un cenno a de la Fontaine e in un attimo uscì dalla stanza.

JULIEN

PARIGI, 29 AGOSTO 2013

Quella notte Marie non fu l'unica a sognare, anche Julien lo fece. Irrequieto, si era girato per un po' nel letto. Ma gli avvenimenti nel sogno l'avevano talmente catturato da non essere più consapevole di se stesso. Eppure quelle immagini lo sconvolgevano: vide che Marie era in grande pericolo, assalita da uomini avvolti in vesti nere. Lui sapeva di non poter fallire, doveva salvarle la vita a qualunque costo. Brandelli di ricordi si insinuarono nelle immagini oniriche e lui si ritrovava a essere René d'Anjou, troppo vigliacco per salvare Giovanna d'Arco. Non doveva mai più abbandonarla in quel modo. Il suo cuore era oberato da questo peso. Ma prima di sapere se lui, il "buon re" di una volta, ce l'avesse fatta ora a salvare la vita alla sua Marie, Julien si svegliò immerso in un bagno di sudore.

Cercò di calmarsi facendo profondi respiri per recuperare la lucidità. Cosa doveva fare, ora? Non aveva neppure il numero del cellulare di Marie per mettersi in contatto con lei. Non gli restava altro che affidarsi a ciò che l'arcangelo Michele gli aveva insegnato. Perché una parte di lui era certa che fosse stata una visione e non solamente un sogno. Andò velocemente in cucina a bere un bicchiere d'acqua e tornò a letto. Ci volle parecchio prima di essere sufficientemente calmo da riprendere sonno.

Per fortuna Giulia non si era accorta di nulla, dormiva come un ghiro.

Si svegliò al cinguettio degli uccellini proveniente dal giardino. Doveva aver riposato più del solito. Ne ebbe la conferma dando un'occhiata al telefonino. E così facendo, con crescente entusiasmo, lesse il messaggio che gli era arrivato.

«Caro Julien, sono stata molto felice ieri di averti potuto finalmente conoscere di persona, dopo aver sentito così tanto parlare di te. Cosa ne dici? Avresti tempo e voglia di rivedermi una volta o l'altra? Con affetto, Marie».

Leggendo queste righe il cuore di Julien fece un balzo. Poteva essere che le piacesse almeno un po'?

Aveva segretamente sperato di poterla incontrare a una serata in onore di suo padre prevista in settimana dalla società wagneriana. Allo stesso tempo però voleva andare sul sicuro, fissare un appuntamento con lei. Oppure gli rodeva che lei non gli avesse dato il suo numero prendendo lei l'iniziativa? Meravigliato dovette ammettere con se stesso che nessuna donna era sino ad allora riuscita a scalfire così tanto la sua autostima maschile. Non poteva fare altro che avere fiducia nel fatto che la donna della profezia fosse lei, e una parte di lui era ansiosa di sapere in che modo avrebbero potuto trovarsi anche nella vita reale. Doveva risponderle subito? Oppure era più tattico attendere un po' prima di farlo?

«Rispondile immediatamente!» tuonò chiaramente una voce in lui. «Non vorrai mica agire mosso dal tuo ego offeso quando il cuore ti parla così chiaramente. E vedi, lei si è veramente fatta viva con te!».

«Cara Marie, che bello sentirti! Molto volentieri ti rivedo. Però sono a Parigi solo per questa settimana; la prossima sarò a Vienna per le prove del *Parsifal*. Tu quando hai tempo? Non vedo l'ora di rivederti! Julien».

Appena finito di digitare l'SMS, pieno di gioia si alzò di scatto dal letto e si diresse verso la cucina canticchiando. Marie rispose poco dopo. Con un rapido scambio di messaggi si accordarono per vedersi qualche giorno dopo. Julien era felice di avere in questo modo tempo a sufficienza per mettere fine alla storia con Giulia. Dall'istante in cui Marie Madeleine Chevalier era apparsa in carne e ossa nella sua vita sapeva che non sarebbe più stato capace di condividere il letto con un'altra donna.

MARIE

PARIGI, 29 AGOSTO 2013

Presto si sarebbero dunque rivisti. Marie era molto contenta di avere avuto il coraggio di contattare Julien e riteneva un buon segno il fatto che lui avesse risposto subito. Entusiasta, lo stava raccontando a Véronique quando il suo cellulare diede nuovamente segni di vita. Velocemente gettò uno sguardo al messaggio appena arrivato. Sperava che non fosse Julien che voleva di nuovo disdire. Ma invece chi le aveva scritto era Lucius. La invitava a casa sua e dato che amava molto cucinare era un invito a cena. Marie si ascoltò. La cosa non le piaceva per niente.

«Cosa devo fare adesso?», chiese a Véronique, dopo averle letto l'SMS di Lucius. «In qualche maniera non è come vorrei che fosse. Una situazione un po' troppo intima per un primo incontro. Tu cosa ne pensi?».

«Ti capisco bene. D'altronde però… a casa sua puoi scoprire molto di più su di lui che in un altro luogo neutrale».

«Hai ragione, naturalmente. Significa che mi suggerisci di accettare l'invito?».

«Sì, in ogni caso, sarebbe più innocuo. Se veramente facesse parte di quella società segreta e ti volesse fare del male, potrebbe farlo anche altrove. Hai visto ieri quando sei stata tamponata dall'auto. E se invece è inoffensivo, allora ti attende una piacevole serata».

Véronique le sorrise così allegramente che il cuore di Marie si fece più leggero.

«Giusto. Vorrà dire che inghiottirò questa pillola amara».

«Potrebbe anche essere molto dolce», aggiunse l'amica sorridendo compiaciuta.

Marie non poteva prendere la cosa alla leggera. Era in pericolo. Solo che non aveva idea da che parte arrivasse questo pericolo incombente.

Véronique, che ovviamente aveva notato la sua esitazione, la prese tra le braccia: «l'arcangelo Michele veglierà su di te», disse con tono tranquillizzante. «Mia cara, va bene se ora ti lascio sola?» aggiunse indugiando un poco. «Anche se ora sono in vacanza devo assolutamente tenermi in allenamento, a inizio stagione dovrò essere in condizione perfetta per la *Manon*».

«Ma naturalmente! Ce la faccio anche da sola. Oltretutto ho ancora un paio di ricerche da fare e poi mi attende una cena con Lucius». Un brivido le percorse la schiena. Ma pericoloso o meno, non poteva mica smettere di vivere.

«Tutto chiaro! Allora mi incammino e mi rifaccio viva più tardi».

«Fantastico».

Come sempre prima di separarsi, le due amiche si strinsero in un caloroso abbraccio.

Non appena Véronique fu uscita, Marie sentì il suo coraggio venire meno. Doveva veramente correre il rischio di incontrare Lucius? Recarsi a Vienna? La cosa che avrebbe preferito fare era barricarsi in casa. Per fortuna non era necessario allontanarsi da casa, poteva cominciare a fare tutte le ricerche del caso sul suo laptop, compresa la prenotazione del viaggio.

Per distrarsi navigò tra alcuni siti di viaggi su Vienna. Col pensiero già al Duomo di Santo Stefano sobbalzò sentendo squillare il telefonino. Sapeva chi era senza dover controllare il numero: «Tutto ok Véronique?».

«Non proprio. C'è un tizio che mi ha seguita».

«Oh no», esclamò Marie. «Che aspetto aveva?».

«Non l'ho veramente visto, ne ho percepito la presenza».

«E come fai a sapere che era un uomo?».

«Perché ho chiaramente percepito un'energia maschile», rispose Véronique decisa.

Marie non sapeva bene cosa pensare a proposito. Poi si rammentò che si era prefissa di essere aperta nei confronti delle premonizioni della sua amica e reagì dicendo: «Capisco! Ciò significa che probabilmente da adesso siamo pedinate tutte due, giusto?».

«Sì, volevo solo avvisarti se per caso uscissi anche tu di casa più tardi».

«Ti ringrazio, *ma chère*». Marie rabbrividì un attimo al pensiero di un inseguitore. Poi bastò uno sguardo al suo amato dipinto e nel suo cuore si fece nuovamente strada la fiducia. «Buon allenamento!».

Si augurava che Véronique avesse capito che ne sarebbe venuta a capo, qualunque cosa fosse.

«*Merci et à bientôt*!». Sì, dalla voce si sentiva che era sollevata, come sempre Véronique aveva intuito il suo stato d'animo.

Un tantino rinfrancata, Marie navigò tra le pagine su Vienna che il suo laptop le mostrava. Il Duomo di San Stefano era proprio quello che voleva guardare. Più osservava e più ne era certa: le immagini apparse nel sogno erano di quel duomo. Forse il sogno e il messaggio di suo padre volevano dirle di recarsi a Vienna? Era lì che doveva cercare? C'era un collegamento con la chiave dorata lasciatale in eredità dal padre?

Pensierosa Marie continuò a osservare lo schermo del suo portatile, quando le sfuggì un grido di sorpresa. Che segno!

Come teleguidata aveva appena cercato su Google "Duomo di Santo Stefano + Maria Maddalena", ed ecco che già leggeva che accanto al Duomo di Santo Stefano era esistita una piccola cappella a lei dedicata. Un fruscio, un tubare e alzò lo sguardo. Eccola di nuovo: la colomba bianca lì sul davanzale della finestra del soggiorno. Marie emise un piccolo grido e la colomba si alzò in volo e sparì.

Doveva andare là, assolutamente. Un volo, doveva prenotarsi un volo e anche un albergo che corrispondesse ai suoi gusti nelle vicinanze del Duomo di Vienna.

Soddisfatta si rilassò. Che peccato che Véronique non potesse accompagnarla, le prove di *Manon* si tenevano proprio in quei giorni. Ma viaggiare proprio da sola? Fece il numero di Véronique. Forse le prove erano già terminate.

Véronique rispose al primo squillo, ancora un po' in affanno: «Ciao Marie, abbiamo appena finito con le prove, hai intuito bene».

L'aveva intuito? Aveva semplicemente provato. Marie annuì lo stesso e disse: «Ho prenotato il volo e l'albergo e vado a Vienna. Devo scoprire di più». Poi raccontò all'amica quanto aveva letto sulla cappella accanto al Duomo di Santo Stefano.

La risposta di Véronique sgonfiò un poco il suo entusiasmo, eppure l'aveva chiamata proprio per questo motivo. Quindi non si stupì più di tanto quando la sentì pronunciare la frase successiva: «Detto sinceramente, non mi piace per nulla lasciarti andare da sola».

«Non abbiamo altra scelta se devo portare a termine la mia missione, e poi prima che tu ti possa liberare passa troppo tempo. Inoltre abbiamo l'arcangelo Michele dalla nostra parte», aggiunse Marie e la sua risata suonò già più allegra.

«Allora va bene! Mi hai convinta, ma mi farò venire in mente qualcosa perché tu abbia qualcuno vicino che all'occorrenza ti possa aiutare», Véronique non era tipo da arrendersi tanto facilmente. Si misero d'accordo che Marie l'avrebbe chiamata non appena a casa dopo la cena con Lucius.

LUCIUS

PARIGI, 29 AGOSTO 2013

Lucius osservò la citronella, felice di averla trovata fresca al mercato. Era soddisfatto di sé per il fatto di avere invitato a casa sua Marie e perché amava cucinare, a maggior ragione se il convitato era una donna interessante come lei. E lei, Dio gli era testimone, era molto più che interessante. Era decisamente attraente, in più intelligente e sicura di sé. Lucius sapeva di voler scoprire di più sul suo conto. Da quando l'aveva vista non aveva più pace e questo significava già qualcosa. Inoltre lo solleticava che fosse amica dell'incantevole Véronique. Per un attimo si abbandonò a fantasticare un'intrigante relazione con una delle due donne; fantasia che fu interrotta dal suono del telefono.

Era Maurice de la Fontaine. Esitò un attimo, ma de la Fontaine non era uno da tenere in attesa al telefono. Visualizzò subito l'immagine di quell'uomo che allo stesso tempo lo ispirava e lo conquistava ma con modi che lo inducevano ad averne timore. A poco a poco gli era venuto il sospetto che il *mâitre* non riuscisse sempre a tenergli il passo quando gli riferiva delle sue scoperte. D'altro canto non era certo di farlo sempre di sua spontanea volontà; il *mâitre* era davvero capace di tirargli fuori tutto e nel frattempo conosceva ogni minimo dettaglio della sua vita sentimentale. Involontariamente Lucius si scosse aggrappandosi al pensiero che de la Fontaine non era proprio una cima. Fa lo stesso, pensò Lucius con un'alzata di spalle, il suo lavoro era molto vario, molto ben retribuito e gli permetteva di mantenere lo stile di vita che aveva imparato ad apprezzare nel periodo in cui aveva vissuto a casa di de la Fontaine. E a Parigi questa era un'impresa decisamente costosa. Tanto meglio: il suo ultimo progetto volto a fornire nuove rivelazioni sul linguaggio simbolico delle opere antiche e sulle connessioni con il Nuovo Testamento della Bibbia, in particolare ai motivi su Gesù, i suoi discepoli e la Maddalena, nonché le altre donne nella cerchia di Gesù, lo entusiasmava più che mai. Di tanto in tanto il *mâitre* lo incaricava di spiare le persone che si interessavano d'arte in questo contesto, un aspetto del suo lavoro che a Lucius piaceva e che considerava come un gioco pericoloso. Amava essere un passo avanti a tutti gli altri. Sorrise ambiguamente.

«Buonasera Lucius. Com'è la situazione? Avresti tempo per cenare con me stasera? Mi piacerebbe sapere di più sulle tue ultime scoperte».

«Mi fa molto piacere Maurice, ma con tutta la mia buona volontà proprio non posso, sto aspettando visite». Non gli dispiaceva tenerlo un po' sulla corda, lui che voleva sempre sapere tutto di tutti…

«Oh che peccato», la voce di de la Fontaine tradì delusione e curiosità allo stesso tempo. «E chi viene in visita, se posso chiedere?».

«Marie Chevalier». Lucius si stupì di se stesso per non aver saputo tacere. «Quella Marie? Eh, la Chevalier? La figlia del famoso direttore d'orchestra?».

«Esatto», così laconico si piaceva molto di più.

«È andata molto più velocemente del previsto».

Lucius sogghignò.

«Tu sei nato con la camicia! A giudicare dalle foto nella stampa dovrebbe essere una donna molto bella».

«Sì, ma non solo».

«Cosa intendi, Lucius? Presumo di aver presto anche io l'occasione per conoscerla. Di cosa si interessa?».

Come se dovesse ancora fornirgli degli spunti per la conversazione, Lucius fece un passo indietro valutando attentamente cosa dire dopo: «È sicura di sé e sa ciò che vuole. Questo mi piace molto!». Descrivere una donna al Maestro lo metteva a disagio perché conosceva fin troppo bene il comportamento di de la Fontaine con le donne. «Dove la incontrerai?» aggiunse scocciato con se stesso per la domanda.

«A una cena nella sede della Società wagneriana di Parigi, in onore di suo padre, senza dubbio, prima della sua orrenda fine, il più grande interprete vivente di Wagner».

«Capisco! E quando ha luogo questa cena?».

«Già domani».

«Decisamente una casualità molto interessante incontrarla tutti e due nel giro di tre giorni».

«Si può proprio dire di sì, ma adesso non voglio trattenerti più a lungo. Goditi la serata!».

Lucius esitò. Il *mâitre* non aveva riso dopo quel "si può proprio dire di sì"?

Allora era proprio come sospettava, de la Fontaine aveva pianificato da tempo l'incontro con Marie. Senza farsi notare disse: «Grazie e a presto». Ma non era certo che il *mâitre* avesse sentito le parole di commiato. Ancora una volta aveva agganciato rapidamente, quasi sapesse in anticipo quando Lucius avrebbe terminato la conversazione.

In altre occasioni questo modo di comportarsi lo aveva divertito, ma oggi gli parve un atteggiamento alquanto snob e arrogante.

Probabilmente lo infastidiva il fatto che anche Maurice avrebbe presto incontrato la "sua" Marie. Conosceva fin troppo bene l'effetto che lui aveva sulle donne e sperava che Marie non fosse di quelle per cui il denaro e il nome sono tutto.

Pensieroso, Lucius rivolse nuovamente la sua attenzione alle pentole sul fuoco, rimestò e assaggiò. Poteva essere assolutamente soddisfatto del risultato, adesso non restava che far sobbollire il tutto a fuoco lento e riordinare un po' affinché la cucina brillasse di pulito all'arrivo di Marie.

Poco dopo suonarono al portone e gli occhi bruni da cerbiatta di Marie gli sorrisero dal monitor. All'istante la sua rabbia era svanita, premette il pulsante e sentì lo scatto del portone che si apriva.

Aprì la porta di casa mentre Marie stava uscendo dall'ascensore. Era splendida nel suo abito lungo verde smeraldo impreziosito da gioielli esotici e dai tacchi alti che mettevano in risalto la sua femminilità.

«Che donna», pensò Lucius andandole incontro. La strinse calorosamente, abbraccio che lei contraccambiò senza esitare, così che lui poté sentire il corpo snello di lei sul suo.

«Sono felicissimo che tu sia venuta, Marie», disse sapendo che era la verità. E poi si sorprese a pronunciare anche a voce alta il pensiero successivo: «Sei splendida».

Marie si rilassò visibilmente. «Grazie per il complimento e per l'invito. Sono felice di essere qui», rispose mentre il suo sorriso arrivò anche agli occhi, come per voler sondare i suoi. Ricambiare la sua gioia fu un attimo.

«Beh, allora entra», disse Lucius accompagnandola nel loft. Non l'abbandonò mai con lo sguardo perché voleva vedere la sua reazione alla casa. Era soddisfatto, Marie osservava le preziose opere d'arte e i pezzi d'antiquariato con interesse e con occhio esperto.

Piena di ammirazione si girò verso Lucius esclamando con entusiasmo: «È da tanto tempo che non vedo una casa fantastica come questa. Sai veramente come combinare al meglio gli stili più diversi così da fonderli in un'unica grande armonia. Sono molto colpita».

«Detto dalla bocca di una professoressa d'arte ovviamente mi lusinga molto», rispose Lucius.

«Però adesso dai, mangiamo non vorrei che non fosse più buono se resta troppo a lungo sul fuoco».

«Che cosa hai preparato?».

«I miei piatti preferiti della cucina balinese-indonesiana».

«Sembra fantastico! E dove hai imparato a farli?».

«Ho vissuto alcuni mesi a Bali, visto che in occasione di una visita mi ero accorto che l'energia del posto mi faceva bene. E così ho anche imparato a cucinare alla balinese».

Spostò la sedia per fare accomodare Marie e sparì in cucina. Tornò con un grande piatto pieno colmo di insalata Gado-Gado, curioso di scoprire se a Marie piacesse tanto quanto piaceva a lui.

Lei era visibilmente impressionata: l'insalata era ottima e anche il tavolo era apparecchiato con grande cura. «Hai buon occhio per le cose che fanno effetto», disse a Lucius indicando sia la portata che la decorazione del tavolo, compreso l'antico candeliere a sette bracci d'argento massiccio nel quale sette candele bianche emanavo una calda luce. «E ami Chopin?».

Lucius si rallegrò che lei avesse riconosciuto uno dei concerti per pianoforte e orchestra sperando di non aver esagerato con il volume. La musica doveva fare da sottofondo alla serata e non sovrastarla, far sì che si sentissero a loro agio nelle pause della conversazione.

Dopo che entrambi ebbero finito di gustare l'insalata senza troppe parole, Lucius si alzò per sparecchiare. Quando si piegò verso Marie per prendere il suo piatto, senza volerlo sfiorò il suo braccio ed entrambi trasalirono perché il contatto ebbe un effetto elettrizzante. All'istante cercò lo sguardo di Marie per leggervi dentro e capire se per lei avesse significato qualcosa.

Tornato in cucina, mentre sistemava sul vassoio delle ciotoline con altre prelibatezze, Lucius cercava di chiarirsi le idee su cosa significasse Marie per lui. Era molto curioso, questo era certo.

«Come facciamo a mangiare tutto? Hai cucinato per un esercito!», esclamò Marie.

«Non sapevo cosa ti piacesse. Quindi ho preparato diversi piatti con e senza carne e pesce».

«Incredibile! É da tanto che non vengo viziata così da un uomo», disse Marie con enfasi.

"Beh, allora è arrivato il momento! Significa che sei single?», chiese Lucius sperando che il palese interesse non gli si leggesse subito negli occhi.

«Sì e tu?».

«Io anche. Ma com'è possibile che una donna attraente come te sia sola?».

Marie rispose con un'altra domanda: «Com'è che un uomo attraente come te è solo?».

A quel punto Lucius scoppiò a ridere forte. «Hai ragione. La mia era una domanda stupida. Ma, sul serio, com'è che accanto a te non c'è un uomo?».

«Sono piuttosto selettiva», rispose Marie sorridendo.

«E tu?».

«Io anche», fece Lucius meravigliato di non poter fare a meno di sorridere senza volerlo. Non così diretto, ammonì se stesso, ma la bocca fu più veloce: «Beh, abbiamo già qualcosa in comune. Inoltre abbiamo tutti e due interesse per l'arte e le chiese, come abbiamo avuto modo di constatare ieri. Mi sembra un buon inizio! Tu che ne dici?».

«Possiamo proprio dire di sì», confermò Marie. Diedero così avvio a un'appassionante conversazione sull'arte, la cultura e i valori interiori.

Si intendevano a meraviglia e, solo quando le campane della vicina chiesa di Saint-Severin suonarono la mezzanotte, Lucius si accorse di come fosse volato il tempo da quando, terminata la cena, si erano accomodati sul suo divano in pelle.

Marie scattò spaventata e disse: «Devo andare a casa».

«Perché mai?», chiese Lucius stupito. «Sei in vacanza, suppongo».

«Sì, è vero. Ma nei prossimi giorni mi attende un sacco di lavoro e poi voglio anche partire per un viaggio», si lasciò scappare Marie.

«Che programmi hai?». Vai piano si disse nuovamente mordendosi la lingua.

«È una lunga storia», spiegò Marie e Lucius si chiese perché avesse risposto così evasivamente. C'era sotto qualcosa. Doveva assolutamente scoprire cosa volesse dire e dove fosse diretta.

«Io ho tempo», disse Lucius battendo con la mano sul divano per invitare Marie a risedersi.

In qualche modo allarmata, Marie lo fissò con un'espressione dubbiosa sul viso. «Mi dispiace Lucius, ma adesso devo proprio andare. Facciamo magari un'altra volta, ok?».

«Va bene! Posso accompagnarti a casa?», strizzò gli occhi per vedere bene come lei reagiva. L'avrebbe ancora invitato a salire su da lei?

«Mi dispiace, devo deluderti. Sono venuta con la mia moto».

«Vai in moto?», chiese Lucius divertito.

«Oh sì», rispose Marie.

«Beh, comunque ti posso portare a casa lo stesso, e tu vieni a prenderti la moto domani».

«Molto gentile da parte tua, Lucius, ma la moto mi serve domani mattina presto e poi mi piace guidare».

«Almeno è valso tentare», fece Lucius con tono flirtante, valutando anche se non avesse bevuto troppo. Non più di quanto avesse bevuto lui, dovette ammettere. Magicamente attratto, la prese tra le braccia per salutarla. All'inizio lei si abbandonò all'abbraccio per poi ritrarsi. Come doveva interpretarlo? Un invito a baciarla non lo era ma lui non poté fare a meno di avvicinarsi a lei con il viso.

Lì lei si staccò dolcemente ma con decisione dalle sue braccia ringraziandolo calorosamente per la bella serata e la squisita cena.

Lucius si augurò che lei non si accorgesse della sua delusione. Era così enigmatica, come avvolta da un alone di mistero che lui voleva assolutamente svelare…

Arrivati alla moto, strinse ancora in un abbraccio amichevole Marie, solo leggermente riluttante, le passò una mano tra i capelli e le augurò la buona notte. Poi notò una limousine nera, nella quale sedeva un'ombra che pareva li stesse in qualche modo osservando.

«Quindi è così!», pensò allarmato. Marie invece sembrava non essersi accorta di nulla. Per questo mentre lei era già balzata sulla moto gridò: «Mandami un SMS quando sei arrivata a casa!».

«Lo faccio. Promesso» rispose Marie allegramente, già sfrecciando nella tiepida notte parigina.

JULIEN

PARIGI, 29 AGOSTO 2013

Julien accese le candele sul tavolo e lasciò vagare lo sguardo. Era giusto così e così era andata. Quando aveva lasciato una donna, chiunque fosse, aveva sempre cercato di farlo con eleganza. Lasciare un'amante al cellulare, quando la storia era finita, gli sembrava un modo di agire imperdonabile. Rifletté un attimo se fosse per via dell'influenza di sua madre, che fin da bambino gli aveva insegnato a onorare le donne come quelle creature divine capaci di portare in sé un frutto sacro e donare la vita. Questo pensiero lo persuase nuovamente che era arrivato il momento di congedare Giulia. Ma sapeva quanto era stata importante per lui a Salisburgo e all'inizio a Parigi dove avevano passato ore insieme in cucina. Era stato divertente inventare con lei nuove varianti di sushi, disporre le tenere striscioline di pesce sui maki e fare attenzione a non perdere l'equilibrio mentre si dirigevano verso il letto con in mano vassoi di lacca con delicate decorazioni floreali.

«Speriamo che non lo intenda in questo senso», pensò mentre facendo attenzione portava in tavola un vassoio con il cibo. Sapeva che proprio lei, da italiana, non era abituata al fatto che un uomo la viziasse e facesse da mangiare per lei.

«Sposami Julien!» le sfuggì di bocca mentre lui la guardava. Dal suo sorriso un po' storto Julien intuì che doveva essersi fatta qualche bicchierino di incoraggiamento e così liquidò la domanda con una sonora risata.

«Perché ridi?» ribadì Giulia indignata. «Io sto dicendo sul serio!».

«Dai Giulia, non mi conosci nemmeno», rispose Julien guardandola con occhi raggianti. «Anche se abbiamo passato insieme alcune settimane molto eccitanti, non significa ancora che siamo fatti l'uno per l'altra».

«Perché no?» si scaldò lei guardandolo infuriata, come se ogni sguardo fosse un piatto che minacciava di lanciargli contro. «Siamo entrambi due giovani cantanti di bell'aspetto e non sono solo le nostre voci ad avere un'ottima intesa, se posso permettermi di ricordarti le notti insieme. Possiamo girare il mondo e insieme scrivere la storia della musica sui più importanti palcoscenici del mondo».

Julien si augurò che lei non gli leggesse in volto quanto fosse divertito dalla sua affermazione. Anche se era una stella emergente nel firmamento della lirica, difficilmente avrebbe fatto la storia perché come mezzo soprano non era poi così eccezionale. I grandi elogi della critica per la sua *Carmen*, di cui andava incredibilmente fiera, erano, in parte non trascurabile, dovuti alla sua bellezza e al fatto che fosse un'interprete piena di temperamento e seducente. Il più delle volte i critici non consideravano molto la sua voce.

«Cara, io non amo i legami. E tu sapevi fin dall'inizio quanto io tenga alla mia libertà. Ovviamente sarò felice se saremo di nuovo ingaggiati dallo stesso teatro. Ma persino la stampa lo sa che nessuna donna riesce a trattenermi a lungo. Non che ne vada fiero, ma sono troppo onesto da non ammettere con me stesso che amo la libertà e le donne».

«E adesso vorresti scaricarmi semplicemente così?» sbottò Giulia.

«Mi piace il tuo senso del melodramma, ma adesso non fare scenate, siamo entrambi persone adulte».

Giulia non gli prestò ascolto, saltò su di scatto dalla sedia così da farla rovinare rumorosamente a terra. E prima che Julien potesse rendersene conto si piazzò di fronte a lui dandogli un sonoro schiaffo.

Questo non l'aveva proprio previsto; sapeva che grazie all'allenamento i suoi riflessi erano veloci e che non era facile coglierlo di sorpresa o addirittura attaccarlo. Ora fissava Giulia sbalordito. Nessuna donna aveva mai reagito così a un addio amichevole. E per un attimo si sentì come uno di quei macho che detestava così tanto. Involontariamente si scosse liberandosi così da tutti i dubbi su se stesso. La sua guancia era in fiamme.

«Sono io a lasciarti seduta stante!» annunciò Giulia uscendo dalla stanza a testa alta.

Questa diva sapeva come fare un'uscita a effetto. Julien aveva ritrovato il suo buonumore. Incredibile. Lei aveva girato la frittata, in modo da poter risultare come quella che lo lasciava e così lui non doveva fare i conti col fatto che lui la stava allontanando dalla sua vita. Bene, probabilmente l'aveva sottovalutata. Julien andò in bagno e si guardò allo specchio. Il rossore si stava diffondendo e sulla guancia destra era effettivamente visibile l'impronta delle dita di Giulia. A memoria una cosa così non gli era mai accaduta.

«In realtà ho ottenuto ciò che volevo» si disse a voce alta guardandosi seriamente negli occhi, la cui tonalità di blu, ora oscurata dal dispiacere, gli fece venire in mente un cumulo di nuvole mentre si alzano dal mare. «Comunque non volevo più andarci a letto. E ora non ci sarà nemmeno più l'occasione per farlo».

Delicatamente si massaggiò la guancia con un po' di olio di mandorle per lenire il rossore. Arrivato in camera da letto incappò in Giulia che con rabbia stava buttando in valigia il suo vastissimo guardaroba.

«Posso esserti in qualche modo d'aiuto» fece Julien imbarazzato tentando di salvare la pace e quanto restava di quel sentimento che li aveva uniti. «Mi dispiace Giulia. Ho trascorso momenti veramente belli con te».

Giulia lo fissò con i suoi occhioni, immobile come un coniglio spaventato. Forse si era resa conto solo ora del suo comportamento infantile.

Julien continuò a parlare come se non si fosse accorto del crescente turbamento di Giulia. «Sai, ho voluto prepararti qualcosa di speciale perché volevo ringraziarti per i bei giorni, pur sempre un frammento della tua vita che hai condiviso con me. So che non è scontato e la separazione non fa di noi di punto in bianco dei nemici, come forse ti saresti aspettata tu, ma questo non è il modo di fare. Io resto volentieri amico delle donne che mi piacciono. E che tu mi piaccia credo non fosse un mistero». Un po' sperduto alzò leggermente le spalle andando lentamente incontro a Giulia per abbracciarla e lei lo lasciò fare apatica.

Rialzò la testa guardando Julien con gli occhi umidi di lacrime e tirando su col naso aggiunse: «Sei comunque uno stronzo! Perché adesso mi stai facendo capire che non ti voglio perdere. Avresti almeno potuto concedermi la mia incazzatura».

Julien le sorrise e le sistemò una ciocca di capelli fuori posto. «Andrà tutto bene. Possiamo sempre restare amici. Cosa ne pensi?».

«Vediamo se ce la faccio!». Un po' di malavoglia, almeno così sembrò a lui, Giulia si girò e fece finta di riprendere a fare i bagagli. Sapeva che stava piangendo.

Julien si ritirò nel tinello e solo quando lei iniziò a trascinare le sue valigie in corridoio andò a darle una mano. Poi però le fece presente che non avrebbe avuto un posto dove andare per il resto della notte e, un poco rappacificati, decisero che Giulia avrebbe trascorso ancora una notte nel letto di Julien, mentre lui avrebbe dormito sul divano nella stanza della musica, così da evitare a Giulia di traslocare in un albergo nel cuore della notte.

Julien però fu felice di godersi la sua tranquillità nella stanza della musica. E fece quello che era solito fare ogni volta che qualcosa turbava il suo equilibrio: yoga per percepire il suo corpo e placare la sua mente. Infine intonò il suono sacro 'OM' sino a essere certo di essersi preparato a dovere per tutto ciò che sarebbe arrivato. Iniziò a meditare.

Con respiri profondi, lenti e consapevoli svuotò la mente e aprì la coscienza. Rivolse un pensiero al suo aiutante celeste nella speranza che l'arcangelo Michele lo aiutasse a fare chiarezza sui suoi sentimenti per Marie. Appena formulata la richiesta d'aiuto, Julien ricevette la risposta. Un pensiero si fece strada in lui e poi ebbe la certezza di voler continuare a leggere nel diario di sua madre per prepararsi per l'incontro con Marie.

Grato lasciò passare ancora un po' di tempo, poi si alzò dal suo cuscino da meditazione e da come gli tiravano i muscoli delle gambe capì di aver mantenuto la posizione davvero a lungo. Pieno di slancio si alzò, si diresse verso l'antica cassapanca e prese il diario di sua madre. Lo portò con sé in cucina, prima di leggerlo voleva prepararsi un tè giapponese. Col cuore che batteva a mille prese tra le mani quel tesoro sentendo sua madre incredibilmente vicina, lei che per tutta la vita lo aveva avvolto e protetto col calore e l'amore dei suoi pensieri.

Con grande cautela Julien sfogliò il diario per proseguire con la lettura e la finezza dell'antica carta tra le dita lo indusse al raccoglimento. Alla luce della lampada riconobbe il *fleur de lys*, il giglio, il marchio di molte case reali europee, che anche sua madre utilizzava sempre perché per lei, come per altri iniziati, era il simbolo della linea di sangue di Maria Maddalena e di Gesù Cristo. La vista di quel simbolo familiare lo rafforzò e gli rammentò di non sottovalutare l'importanza di quei messaggi.

Non appena trovata la pagina che cercava, sentì la melodiosa voce di sua madre e fu percorso da un brivido mentre lei gli leggeva a voce alta quanto segue:

> *Parigi, 22 gennaio 1990*
>
> *Amato Julien,*
> *probabilmente a breve dovrai incontrare nuovamente Marie ed è per questo che cerchi il mio consiglio. Come vorrei poterti ora parlare di persona per rispondere a tutte le domande che hai sulla punta della lingua.*

Come poteva essere che sua madre già ventitré anni fa fosse in grado di sapere ciò che stava passando lui oggi? Era veramente una di quelle veggenti capaci non solo di riconoscere le incarnazioni precedenti delle persone ma anche di prevedere il futuro? Questa rivelazione lo colpì come un fulmine. Cosa avrebbe dato per potere avere accanto sua madre in quell'istante! Dopo tutto lei gli era comunque vicino. Come per miracolo prima di leggere le righe successive le sentì dalla voce di sua madre:

> *Come già ti ho raccontato da bambino, la dama del tuo cuore in epoca passata non era nessun'altra se non Giovanna d'Arco. Tu eri un suo amico intimo ma non hai avuto il coraggio di restare fedele a lei e alle parole che aveva ricevuto dai piani supremi. Ma la tua anima sa che avresti potuto salvarla dal rogo, solo che allora ti mancava la forza cavalleresca per farlo.*
> *Anche l'anima di Marie Madeleine si ricorda fin troppo bene quella incarnazione, per questo motivo può darsi che all'inizio della vostra conoscenza faccia fatica a fidarsi di te.*

Abbi pazienza con lei, perché una cosa è certa: così come la tua anima l'ha riconosciuta, anche la sua anima le parla chiaramente della tua importanza per lei nel passato e in futuro.
Ciononostante lei ha paura della potenza del vostro nuovo incontro e forze oscure sono già all'opera per far sì che non vi riconosciate a vicenda.
Dalle tempo, amato figlio mio, e abbi fede nell'Altissimo!
Perché tu sai che ciò che veramente è scritto accadrà...
Per oggi è tutto, e ora vai e guarda con fiducia al vostro prossimo incontro. Preparati come ti ho insegnato io.
Ti abbraccio, tu sai che sono sempre con te ovunque tu sia!

Quando la voce di sua madre tacque, per Julien fu come dirle nuovamente addio, ma le parole che aveva udito gli infondevano fiducia e coraggio. Confidava nella saggezza di sua madre e le era grato per avere veramente trovato una via che dal passato riusciva a incidere sul suo presente per dimostrargli il suo amore. Sperava ardentemente che così rincuorato non avrebbe deluso nuovamente Marie Madeleine. Giurò a se stesso di proteggerla da ogni male. Eppure era ancora roso dai dubbi che per un po' lo tennero incatenato sino a quando, respirando come aveva imparato dalle pratiche yoga, non scivolò in un sonno profondo. I sogni che fece scombinarono gli eventi della giornata e in qualche modo quando si svegliò di fronte a lui c'era il viso di Marie e non quello di Giulia. Sapeva che l'avrebbe rivista il giorno stesso e si augurava che ci fosse anche lei alla serata privata che l'Associazione wagneriana di Parigi aveva organizzato in onore dell'attività svolta da Chevalier per Richard Wagner, in occasione del bicentenario che ricorreva quell'anno. In ogni caso Julien non vedeva l'ora di rivederla.

MARIE

PARIGI, 30 AGOSTO 2013

Incerta, Marie stava in piedi di fronte al suo guardaroba. Questa maledetta cena in onore di suo padre alla Società wagneriana la innervosiva. Non solo perché suo padre le mancava immensamente, ma anche perché avrebbe rivisto di sicuro Julien e forse anche Lucius, non aveva avuto il coraggio di chiederglielo. Lui, nel frattempo, era come una specie di diavoletto, di quelli che all'improvviso saltano fuori da una piccola, oscura scatola; e lei non era mai certa di essere al sicuro con lui. Con tutta la sua buona volontà non sapeva proprio cosa indossare. Doveva ammetterlo: voleva essere bella per tutti e due.

Ovviamente avrebbe dovuto immaginarselo che Julien sarebbe stato tra gli invitati, in fondo era uno dei migliori tenori wagneriani del mondo. In qualche modo aveva sperato di poter evitare la serata di gala essendo in ballo con Vienna. Eppure in cuor suo desiderava rivedere Julien il più presto possibile. Ma perché doveva proprio essere in occasione di un evento pubblico dove tutti gli occhi sarebbero stati puntati su di lei, la figlia di Jean Chevalier? Sapeva perfettamente che per la stampa l'incontro tra lei e la star della lirica, Julien, famoso donnaiolo, costantemente ritratto accanto a una nuova fiamma, sarebbe stata un'occasione d'oro. Non parliamo poi di come avrebbero reagito i giornali se lei avesse sorriso prima a Julien e poi fosse comparso Lucius con il suo irresistibile sorriso, perché irresistibile lo era di certo quando riusciva ad arrivare agli occhi, Marie dovette ammetterlo.

Col pensiero rivolto ai due uomini, aveva praticamente buttato sul letto metà del contenuto del suo armadio antico, pieno di colori allegri come quelli di un bazar orientale. Eppure non sapeva decidersi. Così prese il telefono e chiamo Véronique nella speranza che le potesse dare un consiglio. Fu sollevata quando l'amica rispose subito. «Che bello sentirti ancora prima che tu esca di casa! Allora, come sei vestita?».

«Non sono ancora vestita!» si lamentò Marie. «È proprio per questo che ti chiamo. Cosa deve indossare la figlia del celebrato Jean Chevalier? Da un lato devo avere un aspetto piuttosto elegante e sobrio per i wagneriani ma, e adesso non metterti a ridere, voglio anche indossare qualcosa che sia sufficientemente seducente per Julien. Oh Dio, e se poi si presenta di nuovo anche Lucius…».

«Al tuo posto indosserei l'abito blu reale di Armani, quello che sembra cucito addosso su di te. Con quello prendi due piccioni con una fava» rispose Véronique sorridendo.

«Oh, *merci chérie*!». Marie pescò l'abito blu dal mucchio e se lo mise davanti. «Questa è un'idea fantastica. Un abito blu. Così l'arcangelo Michele può proteggermi ancora meglio. È il suo colore, non è vero?».

«Sì, è assolutamente perfetto! Riesco a visualizzarti perfettamente qui di fronte a me», si rallegrò Véronique. «Dimmi sinceramente come ti senti? Riuscirai a sopravvivere alla baraonda?».

«A essere sincera sono piuttosto nervosa. Non so se sono veramente contenta di rivedere Julien così in pubblico».

«Non preoccuparti. Julien è un vero gentleman e gestirà la situazione al meglio», fece Véronique con l'intenzione di tranquillizzare l'amica.

«Spero che tu abbia ragione!».

«Assolutamente! E ti prego, se hai voglia chiamami anche in piena notte, morirò dalla curiosità sino a quando non ti farai viva».

L'idea di come avrebbe poi commentato tutto insieme a Véronique rincuorò Marie mentre si infilava l'abito blu. Era soddisfatta della sua decisione: l'abito era perfetto da abbinare alle sue scarpe nere dal tacco vertiginoso. Un'ultima occhiata al make up, un ripasso veloce al rossetto, poi prese la sua giacca di pelle insieme a un elegante foulard di seta e uscì di casa. Il taxi la stava già aspettando. Salire in moto con l'abito di Armani, i tacchi alti, incerti sul poggiapiedi della moto, sarebbe stato troppo anche per lei. L'idea la divertì un mondo mentre il taxi attraversava il 16° Arrondissement, dove si svolgeva la serata in un'elegante villa non distante dal Bois de Boulogne. Come avrebbe voluto fuggire nel bosco per riposarsi su una delle panchine sotto gli alberi e prepararsi interiormente per la serata. Un po' invidiosa seguì con lo sguardo una coppietta che allegra si dirigeva verso il parco.

Ma a lei non era concesso un attimo di pace. Non aveva fatto quasi a tempo ad arrivare in taxi che, mentre era lì in piedi davanti alla villa, vide scendere da una limousine un uomo dall'aspetto raffinato e una barba spuntata ad arte; un uomo che l'aveva riconosciuta all'istante. Rapidamente le venne incontro e la salutò.

«Buonasera *mademoiselle* Chevalier», e già le aveva preso la mano destra chinando elegantemente il capo. Era un baciamano a regola d'arte e Marie si sentì lusingata. Rispettare le antiche maniere, le aveva instancabilmente insegnato suo padre; così lei rispose con un leggero inchino. Il suo corpo eseguiva il gesto automaticamente mentre la sua mente si chiedeva dove fosse finita quella Marie che amava scorrazzare per Parigi in moto.

L'estraneo interpretò a modo suo il sorriso che involontariamente apparve sulle labbra di Marie e disse: «Posso presentarmi? Il mio nome è Maurice de la Fontaine e sono tra i più appassionati ammiratori dell'arte del suo compianto padre». Enfatizzando quell'"appassionato" con uno sguardo al corpo di Marie che ne percepì il calore.

Monsieur de la Fontaine l'aveva colta alla sprovvista e a Marie mancò un po' l'aria. Si augurava che non se ne fosse accorto mentre con lo sguardo cercava aiuto tra le persone che numerose stavano raggiungendo la villa. Contemporaneamente sciorinò i soliti convenevoli mentre lo sconosciuto le chiedeva se potesse presumere che lei volesse sedersi al suo tavolo. Il tutto accompagnato da un intenso sguardo di quegli occhi che parevano fin troppo neri, quasi volesse ipnotizzarla.

Marie si ritrasse spaventata alzando un muro di protezione interiore, per un istante le venne in mente la colomba bianca e, come se il suo tubare le avesse dato coraggio, cercò una risposta adeguata. Ma non fu necessaria perché nello stesso momento sentì sulle spalle il calore di una mano che le dava una buona sensazione. In più giunsero, benvenute, le seguenti parole: «Egregio *monsieur* de la Fontaine, purtroppo devo deluderla, ma Marie Chevalier questa sera è stata promessa a me».

Sollevata per aver riconosciuto la melodiosa voce di Julien, Marie si girò e andò ad abbracciare l'uomo che era alle sue spalle, gesto che Julien contraccambiò più che volentieri. Di gran lunga meno armoniosa risuonò la risposta di Maurice de la Fontaine, che non era riuscito a celare il lieve fastidio e anche il fatto che non avesse grande considerazione per Julien de la Tour. Questo arrampicatore gli aveva portato via Marie Madeleine Chevalier? Era stato troppo sicuro del suo effetto? Nelle sue parole si insinuò un leggero dubbio. «Capisco, *monsieur* de la Tour! Lei mi ha dunque preceduto».

«Sì, signore è così», rispose Julien con modo volutamente affascinante. «Bene, adesso posso rapirle Marie?».

Senza attendere una risposta Julien prese per braccio Marie con mano ferma e la accompagnò su per la scalinata sino all'ingresso della villa dove l'organizzatore della cena, Justin Lacroix, diede loro un caloroso benvenuto. A voce alta annunciò i loro nomi e Marie si rese nuovamente conto del prestigio che Julien de la Tour godeva tra gli intenditori.

«Le auguro una magnifica serata, *mademoiselle* Chevalier. Mi permetta di esprimerle personalmente le mie più sentite condoglianze. Tutti noi abbiamo subìto una grande perdita quando suo padre ci ha lasciati. E *monsieur* de la Tour, che gioia che anche lei sia riuscito a esserci e onorarci con la sua presenza qui a Parigi. Che bello potervi accogliere insieme!».

Marie percepì chiaramente arrivare da dietro una fredda onda di emozioni e istintivamente capì che Maurice de la Fontaine era tutt'altro che felice di ascoltare come *monsieur* Lacroix fosse deliziato dal loro contemporaneo arrivo. Che strano tipo che era questo de la Fontaine. Per fortuna il padrone di casa fu bravo a rompere il ghiaccio e a sottrarla alla sua tristezza. Neppure uno come de la Fontaine le avrebbe impedito di ringraziare *monsieur* Lacroix per la calorosa accoglienza in onore di suo padre. Ma prima di poter dire una sola parola Julien aveva già reagito e ringraziato il padrone di casa per le gentili parole di benvenuto con una cordialità autorevole che le ricordava suo padre. Che benedizione che anche Julien fosse stato invitato alla cena. Si aggrappò al braccio di Julien e al suo fianco entrò nella villa, come se fosse esattamente quello il modo di farlo. Da dietro sentì de la Fontaine salutare mellifluamente l'anfitrione. In quell'uomo c'era qualcosa di strano. Marie decise che in sua presenza sarebbe stata in guardia. Quando sentì citare un nome noto indietreggiò: quella era la fondazione di Lucius, dove lui lavorava. E con spavento si rese conto che questo de la Fontaine era il datore di lavoro di Lucius. Quindi avrebbe fatto attenzione anche nelle sue di vicinanze. Dove e con chi poteva essere se stessa? Doveva temere che tutto il mondo congiurasse contro di lei? Mentre sollevava la testa pensierosa incrociò lo sguardo di Julien. Come era premuroso, doveva essersi accorto che Marie aveva bisogno di un appiglio che proprio in quel momento lei trovò nel suo luminoso sorriso e nello sguardo intenso dei suoi occhi blu come il cielo. Le parve che il mondo attorno a lei si dissolvesse tanto l'aveva toccata quello sguardo. Era come se, su un altro piano, comunicassero senza parole. Non aveva mai provato qualcosa del genere con un uomo. E le ci volle un po' di tempo prima di ricordarsi dove si trovava. Si augurò che nessuno avesse notato questo intenso scambio di sguardi. Avvicinò la testa a quella di Julien e sussurrò: «Grazie per avermi salvata prima! Sono così sollevata di non dover trascorrere il resto della serata accanto a *monsieur* de la Fontaine».

Julien appoggiò la mano su quelle di Marie che erano aggrappate al suo braccio e disse: «Ciò mi rende felice, perché la mia affermazione che eri promessa a me è stata un po' sfacciata. Non so cosa avrei fatto se tu mi avessi contraddetto…», rispose Julien ridendo. «Ma ho avuto la vaga sensazione che tu non volessi assolutamente sedere vicino al nostro *monsieur* de la Fontaine. E ho imparato a dare ascolto alle mie sensazioni».

«E avevi proprio ragione, non sai quanto». Marie gli era veramente grata. «Ma, poi in fondo chi è lui? Voglio dire, è il presidente di quella strana fondazione. Ma nel mondo della musica è proprio indispensabile conoscerlo?».

«Sinceramente non so se riesco proprio a risponderti con esattezza», fece Julien pensieroso. «Non è un musicista, è solo uno dei tanti intenditori di musica, in più è ricco sfondato e un navigato sbruffone. Credo che tu te ne sia accorta. E se io ho fama di essere un dongiovanni, non saprei come definire lui.

Non molto tempo fa, alla morte del padre, ha ereditato la nota fondazione culturale Societé Arts et Culture de Paris. Quasi contemporaneamente il Presidente francese lo ha nominato Segretario di Stato per gli affari particolari. Si mormora inoltre che sia il coordinatore del servizio segreto dell'unità speciale Service Action per le missioni all'estero del Presidente. Comunque anche tuo padre lo conosceva e mi aveva messo in guardia dai suoi intrighi. Però, non so cosa intendesse esattamente».

«Sembra che tu fossi veramente molto vicino a mio padre, se ti ha confidato una cosa del genere».

«Sì, eravamo amici», la voce di Julien si incrinò. Marie percepì chiaramente che non era forzata. La morte di suo padre era stata una grave perdita anche per Julien. In quanto ai pregiudizi su di lui… era tutt'altro che un arrogante e belloccio narciso. E la sua esternazione sulle donne provava che era sincero con se stesso. Distratta per un attimo da queste riflessioni, a Marie giunse solo l'ultima parte della frase di Julien:-… «da avere ora il piacere di conoscere la sua incantevole figlia».

«*Merci!*», rispose colpita.

Julien le accarezzò delicatamente il braccio e lei si chiese se non fosse finalmente arrivato il momento di smetterla di diffidare di lui quando il suo corpo reagì con la pelle d'oca. Come sarebbe stato bello potersi spontaneamente abbandonare a un altro. Ma l'avvertimento sull'esistenza di un pericolo si era insinuato profondamente nel suo inconscio e così si costrinse a rivolgere la sua attenzione a quanto accadeva nella sala che nel frattempo avevano appena raggiunto. Erano in mezzo a un folto gruppo di altri ospiti, le signore in abito lungo, riccamente ingioiellate; qui erano a casa loro i ricchi e i belli e tra loro sicuramente anche qualche vero amante dell'arte. Perché qui si trattava di Wagner e non del Festival di Salisburgo. La piccola sala era una sorta di stanza della musica come testimoniava un antico, magnifico pianoforte a coda che sembrava invitare a un concerto improvvisato. Alle pareti vi erano dipinti che raffiguravano Richard Wagner oppure scene dalle sue opere. Questa era opera di un collezionista e Marie sapeva quanto questa stanza sarebbe piaciuta a suo padre. Mentre cercava lo sguardo di Julien per condividere con lui i suoi pensieri, si accorse che il padrone di casa si era appena avvicinato al pianoforte a coda e si apprestava a dare il benvenuto ai suoi ospiti. Iniziò commemorando il padre di Marie elogiandolo come il più grande direttore d'orchestra wagneriano del secolo. Marie sentì la mano di Julien nuovamente sulla sua e gli fu grata del gesto.

«Che terribile perdita è stata la sua morte, per noi wagneriani e per tutti gli altri nel mondo. Il grande direttore d'orchestra Jean Chevalier non se n'è andato in pace, ha dovuto lasciare la sua vita terrena inaspettatamente e in modo drammatico. Ma nei nostri cuori lui continua a vivere, il geniale musicista ma anche una persona speciale che si contraddistingueva per la sua bontà d'animo e umanità in questi tempi così frenetici come in tutti gli altri tempi. Era consapevole che il suo grande talento non era un fatto scontato, bensì un dono di Dio di cui abbiamo beneficiato tutti noi».

Sentendo queste parole Marie si sentì improvvisamente mancare il terreno sotto i piedi. Gli eventi delle settimane precedenti, l'insonnia, le sue paure, e il dolore bruscamente risvegliato da quelle frasi, la travolsero.

Julien, che aveva percepito come Marie ondeggiasse come una canna al vento, fece appena a tempo a sostenerla prima che perdesse coscienza. Quando Marie si riprese era tra le braccia di Julien che discretamente l'aveva portata fuori dalla stanza della musica per non interrompere il discorso di Justin Lacroix. Fece distendere Marie su una chaise-longue color crema nell'adiacente soggiorno sontuosamente arredato e piano piano lei tornò a vedere chiaramente l'ambiente attorno a sé. Come era stato bello essere sorretta da Julien. Lui le si era seduto accanto sul divano e quando fece per alzarsi lei protestò. Ma lui la spinse via anche se a Marie sembrò che lo facesse malvolentieri. Poi disse: «Per favore resta ancora un po' qui a riposarti, ho promesso di spendere anche io qualche parola di addio in onore di tuo padre. Glielo devo con tutto quello che ha fatto per me».

Poi Julien si alzò e uscì dalla stanza.

Qualche minuto più tardi, Marie era appena tornata padrona di se stessa e degli eventi della serata, quando al suo orecchiò arrivò il suono pieno della voce di Julien; si affrettò ad alzarsi e a mescolarsi al pubblico. All'inizio con passo un po' barcollante che man mano si fece più stabile mentre si appoggiava al muro in fondo alla stanza della musica.

Come presa da un incantesimo ascoltava il discorso di Julien.

«Sino all'ultimo dei miei giorni serberò nel cuore gratitudine per Jean Chevalier, perché non mi ha solo incoraggiato, elaborando con me molti nuovi ruoli sul palcoscenico, ma mi ha anche insegnato a esprimere con la voce le vibrazioni sferiche della mia anima».

L'aveva rapita e condotta in un altro mondo, la melodia della sua voce mentre parlava le dava conforto e la aiutava ad arginare le prorompenti emozioni del ricordo e del lutto. Quando Julien finì Marie era ancora appoggiata al muro ma aveva ritrovato il suo equilibrio interiore.

Non restò a lungo sola. La raggiunse Cosima Lacroix, la padrona di casa, che preoccupata voleva sapere se avesse metabolizzato il discorso di suo marito. Poi invitò Marie a prendere posto a tavola, lei la seguì automaticamente chiedendosi se veramente il suo posto era accanto a Julien. La padrona di casa aprì la porta a soffietto, sul lato corto della stanza, e tutti gli invitati si riversarono nella vasta sala da pranzo dove li attendeva una tavola riccamente imbandita con preziose tovaglie e luccicante argenteria.

Il senso artistico di Marie era appagato da ciò che vedeva, quando le si avvicinò anche l'anfitrione.

«Si sente di nuovo bene, mia cara?», chiese preoccupato.

«Sì, signor Lacroix, mi scusi. Le ultime settimane non sono state facili. Mio padre era l'ultimo parente stretto che avevo. Però vorrei ringraziarla per le belle parole che mi hanno toccato nel profondo. Grazie di cuore per questa meravigliosa serata».

«Julien de la Tour ha salvato la serata», disse Lacroix indicando con un cenno del capo il cantante che si stava dirigendo verso Marie. Era sollevata che lui non si fosse dimenticato della promessa di sedere al suo tavolo.

«*Merci* vecchio amico, per aver accompagnato Marie al tavolo, ora volentieri me ne occupo io», disse Julien con voce ben udibile. A Marie non sfuggì come *monsieur* de la Fontaine ribollisse di rabbia per essere stato nuovamente anticipato da Julien.

La riflessione di Marie fu interrotta proprio dalla sua voce forte e risonante, ma nello stesso tempo sgraziata: «Julien de la Tour, un'affermazione di grande effetto, che bravo, gli ambienti raccolti le si addicono». De la Fontaine fece un cenno col capo a Julien e appoggiò la mano sulla spalla di Marie, che sussultò involontariamente.

Julien corrugò la fronte. Aveva colto anche lui quella velata frecciata, che la voce di Julien non fosse adatta a riempire i grandi teatri d'opera, ma che necessitasse del piccolo spazio di una stanza della musica per sortire il suo effetto? Marie era indignata: che sfacciataggine inaudita, oltretutto travestita da complimento. E che sfrontatezza, appoggiare anche la mano sulla sua spalla!

De la Fontaine però si girò in modo tale che Marie non poté evitare di guardarlo direttamente negli occhi. Il suo sguardo brillava alla luce delle candele e per lei non fu facile tenere il filo dei suoi pensieri, la fissava con uno sguardo ammaliante e rapace, e nella testa di Marie risuonò una sirena d'allarme. Fece scivolare la mano di lui dalla sua spalla e distolse lo sguardo.

«Vieni Marie», sentì Julien dire alla leggera, senza ribattere al commento di de la Fontaine. «Vieni andiamoci a sedere».

Marie lo seguì più che volentieri, ancora come trascinata via senza avere le idee chiare in testa. Chi o cosa era questo de la Fontaine?

Una volta seduta si guardò attorno, cominciando dalla familiare presenza di Julien. Il suo sguardo sembrava stuzzicarla e lei rispose con un sorriso sussurrando: «Grazie». Lui si limitò ad ammiccare aggiungendo: «*Monsieur* de la Fontaine giudica molto severamente, ma il suo giudizio non è sempre così azzeccato come per la scelta della sua vicina di tavola preferita».

Cosa voleva dire Julien? Marie si girò e dovette constatare che *monsieur* de la Fontaine aveva preso posto alla sua destra. Il vicino di tavola alla sua sinistra era sì Julien, ma ora lei era seduta proprio in mezzo a loro due. La serata prometteva grandi acrobazie. Poi le venne un'idea e si voltò verso de la Fontaine: «Mi scusi, non vorrei essere sgarbata, ma ieri sera mentre ero in moto sono quasi stata spinta in un fosso da un'auto e mi sono procurata una leggera contrattura alla nuca, sul lato destro, quindi faccio fatica a girare il viso a destra. Lei capisce: non è niente di personale ma la mia attenzione sarà principalmente rivolta a sinistra». Marie non attese la sua risposta ma fece in tempo a notare il suo pallore e la ruga di rabbia che si delineò al centro della sua fronte mentre lui, passandovi sopra con la mano, cercava di cancellarla.

Marie si era accorta che quest'uomo non sopportava che le cose non andassero secondo i suoi piani. Ma perché proprio lei doveva rientrare nei suoi piani? Il cervello di Marie lavorava a pieno regime; come doveva inquadrarlo quell'uomo che sembrava godere del potere che esercitava sulle donne? Marie si voltò decisamente verso Julien de la Tour.

Poi sentì nuovamente dietro di sé quella voce che sui suoi nervi tesi aveva lo stesso effetto di un gesso sulla lavagna: «*Mademoiselle* Chevalier, ci ha fatto prendere a tutti un bello spavento. Non è che per caso sia incinta, mia cara?». Indignata Marie gettò uno sguardo all'uomo alla sua destra del tutto dimentica di quanto aveva detto prima sul fatto di non poter girare la testa. Da un movimento incontrollato accanto alla sua mano capì che Julien aveva sentito molto bene quelle parole e reagito all'istante come lei.

Senza soffermarsi troppo a riflettere Marie rispose di getto a de la Fontaine: «Non sono incinta, *monsieur* de la Fontaine, e comunque non credo che questo la possa in alcun modo riguardare».

Sentì la mano di Julien posarsi sulla sua per tranquillizzarla. Il suo tentativo di sondare l'enigmatico sguardo di de la Fontaine era però nuovamente fallito. La sua rabbia sembrava divertirlo, almeno questo rivelavano gli occhi, ma le sue parole erano quelle di un signore di una certa età, preoccupato per lei: «Oh, Mademoiselle, non era assolutamente mia intenzione essere invasivo. Con suo padre ho avuto spesso modo di parlare di lei e del suo futuro, capirà quindi che a muovermi è stata solo la preoccupazione...». Lasciò in sospeso il resto della frase mentre il suo sguardo iniziava a trafiggerla come una lama. Quest'uomo feriva intenzionalmente. Oppure voleva solo essere gentile? Marie sapeva semplicemente troppo poco sulle persone entrate in confidenza con suo padre negli ultimi anni della sua vita. Assorta nei suoi pensieri non riuscì a distogliere lo sguardo.

Poi sentì accanto a lei Julien dire: «*Monsieur*, mi pare che il suo occhio sia poco allenato, tanto quanto il suo orecchio, raramente ho visto un abito aderire ed evidenziare una vita più sottile». «Marie», aggiunse strappandola al suo stato di trance «questa sera sei semplicemente incantevole». Marie si girò mentre la calda mano di Julien si posava sulla sua. Il suo cuore accelerò il battito. Per fortuna venne finalmente servita la prima portata e Marie poté rivolgere la sua attenzione alla pietanza mentre *monsieur* de la Fontaine, a voce alta, si chiedeva come potesse essergli sfuggito che Marie e Julien si conoscessero. Per quanto ne sapeva lui, il padre di Marie dava per scontato che Julien non potesse costituire un pericolo per Marie. E come se non bastasse aggiunse un'altra delle sue impertinenze camuffata in modo presentabile, che fece arrossire Marie: «Il mio amico diceva sempre che la sua Marie non si sarebbe mai fatta abbindolare da un dongiovanni, era troppo preziosa per se stessa e per lui». Infine de la Fontaine chiese direttamente: «*Monsieur* de la Tour, non l'ho forse vista di recente in compagnia della bella e seducente Giulia Mangano? Mi pareva che pendesse non solo dalle sue braccia ma anche dalle sue labbra?».

Marie sorseggiò ancora un cucchiaio del consommé chiedendosi se almeno fosse in grado di stabilire se le piacesse o no. Avrebbe voluto sprofondarci in quel brodo, semplicemente sparirvi dentro.

«Marie, quando hai il volo per Vienna?», chiese Julien di punto in bianco. Marie sobbalzò, il cucchiaio affondò producendo una piccola onda.

«Come fai a saperlo?».

«Me lo ha raccontato Véronique».

Marie chiuse un attimo gli occhi, doveva rimanere un segreto. Come poteva sfuggire a questo infausto pericolo se metà Parigi conosceva le sue prossime mosse?

A Julien non era sfuggita la sua irritazione tanto che cercò subito di rimediare cambiando argomento e chiedendo notizie sulle prove di Véronique e sull'imminente ruolo di Manon.

Maurice de la Fontaine, che evidentemente aveva seguito lo scambio di battute tra i due, intervenne con un sorrisetto di sufficienza: «Oh Vienna, la città ideale per restare sintonizzati sulle emozioni romantiche di Parigi. Lei la accompagna, *monsieur* de la Tour?». Maurice de la Fontaine non aspettò la risposta ma coinvolse Marie in una conversazione su Wagner e sulla prassi esecutiva a Vienna.

Marie venne distratta da un'improvvisa risata al di là del tavolo. Si era appena appena rilassata facendo da tramite tra de la Fontaine, che esprimeva la sua opinione su una messa in scena del *Parsifal*, e Julien che parlava dei programmi che aveva per Vienna, così da rendere possibile tra i due una sorta di conversazione. Ma quella risata era così trascinante che Marie non poté fare a meno di prestarvi attenzione. Era Cosima Lacroix che si stava divertendo alla grande. Quando si avvide dello sguardo incuriosito di Marie, le fece un cenno d'intesa e la coinvolse. Da quel momento in avanti la serata si trasformò in una pioggia di ricordi personali e aneddoti divertenti su suo padre e Marie gradatamente si scordò di non fidarsi di nessuno dei due, né di Julien, né di Maurice de la Fontaine.

Così il tempo volò e quando il grande orologio nell'adiacente stanza della musica batté la mezzanotte Marie si trovò trasformata in una brillante intrattenitrice tanto che, a mo' di Cenerentola, si chiese se l'incantesimo sarebbe finito. Sollevata, osservò che sempre più invitati si stavano congedando e così si alzò anche lei all'ultimo rintocco della mezzanotte. Ciò che temeva accadde: entrambi gli uomini si offrirono di accompagnarla a casa. E di nuovo si trovò tirata in mezzo tra l'invadente de la Fontaine e il preoccupato Julien. De la Fontaine evitò tuttavia di trascinare ulteriormente Marie in una conversazione dalla quale difficilmente sarebbe potuta uscire senza apparire allo stesso tempo sgarbata con i padroni di casa che erano lì accanto. Alla fine fu felice quando de la Fontaine con un lieve cenno del capò si congedò da lei premendole in mano il suo biglietto da visita e aggiungendo: «Si prenda buona cura di se stessa, Marie. Lei è molto importante per noi, non è vero Lacroix? E in particolare per lei, *monsieur* de La Tour, non è così?», e senza di nuovo aspettare la risposta di Julien proseguì: «Se si dovesse mai sentire minacciata, non esiti a chiedermi aiuto».

Di nuovo nella testa di Marie guizzò la parola pericolo e lei meccanicamente contraccambiò il cenno. Poi de la Fontaine le stampò un bacio sulla mano, lei sentì la barba pizzicare e finalmente lo vide infilarsi nella sua lussuosa limousine e sparire.

Entrambi senza parole, Marie e Julien lo guardarono allontanarsi. Poi Julien si scosse dal torpore e fece cenno a uno dei taxi lì in fila. «Immagino che non vorrai andare a casa a piedi nel tuo stato» e la chiara risata negli occhi blu di Julien la liberò dalla restante pesantezza. Sgravata dal peso di dover intrattenere due uomini e libera dalle grinfie di de la Fontaine, notò sollevata di aver preso posto nel taxi accanto a Julien, leggermente imbarazzata e tuttavia infinitamente rincuorata.

Poi di botto esclamò: «Questa ce la siamo lasciata alle spalle».

Anche Julien rise come liberato. A quel punto lui si fece coraggio e le si avvicinò, le mise un braccio attorno alle spalle e mentre l'auto imboccava la curva successiva strinse Marie a sé; lei ne fu felice, dell'abbraccio e dell'approccio garbato.

Tenendola ancora tra le braccia, Julien sussurrò teneramente: «Sono così felice di averti finalmente ritrovata».

Cosa c'entrava ora questo? La serata non doveva concludersi con nuovi enigmi, altre domande. Lei non gli nascose il suo stupore: «Cosa intendi? Non ci conoscevamo mica prima. O mi sono persa qualcosa? Ti ho mai incontrato prima? Prima di quel pomeriggio al Caffè, intendo?».

Julien parve divertito ma rispose con grande calma come se avessero a disposizione tutto il tempo del mondo per prendere coscienza del loro comune passato: «È una lunga storia. E sarei felice di poterla scoprire insieme a te a Vienna. Ci incontriamo lì. D'accordo? Véronique era molto preoccupata del fatto che vuoi recarti lì da sola».

«Ah sì, era preoccupata? È per questo allora che, a mia insaputa, ti ha detto del mio volo a Vienna?». La fronte di Marie si corrugò come sempre quando rifletteva.

«Sì, è così». Imbarazzato Julien si passò la mano tra i capelli. «E mi dispiace di essere stato così maldestro prima nel dirlo così ai quattro venti».

Marie lo fissò con uno sguardo penetrante. Poteva credergli?

Del resto, Véronique non avrebbe mai rivelato i suoi piani a Julien se non si fosse fidata di lui al cento per cento. Ma come mai aveva sempre così tanta paura non appena pensava di farsi coinvolgere emozionalmente da Julien? «Mi perdoni?», chiese Julien interrompendo il flusso dei suoi pensieri e avendo chiaramente percepito che lei non si fidava del tutto di lui.

Marie si ascoltò e fu felice che anche il suo intuito fosse d'accordo: «Sì, ti perdono e sono contenta che tu mi abbia proposto di incontrarci a Vienna». E il suo radiante sorriso venne dal cuore.

Incoraggiato, Julien strinse nuovamente a sé Marie: «E io per primo sono felice, *ma chère*».

Gentilmente spostò una ciocca di capelli scesa sul volto di Marie e così facendo le toccò la guancia con una tale tenerezza che Marie sospirò.

Julien si avvicinò al suo viso e in quel momento Marie desiderò ardentemente che lui la baciasse. Trascorsero alcuni preziosi secondi.

«Siamo arrivati» disse il taxista rompendo l'incanto.

«Allora ci rivediamo a Vienna», la delusione di Marie trasparì dal tono della sua voce.

Julien cercò di salvare la situazione e le diede un delicato bacio sulla fronte. Poi attese in auto sino a che lei, arrivata a destinazione, non si chiuse il portone alle spalle.

VÉRONIQUE

PARIGI, 31 AGOSTO 2013

Con passo aggraziato Véronique salì la gradinata che portava alla basilica del Sacré-Cœur. La vista della sua bianca facciata, illuminata dal sole del mattino, la affascinava ogni volta come fosse la prima. Si fermò a godersi l'istante. Véronique sapeva che se volevano svelare il mistero attorno alla chiave dorata dovevano essere riposate per riconoscere i segni che le avrebbero guidate.

Marie era in piedi sotto al monumento equestre di Giovanna d'Arco e aveva un'aria impaziente. Stupita Véronique diede un'occhiata al suo orologio, sicura di essere arrivata in orario sul luogo stabilito per l'incontro.

«Eccoti, finalmente!», così Marie, trafelata, salutò la sua amica gettandole le braccia al collo. «Ho così tante cose da raccontarti».

Véronique le accarezzò i capelli per tranquillizzarla. «Una cosa alla volta, mia cara! Adesso cominciamo a entrare nella basilica e tu parli con il tuo amico, Gesù Cristo, come desideravi fare».

«Certo, hai ragione! Grazie per essere venuta».

Marie si staccò da Véronique e la precedette in chiesa. In silenzio si sedettero in una delle prime file di banchi, lo sguardo rivolto al *Mosaico del santissimo cuore* sul soffitto. Entrambe immersero lo sguardo in quell'opera così particolare e l'intenso blu dello sfondo sembrò avere su di loro un effetto tranquillizzante.

Véronique, la cui voce sembrava più incisiva dopo l'esperienza con la moto vissuta tre giorni prima, percepì che qualcosa attorno a loro era cambiato e fu tentata di girarsi. Ma qualcosa le diceva che non era una buona idea e allora lasciò perdere.

Nel frattempo Marie aveva chiuso gli occhi ed era, evidentemente, immersa in un dialogo con Gesù Cristo. Véronique avrebbe molto volentieri meditato anche lei, ma sapeva di dover drizzare le antenne perché aveva la certezza che erano entrambe nuovamente, in qualche modo, pedinate e voleva essere pronta ad affrontare tutte le eventualità. Perciò tenne gli occhi ben aperti mentre osservava attentamente il mosaico.

Era come se le figure accanto a Gesù le parlassero. All'inizio pareva solo un sussurro. Ma a ogni ripetizione le voci di Maria, dell'arcangelo Michele e di Giovanna d'Arco si facevano più nette parlandole come in coro. Doveva comunicare immediatamente a Marie ciò che aveva appreso.

Véronique volse lo sguardo verso di lei, che in quel momento aveva riaperto gli occhi che emanavano una pace assoluta. «Dai, andiamo, *ma chére*», bisbigliò.

Véronique fece di sì con la testa e insieme si alzarono. Véronique, di sfuggita, riuscì a dare un'occhiata all'uomo che si era seduto dietro di loro. Aveva la testa chinata e sembrava essere assorto in preghiera, tanto che non riuscì a vederlo bene in viso. Ciononostante venne percorsa da un brivido, cosa che non prometteva nulla di buono. Insieme si avviarono verso l'uscita e Véronique fece un sospiro di sollievo per essere sfuggita a quell'uomo. La luce del sole era talmente abbagliante che quasi si scontrarono con Lucius che stava per entrare in chiesa.

«Che bella coincidenza!» esclamò Lucius quando si trovò di fronte a Marie e Véronique.

“Sarà veramente una coincidenza?” si chiese Véronique all’istante. “Prima quel tipo in chiesa e ora Lucius. In qualche modo mi pare un po’ strano”.

«Sì», rispose Marie gioviale, mentre Lucius la abbracciava. «Sei di nuovo impegnato con le tue ricerche?».

«In effetti sì» fece Lucius di rimando girandosi verso Véronique per salutarla con un bacio affettuoso.

“Strano, oggi l’aura di Lucius è di un bianco brillante. Come può essere? La volta scorsa aveva un aspetto completamente diverso. Forse i miei sospetti sono sbagliati?” pensò.

Mentre Véronique seguiva il flusso dei suoi pensieri, Lucius e Marie stavano già conversando, così che nessuna delle due amiche si accorse che l’uomo seduto dietro di loro in chiesa nel frattempo era anche lui uscito e sparito senza degnarle di uno sguardo.

«Allora, bellezze, avete tempo per un caffè o altro? Le mie ricerche possono anche aspettare ancora un po’», chiese Lucius sfoderando il suo fascino.

«Lo farei volentieri, ma al momento sono un po’ di fretta perché ho parecchie cose da organizzare. E tu Véronique, come sei messa?». Rispose Marie con una controdomanda.

«Mi dispiace Lucius, anche io non ho tempo perché ho un appuntamento. Magari facciamo un’altra volta?» rispose Véronique sorridendo.

«Molto volentieri, solo che sono in partenza a breve».

«Dove sei diretto?» si intromise Marie.

«A Vienna».

Le due amiche si scambiarono uno sguardo.

«A Vienna?» chiese Marie stupita. «E cosa vai a fare?».

«La stessa cosa che faccio qui, studiare i simboli sacri nelle varie chiese».

«Molto interessante», fece Marie con un sorriso, incerta se dirgli o meno che anche lei era diretta a Vienna.

Nel frattempo Véronique aveva iniziato a raccontare quanto amasse Vienna. Per qualche anno era stata ballerina solista all'Opera di Stato di Vienna, prima del suo ingaggio all'Opéra Bastille. Lucius la ascoltava incantato e pareva, in quel momento, essersi scordato completamente della presenza di Marie. Lei invece lo osservava attentamente. Sembrava completamente diverso dal loro primo incontro avvenuto nello stesso luogo. Il suo sguardo, ora posato su Véronique, era tutt'altro che freddo.

"Come ne vengo a capo, con quest'uomo? Appartiene alla società segreta o è un alleato?", si chiese Marie per l'ennesima volta nelle ultime settantadue ore.

Alla fine Lucius si accorse che Marie non partecipava più alla conversazione e le rivolse uno sguardo interrogativo: «Tutto bene?».

«Sì, benissimo! Ero solo assorta nei miei pensieri», mentì Marie, cosa inusuale per lei, ma semplicemente non sapeva se potersi fidare o meno di quell'uomo.

«Allora non voglio trattenervi più a lungo. Comunque è stato molto bello vedervi anche se solo così fugacemente» disse Lucius con un sorriso che coinvolgeva labbra e occhi, come notò Marie.

Abbracciò entrambe calorosamente e sparì all'interno della basilica. Pensierosa Marie lo seguì con lo sguardo, mentre Véronique rivolta a lei disse: «Non va proprio tutto bene, vero? Io ti conosco!».

«Hai proprio ragione», si lamentò Marie. «È che semplicemente non so se sia un nemico o uno dei nostri».

«Questo, prima o poi, verrà fuori», replicò Véronique asciutta. «Smettila di spaccarti la testa per questo! Non serve assolutamente a nulla».

«Fai presto a dirlo», reagì Marie un po' innervosita. Non poté fare a meno di alzare gli occhi al cielo, al che Véronique liquidò il tutto con un sorrisino.

Appena arrivate a casa di Marie, Véronique non poté trattenersi: «Sai dove dobbiamo ancora cercare per venire a capo del segreto di tuo padre?».

Marie sorrise divertita, mentre raggiungeva la cucina. «Immagino che tu stia per rivelarmelo».

«Dobbiamo visitare la celebre grotta di Maria Maddalena nel sud della Francia».

«Mi sembra logico», replicò secca la professoressa d'arte. «Intendi quella nel massiccio de la Sainte Baume, giusto?».

«Sì, esattamente! Perché lì si dice che Maria abbia trascorso gli ultimi 33 anni della sua vita».

«Perciò è chiaro che nella grotta c'è qualcosa che noi dobbiamo scoprire», concluse Marie.

«Sì!». Sollevata Véronique si lasciò andare su una sedia della cucina. «Però possiamo partire solo dopo che ho finito con gli spettacoli di *Manon*».

«Beh, questo non si discute! E io devo comunque prima andare a Vienna». Sorseggiando un tè si misero alla ricerca, senza accorgersi del tempo che volava via.

Quando le campane della chiesa del Sacre-Cœur batterono il mezzogiorno, Marie si alzò di scatto.

«Forse dovrei proprio iniziare a farmi un'idea di quello che voglio portarmi a Vienna, perché domani comincia la grande avventura».

«Assolutamente, *chérie*», rise Véronique. «E ricordati di prendere anche qualcosa di carino, perché, a quanto pare, anche a Vienna non riuscirai a liberarti da quei due affascinanti signori».

LUCIUS

PARIGI, 1° SETTEMBRE 2013

Seduto nella *business class* di Air France, Lucius osservava distrattamente le nuvole che gli passavano accanto. Non riusciva ancora a spiegarsi i sentimenti che provava per Marie. Era sempre stato immune a qualsiasi coinvolgimento emotivo con le donne, almeno sino a a quel momento. Cosa gli stava succedendo? Dov'era finita la sua notoria indipendenza emozionale? Era sempre stato così fiero di non essersi mai fatto coinvolgere da niente e da nessuno.

«Buon Dio, cosa devo fare?». La sua domanda cadde nel nulla. Lui che da chissà quanto tempo non aveva voluto sapere nulla di Dio.

Proprio in quell'istante le nuvole si aprirono e una luce di chiarore e bellezza ultraterrene illuminò il suo cuore. Non poteva essere un caso. Lasciò vagare i suoi pensieri, mentre lentamente la vista fu oscurata da un fronte nuvoloso, fitto e buio che avanzava. Involontariamente Lucius esitò: cos'è che voleva de la Fontaine da Marie? Inorridendo ripensò al momento in cui lo aveva incaricato di pedinarla discretamente a Vienna e di riferirgli nei dettagli tutti i suoi spostamenti. Non che lo disturbasse l'idea di mettersi in viaggio per seguire sino nella città della musica quella incantevole donna, che esercitava su di lui un fascino misterioso. Poi immaginava che probabilmente ci sarebbe stata anche Véronique. Calmatosi si appoggiò allo schienale e chiuse gli occhi. Ed ecco che gli apparve l'incantevole immagine di Véronique.

Non solo Marie, ma anche lei gli risultava stranamente familiare. Si chiese come fosse possibile che loro due si rassomigliassero così tanto. Tutti gli estranei li avrebbero presi per fratello e sorella. Strano. Dal nulla si materializzarono immagini di de la Fontaine. No, proprio lui, non lo voleva sognare. Al suo posto gli apparvero dei flash di Marie come l'aveva vista per la seconda volta a Montmartre e si lasciò trasportare da quelle immagini.

Fece un balzo quando dagli altoparlanti udì una voce, proveniente dalla cabina di pilotaggio, che annunciava l'imminente atterraggio a Vienna. Anche il tempo era veramente volato. Lucius sorrise compiaciuto tra sé e sé e si passò una mano tra i capelli biondi e leggermente ondulati. Sole, il pilota aveva parlato di tempo soleggiato, e così Lucius si mise gli occhiali da sole, ben consapevole comunque che stava già facendosi sera. Ma gli piaceva poter osservare tutto dietro alle lenti scure dei suoi occhiali. Arrivati al *gate* si alzò dal suo posto, recuperò la raffinata custodia del laptop dall'apposito vano per i bagagli a mano e fu tra i primi a scendere dall'aereo. Poco dopo, prelevata la sua valigia dal nastro trasportatore per i bagagli, si diresse verso l'uscita dove già lo attendeva, come d'accordo, un ex assistente di de la Fontaine che ora lavorava per la sede di Vienna dell'associazione culturale. Scambiarono alcune parole e una stretta di mano che servì anche a consegnare a Lucius la chiave di una vettura. Quando, giunto al parcheggio, inserì la chiave si accesero i fanali di una Maserati nera. Le labbra di Lucius si dischiusero a un bel sorriso. Se proprio non poteva girare in moto, questa era indubbiamente la migliore alternativa. Il navigatore gli mostrò la strada per raggiungere l'Hotel Ritz Carlton, con mano sicura guidò l'auto che, come compiaciuta, sembrava fare le fusa tra le luci notturne di Vienna.

MARIE

VIENNA / PARIGI, 1° SETTEMBRE 2013

Felice, Marie si guardò attorno nella sua stanza al Radisson Blue Style Hotel, situato quasi di fronte al Café Central, il celebre caffè letterario viennese. Seguendo il suo istinto aveva scelto bene. Dopo il volo, le aveva fatto bene stendersi un po' sul letto. Ma era a Vienna, non era particolarmente tardi e la tiepida serata era invitante. No, non avrebbe affrontato questa città con scarpe basse e così optò deliberatamente per un paio di tacchi alti che aveva messo in valigia per le serate speciali. Sperava che la scelta fatta avrebbe avuto sulla giornata successiva l'influenza positiva che si augurava. Cercò invano di non pensare a Julien de la Tour, alla loro confidenziale conversazione durante il tragitto in taxi, al suo braccio attorno a lei. Naturalmente questo era il suo vero scopo, andarlo a prendere a teatro. Una vaga idea della durata delle prove ce l'aveva, frutto della lunga esperienza con suo padre; quante volte lo aveva atteso davanti agli ingressi degli artisti e nelle strette viuzze dietro ai più famosi teatri d'opera in tutto il mondo.

Di buon umore, canticchiando tra sé e sé, vagabondò tra i vicoli di Vienna e, quasi senza rendersene conto, i suoi passi la condussero sino ai portici dell'Opera. Si soffermò un attimo davanti alle vetrine dell'Arcadia Opera Shops tenendo sempre d'occhio l'uscita degli artisti.

Una delle vetrine era decorata con un manifesto del *Parsifal*, vi erano anche esposti in vendita diversi CD e DVD di Julien. Curiosa osservò la raccolta e riconobbe che Julien aveva finanziato numerose registrazioni sotto la direzione di suo padre. Rivolse nuovamente lo sguardo all'entrata degli artisti proprio mentre Julien stava uscendo. Era già lì pronta per andargli incontro con grande entusiasmo mossa da un senso di appartenenza, quando si accorse che lui era in compagnia di una graziosa biondina. A giudicare dalla sua figura doveva essere una ballerina classica. Sì, anche il modo di muoversi era quello che lei ben conosceva in Véronique. Questa però era una donna estranea e Marie lo visse come un affronto. Si girò rapidamente e continuò a osservarli riflessi nelle vetrine mentre passeggiavano a passo lento e conversando apparentemente in confidenza. Quando poi vide con che occhi brillanti Julien stava guardano la sua accompagnatrice, Marie perse tutta la sua calma. Aveva dunque finto, simulato una vicinanza fittizia? O era lei a essersi lasciata trascinare dalle sue emozioni? Era forse lui il cattivo dal quale si doveva guardare, secondo le visioni di Véronique? Marie rabbrividì e si sentì il cuore come trafitto da un pugnale. Conosceva molto poco Julien, ma poteva essersi sbagliata così tanto? Cosa doveva fare ora? A breve i due sarebbero arrivati nelle sue vicinanze e Julien l'avrebbe notata. Marie si sfilò le scarpe a tacco alto e velocemente, di sbieco, attraversò la piazza. Quando le porte di Starbucks alle sue spalle si chiusero, fece un profondo respiro. E come se fosse la cosa più naturale del mondo si infilò nuovamente le scarpe prima di mettersi in fila al bancone e ordinarsi, del tutto automaticamente, un caffellatte con latte di soia. Come telecomandata si sedette a un tavolo senza accorgersi di due uomini, entrati nel locale dopo di lei, che presero posto al tavolo accanto. In un altro momento non le sarebbe certo sfuggito che entrambi la stavano evidentemente osservando, e non solo perché la trovavano attraente.

Marie non aveva occhi per nessuno. Si sentiva profondamente sola. Ci sarebbe voluta Véronique, lei sì l'avrebbe potuta aiutare adesso.

Con uno sguardo vuoto guardò attraverso la vetrata in direzione dell'Opera di Stato senza riuscire a formulare un pensiero chiaro. Il dispiacere per aver visto Julien con un'altra donna in un atteggiamento così confidenziale l'aveva stravolta più di quanto avesse potuto immaginare. Soprattutto non aveva mai provato una tale paura dell'abbandono. Si sentiva contemporaneamente impotente e completamente sola al mondo.

Come invocato, il suo cellulare iniziò a vibrare e vedere sullo schermo il numero della sua migliore amica la rese felice.

Quando sentì la voce così familiare dirle: «*Chérie*, ho come avuto la sensazione che tu abbia bisogno di me. È così?», Marie avvertì lacrime di gratitudine rigarle il viso.

«Sì, è così!». E la sua voce era quella di una ragazzina sconvolta.

«Cos'è successo? Racconta. Sono con te». Le parole di Véronique avvolsero Marie e lei ne percepì la presenza come se la sua amica fosse seduta lì accanto a lei nel caffè viennese.

«Julien ha un'altra!», sbottò Marie disperata, stupita lei stessa della veemenza dei suoi sentimenti.

«Come ha un'altra? Come ti viene in mente una cosa del genere?», chiese Véronique basita.

«Questa mattina, in aereo, ho avuto l'inequivocabile sensazione che lo avrei incontrato. Allora mi sono recata all'Opera e mentre ero lì fuori davanti alle vetrine dello shop ho visto Julien uscire dall'ingresso per gli artisti in compagnia di una donna stupenda».

«Capisco. Ma, qual è il problema? Gli hai parlato?».

«No. Sono usciti abbracciati. Come potevo rivolgergli la parola? Mi sarei resa ridicola. Avrei fatto la figura di una delle sue fan appostata nelle vicinanze dell'Opera in attesa di vederlo uscire», esclamò disperata.

«Uhm, capisco. Non è che ti sei fatta un film? Forse perché non sai, come donna, cosa voglia dire aspettare un uomo che per te è importante? Lo puoi ammettere con te stessa se così fosse? Se è così? In ogni caso ciò che hai visto non significa che lui abbia una qualche relazione con quella donna. Non credo di dover essere io a spiegare alla figlia di tuo padre che nell'ambiente degli artisti si crea spesso un'intimità senza che debba necessariamente esserci un qualche tipo di relazione».

«Può essere». Rispose Marie con una voce che a lei stessa sembrava piagnucolosa come quella di una bambina che viene rimproverata per un errore e allora si richiamò all'ordine. «Oh, Véronique, tu mi conosci così bene. Mi sono tanto spaventata perché mi ha fatto tanto male vederlo vicino a un'altra. E non al mio fianco».

«Troverai una soluzione, *ma chère*. Cosa fai adesso, hai altro in programma?».

«Mi piacerebbe così tanto farlo ingelosire…».

«E perché mai, Marie?».

«Perché voglio ferire Julien esattamente nello stesso modo in cui ha ferito me», ribadì Marie ostinata.

«Ma è assurdo!», esclamò Véronique. «Non è proprio da te».

«Non mi importa. Sai, mi ero fatta in qualche modo l'idea di piacergli, e ora…».

«Comunque, ti prego cara lascia perdere! La gelosia non è una buona consigliera», implorò Véronique. «Conosci il modo di dire: la gelosia è una passione dolorosa che gelosamente cerca ciò che causa dolore. Ed è una cosa che poi alla fine si ritorce su di te. Puoi tranquillamente trovarti un altro, ma Julien lascialo fuori».

«Hai ragione», si arrese Marie. «Mi sono lasciata prendere dalle mie emozioni. Ne ho passate tante nelle ultime settimane».

«Ti capisco benissimo. Ma, adesso dov'è che sei?"».

«Da Starbucks *vis-à-vis* all'Opera».

«Oh, lì ci andavo spesso anche io nel mio periodo viennese».

«Sì, posso immaginare».

«Allora, cosa pensi di fare adesso? Hai già un'idea su dove cominciare con le tue ricerche?» tentò Véronique per riportare l'attenzione della sua amica sul vero scopo del suo viaggio.

«Se solo lo sapessi», sospirò Marie pensierosa. «Devo mettere giù, non ci crederai!».

E con la mano aveva già premuto il tasto che chiudeva la conversazione mentre il suo sguardo era incollato all'uomo che in quell'istante stava entrando da Starbucks: Lucius! Lei gli fece un cenno. E, come se non avesse null'altro da fare a Vienna, lui le si sedette accanto travolgendola con il suo sorriso contagioso.

JULIEN

VIENNA, 2 SETTEMBRE 2013

Julien era steso sul suo letto all'Hotel Méridien sull'Opernring, vestito e completamente distrutto, quando venne svegliato dal primo sole del mattino. Ovviamente dopo l'estenuante prova non era riuscito a fare altro. Questo esigeva *Parsifal* da lui: darsi completamente. E Julien aveva apprezzato che Tatjana Svetlanova, una delle prime ballerine soliste, si fosse offerta di riaccompagnarlo in albergo la sera prima. Si conoscevano da anni e, a parte un fugace flirt che non aveva intaccato la loro amicizia, lei era una delle poche donne che si congedavano da lui davanti al portone di un hotel senza speculare se lui l'avrebbe o meno invitata a salire su. Lo sguardo di Julien cadde sul suo cellulare. Oh Dio, Marie era arrivata la sera prima e lui, contrariamente a quanto promesso, non l'aveva chiamata. Inveì contro se stesso per non aver tenuto fede al suo giuramento di non abbandonarla mai, in nessun caso. Una voce interiore gli rammentò che Wagner era un motivo se non proprio una giustificazione e l'umore di Julien migliorò di conseguenza.

Fece il numero di Marie, dava libero, ma subito dopo la chiamata venne rifiutata. Julien provò a chiamarla ancora due volte con lo stesso risultato. Con tutta la sua buona volontà non riusciva a immaginarsi Marie fare una cosa del genere.

Ebbe fortuna solo al quarto tentativo e le lasciò un messaggio dicendole che nel frattempo aveva il suo programma esatto e che non vedeva l'ora di poterla rivedere! Soddisfatto di aver mantenuto la sua promessa, anche se in ritardo, si buttò sul letto tra i cuscini e si riaddormentò all'istante.

Si svegliò appena in tempo per l'imminente prova del *Parsifal* e in trepidante attesa prese il telefonino. Ma Marie non si era ancora fatta viva. Una delusione che lo colpì come un secco schiaffo.

Com'era possibile che non si facesse sentire? Era certo che avesse percepito quanto lui la vicinanza che si era creata tra di loro durante il tragitto in taxi. Poteva essere che fosse talmente impegnata a Vienna da non riuscire a farsi viva?

Un'occhiata all'orologio e vide che era ora di buttarsi sotto la doccia e sbrigarsi a raggiungere l'Opera di Stato senza rischiare di arrivare in ritardo.

Il caso volle che nel corridoio che portava alla sala delle prove incrociasse Tatjana che scherzando gli chiese: «Allora quando è che vedi la tua adorata? È già arrivata a Vienna?».

Julien rispose con un sorriso mesto: «Se solo lo sapessi! Marie non risponde al cellulare. Non riesco proprio a capire. Di solito non ci mette così tanto a rispondere».

«Le mie congratulazioni, mio caro. Ti sei proprio preso una bella cotta! Non ti riconosco quasi».

Julien la guardò con aria sorpresa.

«In tutti questi anni, dove sei stato ospite all'Opera di Stato, ho visto gettarsi ai tuoi piedi schiere di donne, ma nessuna è stata capace di essere a lungo oggetto dei tuoi pensieri. Ma da quant'è che conosci Marie?».

«Una settimana scarsa» rispose Julien eccitato passandosi la mano sinistra tra i capelli, come sempre faceva quando era nervoso o se qualcosa lo toccava particolarmente. Facendo così la ciocca d'argento risaltò maggiormente tra i capelli arruffati.

«Avevo ragione. Sei innamorato, perdutamente innamorato Julien! Bello che sia capitato anche a te», ridacchiò Tatjana scomparendo nel suo camerino.

Pensieroso Julien aprì la porta della stanza delle prove, da dove sentì risuonare le parole solenni del *Racconto di Gurnemanz* dall'atto primo.

«...sapete che solo al puro è dato unirsi coi fratelli a far più forte del Santo Gral la redentrice impresa...».

Le celebri parole lo toccavano nel profondo del cuore. Ma qualcosa era cambiato. Sino a quel momento per lui erano state, più o meno, solo parole di un'opera importante, ma da quando aveva letto le pagine nel diario di sua madre era consapevole di dover divenire lui stesso il più puro possibile per poter portare a termine, insieme a Marie, la missione che li attendeva ormai da millenni. E giurò a se stesso di fare di tutto per essere un degno compagno di Marie per il compimento della profezia. Interiormente tranquillizzato riuscì a concentrarsi e a prepararsi per le prove e sulle prime battute del *Parsifal* che stava per cantare: «Certo! In volo colpisco ciò che vola!».

MARIE

VIENNA, 2 SETTEMBRE 2013

Marie ripensò alla serata precedente, ma affiorarono solo brandelli di immagini, la risata di Lucius, la mano di lui sulla sua, loro che passeggiano per strada, lui che la sorregge mentre il tacco sottile della sua scarpa resta incastrato in una griglia. Il calore del suo abbraccio e l'inaspettata leggerezza con la quale si sono separati una volta giunti nuovamente davanti al suo hotel. La delusione per il comportamento di Julien però era troppa per potersi lasciare andare alla silenziosa richiesta di Lucius di invitarlo su da lei in camera. E poi aveva ben presente l'ammonimento di Véronique di concentrarsi solo sul suo scopo, ma accomiatarsi da Lucius le costò molto di più di quanto non volesse confessare a se stessa.

Ciononostante, non era riuscita a dormire molto. Per fortuna le erano stati risparmiati gli incubi. Al contrario, nel sogno le si era avvicinato Julien. Quando si svegliò nel pieno della notte sentiva ancora le mani di lui sul suo corpo. Delusa dovette constatare che era solo un sogno. E le immagini di Julien con la sconosciuta avevano inesorabilmente ripreso il sopravvento.

Si era spaccata la testa sul dilemma se potesse ancora fidarsi di lui. O se, finalmente, voleva fidarsi di Lucius.

Stanca morta per aver passato la notte a girarsi e rigirarsi nel letto, Marie si buttò sotto la doccia. Già più rinfrescata, riprese le forze grazie alla vasta scelta di muesli al buffet della colazione, mentre pianificava di raggiungere la meta turistica numero uno. Grande piacere le aveva fatto anche l'ottimo tè giapponese. Il suo cuore e anche la sua mente si sentivano in grado di andare a cercare nel duomo di Santo Stefano le risposte al mistero dell'eredità di suo padre. Sarebbe finalmente riuscita, lì nella cattedrale, a capire cosa apriva la chiave dorata che suo padre le aveva lasciato? Si infilò un paio di scarpe basse, sufficientemente eleganti per una grande città eppure sportive, perfettamente in linea con la moda del momento che non faceva più differenza, come in passato, tra una scarpa sportiva e un mocassino, e le *sneakers* nulla toglievano alla sua femminilità.

Uscita dall'hotel puntò decisa, come mossa da una forza ultraterrena, dritto verso il duomo di Santo Stefano il cui tetto colorato, nella luce del primo pomeriggio, sembrava illuminato dall'interno. Le sembrò un saluto così gioviale che rispose involontariamente con un sorriso. Forse non tutto era ancora perduto tra lei e Julien. E certamente avrebbe trovato un segno.

Sulla piazza antistante il duomo c'era un nugolo di colombi e quando Marie vi passò in mezzo questi non volarono via, come li aveva visti fare con i gruppi di turisti, bensì le si avvicinarono fiduciosi spingendola in qualche modo di lato. Quando, di colpo, si trovò di fronte i profili rossi della Cappella della Maddalena, contornata dalle linee bianche della Cappella di San Virgilio, venne colpita come da una scossa elettrica e intuitivamente, senza neanche pensarci un'istante, seppe cosa fare. Lentamente avanzò lungo le linee della pianta, ancora visibili, della cappella bruciata nel 1781 ed era esattamente come se l'era immaginata durante le sue ricerche in internet.

Cautamente i suoi piedi tastavano il pavimento, quasi alla ricerca di qualcosa, e Marie si rallegrò di aver scelto quelle scarpe con la suola sottile che permetteva ai suoi piedi di percepire qualcosa; sì, sentì chiaramente di essere nel posto giusto. Come in trance, si trovava in un'altra epoca, le sue mani tastavano le pareti di pietra della chiesetta della Maddalena e lei respirava consapevolmente e profondamente, la lingua impastata dal fuoco e dalla sporcizia, come se respirasse l'aria di un altro tempo; poi, all'improvviso apparve Maria Maddalena, esile e avvolta in un manto rosso intenso. Il cuore di Marie fece un balzo e lei non poté far altro che andare ad abbracciarla. Fu un momento mistico, di profonda estasi, come Marie non aveva mai provato prima. Sentiva tutti i suoi sensi aprirsi, come se si stesse liberando, strato dopo strato, di tutto ciò che la opprimeva, di ciò che l'aveva oppressa e istintivamente sapeva che da quell'istante in avanti non sarebbe più stata la stessa. Una profonda fiducia pervase il nucleo della sua essenza. Quando si rese conto con quanto calore Maria contraccambiava il suo abbraccio, Marie si rilassò. Ma poi venne percorsa da un brivido. Lei, che dalla morte di sua madre aveva ostentato la ragione e la conoscenza come un vessillo contro qualunque spiritualismo, doveva ora improvvisamente avere una visione, vivere un istante che avrebbe lavato via la sua ragione e la sua mente? Marie respirò a fondo e si rese nuovamente conto della stranezza dell'aria, poi però fu come se dell'aria fresca scorresse dentro di lei portando via con sé quel tanfo medioevale che dal passato aveva riempito le sue narici in questo luogo e in questa chiesa.

Così, rinfrescata, Marie iniziò a parlare tra sé e sé: "Cara Maria Maddalena, come sai sono qui per trovare altre indicazioni. Puoi darmi un consiglio? Dove devo cercare?".

Marie non riusciva a capacitarsi quando pochi secondi dopo udì una soave voce che pareva chiaramente provenire dalla bocca della Maddalena, sebbene lei fosse consapevole che non stava ascoltando con le orecchie, bensì con tutti i suoi sensi ciò che Maria Maddalena voleva comunicarle.

Amata sorella, ricordati del tuo sogno. Cosa ti ha mostrato?.

"Il duomo di Santo Stefano", rispose Marie meravigliata.

E cosa hai visto lì? Ti prego, cerca di ricordare tutti i dettagli, perché sono di grande importanza per te.

Marie rimase di stucco. Non avrebbe mai immaginato di poter comprendere in tal modo un essere apparso in una visione. E come se, grazie a questo, ora fosse più facile per lei trasportarsi nuovamente nel sogno, Marie strizzò gli occhi. Ed ecco che già le immagini iniziavano ad affiorare nel suo occhio spirituale. Vide se stessa in ginocchio davanti all'altare maggiore di un'enorme chiesa, sotto di sé il pavimento, le piastrelle di marmo bianco-nero disposte a forma di rombo, ne sentiva il freddo contatto sulle sue dita.

Con sguardo interrogativo si rivolse a Maria Maddalena.

È giunto il tempo. Recati ora nel duomo di Santo Stefano. Lì troverai indicazioni preziose. Tutto ti si disvelerà al momento giusto. Vedrai ciò che solo chi ha pensieri puri può vedere.

"Facile a dirsi, non così tanto a farsi", esclamò Marie mentalmente e il dolore per il presunto tradimento di Julien la trafisse nuovamente in tutta la sua forza.

Comprensiva Maria Maddalena le mise un braccio intorno alle spalle:

Mia piccola sorella, comprendi dunque che le cose spesso non sono come sembrano. Forze malvagie cercano di mettere Julien in cattiva luce. Confida nel potere dell'amore che sa come superare tutte le barriere.

"E questo deve valere anche per… me e Julien?".

Oh sì, è proprio per lui che vale!

Marie aguzzò l'udito. "Cosa intendi?".

Un chiaro raggio di sole si infiltrò nei suoi occhi e Marie si risvegliò dalla trance. Si coprì il viso con le mani e vide il sole del mattino riflettersi sulle piastrelle del tetto illuminandola di una luce colorata mentre se ne stava lì in piedi, accanto al duomo di Santo Stefano, in uno degli angoli eternamente in ombra della piazza.

Meravigliata Marie si accorse della piccola folla che si era radunata attorno a lei fissandola come se fosse fuori di testa. Poi le venne in mente quanto strano dovesse essere stato per la gente vederla tastare le pareti, visibili solo a lei, della piccola chiesa di Maria Maddalena e abbracciare una figura apparentemente assente.

Vergognandosi un po' alzò le spalle e sorridendo timidamente disse: «Va tutto bene, non c'è nulla di cui preoccuparsi. Nei luoghi sacri mi capita talvolta di cadere in trance. Voglio entrare in duomo e riposarmi un poco», e già si era confusa in mezzo alla folla.

LUCIUS

VIENNA, 2 SETTEMBRE 2013

Lucius osservò affascinato il capannello di persone attorno a Marie disperdersi. Se ancora qualche secondo prima pensava di dover intervenire rapidamente per aiutarla, ora lei era sparita nell'oscurità del duomo di Santo Stefano con una tale velocità da non poterla seguire senza dare nell'occhio. Ed era proprio ciò che non voleva assolutamente: attirare su di sé l'attenzione, sarebbe stato una disgrazia. Marie non doveva mai venire a sapere che lui la pedinava riferendo poi tutto a de la Fontaine; il *mâitre* era già stato informato sugli eventi della sera precedente. Quando aveva accennato anche al fatto che lui e Marie avevano passeggiato mano nella mano, Maurice aveva reagito freddamente. L'idea che quel donnaiolo si potesse comunque abbandonare a pensieri osceni fece scattare in lui una profonda indignazione. Doveva liberarsi da certe idee. Non era questo che gli aveva insegnato il suo vecchio maestro? Ripensò al suo studio nel quartiere parigino del Marais. E a Xiao Lin, che gli aveva insegnato l'arte marziale del Shaolinquan, nel periodo in cui era ossessionato dall'idea di imparare a combattere dopo che la violenta morte dei suoi genitori l'aveva portato a temere di trovarsi, prima o poi, anche lui nella situazione di doversi difendere. All'epoca Maurice de la Fontaine aveva sostenuto la sua decisione per motivi meno altruistici, come nel frattempo sapeva bene.

Per contro, con Xiao Lin aveva trovato quella pace a cui si abbandonava sempre in sua presenza. Automaticamente a Lucius venne da paragonarlo a de la Fontaine e alla sua sfacciata curiosità. Qualcosa era cambiato. Non che gli dispiacesse pedinare Marie, ma in lui cresceva la sensazione che ciò che stava facendo era sbagliato. Si ricordava più che bene il momento in cui aveva raccontato a Xiao Lin di essere stato assunto dalla fondazione culturale. Di potersi quindi ora permettere, come aveva sempre desiderato, di vivere a Parigi in un appartamento lussuoso facendo un lavoro che in realtà amava. L'arte era per lui come l'aria. Ora era sì un manager culturale, ben retribuito, ma non era a Vienna solo per ammirare tesori artistici, bensì anche per inseguire tra gli stretti vicoli una donna che, a suo giudizio, aveva appena avuto una visione.

Era stato un momento impressionante. Il volto di Marie si era letteralmente illuminato per la profonda devozione e dopo il suo passo era diverso, così pieno di slancio, leggero e fiducioso.

Non così incerto e titubante come la sera prima quando l'aveva presa per mano per aiutarla a camminare sul pavimento irregolare. Il suo sguardo luminoso gli aveva ricordato quello di Xiao Lin, ispirato e pieno d'amore, e la sensazione di purezza che provava quando meditava accanto al maestro e che gli consentiva di raggiungere una sorta di tranquillità interiore.

Come tirato da invisibili fili Lucius la seguì nel duomo.

JULIEN

VIENNA, 2 SETTEMBRE 2013

Come accadeva ogni volta, Julien venne rapito dalla musica di Wagner. Non esisteva altro al mondo che avesse su di lui l'effetto di quei suoni. Dimenticò all'istante tutto ciò che lo circondava. Naturalmente sapeva che non era un caso, come non lo era il fatto che proprio in quella fase della sua vita dovesse cantare nel ruolo di Parsifal. Tutto seguiva un piano superiore. Se solo avesse saputo quale. Julien ascoltò le note e decise di essere paziente.

Con attenzione seguì il dialogo tra il mago Klingsor e Kundry, l'ammaliatrice, poi, dal fondo, entrò lui stesso in palcoscenico abbandonandosi al tocco delle fanciulle-fiore. La musica dominava tutte le sue sensazioni eppure, per la prima volta, non vedeva l'ora di terminare la scena. Ancora sei mesi prima gli sarebbe piaciuto trovarsi al centro dell'attenzione di tutto il coro di donne, come del resto era evidente che piacesse anche a loro poter toccare Julien de la Tour, il celebre tenore, in tutti i punti leciti e illeciti. Forse avevano scommesso tra loro di riuscire a farlo andare fuori tempo. Ma a lui non facevano né caldo né freddo. Ora era come se tutto accadesse per la prima volta, e mentre Elisabeth Silberstein, alias Kundry, si rotolava per terra insieme a lui per sedurlo e rubargli un bacio per distrarlo così dalla sua missione, Julien riconobbe la portata e l'intenzione dietro a quel gesto di seduzione: era rivolta a Parsifal ed era rivolta a lui, Julien. Lui che in tutti quegli anni aveva sedotto molte donne, per raggiungere inconsciamente il suo scopo di essere ammirato e amato, ora si avvide di non aver mai compreso ciò che la musica voleva comunicargli. Generalmente, sino all'incontro con Marie, non aveva avuto la più pallida idea del significato della parola amore. Quanto aveva sbagliato nell'interpretare gli insegnamenti di sua madre prendendoli per inviti alla prudenza. Non voleva allontanarlo dalle donne, bensì insegnargli il senso del vero amore tra un uomo e una donna. Un amore sacro, questo era ciò che ora provava per Marie.

Mai prima d'ora aveva cantato le parole «Salvatore! Signore di clemenza! Come espierò mai, peccatore, la mia colpa?» con tanto fervore, come in quel momento, perché pensava a Marie e a ciò che li univa. Il suono sfumò e nel silenzio al suo orecchio giunse un applauso. Il famoso direttore d'orchestra Arnold Scherenberg, appoggiata la bacchetta sul banco, aveva iniziato ad applaudirlo calorosamente. Gli altri presenti si unirono all'applauso e, mentre per Julien il tempo si era come fermato, la musica riecheggiò nei cuori delle persone attorno a lui. Confuso Julien si girò su se stesso, sì era veramente così: l'applauso era solo per lui.

Arnold Scherenberg, che comunque era uno dei più importanti direttori wagneriani del Ventunesimo secolo, continuando ad applaudire come fosse un contrappunto, a bassa voce disse: «Julien, in tutta la mia lunga carriera ho avuto modo di collaborare con i massimi tenori wagneriani delle più varie generazioni, ma mai prima d'ora qualcuno è riuscito a toccarmi il cuore con le parole "Salvatore! Signore di clemenza! Come espierò mai, peccatore, la mia colpa?". Mio caro, tu non stai cantando Parsifal, tu SEI Parsifal!».

Stupito Julien vide il direttore d'orchestra asciugarsi le lacrime con il dorso della mano sinistra, prima di riprendere la bacchetta e richiamare all'ordine gli orchestrali che reagirono come se nulla fosse accaduto.

Julien comprese che qualcosa di sostanziale in lui doveva essere cambiato, sapendo anche che le priorità della sua vita ora erano altre. D'ora in avanti al primo posto c'era la missione comune con Marie. E ciò gli sarebbe riuscito se per il momento avesse messo da parte il suo amore per lei. Perché se voleva essere all'altezza del suo compito doveva essere di cuore puro.

Celò nel suo cuore questa rivelazione e si immerse nel canto. Julien sentiva ogni singola parola sgorgare dal profondo della sua anima. Non era più un testo che aveva imparato a memoria, bensì quelle parole erano in lui come se fossero le sue.

PARTE TERZA

ALLA RICERCA DI RISPOSTE

MARIE

VIENNA, 2 SETTEMBRE 2013

Un poco disorientata Marie si guardò intorno nel duomo. Dove doveva iniziare a cercare? In quel momento accanto a lei passò un gruppo di persone intente ad ascoltare una guida turistica che stava illustrando i tesori celati nel duomo di Santo Stefano. Si mescolò semplicemente ai turisti sperando così di ricavare dal tour un indizio utile alla sua ricerca. Si mise in ascolto della guida, un viennese alquanto loquace, e si stupì di quanto la cosa la divertisse, sebbene conoscesse da tempo la maggioranza dei dettagli concernenti la storia dell'arte. Questa volta però li considerò da un altro punto di vista, valutando se qualcosa potesse essere interpretato nel "suo senso" e messo in connessione con la sua eredità.

Per prima cosa, passando per la navata destra, detta delle donne, la guida condusse il gruppo al famoso Altare di Wiener Neustadt. Marie sapeva che si trattava di un trittico di rara fattura. Risalente al 1447, era anche il trittico più antico di tutta l'Austria, ancora ben conservato, e Marie ne ammirò stupita la pregevole fattura.

Nella parte centrale, in basso, vi erano otto piccole porticine; al di sopra delle due centrali Marie riconobbe la celebre iscrizione "AEIOU", oggetto di infinite congetture tra gli esperti. Poteva questo acronimo dell'imperatore Federico III d'Asburgo, coniato nel 1437, avere qualcosa a che fare con lei? Con la chiave dorata? Era stato spesso definito "il codice dell'Austria" o anche il motto mistico dell'Austria. Poteva essere che in esso vi fosse celato qualcosa di rilevanza non solo politica, ma anche una traccia sulla quale l'aveva messa Maria Maddalena?

Si ascoltò nel profondo ma non percepì nessuna risonanza che la inducesse a fermarsi lì, per cui continuò a seguire il gruppo di turisti attraverso la cattedrale di Santo Stefano sino a raggiungere l'altare maggiore nell'abside del coro centrale.

Più si avvicinava all'altare e più il battito del suo cuore accelerava; turbata riconobbe che era quello visto nei suoi incubi. Rapita, osservava il dipinto di Tobias Pock raffigurante la lapidazione di Santo Stefano. Ma non era questo che la metteva in agitazione. Lasciò vagare oltre lo sguardo ed ecco che la vide, la figura di Gesù Cristo che da uno squarcio nel cielo già attendeva l'arrivo di Stefano. Fu come se il cuore di Marie si fermasse per un attimo quando proprio in quell'istante un raggio di sole, attraversando la magnifica vetrata sulla destra, andò a illuminare l'oscurità della chiesa. Quasi in risposta, una delle piastrelle in marmo bianco a forma di rombo, sulla sinistra dell'altare marmoreo, s'illumino per un attimo. Marie si guardò attorno ma nessuno, a parte lei, sembrava essersi accorto di questo meraviglioso gioco di luci. Al contrario, seguendo le spiegazioni della guida, i turisti guardavano fissi solo il dipinto di Tobias Pock. Marie era certa che quel segno fosse pensato solo e unicamente per lei. Cercò di ricordarsi su quale delle piastrelle di marmo era caduto esattamente il raggio di luce ed era la settima da destra. Cosa c'era di speciale in quella piastrella di marmo? Cosa voleva dirle tutto questo? Marie lasciò che il gruppo di turisti passasse oltre e si sedette su uno dei banchi da chiesa per riflettere un attimo in silenzio.

Quando rialzò lo sguardo si trovò di fronte Lucius che, come i turisti, si era soffermato per un po' davanti al dipinto per poi proseguire. Marie non gli tolse un attimo gli occhi di dosso e vide che lui si stava dirigendo verso l'uscita sul lato destro, là dove si trovava l'altare preferito da Marie, quello che fin dalla sua prima visita alla città, da bambina, non aveva mai potuto dimenticare. Si trattava del cosiddetto "altare del cuore di Cristo" e quando Marie si accorse di Lucius inginocchiato lì davanti, restò di sasso non osando quasi respirare. Era dunque animato da buoni spiriti? La sua prudenza l'aveva trattenuta dal lasciarsi avvicinare. In fondo lavorava per de la Fontaine. Solo pensando a lui, al suo modo di fare untuoso, ebbe un senso di malessere e non riuscì più a pensare chiaramente. In ogni caso non aveva assolutamente voglia di incontrare nuovamente Lucius in una famosa chiesa, per cui si alzò e in un battibaleno uscì dal duomo confondendosi nella mischia di persone che affollava la piazza antistante.

Aveva a malapena fatto a tempo a riprendere fiato, che si sentì toccare sulla spalla ed eccolo di nuovo, l'intenso sguardo di quegli occhi blu. Cercando di sondare la reazione di lei, Lucius rise a squarciagola aggiungendo: «Pensavo di non vederci bene. Tu nel duomo, è il destino che ti manda, questo è stato il mio primo pensiero. Posso rapirti? A quanto pare sei dell'umore giusto per seguire le orme dei turisti. Che ne dici? Vieni con me nella Schatzkammer la "camera del tesoro di Vienna", la conosci? È al Kunsthistorisches Museum, il museo di storia dell'arte, qui a Vienna. E lì dovrebbe essere custodita una ciotola d'agata con un'iscrizione che desidero vedere da molto tempo. Tu ti interessi di tesori artistici, che ne pensi di questo? Secondo quel che si dice la ciotola d'agata reca in sé un'iscrizione visibile solo a eletti ed è per questo che viene definita "sacro Graal". Ce la guardiamo e poi ci sono anche molti altri tesori da ammirare», di nuovo una risata sonora, prima di continuare: «C'è anche il dente del narvalo, ritenuto in passato un corno di unicorno, e poi ancora altri tesori del celebre ordine del Vello d'oro, il Velo della Veronica e la celebre lancia sacra. Dai, su vieni, ti piacerà!».

«Il Graal?», si lasciò sfuggire Marie e il suo cuore fece un tonfo quando, involontariamente, il suo pensiero corse a Julien e al suo ruolo come Parsifal. Fece un passo indietro e strizzando gli occhi osservò Lucius, felice di avere il sole in faccia così da sembrare abbagliata dai raggi.

«Oh, sì, in realtà avevo già pensato di andarci domani pomeriggio, prima di rendere insicure le chiese di Vienna» rispose Lucius ridacchiando. «Ma per te cambio volentieri i miei programmi. Certamente avrai voglia di venire anche tu».

"Sì, perché no", pensò Marie mentre il suo cuore era ancora altrove. «Va tutto bene?», chiese Lucius.

«Sì, benissimo», fece lei passandosi la mano sulla fronte.

«Fantastico! Chi l'avrebbe detto che a Vienna avrei più volte avuto l'occasione di fare qualcosa insieme all'incantevole Marie Chevalier!».

«Dai su, Lucius adesso non esagerare», lo riprese Marie divertita.

Sorridendo Lucius giocherellò con le chiavi dell'auto e prima che Marie potesse ripensarci l'aveva scortata alla sua Maserati.

Marie fissò prima lui e poi l'auto e poi scoppiò in una risata che non faceva dai tempi del liceo. Poi si mise una mano sulla bocca e seria disse, mentre gli occhi ancora brillavano di gioia: «A essere precisi, questa non è una moto. Ero felice di avere indossato delle scarpe basse oggi. Ma quest'auto meritava di certo un tacco dodici».

Lucius le lanciò uno sguardo, da sopra il tetto dell'auto: «Che bello che tu capisca la mia passione per la guida veloce. Altre donne erano meno entusiaste», premette il cicalino dell'auto e in un attimo Marie era scomparsa all'interno sedendosi sul sedile del passeggero.

A grande velocità, quella permessa dalle regole del traffico, almeno nella loro interpretazione estensiva, raggiunsero la Wiener Hofburg. Come se qualcuno gli avesse lasciato libero un posto, Lucius trovò subito un parcheggio, tanto spazioso da poter aprire agevolmente le portiere della Maserati. Prima che Lucius accorresse ad aprirle la portiera Marie era già scesa agilmente dall'auto. Di colpo non vedeva l'ora di rivedere la famosa ciotola di agata che suo padre le aveva mostrato da bambina quando stava dirigendo *Il Flauto magico* all'Opera di Stato di Vienna. Come poteva essere che l'avesse dimenticato? Solo trovandosi di fronte alla Hofburg i ricordi erano di nuovo lì in tutti i particolari, rivide ogni dettaglio: come aveva sgranato gli occhi di fronte alla magnifica ciotola, come suo padre avesse dovuto portarla via, quasi di forza, perché Marie aveva avuto la sensazione che la ciotola fosse destinata a lei. E suo padre non le aveva forse raccontato, già allora, che quella non era la ciotola dell'Ultima Cena? Marie appoggiò una mano sul cuore poi guardò Lucius riflettendo se qualcuno al servizio di forze oscure l'avrebbe condotta proprio qui, in un luogo così importante per lei. Chissà cosa ne pensava de la Fontaine? O Lucius stava mettendo in atto un'idea del suo *mâitre*? Perché mai de la Fontaine avrebbe voluto che lei si confrontasse con la ciotola?

Prima che Marie potesse reagire, Lucius aveva già pagato i biglietti di ingresso, ovviamente per tutti e due. Marie non riusciva a liberarsi dalla sensazione che provava, e che in realtà le piaceva, quando qualcuno la viziava in quel modo. Ma se lui stava perseguendo un oscuro piano, allora era decisamente molto più sfrontato di quanto non l'avesse ritenuto capace. Le sembrava così aperto. Ah, se solo fosse stato così facile anche con Julien!

Mentre attraversavano le prime sale della Hofburg senza degnare di alcuna attenzione i pezzi esposti, Marie cercò di scacciare il pensiero di Julien dalla sua testa. Ora era qui in giro con Lucius. Punto e basta.

Le prime sontuose sale della Schatzkammer in cui erano esposte preziose vesti, gioielli e altri oggetti di enorme valore non sortirono in lei più di un'alzata di spalle. Insieme a suo padre aveva visitato un infinito numero di musei. Sapeva che la sua attenzione poteva essere catturata solo e unicamente dal brillante smeraldo, incavato a forma di ciotola.

Lucius la frenava costantemente, cogliendo ogni occasione per mostrarle la sua vasta conoscenza in tutti i campi. Marie annuiva riconoscente, nel frattempo sapeva come erano fatti gli uomini. Uscivano più che volentieri con una donna intelligente, ma non appena questa si rivelava più colta, istruita e di maggior successo del "Signore della Creazione" del caso, allora era tutt'un'altra storia.

Esemplari come suo padre, che stimava l'intelligenza di sua moglie più di ogni altra cosa, erano ben più rari di quanto lei avesse immaginato da ragazza.

Ma sino a quel momento Lucius non era stato in grado di presentarle nemmeno una novità. Marie sorrideva tra sé e sé. Solo quando giunsero davanti al dente di narvalo, lungo 243 centimetri, ritenuto a lungo essere un *Ainkhürn*, ovvero il corno del mitico unicorno, Lucius guadagnò punti.

Si girò verso Marie facendo un'osservazione che, di primo acchito, le sembrò sconnessa dal contesto: «*Ma chère*, sapevi che in ebraico la ghematria delle parole "il Messia" e "unicorno" è quasi la stessa? Chi si affida a questa interpretazione, ne deduce che l'energia di Gesù Cristo è molto vicina, affine a quella dell'unicorno».

Marie guardò Lucius stupita. Gli aveva forse raccontato, una volta o l'altra, di come da anni fosse alla ricerca di messaggi segreti celati nei famosi arazzi medioevali raffiguranti gli unicorni?

«Puoi spiegarmelo meglio? Mi sono sempre interessata di unicorni nell'arte, ma questa idea mi è del tutto nuova».

«Naturalmente», fece Lucius visibilmente felice di essere finalmente riuscito a mettere in tavola qualcosa di nuovo per Marie. «Mi serve solo un foglio di carta e una matita poi posso scriverti le lettere ebraiche e il valore numerico corrispondente».

Marie annuì, stupita lei stessa della sua delusione per non poterne sapere di più. E comunque, come era possibile che Lucius fosse così ferrato sulla cabala e che conoscesse oltretutto l'ebraico? Era un buon segno? Stava dalla parte di Gesù Cristo e di Maria Maddalena? Dopotutto sapeva della connessione tra Gesù e l'energia dell'unicorno. Oppure era solo un patito di numerologia? Come poteva venirne a capo senza lasciare trapelare troppo su se stessa?

Assorta nei suoi pensieri Marie si girò ed eccola lì davanti a lei, custodita in una vetrina, l'antica, luccicante ciotola di agata dai riflessi bluastri e color miele. Sapeva che non si trattava del Santo Graal per quanto le aveva detto suo padre e lei credeva fermamente nelle sue parole. Tuttavia questo recipiente più unico che raro, largo in tutto settantasei centimetri, compresi i manici e intagliato da un unico pezzo di pietra dura, era con certezza un tesoro molto speciale. Non per niente pareva che alcuni cosiddetti eletti fossero riusciti a leggervi il nome Cristo, né inciso, né intagliato bensì incorporato nella venatura color miele della pietra. Scritto solo dalla natura, era dato a pochi vederlo a occhio nudo. Lei ci sarebbe riuscita? Da bambina si era fissata su questa idea e per questo si arrabbiava ogni volta che suo padre la trascinava via per proseguire il giro nella Hofburg. Sapeva che all'epoca era troppo giovane. Una voce dentro di sé la invitò a calmarsi. Rimosse i pensieri su Lucius, come aveva fatto prima con quelli su Julien e sui turisti che procedevano rumorosi. All'improvviso Marie sentì la voce di Véronique che le suggeriva di inspirare ed espirare consapevolmente come le aveva insegnato. Marie si accorse che a ogni respiro si rilassava sempre più profondamente. Di colpo sentì un pizzicore sulla fronte, nel punto esatto dove, stando a Véronique, si trovava il suo terzo occhio. Era come se l'apparizione di Maria Maddalena avesse facilitato l'accesso alle sue forze. Intuitivamente Marie si mise in punta di piedi ed ecco che vide luccicare qualcosa, dapprima solo lievemente, poi la vista si fece più nitida e quel luccicore prese la forma di lettere: XCRISTO. E il suo corpo venne percorso da un violento brivido. Quando comprese ciò che era accaduto provò un'intensa felicità e solo pochi secondi dopo Marie vide apparire, di fronte al suo occhio interiore, le parole "san graal" che la sua ragione immediatamente trasformò in "san gréal", la definizione in francese antico per "Santo Graal" e, leggendolo diversamente, il significato nella sua testa cambiò, girato lo sguardo e mossi di qua e di là gli occhi divenne "sang real", ovvero significativamente "sangue reale". Poteva essere ancora un caso? Stando alle parole di suo padre, sia Gesù Cristo che Maria Maddalena discendevano da una stirpe reale, ovvero Gesù Cristo dalla Casa di Davide e Maria Maddalena dalla stirpe di Beniamino e tutti i loro discendenti vennero definiti successori della cosiddetta "linea di sangue". Julien voleva parlare di questo, quando a Parigi aveva accennato alla "linea di sangue"? No, adesso non voleva pensare a Julien, ma il fatto che bussasse nella sua testa le ricordò ciò che in realtà si era prefissata di fare alla Hofburg: trovare una qualche connessione con la chiave dorata. Solo che questo sarebbe andato contro tutte le misure di sicurezza adottate per salvaguardare il Santo Graal. E di certo suo padre non l'avrebbe istigata al furto, quindi quella chiave doveva essere destinata a tutt'altro scopo. Si rammentò di nuovo del raggio di luce che aveva illuminato la settima piastrella di marmo. Marie era certa che tutto questo avesse a che fare con qualcosa di una portata molto maggiore. Doveva assolutamente parlarne con Véronique. Si sentì spingere leggermente da Lucius che le chiese: «Va tutto bene?».

Spaventata Marie rivolse lo sguardo al suo accompagnatore di cui si era completamente dimenticata. Poi si sforzò di sorridergli: «Sì, sto bene. La storia del Santo Graal tocca la bambina che c'è in me, quella che vuole ancora credere alle favole». Rispose lei alzando le spalle con voluta indifferenza.

«Capisco», replicò Lucius. «A proposito del Santo Graal: lo sai che da sabato all'Opera di Stato c'è in cartellone il *Parsifal* con Julien de la Tour nel ruolo principale?».

Mentre faceva quella domanda, molto mirata, Lucius non perse un secondo d'occhio Marie, come se non volesse lasciarsi scappare una sua qualche reazione sentendo il nome di Julien. Ma Marie restò impassibile aggiungendo: «Sì, certo lo so che è in città. Io ci vado di sicuro a vederlo».

«Posso chiederti che altri programmi hai?», chiese Lucius tastando cautamente il terreno.

Marie si era già preparata la risposta a un'eventuale domanda di questo genere e così rispose candidamente: «Sto esaminando diverse rappresentazioni del Cristo e oggetti nell'ambito di un nuovo progetto. É estremamente impegnativo in termini di tempo, ma credo che tu possa benissimo immaginartelo».

«Allora devi assolutamente vedere il velo di Santa Veronica, il chiodo e il frammento in legno della Croce, prima che chiudano il museo», replicò Lucius prendendola sottobraccio e dandole un'occhiata per verificare che lei gradisse la cosa; poi la condusse attraverso altre due sale sino a raggiungere la vetrinetta con il velo della Veronica.

Marie fu nuovamente percorsa da un brivido lungo tutto il corpo sapendo all'istante che quel sudario era autentico. L'intensità della sensazione era l'indicatore che sarebbe nuovamente dovuta entrare in trance. Solo che Lucius le era talmente vicino che dovette spingerlo leggermente di lato in modo da poter respirare più liberamente. Come spesso le era accaduto da bambina, venne catapultata indietro nel tempo e si ritrovò ai piedi della Croce. Per la prima volta però scorse accanto a sé Veronica, inginocchiata vicino a lei con quel "panno" tra le mani. Marie sentì un'inaspettata vicinanza tra lei e quella giovane donna guarita da Gesù Cristo da un'emorragia che durava da anni e fu certa che in passato erano state amiche. Solo a fatica Marie riusciva a trattenere le lacrime che premevano da dietro sulle palpebre.

«S'è fatta ora di andare», era la voce di Lucius vicinissima al suo orecchio. «Hanno già preannunciato più volte che la Schatzkammer sta per chiudere».

Marie lo guardò perplessa: «Oh, ero così persa nei miei pensieri che non mi sono accorta di nulla».

Lucius la scrutò con grande attenzione e dall'espressione del suo viso si capiva che era preoccupato per lei.

«Però ti prego, andiamo a vedere ancora il chiodo e il frammento di legno della Croce di Cristo», chiese Marie con tale ardore che lui non poté che accompagnarla in silenzio nella sala dove era custodito il reliquiario del santo chiodo della Croce. All'interno vi era montato il chiodo che avrebbe trafitto il polso destro di Gesù Cristo. Sebbene il prezioso manufatto che conteneva il chiodo fosse di straordinaria bellezza, una teca ovale in vetro, ornata di pietre preziose e sorretta da due angeli dorati, l'adorazione di Marie era rivolta solo al chiodo; la sola vista la faceva nuovamente tremare. Lucius lo interpretò come un segno per farla passare il più velocemente possibile attraverso le altre sale, in modo da poterle ancora mostrare il frammento in legno della Croce di Cristo. Quando Marie sussultò nuovamente Lucius la allontanò un poco da sé lanciandole uno sguardo più tranquillizzante che interrogativo e aggiungendo: «Marie, credo sia meglio se ora andiamo così che tu ti possa riprendere dalle intense emozioni».

Dallo sguardo eloquente di una custode del museo capirono che era proprio ora di andare via.

Marie rimase però in silenzio perché continuava a essere sommersa dai ricordi e tornò in sé solo dopo che ebbero lasciato la Hofburg. Accettò di buon grado di essere accompagnata in albergo dal premuroso Lucius che da gentleman si congedò da lei nella hall dell'albergo.

MARIE / JULIEN

VIENNA, 2 SETTEMBRE 2013

Di ritorno in albergo, la prima cosa che fece fu chiamare Véronique e raccontarle tutto. Insieme decisero che il giorno seguente Marie sarebbe ritornata nella cattedrale di Santo Stefano protetta dalla semioscurità delle prime ore della sera. Speravano che per quell'ora il costante flusso dei turisti fosse un po' diminuito, così da dare tempo e modo a Marie di osservare più attentamente la mattonella in questione. Véronique era preoccupata, Marie lo capì chiaramente dal tono della voce, ma non si scompose. Il giorno dopo avrebbero tentato di scoprire perché nel duomo le fosse stata mostrata proprio quella piastrella illuminata dalla luce celeste.

Esausta si lasciò cadere sul letto, fece appena in tempo a sfilarsi le *sneakers* e sprofondò in un sonno irrequieto.

Nello stesso momento Julien, dapprima ispirato e poi sfiancato dalle prove, era coricato a pancia in giù nel suo letto al Méridien.

Era combattuto ma alla fine andò a riprendere il diario di sua madre riposto con cura. Doveva davvero provare e riprovare a chiamare Marie? Lei non rispondeva al cellulare e l'incontro che avevano concordato si faceva attendere. L'inquietudine interiore durante le prove era svanita, perché lì "viveva" da Parsifal, ma di ritorno in hotel era nuovamente Julien alla ricerca e, anche se provava una certa resistenza, sperava nell'aiuto di sua madre.

Parigi, 24 gennaio 1990

Mio amato Julien,
so che non è facile trattenersi quando si è finalmente trovata la persona del cuore.
Ma è proprio questo che tu devi imparare, amato figlio mio.
Ti sei abituato a vedere le donne cadere ai tuoi piedi, ovunque tu vada, ma è proprio quello che Marie non farà, perché è consapevole del suo valore (anche se inconsciamente) così come lo era la sua omonima.
Sta a te imparare ad avere un cuore puro e credere, pieno di devozione, nel tuo grande compito. Al momento giusto però dovrai agire.
Dedicati intensamente al Parsifal di Wagner, che nel frattempo probabilmente avrai già cantato, e comprenderai ciò che desidero dirti.
Avere il cuore puro e vivere l'amore puro significa anche parlare molto chiaramente per portare alla luce la verità così come ha fatto il nostro amato fratello Gesù Cristo e come fa anche l'arcangelo Michele di cui, non a caso, si dice che sia come Dio.
Anche se mi trovo dall'altro lato del velo, mentre tu stai leggendo queste righe, è ancora compito mio continuare a guidarti, perché a questo sono stata preparata per tutta la mia vita.
Trattieni le tue lacrime, amato figlio! Anche Gesù Cristo le ha versato perché sapeva che non sono un segno di debolezza. Solo chi è in grado di mostrarsi vulnerabile è veramente forte.

Sbalordito Julien fissava le parole che gli stavano davanti e che effettivamente gli giunsero attraverso un velo, di lacrime. In tutti quegli anni si era solo immaginato di essere un uomo gentile. Tutte quelle relazioni che aveva chiuso, sempre di comune accordo, non erano forse semplici conquiste di cui davvero non andare fiero? I suoi sentimenti per Marie gli stavano dimostrando che l'amore aveva tutt'altre dimensioni e si augurava che fosse così anche per lei. Già la tensione era enorme e tutti quei giorni in attesa di un segno positivo da parte dell'amata l'avevano come logorato. Lasciò scendere copiose le lacrime e quando queste infine si esaurirono volse lo sguardo al cielo e torcendosi le mani cantò, per la seconda volta quel giorno, con voce soffocata e ora solo più bassa per non far sì che la disperazione e la rivelazione oltrepassassero le pareti della sua stanza d'albergo: «Salvatore! Signore di clemenza! Come espierò mai, peccatore, la mia colpa!»

Come in risposta al suo orecchio arrivò improvvisamente una voce e lui percepì nella sua stanza una luce di infinita potenza, una luce che sosteneva e avvolgeva tutti i piani del suo essere:

Amato fratello, tutto andrà bene se sarai e agirai con cuore puro. Abbi fede in Dio e fatti coraggio.

Julien sentì un leggero tocco sulla fronte, come quando da bambino sua madre di notte gli dava un bacio. E in un attimo la presenza era scomparsa. Era veramente un messaggero di Gesù? Gesù stesso? Sapeva che non avrebbe mai trovato una risposta. Di una cosa era certo però: gli era appena stata concessa una grazia infinita. Infinitamente grato, cadde in un sonno profondo e senza sogni.

MARIE

VIENNA, 2-3 SETTEMBRE 2013

Un urlo acuto svegliò Marie da un sonno profondo; ancora intorpidita si guardò attorno nella sua camera d'albergo. A urlare era stata lei stessa. Ancora vivide erano le sequenze e sensazioni provate. Era Giovanna d'Arco, senza alcun dubbio. Aveva ancora davanti agli occhi quelle strazianti immagini, sentiva il calore delle fiamme che sulla piazza del mercato di Rouen la stavano attanagliando e divorando. Il suo primo sguardo era stato per l'amato fratello Pierre che l'aveva accompagnata sul campo di battaglia. Ora lui era lì che pregava inginocchiato, gli occhi dilatati dall'orrore a fissare il rogo; e lei riusciva a percepire la sua profonda disperazione per essere stato scarcerato mentre lei veniva consegnata alle fiamme.

Poi, quando il fuoco aveva iniziato a lambire le sue vesti, ebbe un ultimo sguardo per René d'Anjou, l'amico fidato che stava lì in piedi distrutto e come impietrito di fronte all'orrore a cui assisteva. Lo sguardo di lui però l'addolorava, perché Giovanna sapeva che il dolore dell'abbandono è più lancinante di qualsiasi fiamma. Com'era atroce il fatto che lui non avesse avuto il coraggio di prendere le sue difese. Le lacrime di amara delusione bruciavano più del fuoco e Giovanna raccomandò la sua anima a Dio.

Con profonda devozione chinò il capo pregando e recitò nel crepitare delle fiamme un ultimo Padre Nostro. Poi alzò la testa, la allungò verso il cielo e con grande ardore gridò:

Gesù! Gesù! Gesù! Io non sono un'eretica! Oh Santi in cielo! San Michele! Santa Caterina! Santa Margherita! Le mie voci venivano da Dio. Tutto ciò che ho fatto era per ordine di Dio. Le mie rivelazioni venivano da Dio. Gesù!

Disperata Marie annaspò nel vuoto facendo cadere per terra la sua abat-jour. Il rumore fu una conferma: era nuovamente nel qui e ora. Eppure qualcosa era cambiato. Doveva convivere con la consapevolezza che Julien era stato René d'Anjou come lei era stata Giovanna d'Arco. Il dolore le spaccava quasi la testa, perché la rivelazione era gravida di significati, comprese di colpo perché faceva così fatica a fidarsi di Julien.

Come aveva appena fatto Giovanna, anche Marie giunse le mani e implorò aiuto. Aveva appena preso fiato quando una luce chiara e brillante modificò tutto ciò che le stava intorno e lei rammentò la sua infanzia, quando Gesù era il suo amico, sempre presente. Ora Lui si mise ai piedi del letto e sotto al suo sguardo pieno di compassione, il dubbio nel cuore di Marie si trasformò in fiducia. Sentì chiaramente una voce nella sua testa, nel cuore, nel suo intero essere:

Amata, piccola sorella, per tutto ciò che in nome mio e di Maria Maddalena hai dovuto vivere e patire mi piange il cuore. Però questo è il tuo piano di vita divino sulla Terra e, così come io ho dovuto morire sulla Croce, non posso risparmiarti il tuo destino. La nostra missione è veramente grandiosa, anche in questa di vita, amata Maria Maddalena. Tu devi perdonare una volta ancora René d'Anjou, alias Julien, per poter attingere alla tua vera forza.

La luce si affievolì ma la certezza restò nel suo cuore, la certezza di dover portare a termine la sua missione. Il primo passo le era chiaro: seguire il raggio di luce, prendere sul serio il segno e controllare se sotto alla mattonella nella cattedrale di Santo Stefano vi fosse nascosto qualcosa.

Pensierosa restò seduta a letto, avvolta nella morbida coperta, rincuorata dalla forza donatale dalla visione.

JULIEN

VIENNA, 3 SETTEMBRE 2013

La mattina dopo Julien era stanco morto. Le rivelazioni della notte precedente erano quindi vere? Cosa poteva fare d'altro? Inviare un altro SMS a Marie? Lasciarle un messaggio vocale sulla segreteria telefonica? Arrivare a lei con l'ausilio della tecnologia non gli sembrava però il modo giusto.

Poi il cellulare diede un segno di vita, Julien buttò un'occhiata al display sperando che a farsi viva fosse Marie. Invece era solo l'ennesimo SMS di una giornalista della rivista *Woman*, che evidentemente non vedeva l'ora di intervistarlo nel pomeriggio.

Insonnolito andò in bagno e constatò che la notte tosta gli si leggeva davvero in faccia.

«Perfetto!» pensò divertito, «almeno così la giornalista mi troverà un po' meno attraente e chissà che non mi faccia qualche domanda interessante in più». Appena dopo essersi salutati nella hall dell'albergo, capì invece subito che lei si era preparata ad hoc per quell'incontro facendosi appositamente bella per lui. Pimpante lo prese sottobraccio quasi fossero amici di vecchia data.

Eveline puntò direttamente al famoso Café Palmenhaus che si trovava nelle vicinanze e che faceva ben sperare in un vasto pubblico. Julien fu felice quando un cameriere interruppe per un attimo il fiume di complimenti e domande superficiali che lei gli riversava addosso. «È vero che lei deve a sua madre la fulminea ascesa a indiscussa star della lirica? Era lei no, che aveva le giuste conoscenze nel business della grande musica, come Jean Chevalier!».

Julien le lanciò uno sguardo perplesso: «No, mia madre non c'entra niente, perché è mancata che avevo meno di vent'anni».

«Oh, mi dispiace! Non lo sapevo», rispose la giovane giornalista spaventata tappandosi la bocca.

«Non fa niente», la tranquillizzò Julien, «lei non è tenuta a conoscere tutta la storia della mia vita».

Come se con questo passo falso avesse rotto il ghiaccio, la giovane donna di colpo si trasformò. La postura e anche il linguaggio del corpo erano cambiati. «Jean Chevalier mi scoprì quando rimpiazzai il tenore nel ruolo di Tamino ne *Il Flauto magico* all'Opera Bastille», spiegò Julien. «Per me fu davvero una grande fortuna. Perché lui non si interessava solo alla musica, bensì anche della genesi di ogni singola opera e a me, da giovane cantante, ha trasmesso tantissimo. Non mi dimenticherò mai di come ho studiato il ruolo del mio primo Parsifal sotto la sua direzione. È stata come un'iniziazione!».

Julien sentiva che i suoi occhi iniziavano a brillare per il grande entusiasmo ed Eveline gli rispose con uno sguardo vagamente flirtante, cosa che, sino a poco tempo prima, Julien avrebbe utilizzato a suo favore per ammaliarla ancora di più.

Invece cambiò argomento chiedendole: «Lei conosce la storia di Parsifal?».

«Devo confessarle che di solito mi occupo più di notizie mondane», replicò Eveline con tono sommesso, ma sincero, guardandolo direttamente negli occhi. «La prego, mi racconti».

«Parsifal stesso è un puro folle che viene improvvisamente a trovarsi in una cerchia di cavalieri del Graal senza sapere com'è giunto in quel luogo che in realtà non è dato a tutti raggiungere.

Inoltre non comprende l'importanza del Santo Graal, nemmeno quando questo viene scoperto davanti ai suoi occhi da Amfortas, sovrano del regno del Graal. L'unica cosa che lo tange è la sofferenza di Amfortas, causata dalla dolorosa ferita, apparentemente inguaribile e continuamente sanguinante; ferita inferta nei pressi del cuore da un mago di nome Klingsor con la stessa lancia che aveva trapassato il corpo di Cristo. Parsifal viene nuovamente mandato via senza sapere dove lo conduca il suo cammino. Si sente perso perché apparentemente non ha ancora compreso nulla della vita». Julien si accorse di essersi accalorato parlando, Eveline continuava a seguirlo interessata. «La prego, vada avanti con il racconto», fece Eveline in una pausa, «come lo racconta lei suona molto più appassionante di quanto non mi sia sembrato poc'anzi leggendo velocemente su Google».

Julien sorrise: «Dopo un po' di tempo Parsifal raggiunge il regno del mago Klingsor, dove le sue fanciulle-fiore cercano invano di sedurlo. Non è destinato a loro, bensì a Kundry, una donna condannata a vagare per il mondo sin dai tempi di Gesù per aver deriso il Salvatore sulla Croce. È alla ricerca della redenzione ma, stregata da Klingsor, è costretta a sedurre i puri cavalieri del Graal e adesso anche Parsifal. Kundry inizia quindi a tessere la sua tela, a regola d'arte, attorno a Parsifal, cosa che lo porta a ricevere il primo bacio della sua vita».

«E cosa succede dopo?», chiese Eveline eccitata. «Ce la fa Kundry a sedurlo?».

«No, non ci riesce», rispose Julien, «accade esattamente il contrario. Quel bacio lo rende veggente del mondo, e lui si risveglia».

«Questo cosa significa?», lo interruppe nuovamente Eveline.

«Da quel momento in avanti la visione interiore di Parsifal si dischiude e lui riconosce le connessioni alla base di tutte le cose. D'un tratto un'assoluta chiarezza e una profonda compassione lo pervadono perché aveva avuto una visione del Cristo sanguinante sulla Croce. Contemporaneamente comprende di essere stato prescelto per salvare Amfortas. Kundry prova di tutto per dissuaderlo ma Parsifal è come immune ai suoi tentativi».

«Notevole davvero, se si pensa quanto siano manipolabili gli uomini non appena si tratta di sesso». Lo sguardo di Eveline era probabilmente frutto di esperienza, ma non perse la sua leggerezza quasi avesse parlato solo per flirtare con lui.

«Non ha certo torto, ma anche le donne si lasciano sedurre», replicò Julien ridendo sonoramente, ben consapevole di quante volte ne avesse volentieri tratto vantaggio.

«Dato che le sue arti seduttive sono ben note, posso partire dal presupposto che il Parsifal in lei non si sia ancora risvegliato?».

Julien si adombrò. Sino a che punto voleva essere sincero in questa intervista? «Uhm, mi esprimerei in modo leggermente diverso. Prima di Vienna, pensavo di essere a quel punto. Ma posso dire che un nuovo incontro con la musica mi ha fatto pensare diversamente».

«Con la musica? O un incontro con un'altra donna?» insistette Eveline.

«Dovrei rispondere con la trama dell'opera, non le ho ancora raccontato tutto. Klingsor minaccia Parsifal con la lancia, forse vuole addirittura ucciderlo, ma la lancia rimane sospesa sopra la testa di Parsifal, così che lui riesce ad afferrarla. Il potere di Klingsor è infranto, ma Kundry lo maledice affinché non possa mai trovare Amfortas. Dopo molte peregrinazioni Parsifal, ferito, giunge infine al luogo sacro dei cavalieri del Graal dove incontra prima Kundry e poi Gurnemanz, il saggio cavaliere. Entrambi di colpo sanno che è lui il cosiddetto 'puro folle, sapiente per compassione', il redentore atteso a lungo da tutti loro. Così lo ripuliscono dalla polvere del lungo errare e Kundry gli lava i piedi asciugandoli poi con i suoi capelli, come fece Maria Maddalena con quelli di Gesù Cristo, mentre Gurnemanz pieno d'amore lo benedice incoronandolo nuovo re del Graal».

«Questa correlazione su Google non l'ho trovata, ma posso intenderla nel senso che Kundry simboleggia Maria Maddalena, la peccatrice, e Parsifal sarebbe da mettere sullo stesso piano di Gesù Cristo, il Redentore?».

«Questa interpretazione esiste. Tuttavia io sono dell'idea che sia come Richard Wagner ebbe a scrivere nel 1865 a Luigi II di Baviera: ovvero che Amfortas e Kundry possono venire messi in relazione con Adamo ed Eva, mentre Parsifal era effettivamente stato pensato come figura portatrice di redenzione. Inoltre Wagner era perfettamente consapevole del fatto che Maria Maddalena fosse tutt'altro che una peccatrice e che non aveva assolutamente deriso Cristo sulla Croce».

«Lei lo conosce proprio bene il suo Wagner», ribatté Eveline con tono di approvazione.

«Ma lei non conosce ancora la fine dell'opera: prima di salvare Amfortas, Parsifal battezza Kundry. Poco dopo entrano in scena i cavalieri del Graal, sofferenti insieme ad Amfortas che sanguina, e lo invitano a scoprire per l'ultima volta il Graal in onore della morte di suo padre. Amfortas si rifiuta. Ormai vuole solo morire. A quel punto si fa avanti Parsifal che tocca la ferita di Amfortas con la lancia, la santa lancia intrisa del sangue di Cristo, e la ferita si chiude all'istante. L'opera si conclude con le parole: "Miracolo d'altissima salute! Redenzione al Redentore"».

«È davvero molto toccante!» esclamò Eveline. «Dev'essere un'esperienza incredibile impersonare questo Parsifal».

«Sì, lo è», rispose Julien a bassa voce, profondamente proiettato in se stesso. «È come un viaggio trascendentale dal quale si ritorna come se si fosse un'altra persona».

Eveline lo guardava con grande empatia. Sembrava essersi completamente dimenticata che da questa intervista avrebbe dovuto imbastire un articolo. Ogni pensiero di natura professionale era svanito nel momento in cui Julien l'aveva guardata con i suoi occhi blu, brillanti, la cui profondità la colpì. Aveva l'impressione che un'entità superiore la guardasse attraverso gli occhi di Julien. Era come se quell'entità avesse riconosciuto e compreso il suo intero essere.

Nel silenzio che si era creato Julien aggiunse: «Ho sempre pensato di dover meditare a sufficienza ed essere in pace con me stesso per essere all'altezza di Parsifal. Ma qui a Vienna ho riconosciuto che incorporare Parsifal in tutta la sua portata significa veramente avere un cuore puro e avere compassione per tutte le creature viventi, qualunque sia la loro origine. In aggiunta a questo, è molto importante in tutti questi cosiddetti risvegli rimanere umili. Altrimenti significa che non abbiamo compreso veramente niente. Un essere umano veramente illuminato non si atteggerà mai a maestro».

«Wow!» si fece sfuggire Eveline. «Non avevo idea che quest'opera fosse così attuale, lei sta toccando questioni che vengono spesso rivolte a guide spirituali o guru per essere comprese».

«Sì, può essere. Naturalmente lì fuori esistono grandi insegnanti. Io stesso ne ho frequentati alcuni. Ma ne esistono altrettanti che predicano paroloni e razzolano male. Ma lasciamo perdere. Io non voglio parlare male di nessuno, perché ognuno ha la sua storia».

«Julien, lei mi stupisce» disse Eveline, e lui si accorse di quanto fosse realmente allibita. «Io mi ero preparata a incontrare la star della lirica che fa impazzire le donne. E ora viene fuori che lei è una persona che veramente cerca di condurre una vita spirituale».

Julien si accorse dal tono della voce come la giornalista in Eveline avesse iniziato a scrivere l'articolo su di lui e divertito la osservò mentre testava il livello di suspence del suo testo.

«Può essere che con la sua magnifica voce lei voglia incitare le persone a guardarsi dentro per ricordarsi dei veri valori?».

«Posso solo dire che proprio oggi dovremmo lasciare agire in noi il Parsifal di Wagner».

«La ringrazio molto per l'intervista», e lo sguardo di Eveline gli assicurò che lo pensava veramente.

«Sono io che la ringrazio, per avermi dato modo di condividere con lei i miei pensieri».

I due si alzarono e Julien, lui stesso stupito, la salutò con un abbraccio.

LUCIUS

VIENNA / PARIGI, 3 SETTEMBRE 2013

Lucius si sistemò il laptop sulle ginocchia. Gli piaceva lavorare dal letto, seduto, ed era contento che la sua camera al Ritz-Carlton gli desse la libertà di farlo: la presa per il caricabatterie era a portata di mano. Da quando aveva visto con quanta devozione Marie si fosse soffermata sui pezzi esposti nel museo, l'immagine di quella reazione non gli dava pace. Voleva assolutamente scoprire di più e ciò che trovò in rete non faceva altro che confermare la sua impressione che Marie fosse una persona molto speciale. Il suo cellulare, ancora in modalità silenziosa dalla sera prima al museo, vibrò e lo strappò dal mondo virtuale. Bastò un'occhiata per paralizzare Lucius. Voleva veramente rispondere a quella chiamata? Non poteva evitare di farlo: a chiamarlo era de la Fontaine che sicuramente voleva essere informato sull'evolversi della situazione. Cosa doveva raccontargli? La voce gracchiante gli arrivò all'orecchio: «Buongiorno Lucius, allora a che punto sei con le tue ricerche?».

«Penso di essere sulla buona strada» rispose Lucius mantenendo la calma.

«Ma non ne vuoi ancora parlare. Dico bene?».

Sembrava sempre che Maurice riuscisse a leggergli dentro. Lucius si passò la mano sinistra sul viso. Poi disse: «Assolutamente, ma penso che sarai soddisfatto di me».

«Questo è tutto ciò che volevo sentirmi dire. Non voglio trattenerti a lungo. Lucius, devo avere la certezza che tu non perda mai di vista Marie; la devi seguire ovunque vada. Puoi riferirmi tutto anche più avanti, a me importa che tu mi tenga informato su ogni suo passo». De la Fontaine scoppiò in una risata e a Lucius si gelò il sangue. «Sta per cominciare una conferenza all'Opéra Bastille e non voglio perdermela. Ma volevo innanzitutto sapere come te la passavi a Vienna, per poi dedicarmi alla prima del balletto *Manon* di Kenneth MacMillan, capirai certamente che oltretutto non vedo l'ora di rivedere Véronique Valois. Balla nel ruolo principale insieme a Jan van der Walt. L'hai mai vista sul palcoscenico? È veramente una dea danzante».

Lucius se lo vide letteralmente di fronte, l'espressione del suo viso mentre pronunciava queste parole, e al solo pensiero che lui potesse spassarsela con Véronique gli si aggrovigliavano le budella. Lucius non la conosceva più di tanto, ma sapeva quanto fosse irrefrenabile de la Fontaine quando si risvegliava il suo istinto di caccia. Lucius inghiottì e si accorse che era da un po' che non diceva nulla. Niente male, quantomeno de la Fontaine sembrava aver perso momentaneamente di vista Marie e il compito affidato a Lucius.

Ma si era rallegrato troppo presto, perché Maurice de la Fontaine non demordeva: «Va tutto bene, Lucius? All'improvviso sei così silenzioso?».

«Sì, alla grande».

«Bene, ma non perdermi di vista Marie!».

Lucius trasalì con un senso di colpa. Ancora una volta de la Fontaine sembrava avergli letto nei pensieri.

Fu felice di sentire dall'altro capo del telefono: «Allora ci risentiamo!». Il suo *mâitre* aveva concluso perentoriamente la comunicazione prima ancora che a Lucius fosse passato per la mente di accomiatarsi.

Fissò pensieroso il suo smartphone.

Che cosa gli stava succedendo? Non aveva riferito al maestro della strana reazione di Marie e poi non sapeva spiegarsi perché le osservazioni su Véronique l'avessero infastidito così tanto. Irrequieto si spostò di qua e di là nel letto e poi richiuse il laptop. Il suo corpo avrebbe veramente avuto bisogno di una lezione con lui, il suo maestro, sì questo gli avrebbe permesso di ritrovare in qualche modo la calma. Ma Xiao Lin era a Parigi e lui a Vienna.

MARIE / VÉRONIQUE

VIENNA, 3 SETTEMBRE 2013

«*Ma chére*, come stai? Questa notte mi sono svegliata di colpo perché avevo la sensazione che qualcosa non andasse bene lì da te». La voce di Véronique aveva un tono preoccupato e Marie automaticamente tenne il cellulare più vicino all'orecchio.

Poi si diede una mossa. A Véronique poteva tranquillamente raccontare il suo sogno. Involontariamente sospirò e disse: «Ho avuto un incubo spaventoso, dove venivo arsa sul rogo. Mi sono sentita afferrare dalle fiamme, è stato terribile. Le sofferenze, ma anche l'atmosfera attorno a me, tutto era incredibilmente reale. Sono stata risvegliata dalle mie stesse urla». Véronique tacque come se sapesse che doveva arrivare dell'altro. Marie sorrise, la sua amica sapeva sempre esattamente cosa le stesse accadendo. «Sai, nel sogno ero Giovanna d'Arco e Julien era René d'Anjou. Non è pazzesco? Non c'è da meravigliarsi che faccia così fatica a fidarmi di lui».

«Tu cosa ne pensi?».

«Dai su, senza di te un pensiero così non mi sarebbe neanche passato per la mente, ma se c'è qualcosa di vero, allora nella mia anima c'è impresso a fuoco che in passato lui non mi ha difeso perché …», Marie fece una pausa e decise nuovamente di attenersi ai fatti, «beh perché era troppo vigliacco. Altrimenti forse non mi avrebbero arsa viva».

«E tu ora fai una correlazione tra ciò che è accaduto allora e ciò che accade oggi perché inizi a credere alla mia interpretazione. Allora ti prego continua a seguirmi: io ti assicuro che oggi Julien è un altro».

«Questo l'ha detto anche il messaggero della luce!», esclamò Marie.

«Il messaggero della luce...», Véronique sorrise, la sua amica si era dunque messa sul cammino che lei le aveva indicato. «Intendi dire che hai sentito la voce di Gesù?».

«Sì, non mi resta altra spiegazione, anche se sembra strano dirlo a voce alta», e in poche brevi frasi Marie raccontò ciò che era successo di notte mentre Véronique ascoltava trattenendo il respiro.

«Vorresti andare stanotte di nuovo nel duomo da sola per scoprire ciò che si nasconde sotto quella mattonella bianca? Ma, sei impazzita del tutto?», chiese Véronique sconvolta.

«Ah Véronique non ho alcun dubbio che questo sia il mio compito. Non posso interpretare in altro modo il messaggio di Gesù. Ce la farò».

«Sul serio Marie, sono molto preoccupata. Vorrei solo poter prendere il primo volo e raggiungerti. Accidenti, se solo non avessi preso l'impegno con la *Manon*...».

«Véronique, quello è il tuo lavoro. Divertiti ti prego, hai sempre voluto danzare quella parte. Comunque, non prenderti sempre tutto così a cuore. Ammetto di avere paura, ma tutto andrà bene».

«*Chérie*, chiederò aiuto per te».

«Cosa credi?».

«Perché non chiedi a Julien di accompagnarti?».

«Sei matta? Lui non mi crederebbe mai». Mentre lo diceva Marie si rese conto di quanto fosse ancora prigioniera del suo sogno e che forse era stata anche la sua vita.

Subito sentì Véronique scoppiare brevemente a ridere, una risata asciutta e secca, che non era assolutamente da lei e Marie si sforzò di smussare le sue parole: «Non posso semplicemente farne parola con nessuno. È che, sai Véronique, sembra tutto una follia».

«Dovresti avere più fiducia».

«Allora mi fiderò delle parole mandatemi da Gesù Cristo. Vedrai Véronique, andrà tutto bene».

MARIE

VIENNA, 3 SETTEMBRE 2013

Marie uscì dall'albergo di prima mattina. Per gli impegni mattutini aveva volutamente scelto un paio di scarpe a tacco alto, desiderava essere se stessa prima di introdursi nella cattedrale di Santo Stefano nel buio della notte con delle scarpe basse. Si lasciò un po' trasportare e meravigliata si accorse che i suoi passi la portavano proprio davanti alle stesse vetrine che avrebbe scelto se avesse fatto, in anticipo, un piano preciso. Dapprima premette il naso contro la vetrina di un negozio di articoli da disegno e pittura e vide che lì avrebbe trovato qualcosa di utile per la notte. Poi si recò nel cortile di un marmista. La mattinata scorse tranquilla e come inaspettatamente condotta da un'invisibile mano. Si concedette una bella insalata e, dopo un pisolino pomeridiano che cancellò la stanchezza della notte funestata dagli incubi, seguì il suo istinto e si dedicò ai suoi abituali esercizi di yoga. Concluse con una meditazione che la ritemprò e diede a Marie la sensazione, per la prima volta quel giorno, che quel "andrà tutto bene" detto a Véronique poteva rivelarsi vero. Dopo aver consapevolmente intonato il mantra "Ong namo guru dev namo" si sentì ancora più tranquilla e fiduciosa nelle sue capacità.

Marie si divertì a infilarsi nuovamente le scarpe basse. Era come se indossasse un travestimento che le portava fortuna.

Era divertente per una volta non puntare sul femminile, bensì su un look decisamente androgino. Dato che anche a Vienna aveva la sensazione di essere continuamente pedinata, per raggiungere il duomo scelse un percorso alternativo. Nel frattempo conosceva la città abbastanza bene da potersi perdere nei suoi meandri. Prima di entrare nella cattedrale si fermò ammirata a osservare il portale principale. L'imponente rappresentazione di Cristo come giudice del mondo le era in effetti sfuggita sino a quel momento. A guardarla Marie sembrava una turista qualunque che nella penombra voleva osservare la cattedrale di Santo Stefano con più calma, lontana dalle frotte di turisti, come se fosse lì per un dialogo a due con il suo Dio. Si diresse quindi subito verso l'altare del cuore di Gesù, si sedette e si mise a pregare. Non era ancora così tardi e si aggregò a un gruppo di persone che si dirigeva verso l'altare maggiore. Quando il sagrestano invitò i turisti a uscire dalla cattedrale, Marie si nascose in una nicchia.

JULIEN

VIENNA, 3 SETTEMBRE 2013

"Non si torna più indietro" pensò Julien scosso quando venne spenta anche l'illuminazione elettrica. Con un colpo secco venne sprangato anche il portale principale e Julien ora sapeva di essere rinchiuso nella cattedrale di Santo Stefano. La telefonata di Véronique l'aveva messo in allarme e lui le aveva promesso di seguire Marie ovunque quella notte. Ma che si arrivasse a quel punto... Si rannicchiò dietro alla colonna che l'aveva nascosto alla vista dei sagrestani. Era contento di aver preso un maglione pesante nonostante fuori ci fosse ancora il sole, l'unico capo di colore nero nella sua valigia. Sarebbe stato un peccato prendersi un raffreddore e saltare la prima.

Niente si muoveva nel silenzio della chiesa. Ciononostante si trattenne dallo schiarirsi la gola. Cercava di rilassarsi per quanto possibile. Gli sembrava quasi di essere in meditazione. Respirava consapevolmente abbandonandosi alle vibrazioni emanate dall'ambiente. Assente fissava l'oscurità. Ma lì, là dietro non c'era forse un tenue raggio di luce come di una torcia? La luce proveniva dalla nicchia nella quale aveva visto sparire Marie, secoli fa, almeno così gli sembrava. Trafelato la vide dirigersi verso l'altare maggiore, guardandosi continuamente intorno, quasi si fosse accorta che qualcuno vegliava su di lei. Julien avrebbe voluto uscire dal suo nascondiglio e farsi riconoscere, ma sapeva che così facendo avrebbe rovinato i piani di Marie. Trattenendo quasi il respiro cercava di capire se, oltre a loro due, nella chiesa ci fosse qualche altro visitatore notturno. Ma tutto restò in silenzio sino a quando, all'improvviso, nella cattedrale non si diffuse un rumore simile a un leggero picchiettio. Contemporaneamente udì qualcosa muoversi vicinissimo a sé. Tutte le fibre del suo corpo erano in stato di allarme, quando dall'altare maggiore sentì provenire un rumore forte, come di qualcosa che veniva frantumato. Niente poteva più trattenerlo quando si accorse di alcune figure, sbucate fuori all'improvviso, che si avvicinavano a Marie. Come punto da una tarantola si precipitò in avanti. Ma l'individuo accanto a lui era più veloce, d'un tratto fu tutto un brulicare di figure vestite di scuro, la lama di un pugnale balenò nel buio accompagnata da frasi sconclusionate e poi dovette assistere, impotente, come l'affilata lama affondava nel corpo di Marie. Aveva inteso bene quelle parole? «Puttana, avrai ora ciò che meriti! Devi crepare miseramente per la stessa ferita inferta al nostro amato Signore!».

Il grido disperato di Marie fece raggelare il sangue nelle vene di Julien. Un ultimo slancio, favorito dalla rapida corsa, e Julien si frappose tra Marie e l'uomo che teneva in mano il pugnale. Come animato da buoni spiriti, riuscì a disarmare l'uomo e a mettere fuori combattimento altri tre energumeni che stavano per scagliarsi su di lei. Ma era arrivato troppo tardi, Marie si era accasciata sanguinante ai suoi piedi. Julien si inginocchiò accanto a lei e tastando con la mano si accorse che Marie teneva stretto a sé, vicino alla ferita sanguinante, un cofanetto di legno che probabilmente era all'origine di tutto il disastro.

Contemporaneamente Julien percepì un movimento alle sue spalle e si girò di scatto. L'uomo che aveva messo Marie in così grave pericolo si era evidentemente ripreso dallo shock visto che le stava puntando contro una pistola. «Ora spicciati a tirare fuori questo cofanetto, prima che cambi idea e faccia semplicemente fuori te e il tuo amico!».

«No!» esclamò perentoriamente Marie anche se doveva essere terribilmente indebolita dalla copiosa perdita di sangue che aveva subìto: «Solo calpestando il mio cadavere potrai avere ciò che appartiene alla mia famiglia».

Dalla gola dello sconosciuto fuoriuscì un'orrenda risata che avrebbe inculcato paura anche alla persona più temeraria. Julien si buttò sul corpo di Marie, per proteggerla, se necessario, con la sua stessa vita.

Con i suoi occhi chiari, blu-acciaio, lanciò uno sguardo imperterrito all'uomo dall'aspetto rozzo aggiungendo con voce tagliente: «Se vuoi avere il cofanetto devi prima uccidere me».

Incredulo Julien notò una figura vestita di nero, la cui chioma chiara brillava pallidamente, alzarsi, come al rallentatore, dietro all'assalitore. Al giovane uomo bastarono due, tre movimenti per disarmare l'avversario e metterlo al tappeto con unico colpo. L'uomo era a terra svenuto come gli altri tre. «Lucius, tu qui?», sentì Marie sussurrare.

«*Oui, ma chère*. Maurice de la Fontaine mi ha mandato qui a Vienna per tenerti d'occhio».

Anche se quell'uomo, che chiaramente si chiamava Lucius, aveva probabilmente salvato la vita a lui e a Marie, Julien ebbe una strana sensazione sentendo quelle parole. Ma non c'era tempo per pensare. Doveva agire. Cercò il suo smartphone e chiamò il numero di emergenza. Velocemente prese il cofanetto e lo nascose sotto al pullover. Poi con la mano premette forte contro la ferita aperta sotto al cuore di Marie, che si stava palesemente indebolendo sotto ai suoi occhi.

«Premi più forte, altrimenti si dissangua», balbettò Lucius.

Julien però sapeva di non poter fare di più per lei. Rivolse una preghiera al cielo sussurrando anche: «Marie, ti prego!

Resta con me». Andò avanti così a implorarla: «Non puoi abbandonarmi un'altra volta».

Julien non si accorse dello sguardo interrogativo che gli aveva rivolto Lucius sentendo quelle parole. Julien rialzò lo sguardo solo quando il rumore delle sirene dell'ambulanza arrivò sino a loro attraverso le mura della chiesa. Subito dopo sentirono aprire il portale e le luci si accesero. Lucius indicò la strada alla squadra di soccorso. Sollevato Julien acconsentì che il medico prendesse posto al fianco di Marie. Lui le restò accanto mentre la portavano fuori dalla cattedrale di Santo Stefano. Lucius fece un cenno col capo e promise di seguirli non appena risolte tutte le formalità nel duomo.

JULIEN

VIENNA, 3 SETTEMBRE 2013

Julien passeggiava nervosamente avanti e indietro nel corridoio davanti alla sala operatoria. Era come se stesse sbattendo la testa contro muri interiori ed esteriori senza trovare una via di uscita. Era alla mercé di tutto: dei suoi sentimenti per Marie, dell'abilità dei medici, della sensazione di non essere stato all'altezza. Di nuovo non era riuscito a proteggere dal male Marie, alias Giovanna d'Arco.

Quando squillò il cellulare Julien rispose grato. Era Véronique, la voce stravolta e balbettante: «Ho una brutta sensazione, dimmi che Marie sta bene!».

Véronique! Se n'era completamente dimenticato, preso com'era dalla preoccupazione per Marie. É a lei che aveva promesso di prendersi cura della sua amica. Voleva essere gli occhi e le orecchie di Véronique. E aveva miseramente fallito. Julien cercò di darle la notizia nel modo più delicato possibile, lei prese la notizia con calma. Lo assicurò che la sua sensazione l'aveva già preparata al peggio. Naturalmente le promise di richiamarla immediatamente non appena ci fossero notizie sulle condizioni di Marie. Infilò il telefonino nella tasca dei pantaloni e con un sospiro si lasciò cadere su una delle sedie della sala d'attesa.

Non riusciva a liberarsi dell'idea che il suo cuore non fosse sufficientemente puro, visto che non era riuscito a proteggere Marie dalla pugnalata. Quando dopo ore, almeno così gli parve, gli venne incontro il medico, Julien lo guardò con tanta disperazione che questi gli mise una mano sulla spalla dicendo con il timbro di voce tranquillizzante di un basso naturale: «Se ho capito bene, lei è l'accompagnatore della giovane donna che ho appena operato. Non si preoccupi, nella sfortuna la sua amica è stata fortunata, la lama non ha leso nessun organo vitale. La signora si riprenderà presto». Poi strizzò gli occhi guardando attentamente Julien: «Ma ci conosciamo?».

Julien era talmente sollevato, avrebbe voluto abbracciare il mondo intero e così strinse a sé il medico un poco riluttante. Poi disse: «No, ma lei ha probabilmente visto una qualche mia foto sulla stampa. Sono Julien de la Tour e interpreto Parsifal a Vienna. E lei è il dottor Weiß?» fece Julien dando un'occhiata alla targhetta sul camice del medico.

«Amo l'opera e volendo essere diciamo teatrale, con tutto il rispetto, lavoro presso l'ospedale Cuore di Gesù, e poi mi capita una cosa del genere: una pugnalata quasi al cuore. Cose che al giorno d'oggi accadono più che raramente. L'ultima volta che ho visto qualcuno pugnalato in questo modo è stato a teatro. Per fortuna nulla fa pensare alla fatalità di un Amfortas. In ogni caso: che strana coincidenza!».

Stravolto fissò il medico. Che paragone macabro. «In effetti è strano», rispose cercando di non dare a vedere quanto fosse stupito per il paragone. «Ma dalle sue parole mi pare di capire che per Marie la ferita avrà conseguenze meno nefaste di quelle per il povero Amfortas».

«Naturalmente, naturalmente, non volevo certo spaventarla. Ahimè, adesso le sembrerò uno di quei fanatici dell'Opera che vogliono fare colpo con le loro conoscenze in materia non appena hanno l'occasione di incontrare una star della lirica».

«Mi stava parlando del decorso di Marie», ribadì Julien. Conosceva fin troppo bene tutte queste manfrine, era raro che qualcuno restasse insensibile di fronte al fatto che in certi ambienti lui era veramente un pezzo da novanta. Era per questo forse che Véronique gli piaceva così tanto. Decise che l'avrebbe subito chiamata per darle la buona notizia.

«A parte la cicatrice, non dovrebbero esserci altri effetti a lungo termine», lo rassicurò il medico rivolgendogli uno sguardo carico di curiosità e chiedendo: «Ma cosa è successo veramente? Mi è stato riferito che l'aggressione è avvenuta dentro alla cattedrale di Santo Stefano. Mi auguro che l'atto non fosse intenzionale, bensì a opera di uno squilibrato».

«Non so dirle niente di preciso», iniziò a dire Julien e dopo riuscì anche a far passare l'incursione notturna nella chiesa come un appuntamento romantico finito male a causa di un gruppo di teppisti che li avevano aggrediti. Aggiunse anche la domanda se poteva stare con Marie per la notte, ma lei nel frattempo era già stata trasferita nel reparto di terapia intensiva dove sarebbe rimasta sotto osservazione.

«Ancora una cosa, *monsieur* de la Tour, prima di uscire dovrebbe togliersi gli abiti sporchi di sangue. I giornalisti devono aver avuto sentore dell'accaduto e all'uscita dall'ospedale è facile che la riconoscano».

Julien ringraziò il dottore e si sfilò il maglione nero, dove le macchie non spiccavano più di tanto, ma erano comunque visibili. Si era quasi dimenticato del cofanetto in legno. Per fortuna, il senso del pudore lo fece automaticamente girare, così da volgere le spalle al medico e poter tenere nascosto tra le mani il tesoro sotto al pullover. Solo con la T-shirt aveva un po' freddo anche perché la stanchezza iniziava a farsi sentire. Ma Julien sapeva che Véronique non lo avrebbe mai perdonato se non l'avesse chiamata subito. Quando le comunicò la buona notizia, la sua voce aveva già quasi del tutto recuperato il tono abituale e lui poté fisicamente percepire quanto fosse sollevata, così che a fine telefonata non tremava solo per il freddo. Nonostante tutto, tenne duro anche a un primo interrogatorio da parte di un poliziotto che voleva ascoltare la sua versione dei fatti. Julien non ebbe alcuna esitazione riportando la storia dell'aggressione da parte di sconosciuti, chiedendosi come poteva aver risposto Lucius ai poliziotti che in chiesa avevano sicuramente interrogato anche lui. C'era da augurarsi che anche lui si fosse attenuto il più possibile alla verità.

Purtroppo la sua versione dei fatti non costituiva un motivo sufficiente per tenere sorvegliata Marie anche in ospedale. Si informò sull'orario di visita e decise di farsi trovare lì prima che Marie venisse trasferita dalla terapia intensiva a un reparto normale. Sino ad allora doveva affidarla alle cure del medico. Per questo, prima di andare via, si rivolse ancora al dottor Weiß con tono categorico: «Marie Chevalier è la donna della mia vita. È la persona a cui tengo di più al mondo. La prego di aver un occhio di riguardo per lei».

«Ovviamente, *monsieur* de la Tour, ovviamente»; così venne congedato Julien con un sorriso paterno.

MARIE

VIENNA, 3-4 SETTEMBRE 2013

Quando Marie si svegliò nel cuore della notte pensò di aver avuto un altro dei suoi ricorrenti incubi, poi si accorse di essere allacciata ai tubi con dolori infernali, con un'infermiera accanto al letto.

Spaventata si guardò attorno e quando non scorse alcun volto noto chiese: «Dove sono?».

«Si trova nell'Ospedale Sacro Cuore di Gesù a Vienna, nel reparto di terapia intensiva, dopo essere stata brutalmente aggredita e pugnalata», rispose l'infermiera piena di compassione. «Mi chiamo Klara e sono qui per aiutarla se ha bisogno di qualcosa d'altro. Semplicemente chieda di me, oggi sono qui solo per lei».

«Grazie di cuore Klara». E dopo una breve pausa chiese: «Ma chi è che mi ha portata qui?».

«Il suo amico ha chiamato il pronto soccorso e avvisato la polizia».

«Il mio amico?», chiese Marie senza comprendere; poi le venne in mente che dovevano essere stati Lucius o Julien, perché si ricordava vagamente di averli visti lottare nella mischia.

«Julien de la Tour», fece Klara con tono estasiato.

«Lui sta bene?» insistette Marie cercando di farsi un'idea del perché fossero stati tutti e due lì nella cattedrale di Santo Stefano; e dov'era il cofanetto?

«Oh sì, a lui non è successo niente. È stato il suo angelo salvatore!».

«Sì, lo è stato! Dov'è adesso? Devo vederlo assolutamente», esclamò Marie e le sarebbe piaciuto sapere perché l'avesse seguita. Per portarle via il cofanetto al momento giusto? No, questo non poteva essere. Altrimenti non l'avrebbe difesa con il suo corpo. Oppure l'aveva fatto solo per il cofanetto e non per lei? Oppure adesso era nelle mani di Lucius? Nella testa di Marie c'era una grande confusione. Doveva urgentemente parlare con tutti e due. Ma il suo cuore le fece chiaramente intendere che avrebbe preferito che a venire fosse Julien così da poter davvero credere di averlo dalla sua parte, e che provasse per lei qualcosa di più di quanto non avesse per il momento fatto vedere.

«Il dottor Weiß gli ha detto di tornare in albergo quando era chiaro che lei ce l'avrebbe fatta. Spero davvero che si riprenda perché tra pochi giorni c'è la prima. Mio marito ha acquistato i biglietti per il nostro anniversario e io non vedo l'ora di ascoltare Julien de la Tour nel ruolo di Parsifal. Lui era molto preoccupato per lei!».

«Sa dirmi dov'è finito il mio telefonino?», la interruppe Marie.

«È qui nel cassetto del comodino», rispose Klara aprendolo e porgendo lo smartphone a Marie.

«Devo assolutamente avvisare Julien e la mia migliore amica che mi sono risvegliata. Sono certa che Julien l'ha informata sull'accaduto» fece Marie, chiedendo scusa con lo sguardo, perché sapeva che i telefonini non erano ben visti in ospedale.

«Oggi c'è solo lei qui in terapia intensiva, quindi chiuderò un occhio», fece Klara girando attorno alle apparecchiature di monitoraggio.

«La ringrazio», sussurrò Marie. Poi venne assalita da un'acuta fitta di dolore e Klara, che se n'era accorta, controllò il monitor. «Le serve dell'altro antidolorifico, mia cara?».

«No va già un po' meglio», rispose Marie scrivendo velocemente un messaggino a Julien.

"Mio angelo salvatore, mi sono appena risvegliata. Ti ringrazio tanto, di esserti messo in pericolo per salvarmi... Tu non sai, QUANTO ti sono grata... *MERCI de tout mon cœur*! Tu come stai? Va tutto bene? Riuscirai a cantare alla prima? Te lo auguro con tutto il cuore! E dimmi, hai visto il cofanetto di legno che avevo con me in chiesa quando sono stata assalita da quei loschi individui? Devo andare, l'infermiera mi guarda male, *je t'embrasse*. Marie Madeleine".

Proseguì scrivendo un messaggio anche a Véronique di cui percepiva lo sguardo preoccupato.

"Carissima, è stato spaventoso! Peggio che nel più terribile dei miei sogni, ma all'improvviso sono comparsi Julien e Lucius, e tutti e due si sono battuti per me nel duomo. Devono essere dalla nostra parte! Volevo farti sapere che sto bene, anche se dovrò trascorrere ancora la notte nel reparto di terapia intensiva. Sì, fa ancora male. Ma non preoccuparti troppo! *Je t'embrasse, ma chérie*, Marie".

Probabilmente si era appisolata, perché quando la suoneria del cellulare l'avvisò che era arrivata una prima risposta, per un attimo si guardò intorno disorientata. Il messaggio era di Julien.

"Mio angelo, eccoti qui! Che meraviglia che tu ti sia risvegliata così presto. Sono appena arrivato in albergo. Ringrazio il cielo che mi ha aiutato a proteggere la tua vita, anche se alla fine è stato Lucius a salvare la vita a tutti e due. Spero ardentemente che tu ti fidi di me, perché abbiamo una missione da compiere insieme. Per tranquillizzarti: ho preso io il cofanetto senza farmi scoprire e te lo porto, non appena mi danno il permesso di venirti a trovare. *Je t'embrasse*, il tuo Julien".

Chissà se Julien mi ama veramente? Ha scritto "il tuo Julien" pensava Marie al colmo della felicità mentre senza pensarci un solo istante componeva il numero di Julien.

«Marie? Sei tu?» era la voce incredula di Julien all'altro capo del telefonino.

«Sì sono io», rispose Marie sottovoce per non richiamare l'attenzione delle infermiere al piano. «Non posso parlare a voce alta, in teoria non potrei neanche usare il cellulare».

«Capisco! Ma come ti senti?», le chiese Julien.

«Sinceramente ho dolori infernali, ma non voglio essere pompata con altri antidolorifici. Devo poter pensare chiaramente. E poi spero anche nelle capacità di guarigione di Veronique».

«Sì, capisco. Però sai, lei è a Parigi, lasciati aiutare anche da qui con metodi convenzionali, degli antidolorifici, non essere troppo coraggiosa, vedrai che dopo ti sentirai subito meglio».

«Lo spero», e di nuovo si fece sentire un'altra fitta così forte da farle scendere le lacrime.

«Va tutto bene, Marie?» era la voce preoccupata di Klara.

«Sì, dovevo solo sentire un attimo la voce di Julien per sincerarmi che stesse bene».

«Marie, sei ancora lì?». Dal tono della voce di Julien traspariva chiaramente la sua preoccupazione.

«Sì, dovevo velocemente rispondere all'infermiera. Ma Julien, meno male che hai tu il cofanetto». Marie era molto sollevata dal fatto che a quanto pareva lui l'aveva portato in salvo per lei.

«Solo non so come farai ad aprirlo senza romperlo, perché non c'era nessuna chiave» continuò a dire Julien.

Per Marie fu come se le avessero tolto le bende dagli occhi: «Potrebbe essere che la chiave giusta si trovi da me in albergo. Mio padre mi ha lasciato in eredità una chiave. Ma Julien, chi erano quegli uomini?».

«Spero di sentire presto Lucius, forse lui ha scoperto qualcosa in più».

«Avvisami subito, appena sai qualcosa, ti prego!».

«Naturalmente, *ma chère*, adesso cerchiamo tutti e due di farci una bella dormita, per quanto possibile. Ti abbraccio, ti auguro con tutto il cuore di stare meglio, di avere una notte di riposo e sogni d'oro».

«Ti ringrazio. Non hai idea quanto», rispose Marie sentendosi tremare le ginocchia per quanto aveva detto Julien. «Buona notte e sogni d'oro».

JULIEN

VIENNA, 4 SETTEMBRE 2013

Quando Julien entrò nella sala della colazione dell'hotel venne assalito dai titoli sulle prime pagine dei giornali lì esposti.

"Star dell'Opera coinvolto in una misteriosa aggressione". E poi ancora: "Julien de la Tour salva la figlia del celebre direttore d'orchestra Jean Chevalier da una mortale aggressione".

Julien impallidì e si chiese com'era possibile che la notizia fosse arrivata così velocemente alla stampa. Cauto si guardò attorno. Sperava di poter almeno fare la prima colazione in pace. Tentennò un attimo, poi prese con sé due o tre giornali. Doveva essere informato su tutto e sapere se Lucius avesse diffuso un'altra versione dei fatti.

Stranamente tutti gli articoli riportavano che non era stato possibile arrestare gli aggressori, perché questi si erano dileguati nella confusione mentre i soccorritori erano intenti innanzitutto a salvare la vita di Marie Chevalier.

Julien si chiese come fosse possibile. In fondo erano come minimo in quattro gli uomini che lui da solo aveva steso a terra, e ringraziò l'arcangelo Michele che gli aveva dato la forza per farlo. E poi era intervenuto Lucius. Julien non riusciva a capacitarsi di come questi quattro uomini e tutte le loro tracce potessero essere sparite in un lasso di tempo così breve. A meno che… non voleva sospettare di lui, ma chi oltre a Lucius avrebbe potuto aiutare quei ceffi a fuggire. A che razza di gioco stava giocando? Era dunque veramente una marionetta nelle mani di quel de la Fontaine, così come aveva temuto? Doveva parlare con calma del suo sospetto con Marie e soprattutto con Véronique. In ogni caso quei quattro sconosciuti dovevano avere conoscenze nelle alte sfere viennesi, perché era quasi impossibile che Lucius avesse organizzato la trappola da solo.

Fece un cenno con la testa quando una giovane cameriera gli chiese se volesse dell'altro caffè. A fatica e lentamente riusciva a liberarsi dei ricordi di quella notte di terrore. Qualcosa di positivo però c'era stato: non erano state rinvenute tracce. Evidentemente nessuno si era accorto di ciò che aveva fatto Marie. E nessuno si era stupito che in chiesa ci fossero un martello e uno scalpello…

Appena finita la colazione lasciò l'hotel passando dall'uscita posteriore. Si era già sincerato di questa possibilità per sfruttarla il giorno della prima perché sapeva, per esperienza, che sarebbe stato inseguito dalla stampa. Questa conoscenza ora gli veniva utile. Doveva raggiungere assolutamente Marie senza essere visto. Quanto meno la versione dei fatti sua e quella di Marie dovevano combaciare e convincere la polizia di Vienna. Sicuramente non tutti avrebbero digerito la cosa così semplicemente come il giovane poliziotto all'ospedale. In fondo una donna era stata pugnalata. E certamente Lucius non aveva ammesso di avere con sé in chiesa un pugnale, come Julien non aveva intenzione di incolpare se stesso. Ma quei tizi, chi erano?

Julien fece segno a un taxista e così poté raggiungere rapidamente l'ospedale Sacro Cuore di Gesù dove riuscì a intrufolarsi passando per un ingresso laterale. La folla di giornalisti radunati all'ingresso principale lo preoccupava. Ma ancora di più gli premeva convincersi personalmente che la sua Marie stesse bene e che fosse fuori pericolo.

Un'infermiera gli spiegò con fare amichevole che Marie era stata trasferita dalla terapia intensiva a un reparto di medicina interna e che poteva farle visita. Poi gli disse il numero di camera e a Julien salì il sangue alla testa quando si rese conto che chiunque entrasse in ospedale poteva tranquillamente arrivare a Marie. Lo spavento accelerò il suo passo. La sua preoccupazione aumentò quando vide il dottor Weiß uscire dalla stanza di Marie ma non camminando, correva e si sa che quando i medici corrono… a Julien batteva il cuore in gola quando vide il letto di Marie che veniva spinto attraverso la corsia. Julien cercò di stare al passo, di prenderle le mani e con sgomento vide che aveva perso conoscenza. «Cosa è accaduto? Come sta?».

Il dottor Weiß si accorse solo in quel momento della presenza di Julien de la Tour. Si fermò e disse: «Si è verificata un'altra emorragia che ha indebolito la sua amica. Dobbiamo operarla di nuovo. Si accomodi nella sala d'attesa, verrò da lei appena le avremo salvato la vita».

Aveva capito bene? Il cuore di Julien ebbe un palpito: i dottori cercavano di salvare Marie! Scongiurò Dio di non portargli via di nuovo questo angelo che gli era appena stato donato.

Pregando in silenzio disse: «Qualunque cosa debba fare affinché Marie resti in vita, io la farò! Ti prometto che sarò veramente di cuore puro per essere degno di lei». Poi sentì risuonare in sé una voce dal timbro profondo e il cuore si alleggerì udendo le seguenti parole.

Amato figlio, non perderti d'animo. Io sono con te e tu non sei mai, davvero mai solo. Tuttavia sta a te salvare un'altra volta la vita di Marie. Non appena sarà raggiungibile devi andare da lei. Ascolta la tua voce interiore e non lasciare che qualcuno ti trattenga dal prenderti cura di lei. Abbi pazienza e fiducia.

Trascorsero ore, almeno così parve a Julien. Ma una sorta di calore interiore lo aiutò a sopportare l'attesa. Poi ecco in piedi di fronte a lui il dottor Weiß a dirgli che l'operazione era andata bene. Marie avrebbe a breve lasciato la stanza di recupero e sarebbe stata portata di nuovo nel reparto. Lui poteva attenderla là.

Vacillando Julien attraversò le corsie e come in un sogno arrivò quasi insieme a Marie. Nella confusione tra paramedici, infermiere e il dottor Weiß sullo sfondo, Julien si mise velocemente accanto a lei e le diede un tenero bacio sulla bocca.

Come in una fiaba Marie aprì gli occhi, gli mise le braccia al collo e lo attirò a sé. Toccato dal profondo amore di cui era appena stato testimone, il dottor Weiß uscì discretamente dalla stanza. In quel momento Julien de la Tour era sicuramente la migliore medicina per Marie.

Trascorsero così diverse ore. Julien vegliava sul sonno di Marie e quando si svegliò lui intravide nel suo sguardo qualcosa della sua abituale forza. «Véronique», disse lei sottovoce.

Julien annuì. Scrisse un SMS a Véronique pregandola di inviare all'amica tutta la sua forza di guarigione perché era ancora molto debole. Dopo pochi secondi lo smartphone diede segno di vita e Julien vide che Véronique aveva risposto solo con un emoticon. Era un cuore rosso. Nello stesso istante il respiro di Marie si fece più tranquillo e sorridendo disse: «I dolori sono spariti».

Si guardarono negli occhi sapendo ciò che era accaduto.

Le energie di guarigione di Véronique continuarono ad avere effetto a lungo e Marie piano piano riprese le forze. Impaziente, insistette che Julien andasse a recuperare la chiave nella sua cassaforte, temeva che a quegli energumeni potesse venire in mente di perquisire la sua camera d'albergo.

Julien si staccava malvolentieri da lei. Ma Marie insisteva ostinata e dato che non voleva indebolirla ulteriormente Julien acconsentì, le diede uno sguardo in cui si potevano leggere sia la sua preoccupazione che il suo amore.

Julien si stava abbassando per baciarla quando qualcuno bussò alla porta. Julien si ritrasse dicendo: «Avanti» seguito da un: «Ah, sei tu».

Era Lucius e Julien si augurò che a Marie e a Lucius fosse sfuggito nel tono della sua voce quanto poco fosse entusiasta che a interrompere il suo bacio fosse proprio questo tipo di bell'aspetto a cui entrambi dovevano molto.

«Questa sì che è una bella sorpresa!» sentì dire Marie e sul volto di Lucius apparve un largo sorriso quando Marie aggiunse: «Ora posso finalmente ringraziarti di persona per averci salvato la vita».

«No, ma dai», Lucius sembrava in qualche modo angustiato, come se non potesse sinceramente accettare il ringraziamento. Julien drizzò le antenne. Non si era ancora del tutto liberato dal sospetto che Lucius potesse aver avuto qualcosa a che fare con quei tipi loschi o che de la Fontaine lo avesse mandato lì per recuperare il manufatto trovato da Marie.

Julien stette al gioco senza sapere se le intenzioni fossero buone. «Sì Lucius, ti ringrazio, senza il tuo provvidenziale intervento forse noi due non saremmo qui. Vedo ancora di fronte a me la pistola puntata».

Sentendo quelle parole Marie impallidì e Julien se la prese con se stesso per essere stato così poco attento. Doveva cambiare argomento, ma come? Poi disse: «Raccontami, cosa è successo veramente nel duomo quando non c'eravamo più? Come hanno fatto quei tipi loschi a scappare?», ponendo a Lucius la domanda che aveva sulla lingua fin dalla mattina a colazione.

«È una lunga storia», rispose Lucius dando un'occhiata veloce a Marie. «Ma per riguardo a Marie preferirei raccontartela un'altra volta».

«Beh allora per oggi non se ne fa nulla, ho la prova generale e volevo anche passare velocemente in hotel per prendere alcune cose per Marie».

Lucius sembrava imbarazzato quando cautamente chiese: «Credi che sarebbe possibile per me assistere alla prova? I biglietti per la rappresentazione sono tutti esauriti e ci terrei molto ad assistere una volta al *Parsifal*».

«Ovviamente! Ti procuro un biglietto a tuo nome e lo lascio all'ingresso degli artisti. Così posso almeno dimostrarti un po' di riconoscenza per ciò che hai fatto ieri».

Lucius rise felice: «Fantastico, allora ci vediamo lì più tardi», fece dando una pacca sulle spalle di Julien e sprizzando felicità.

«*Avec grand plaisir*», replicò Julien sorridendo a sua volta. «Forse riusciamo anche a cenare insieme».

«Bella idea!».

«Facciamo che, finita la prova generale, ci troviamo direttamente all'ingresso degli artisti».

«Tutto chiaro e *à bientôt*!»

«A dopo allora». Julien tentennò un attimo per decidere come accomiatarsi da Marie sotto gli occhi di Lucius. Così si chinò verso di lei, le sfiorò lievemente le labbra con un bacio e uscì dalla stanza.

LUCIUS

VIENNA, 4 SETTEMBRE 2013

Come promesso da Julien, il portinaio all'ingresso degli artisti aveva un biglietto per lui. Lo invitò a spicciarsi, la prova generale stava per iniziare a minuti. Spiegò a Lucius come arrivare al palco dove c'era il suo posto, che lui raggiunse a grandi passi attraversando corridoi e scale

Una volta entrato, si stupì di essere l'unico a occupare quel piccolo spazio tappezzato di rosso. Aveva appena preso posto su una poltroncina rivestita di velluto rosso, adiacente alla balaustra del palco, quando dalla fossa dell'orchestra risuonarono le prime note degli archi. La musica sembrava provenire da un altro mondo. Lucius percepiva che quei suoni gli sfioravano l'anima superando quelle barriere che, come una corazzata, aveva eretto dopo la morte dei suoi genitori. Era come se si stesse dissolvendo, come se non ci fosse più alcun appiglio e per un secondo ebbe paura di questa potenza dei sentimenti perché lui era abituato ad averne sempre il controllo.

Quando si udirono le seguenti parole pronunciate da Gurnemanz, il più anziano tra i cavalieri del Graal, Lucius si sentì quasi strappare il cuore: «Alle sante reliquie ei costruì il santuario. Voi, che al suo servizio vi siete raccolti su sentieri che nessun peccatore trova, sapete che soltanto al puro è dato di unirsi a quei fratelli, cui ad opere auguste di salvezza, le miracolose forze del Graal rendono forti».

Perché riconobbe che questi sentieri sacri lui non li avrebbe più trovati. Negli ultimi anni aveva accumulato troppi peccati. E tutto questo nella consapevolezza di essere nel giusto perché finiti gli studi aveva assunto, senza riflettere, il perfido comportamento del suo cosiddetto padre affidativo. A muoverlo era stato il profondo bisogno di essere ammirato da Maurice de la Fontaine.

Sino a che punto era arrivato? Sconvolto nascose il viso tra le mani senza più riuscire a seguire ciò che accadeva sul palco. Tanto lo tormentava la consapevolezza di essere in un certo senso andato all'inferno da quando si era allontanato, alcuni anni prima, da Xiao Lin e dai suoi insegnamenti.

Rialzò la testa solo quando sul palco apparve Julien, alias Parsifal; il corpo di Lucius fu percorso come da una scossa elettrica, fu come accecato dalla luce che circondava Parsifal mentre pieno di entusiasmo cantava: «Certo. In volo colpisco quel che vola».

In quel momento Lucius fu sopraffatto da ricordi d'infanzia, quando felice cavalcava tra i boschi e i prati della Provenza insieme agli amati genitori, alla sua mamma simile a un angelo e al suo affettuoso papà. Dopo tanto tempo Lucius riprovava quell'intensa felicità, l'unica sensazione che allora conosceva e si piegò in avanti sulla balaustra per essere più vicino al palco. Proprio in quell'istante Parsifal, alias Julien, che stava cantando con ardore di sua madre, Dolor-di-Cuore, alzò lo sguardo così che, quasi per caso, i loro occhi si incrociarono. Lucius vide Julien sussultare impercettibilmente nel momento in cui lo riconobbe, per poi tornare subito padrone di sé.

Più seguiva l'evolversi della rappresentazione sul palco e più comprendeva perché Julien de la Tour fosse considerato il migliore al mondo. Se lo si ascoltava, lasciandosi incantare dai suoi movimenti, ci si dimenticava completamente di stare ascoltando solo un'opera musicale, perché il fervore, la dedizione, l'umiltà con la quale si metteva al servizio del personaggio non avevano uguali.

Lucius si accorse di come Julien fosse pervaso da una luce mistica che irradiava sugli ascoltatori incantandoli.

E non poté fare a meno di mettere in dubbio se stesso. Cosa ne era stato di quel ragazzino che viveva con i suoi genitori? Persone come de la Fontaine l'avevano potuto irrimediabilmente trascinare dalla parte del male. Tra i suoi pensieri risuonò il lamento di Parsifal: «Salvatore! Signore di clemenza! Come espierò mai, peccatore, la mia colpa?».

Lucius ebbe la sensazione che gli si stesse strappando il cuore. Come aveva potuto trasformarsi in un cinico agente?

"Se solo qualcuno mi potesse aiutare!", gridò tra sé e sé in preda alla disperazione.

Per un attimo quanto accadeva sul palcoscenico passò in secondo piano perché Lucius percepì accanto a sé una presenza, stranamente luminosa e consolante che gli si rivolse così:

> *Non temere Lucius. IO SONO l'arcangelo Azrael, l'angelo della consolazione e della morte. Tu hai motivo per sentire questo profondo dolore. E anche se hai compiuto molte azioni non buone, hai salvato la vita a Marie e Julien. Metti queste azioni sul piatto della bilancia e vedrai che puoi essere aiutato. Le forze del male ti sono vicine, ma abbi fede in Dio, amico mio, perché la grazia del Redentore può redimerti, se segui la tua vera missione con grande dedizione e umiltà.*

"Quale è la mia vera missione?"; Lucius non ottenne risposta. E tuttavia era certo che gli fosse realmente apparso un angelo.

Come un contrappunto, ecco che sul palco apparve Parsifal con in mano la sacra lancia di fronte ad Amfortas, la cui ferita continuava a sanguinare copiosamente. Parsifal toccò la ferita mentre in tutto il suo splendore cantava: «Soltanto un'arma vale: chiude la ferita, la lancia soltanto che l'ha aperta. Sanato sii, purificato e assolto! Poiché io sono, che ormai al tuo rito adempio. Benedetto sia il tuo dolore, che la forza suprema della compassione e la potenza d'un purissimo sapere donò ad un timido folle».

In quel momento gli sguardi di Julien e Lucius si incrociarono e Lucius seppe che Dio, con l'intercessione di Parsifal, l'aveva perdonato e redento dalla sua colpa.

Sul volto di Lucius scesero lacrime di gratitudine perché aveva riconosciuto che l'anima di Julien, in quel momento tutt'UNO con quella di Parsifal, aveva compreso la sua sofferenza aprendogli la porta verso una nuova vita.

"Che dono che è per il mondo questo cantante!", pensò Lucius che avrebbe voluto gridare "bravo" a voce alta mentre sfumavano le ultime note della prova generale. Ma non osò farlo, perché non voleva assolutamente richiamare l'attenzione su di sé.

Julien, il cui volto pareva completamente trasfigurato, si inchinò umilmente, anche se tutto il pubblico presente, gli orchestrali, come tutto il coro, gli altri solisti e il direttore d'orchestra Arnold Scherenberg lo stavano sommergendo di applausi; mentre lui pareva trovarsi ancora in un altro mondo.

Lucius stette ancora lì seduto per un bel po' per lasciare riecheggiare in sé l'esperienza vissuta. Infine venne invitato a lasciare il palco, si era ormai fatta l'ora di chiusura del teatro. Senza pensarci su, si alzò e si incamminò verso l'hotel, fece i bagagli e prenotò il primo volo possibile per Parigi; sapeva ciò che andava fatto.

JULIEN

VIENNA, 4-5 SETTEMBRE 2013

Julien era esausto come se avesse realmente vissuto il destino di Parsifal. In lui si era diffusa una calma che conosceva dalla meditazione. Si sentiva leggero, senza confini e tutt'uno con la natura e gli esseri umani. In questo stato d'animo aveva realmente guardato Lucius negli occhi? Attorno a lui aveva visto brillare una luce che per un attimo l'aveva profondamente impressionato. "Ma allora Lucius, alla fine, sta dalla parte del bene? Se solo potessi esserne certo".

Così decise di sondare un po' meglio le sue intenzioni. Ma, contrariamente al loro accordo, Lucius non si presentò all'ingresso degli artisti…

"Strano", pensò Julien facendo, per sicurezza, ancora un giro attorno all'edificio dell'Opera di Stato. Lucius non era nemmeno all'altro ingresso, quello meno conosciuto. Non poteva neanche mandargli un SMS perché non aveva il suo numero di cellulare. Nel frattempo si era fatta mezzanotte, troppo tardi anche per chiedere a Marie. Con spavento gli venne di colpo in mente di essersi completamente dimenticato di andare a cercare la chiave nella camera d'albergo di Marie prima della prova generale. Si sentì male al pensiero che qualcuno potesse aver frugato per rubarla. Per fortuna Marie gli aveva dato la chiave della stanza così che non avrebbe avuto problemi a entrare.

Appena messo piede al Radisson venne salutato per nome dal portiere. Tutta Vienna sapeva del misterioso attentato alla vita di Marie Chevalier e non riusciva a spiegarselo. Lui era sempre stato un fervente ammiratore del padre. E quando il poco tempo libero a disposizione glielo permetteva stava ore in coda al teatro per conquistarsi uno degli ambitissimi posti in piedi. Se a dirigere poi era Jean Chevalier, l'opera era ancora più ardua. Tutto questo faceva sì che avesse a cuore il destino di sua figlia.

«Egregio signor de La Tour, posso chiederle se nel frattempo Marie Chevalier non è più in pericolo di vita?».

«Certamente può chiedermelo, signore», rispose Julien con fare amichevole perché sentiva che l'interesse del portiere di notte era sincero. «A essere sincero non lo so».

«Oh Dio mio!» esclamò l'altro torcendosi le mani. «Allora non ci resta che pregare, che il Signore la risparmi e non la chiami ancora a raggiungere suo padre».

«Sì, è così. La ringrazio per unirsi alle nostre preghiere per lei».

«Ovviamente, signor de la Tour. Con tutto il cuore, ero grande ammiratore di suo padre. Ma adesso vada pure a prendere ciò che serve a mademoiselle Chevalier».

«Sì, lo faccio. La ringrazio».

Esitando Julien entrò nella camera. Non gli sembrava corretto penetrare in questo modo nella sua sfera intima, anche se aveva il permesso per farlo. Con cautela si guardò intorno e constatò che nessuno vi aveva rovistato.

Sul comodino c'era una foto di Marie con suo padre, davanti alla finestra un tappetino da yoga color lavanda e in bagno aleggiava la fragranza fiorita del suo profumo. Rischiava di essere travolto dalla nostalgia. Tirò fuori dalla tasca dei pantaloni il cellulare e quasi febbricitante digitò: «Mio amato angelo, mi dispiace molto di non essere riuscito a farmi vivo durante le pause. Spero che nel frattempo tu stia sempre meglio! Ora sono qui nella tua camera e sento la tua presenza. Non so cosa darei per poterti avere qui incolume e tenerti tra le braccia! Non mi resta dunque altro da fare se non inviarti in questo modo un tenero bacio. *Je t'aime*».

Sfinito si buttò sul letto chiedendosi, ancora una volta, come fosse possibile che tutto fosse cambiato in un tempo così breve. Ma lui aveva una missione, era qui con una precisa intenzione. Si avvicinò all'armadio per aprire la cassaforte dell'albergo. Digitò i numeri che Marie gli aveva dato, cioè la data del suo compleanno come constatò stupito, e lo sportello della cassaforte si aprì. In mezzo a diversi gioielli c'era la chiave dorata appoggiata su un sacchettino di velluto rosso scuro. La cosa migliore da fare era rimetterla proprio lì dentro. Esitò un attimo osservando i diversi gioielli poi prese un bracciale che gli aveva descritto Marie e richiuse accuratamente la cassaforte.

Afferrò anche un paio di capi di abbigliamento e quando lasciò la stanza nulla lasciava sospettare la sua incursione.

PARTE QUARTA

ALLEATI E NEMICI

LUCIUS

VIENNA, 5 SETTEMBRE 2013

Lucius non si soffermò a pensare neppure un attimo al mancato appuntamento con Julien. Senza il minimo indugio salì sul primo aereo per Parigi. Doveva guardare negli occhi il suo *maître*. O era meglio stare al suo gioco? Lucius lottò con se stesso per l'intero volo. Agli occhi degli estranei se ne stava semplicemente lì seduto a osservare affascinato le nuvole. Aveva realmente visto un angelo? Gli aveva parlato? Nel suo intimo aveva quella certezza e tuttavia: quale era esattamente la sua missione? Doveva sostenere Marie e Julien? In realtà non sapeva neppure cosa avessero in mente quei due. Che stessero insieme glielo aveva confermato il modo come avevano ritratto la testa quando lui era entrato nella camera. Lucius rise ad alta voce e il suo vicino di posto lo guardò in modo strano. Ma questo era ancora il minore dei suoi problemi. Chi però poteva aiutarlo ora a distinguere il bene dal male? Il *maître* aveva tante facce, troppe, e se l'avesse incontrato per primo a Parigi Lucius non era certo che dopo avrebbe agito solo di sua spontanea volontà piuttosto che come una marionetta che faceva solo ciò che de la Fontaine esigeva. Sospirò.

«Ha paura di volare?», gli chiese preoccupato l'uomo seduto accanto a lui. Lucius gli sorrise. «Non si preoccupi. E nel frattempo ho anche trovato la soluzione al mio problema». Esattamente in quell'istante si era accorto che la persona vicino a lui era un asiatico di mezza età e il modo in cui lo guardava gli aveva fatto venire in mente il suo vecchio insegnante di shaolin. Appena arrivato nel suo appartamento parigino Lucius lasciò giù solo i bagagli e si fiondò sulla sua Ducati sfrecciando poi attraverso le strade della sua amata città, illuminate dalla luce del mattino, dirigendosi verso il dojo del maestro Xiao Lin nel Marais.

«Il tuo arrivo mi è già stato annunciato, figlio mio», disse Xiao Lin mentre lo abbracciava. Lucius lo guardò stupito, senza fare alcun commento. Xiao Lin aveva fatto spesso riferimento a poteri superiori. Che parlasse anche lui con gli angeli? Chissà cosa avrebbe detto il maestro se gli avesse rivelato ciò che era accaduto.

Attraversando un cortile interno Lucius seguì Xiao Lin in un piccolo padiglione che lui chiamava il suo "spazio sacro". Là ad attenderli c'erano già pronte due ciotoline con del tè profumato su un tavolino tra i due tappetini da yoga. Xiao Lin si era preparato per la sua visita? I due uomini si sedettero in posizione eretta uno di fronte all'altro e Lucius si godette il silenzio che si era creato. Da sempre Xiao Lin aveva dato grande importanza e spazio al silenzio e così Lucius si soffermò a osservare la sottilissima porcellana delle ciotoline da tè e il profumo fumoso del tè verde tostato.

«Hai un peso sul cuore», disse Xiao Lin e il suo sguardo amichevole era un invito a lasciarsi andare e a raccontare.

Ora non provava più alcuna timidezza, anzi riferì tutto ciò che era accaduto a Vienna e anche prima.

Xiao Lin lo ascoltò con attenzione e lo interruppe solo in due momenti per fargli delle domande: si fece descrivere tutte le mosse che aveva usato per disarmare l'avversario. Poi volle anche sapere se Lucius avesse in seguito aiutato quegli uomini a uscire dalla chiesa inosservati.

Fece questa domanda e poi disse: «Amato figlio mio, non sei obbligato a rispondere. Vedo che in te si agitano forze buone e cattive. Voglio ora concederti un momento di pace. Ma la decisione sulla parte con cui vorrai d'ora in avanti schierarti nella vita sta solo a te. Voglio rivelarti solamente una cosa: il padre di Marie Chevalier era un mio buon amico. E io ti ringrazio per aver salvato la vita a sua figlia».

Lucius lo guardò fisso. Tutto era dunque interconnesso nella sua vita? Di chi si poteva ancora fidare, se anche Xiao Lin si era schierato per una parte? «Perché non me lo hai mai raccontato?», chiese poi con un vago tono di rimprovero.

«Perché tu non eri ancora pronto».

Lucius scrutò l'uomo che aveva conosciuto nella veste di amico e mentore. Un giudizio severo. Se proprio lui non lo riteneva all'altezza, chi altri lo avrebbe fatto? Dipendeva forse dal fatto che per molti anni l'aveva evitato finendo su una cattiva strada?

«Non mi stupisco neppure che Julien de la Tour sia riuscito a mettere fuori combattimento quei quattro uomini, perché anche lui è stato mio allievo». Lucius sentì divampare in sé la gelosia. Un altro collegamento di cui era completamente all'oscuro. Non doveva far vedere al maestro quanto questa notizia lo disturbasse.

«Hai detto che è stato un tuo allievo. Come mai non lo è più?» insistette Lucius.

«Alcuni anni fa Julien ha avuto un serio incidente in scena, ferendosi il ginocchio sinistro, da allora pratica solo lo yoga».

«In ogni caso era abbastanza in forma per mettere ko questo e quello».

«Soltanto al puro è dato di unirsi a quei fratelli che le opere auguste di salvezza, le miracolose forze del Graal, rendono forti», fece Xiao Lin ricorrendo a una citazione dalla sacra rappresentazione scenica di Wagner.

«Vuoi dire che Julien è al servizio del Graal come lo fu Parsifal all'epoca? E che quindi gli sono conferite forze miracolose per proteggere la vita di Marie?». Lucius era lì lì per aggiungere: "E allora io?", ma si trattenne.

«Medita su questo, figlio mio, e lo riconoscerai».

Lucius sapeva che Xiao Lin non era disposto a rivelare di più. Però non poté fare a meno di porre un'altra domanda: «Cosa mi consigli di fare?».

«Cerca il dossier sui tuoi genitori. Tu conosci solo mezza verità sulla loro morte».

«Lo sai o è solo una tua intuizione?», chiese Lucius sconvolto.

«È più di un'intuizione».

«Capisco. Bene! Lo cercherò».

«Ancora un avvertimento ho per te, Lucius: hai lottato tutta la vita contro la gelosia che sembra parte del tuo essere. Io sono certo che arriverà il momento in cui la supererai. Ti ho avvisato. Ora però è il momento di esercitarsi, dovrai presto ricorrere alle tue capacità, se vedo bene».

Prima di lasciarlo andare, Xiao Lin mise il suo *mala* di preghiera in legno sacro attorno al collo di Lucius: «Che possa proteggerti, ovunque tu vada, figlio mio. Ricordati, le cose spesso non sono ciò che sembrano essere…» e già era scomparso all'interno del suo sacro luogo, senza attendere la risposta di Lucius. Ora sapeva di dover andare via.

JULIEN / VÉRONIQUE

VIENNA / PARIGI, 5 SETTEMBRE 2013

Completamente frastornato, Julien si guardò attorno nella sua camera d'albergo quando il suono del telefonino lo risvegliò bruscamente da un sonno profondo. Era Véronique che lo travolse senza lasciargli prendere la parola. Non era il suo solito modo di fare e Julien era ansioso di conoscere il motivo della chiamata. «Ho appena letto su internet che questa mattina all'alba quattro sconosciuti sono stati estratti dal Danubio. Nei media il fatto viene messo in relazione con l'aggressione nella cattedrale di Santo Stefano. Ma come ci sono finiti quei tizi nel Danubio? Voi mi avete raccontato di averli lasciati lì a terra svenuti mentre venivate portati in ospedale con l'ambulanza!».

«L'unico che potrebbe sapere qualcosa di più è Lucius, ma ieri sera non si è fatto vedere dopo la prova generale, contrariamente a quanto concordato. Alla prova generale c'era, l'ho visto io stesso dal palco. Non ho potuto nemmeno chiamarlo perché non ho il suo numero di cellulare».

Julien si astenne dal dire a Véronique del suo sospetto che Lucius fosse più coinvolto in tutta la faccenda di quello che tutti si auguravano, e poi sperava ardentemente che Parsifal avesse fatto effetto anche su di lui.

«Ah caspita, qui ti può aiutare solo Marie, ma non puoi neanche presentarti in ospedale troppo presto», fece Véronique interrompendo il suo ragionamento.

«Sì, ma appena so qualcosa su Lucius, mi faccio vivo io». Julien fece una pausa: «Véronique, mi raccomando fai attenzione. Abbiamo a che fare con un avversario sconosciuto e credo che noi tutti sappiamo benissimo a cosa miravano. Vado subito in ospedale da Marie, così magari ne sappiamo un po' di più».

«Salutamela e dille che le sono accanto con i miei pensieri».

«Sì, se n'è accorta. Le tue preghiere le hanno fatto molto bene e se durante le prove hai tempo mandale la tua energia di guarigione che le serve tutta. Sono molto preoccupato, è ancora così debole dopo quell'emorragia».

«Promesso. Julien, stai attento! Marie ha bisogno di te».

Aveva appena chiuso la chiamata che subito ne arrivò un'altra. Era Marie, e dopo essersi assicurato che stesse bene, le riportò quanto detto da Véronique, compresi i timori su Lucius.

Marie però aveva altri programmi. «La prima cosa da fare è preoccuparci del cofanetto», disse di rimando. «Ora ti mando un SMS con il numero di Lucius, ma non dovremmo indugiare oltre. Hai con te la chiave?».

Julien rispose di sì.

«E hai anche il cofanetto?».

«Sì, ho tutto qui con me in albergo».

«Allora, per favore, vedi se la chiave lo apre. Dobbiamo sapere se abbiamo in mano la soluzione del mistero e se la nostra missione è vicina al compimento. Sai, sono molto debole, e desidero che tutto questo finisca». Poi dopo un attimo di esitazione aggiunse: «...così da avere un po' più di tempo per noi».

«Ti capisco, mia cara! Anche io non desidero che aver più tempo da trascorrere con te». Julien esitò.

«Credo non sia un caso che tu ora apra, da solo, il cofanetto». Senza saperlo Marie aveva sollevato Julien dalla sua preoccupazione. «Probabilmente qui c'è all'opera un piano superiore, come amava dire mio padre». Marie sorrise. «Devi solo promettere di chiamarmi subito non appena hai svelato il mistero».

«Lo faccio!».

Julien aprì la cassaforte nella quale erano custoditi la chiave e il cofanetto. Era la prima volta che vedeva il cofanetto alla luce del giorno e si stupì per non aver notato prima che era tempestato di pietre preziose. Indipendentemente dal suo contenuto, era già di per sé un oggetto prezioso. Con cautela lo appoggiò sul tavolinetto di fronte alla *chaise-longue*. Poi prese la chiave dorata, l'eredità del padre di Marie. Attese un attimo e ringraziò l'arcangelo Michele per averlo aiutato e guidato. Quando inserì la chiave nella serratura girò perfettamente e con una lieve pressione Julien aprì il cofanetto. L'interno era completamente rivestito di velluto rosso scuro e conteneva un simbolo che non aveva mai visto prima. Era antico e sembrava emanare un potente effetto. Accanto vi era una specie di pergamena tenuta insieme da un anello sul quale vi era inciso lo stesso simbolo.

Julien non osava quasi respirare. Non osava prendere tra le mani la pergamena per timore che potesse ridursi in polvere al contatto. Poi però si rammentò delle parole di Marie, che probabilmente era compito suo farlo.

Delicatamente prese la pergamena tra le mani, sfilò l'anello e lentamente la srotolò. Era scritta con caratteri magnifici e Julien riconobbe che si trattava di occitano antico. Per fortuna sua madre gli aveva insegnato quella lingua.

Leggendo le prime parole non riusciva a credere ai suoi occhi:

Amato lettore,
perché questo è ciò che sei, altrimenti non terresti tra le tue mani queste righe, che hanno atteso secoli prima di giungere nelle tue mani divine.

Julien sentì le lacrime scendergli lungo il viso, tanto lo toccavano quelle parole. Sebbene non sapesse ancora chi fosse l'autore di quella lettera. Così si mise a decifrare le righe seguenti.

> *IO SONO Maria Maddalena e ti dico che solo un cantore della grazia di Dio, uno degli ultimi veri* troubadour, *sarà in grado di svelare il mio mistero e recuperare così il tesoro di Gesù Cristo per il quale ho dovuto lasciarmi alle spalle così tanto per poterlo proteggere con tutta la forza di cui disponevo.*

A Julien parve che il cuore stesse per scoppiargli quando si rese conto che quelle parole erano destinate unicamente a lui. Nello stesso istante cadde in una trance profonda e si ritrovò alla corte di Eleonora d'Aquitania mentre di fronte ai presenti eseguiva al meglio le sue *minnesang*, liriche d'amore nelle quali, in verità, rendeva omaggio a Maria Maddalena e all'amore puro tra lei e Gesù Cristo. La sua voce vibrante e chiara riempiva l'intero salone di luce ultraterrena e lui si rendeva conto che non tutti gli sguardi rivolti a lui erano così benevoli come quelli della regina dei *troubadour*. Era come se gli venissero conficcate nel corpo delle punte di pugnale, ma lui continuò a cantare e con trasporto ancora maggiore tanto che le dame, una dopo l'altra, caddero svenute ai suoi piedi.

Infine Eleonora stessa mise fine allo spettacolo applaudendo con le mani riccamente inanellate. "Lasciateci ora ringraziare il leggiadro *troubadour* per la sua benefica arte e dedichiamoci ora ad altri piaceri dei sensi. Si dia inizio al banchetto!".

Ed ecco entrare nella sala schiere di servitori per viziare i commensali con le più squisite delizie per il palato.

In quel momento Julien si risvegliò dalla trance, tra le mani teneva ancora la lettera di Maria Maddalena e i suoi occhi rimasero inchiodati alle parole:

> *... un cantore della grazia di Dio, uno degli ultimi veri troubadour, sarà in grado di svelare il mio mistero e recuperare così il tesoro di Gesù Cristo....*

Maria Maddalena sapeva già allora che un giorno anche Eleonora d'Aquitania avrebbe accettato il vero potere della sua femminilità rendendo noti al mondo, in modo sottile, attraverso le canzoni e le liriche dei *troubadour*, le conoscenze e gli insegnamenti della linea di sangue? E che lui stesso sarebbe stato uno di questi *troubadour*? Era veramente possibile che un essere umano di carne e sangue fosse capace di guardare così tanto avanti nel futuro? Julien era ancora preso da quel pensiero quando percepì un cambiamento nella sua camera. Alzò lo sguardo e vide una figura di bellezza ultraterrena, avvolta in un manto rosso profondo, che a pochi metri da lui sembrava fluttuare sopra il pavimento. Quando la guardò negli occhi, seppe chi era.

Julien voleva chiedere qualcosa ma prima ancora di accorgersene l'apparizione era svanita.

Poi lo sguardo gli cadde nuovamente sulla pergamena e vide una frase che sino a quel momento gli era sfuggita.

> *Ricorda che la soluzione del mio mistero ti si rivelerà cantando!*

Questo confermava l'intuizione di Marie che doveva essere lui ad aprire il cofanetto. Commosso si sfregò gli occhi e prese il suo smartphone.

«Allora? Cosa hai trovato?», la voce di Marie tremava dall'emozione.

«Parecchie cose, *chérie*». La voce di Julien era molto roca mentre raccontava a Marie ciò che aveva scoperto. Lei stette in ascolto, senza fiatare per non perdere nemmeno una parola.

«Ma è incredibile!», esclamò Marie quando Julien ebbe finito di raccontare. «Così viene definitivamente sancito che abbiamo una missione in comune. Io avevo la chiave per trovare il cofanetto, il cui contenuto è chiaramente destinato a te».

Marie, come sempre, aveva già tratto le sue conclusioni. Julien dovette sorridere.

«Sembra proprio così. Marie, ti raggiungo al più presto così ti mostro l'anello. Il cofanetto e la lettera però li metto al sicuro in banca. Non ha senso illudersi che la cassaforte dell'albergo sia sicura. Venendo da te sicuramente passo davanti a una banca, e la chiave la terrai tu, ti procuro una catenella così la metti al collo».

L'emozione di Marie era palpabile quando disse: «Vieni prima possibile!».

LUCIUS

PARIGI / VIENNA, 5 SETTEMBRE 2013

Lucius appoggiò le dita sui tasti e fece un profondo respiro. L'avrebbe fatto veramente: avrebbe ingannato de la Fontaine, colui che l'aveva preso sotto la sua ala come un padrino dopo la morte dei suoi genitori. E avrebbe infranto tutte le regole della Société Arts et Culture de Paris raggirando così il suo datore di lavoro. Ma l'affermazione di Xiao Lin, secondo cui apprendere di più sulla morte dei suoi genitori l'avrebbe aiutato, aveva cambiato qualcosa in lui. Era deciso a non voler più fare ciò che gli dicevano gli altri. Voleva finalmente prendere in mano la sua vita e decidere per sé. Un po' teso lo era, sperava che fosse giusta la sua supposizione che de la Fontaine nascondesse normalmente tutti i documenti segreti in mezzo a quelli regolari della fondazione. Poi gli venne in mente una delle frasi preferite del *maître*: un albero lo devi nascondere in mezzo a un bosco.

Lucius controllò un file dopo l'altro alla ricerca di indizi sospetti. I nomi dei suoi genitori non comparivano da nessuna parte, ma d'altro canto sarebbe stato troppo da dilettanti. Allora aveva pensato di rivolgere la sua attenzione alla modalità con cui la Société archiviava gli atti. Da qualche parte un indizio doveva pure esserci.

Mentre nella stanza si faceva lentamente buio e la luce dello schermo finiva per essere la più luminosa tra tutte le fonti di luce, Lucius si passò rassegnato una mano sulla fronte. Come in trance digitò nella barra di ricerca le parole "Vienna" e "Duomo di Santo Stefano" e quando contemporaneamente si aprirono diverse finestre si bloccò. C'erano effettivamente documenti archiviati sotto questi nomi. Per primo aprì un documento nuovo di zecca che gli fece gelare il sangue. Si parlava di quattro uomini e, mentre sorvolava velocemente il testo, vide alcuni passaggi che gli si impressero nell'anima, alcune parole tra cui "fallimento", "esito fatale", e poi ancora "ormai dovremmo affidare la questione a Tatjana Menkova", "arrivata a Vienna", "deve raggiungere al più presto l'ospedale e obbligare Marie a parlare, non importa con quali mezzi…".

Mentre continuava a far scorrere il testo le mani di Lucius erano bagnate di sudore. Tutto ciò che leggeva gli dimostrava che Maurice de la Fontaine era chiaramente molto più coinvolto in tutta la faccenda di quanto non avesse creduto sino a quel momento. Questo era decisamente troppo! E ora Marie era in pericolo. Il *mâitre* aveva sguinzagliato una donna killer! Lucius controllò i dati. Doveva agire. Questa Menkova doveva ormai essere arrivata a Vienna. Da quella distanza cosa poteva fare per salvare Marie?

Febbricitante digitò il nome della clinica e cercò il numero di telefono. Poi prese il suo cellulare personale. Lo sentì squillare e balbettò: «Pronto! Non posso rivelarle il mio nome, ma Marie Chevalier è in grave pericolo. Verrà lì una giovane donna, o forse è già lì nella camera di Marie, con l'incarico di metterla fuori combattimento se non addirittura ucciderla. Vi prego di intervenire immediatamente!». Disperato, Lucius chiuse la conversazione avendo la sensazione che non fosse abbastanza; chi è che reagiva a minacce telefoniche? Poteva solo sperare che i collaboratori nella clinica avessero capito perché Marie fosse stata ricoverata proprio lì; si augurava che non fosse troppo tardi. I pensieri si affollavano nella sua testa: Maurice de la Fontaine pianificava omicidi a sangue freddo. Era lui stesso ora a dover decidere. Doveva restare al fianco della società, agire come il figlio adottivo del *mâitre* e spiare Marie, visto che evidentemente era lei la chiave di tutto? O voleva continuare a seguire le orme di quel Lucius che gli aveva fatto vedere Julien e il suo canto? Poteva essere, lui, una brava persona? Lucius non sapeva cosa fare. Da un lato avrebbe voluto avvisare subito Julien o Marie di quanto fosse insidioso il gioco in cui erano tutti coinvolti. Dall'altro non poteva sapere se degli adepti della linea del sangue di Maria Maddalena e Gesù Cristo avessero barbaramente assassinato i suoi genitori sino a quando non avesse trovato il dossier su di loro. Sospirando si arruffò i capelli. Cosa doveva fare ora? Chiaramente lui era solo una pedina nelle mani del *mâitre*. No, ora voleva scegliere lui le sue mosse. Ma se avesse invece continuato a restare vicino alla fonte per poter scoprire le prossime mosse che Maurice de la Fontaine stava tramando...? Sì, questo doveva fare, far credere a de la Fontaine di essere ancora dalla parte della società. Non poteva permettersi alcun errore, figuriamoci un passo falso, perché altrimenti non ci sarebbe stato scampo per nessuno di loro. Lucius chiuse gli occhi e rivolse una preghiera al cielo chiedendo l'intervento di tutte le forze celesti per salvare Marie se questo era il volere di Dio.

JULIEN

VIENNA, 5 SETTEMBRE 2013

Klara, l'infermiera, fissò attonita la cornetta del telefono che ancora teneva tra le mani tremanti. Una telefonata anonima non l'aveva mai ricevuta. Proprio in quel momento, accanto al gabbiotto delle infermiere, si aprì la porta dell'ascensore e lei restò come ipnotizzata vedendo chi era uscito. Era lui, quel tenore, la star. Presa dal panico, sul momento non le venne neppure in mente il nome e balbettando disse solo: «Lei è in pericolo!». Poi si mise a correre, il più velocemente possibile; da qualche parte nella testa risuonava ancora la voce della caposala che le aveva inculcato l'idea che un'infermiera non corre mai, per nessun motivo al mondo, per non allarmare le persone in ospedale. Ma questa volta, ne era certa, anche la capoinfermiera sarebbe scattata a grandi passi. Dietro di sé sentì dei passi percorrere la corsia.

La porta della stanza era spalancata, già questo era impossibile. Spinta dal suo stesso impeto Klara si precipitò nella stanza gettandosi su una donna. Entrambe finirono a terra. Klara vide scivolare sul linoleum del pavimento un oggetto, era una pistola. Klara l'afferrò, quasi avesse fatto pratica guardando i film gialli, e la scagliò sulla testa della donna a terra. Questa si accasciò come priva di sensi.

Agli occhi di Julien, precipitatosi in camera dopo l'infermiera, si presentò una scena raccapricciante. Il primo sguardo fu per Marie che lo guardava con occhi dilatati dal terrore tenendo una mano sulla ferita al petto. Poi guardò la donna a terra, tra i capelli scuri si intravedeva un fiotto di sangue sgorgare dal cuoio capelluto. Accanto c'era l'infermiera che si era presa così tanta cura di Marie e che Julien ricordava bene. Chiamandola per nome si rivolse a lei: «Klara, tutto bene?». Non attese la risposta perché qualcosa richiamò la sua attenzione: sulla camicia da notte di Marie c'era una grossa macchia di sangue che si stava allargando. Ma non si era sentito nessuno sparo. Forse per via di un silenziatore? La donna che aveva aggredito Marie poteva averle anche sparato? Se solo ne avesse capito di più di armi. Julien aveva sempre voluto difendersi a mani nude. Ma ora avrebbe volentieri saputo qualcosa di più su quell'orrendo oggetto, quell'arma fredda, lì sul pavimento dell'ospedale. Fu grato quando vide accorrere il dottor Weiß con passo spedito e quella imperturbabilità che già lo aveva positivamente impressionato.

«Marie», balbettò Julien, «...la sua ferita. Lei la deve salvare!».

Julien ebbe la sensazione che gli mancasse la terra sotto i piedi e che lui vi stesse sprofondando quando il dottor Weiß, dopo una breve esitazione, passò sopra alla killer stesa a terra. Giunto accanto a Marie, senza indugiare neppure un secondo, ordinò a Klara, senza guardarla ma con voce imperiosa, di preparare Marie per la sala operatoria.

Le ginocchia di Julien tremavano talmente da temere di cadere a terra svenuto da un momento all'altro. Riuscì a malapena ad appoggiarsi alla parete prima di scivolare lentamente verso il basso.

Quando tornò in sé un uomo in uniforme da poliziotto stava ammanettando la donna a terra. In piedi, lì accanto, c'era Klara, l'infermiera che stava raccontando ciò che era accaduto, la telefonata ricevuta e ciò che era successo dopo. Quando si accorse che Julien la stava osservando, Klara si inginocchiò accanto a lui.

Gli tastò il polso dicendo: «*Monsieur* de la Tour, lei prima è svenuto. Non posso darle torto, anche io prima mi sentivo strana; una donna con la pistola, la polizia pensa si tratti di un sicario. Chi può voler del male a questa donna amabile…».

Julien la interruppe con occhi dilatati dalla paura: «Marie è ancora in vita?».

«Sì, è stata operata, la ferita si era riaperta, probabilmente Marie si è mossa bruscamente quando di colpo si è vista di fronte quella donna armata di pistola. È così che la ferita si è lacerata, ma ho potuto parlare brevemente con il dottor Weiß e tutto andrà bene».

Julien sentì le lacrime scendere sulle guance e impassibile contraccambiò lo sguardo stupito della giovane infermiera. Le afferrò la mano, ma gli mancò la parola, anche se avrebbe voluto rassicurarla dicendole quanto era felice che Marie sarebbe sopravvissuta. Lo sguardo di ammirazione dell'infermiera era però rivolto al grande tenore, alla star, ma fu solo per un attimo perché poi la routine riprese il sopravvento; delicatamente gli accarezzò i capelli lucenti rispondendo alla stretta della sua mano.

Alla fine Julien riuscì a dominarsi tanto da poterle sorridere con gratitudine. La pregò di aiutarlo a rialzarsi. Quando fu nuovamente stabile sui due piedi le mise le mani sulle spalle dicendo con voce velata: «Klara, la ringrazio per aver salvato la mia Marie. Può condurmi da lei ora? Sarebbe carino se mi potesse accompagnare, sono ancora un po' traballante sulle gambe».

Ma non importava come si sentisse, non poteva immaginarsi posto più bello dove stare se non a fianco di Marie, fosse anche accanto al suo letto nella stanza di recupero.

VÉRONIQUE

VIENNA, 5 SETTEMBRE 2013

Presa dal panico, Véronique cercava di raggiungere Julien da più di un'ora, ma lui non rispondeva al cellulare; lo stesso per l'ospedale, che non era raggiungibile telefonicamente. Véronique era sempre più disperata, una voce interiore le diceva che la vita della sua amica Marie era appesa a un unico, sottilissimo filo. Perché non riusciva a parlare con nessuno? La sua apprensione aumentava a ogni secondo che passava senza poter raggiungere qualcuno. Respirava profondamente come aveva imparato per fronteggiare situazioni come questa. Quando finalmente riuscì di nuovo a pensare un po' più chiaramente, seguendo un'ispirazione alzò lo sguardo. Riconobbe la luce chiara e rifulgente di Maria Vergine e si sentì all'istante più tranquilla. Naturalmente era molto più sensato sedersi e inviare energia a Marie piuttosto che lambiccarsi il cervello con pensieri angosciosi e immagini spaventose su quanto stava probabilmente accadendo a Vienna.

Così decise di mettersi comoda nel suo angolo dedicato alla meditazione e ricominciò a sintonizzarsi su Marie attraverso la respirazione. Piena di fiducia iniziò con un intenso trattamento energetico a distanza e la scansione sul corpo di Marie le confermò quella sensazione che l'aveva tanto spaventata facendole provare panico: la luce vitale di Marie era quasi spenta. Véronique chiuse gli occhi per un istante e si concentrò di nuovo sull'attimo in cui era apparsa la Madonna e sulla speranza che l'aveva pervasa vedendo quel fulgore. Rincuorata concentrò tutte le sue energie per dare il massimo sostegno a Marie per quanto poteva. Mentre col passare dei minuti si calmava sempre di più, l'esperienza le fece capire che il suo impulso energetico aveva raggiunto l'amica, la cui luce vitale iniziava a riaccendersi.

Véronique si passò una mano sulla fronte. Erano così distanti, questo non andava bene, dovevano riavvicinarsi.

O quantomeno doveva aiutarla nella sua ricerca per svelare il mistero dell'eredità di suo padre. Con un sospiro si ricordò dell'ultima discussione che aveva avuto con Marie. Sapeva che la sua amica aveva ragione. Il ruolo di Manon era un'occasione unica nella sua vita. Non doveva permettere alle forze del male di impedirle di donare alla gente quella felicità che si prova assistendo a un balletto. E sapeva dell'energia che poi contagiava e iniziava a fluire alle persone. Anche lei aveva il suo compito nella vita. Ma Marie era stata veramente in pericolo. Véronique raggiunse nuovamente il tavolo su cui era appoggiato il suo telefonino e scrisse un messaggio:

«*Mon cher* Julien, sono in ansia per Marie, stavo giusto riflettendo se prendere il primo volo; prima però devo parlare con la direzione della compagnia. Se non c'è una sostituta non posso piantarli in asso così su due piedi; anche se mi pesa stare qui senza far nulla, mentre Marie lotta per la vita. Ti prego informami sulle sue condizioni, lo sai che i miei pensieri sono con lei, con voi».

JULIEN

VIENNA, 5 SETTEMBRE 2013

Julien era grato di poter restare accanto a Marie nella stanza di recupero. Sapeva che gli era stato permesso solo perché il dottor Weiß li aveva fatti passare per buoni conoscenti. Quello che Julien non si aspettava era che le condizioni di Marie dessero ai medici una tale preoccupazione. Cercava di non intralciare i loro sforzi e di dare meno fastidio possibile relegandosi nel letto vicino al muro a osservare tutto ciò che facevano mentre nel profondo della sua anima invocava l'aiuto di Gesù Cristo. I medici cercavano di risvegliare Marie dall'anestesia ma lei non tornava in sé e Julien notò spaventato quanto fosse pallida. Se solo ci fosse Véronique qui, oppure il mio maestro; se solo avesse accanto qualcuno con poteri spirituali. Julien si mise a respirare profondamente come gli aveva insegnato sua madre. I suoi pensieri si riempirono di un'energia d'amore che si diffuse in lui, lo permeò per poi traboccare e raggiungere Marie.

All'improvviso vide un tremolio percorrere il suo corpo e con gioia constatò che Marie si stava riprendendo dal suo torpore.

Si guardava attorno, indagando quella stanza che le era estranea, ma poi Marie riconobbe Julien e sembrò tranquillizzarsi per un attimo. Un timido sorriso fece capolino sul viso segnato dagli strapazzi vissuti.

«Julien», disse.

Sollevato, saltò dal letto e si sedette accanto a lei, la prese tra le braccia cullandola dolcemente avanti e indietro sussurrandole nell'orecchio: «Mio amato angelo, ti prego non abbandonarmi! Non riuscirei a sopravvivere un'altra volta. Ti prego rimani con me».

Marie si mise poi a piangere disperatamente rivolgendogli uno sguardo interrogativo: «Quella donna, lei... mi voleva uccidere?». Terrorizzata si aggrappò a Julien come se non volesse mai più lasciarlo andare. «Julien, ti prego resta», lo pregò Marie mentre lui si rialzava dal letto.

«*Chérie,* io non ti abbandono, ma ora tu devi riposare».

Marie allora si diede per vinta e si lasciò sfilare da un'infermiera la camicia da notte intrisa di sangue. Delicatamente rimosse anche la fasciatura. Vedendo la tumefazione sanguinante Julien quasi svenne nuovamente, tanto l'aveva impressionato, immaginando il dolore che doveva provocare a Marie.

Marie lesse lo spavento nei suoi occhi e pudicamente si coprì il petto nudo e ferito come se si fosse appena resa conto che l'uomo che amava guardava i suoi seni senza un'ombra di felicità.

Julien però non distolse lo sguardo, lo alzò solo verso i suoi occhi dicendo: «Io ti amerò sempre».

Lei però rispose con voce roca per la stanchezza e lo scoramento. «Julien ti prego, esci dalla stanza».

Lui per un attimo chiuse gli occhi, poi annuì e uscì nel corridoio. Un po' poteva capire che volesse stare sola. Se avesse avuto lui una ferita così non avrebbe potuto sopportare che Marie lo vedesse. Eppure c'era in lui quel desiderio impellente di starle il più vicino possibile. Distrarsi, ecco quello di cui aveva bisogno ora. Calma e altri pensieri. Più per abitudine che per altro tirò fuori il suo telefonino e si appoggiò contro la parete del corridoio di fronte alla stanza di recupero. Non riusciva a immaginare di allontanarsi di più, di abbandonarla veramente, la sua Marie.

Rispose a Véronique, ben capendo la preoccupazione che l'affliggeva. Anche lui non sarebbe facilmente venuto via da un teatro con il quale aveva impegni. Per tutti loro non era solo un lavoro, ma una vocazione. Poi si rammentò che l'indomani ci sarebbe stata la prima del *Parsifal*. Come avrebbe fatto a cantare in queste condizioni? Doveva assolutamente parlare ancora una volta con Marie. Assicurarle il suo amore.

Nervoso Julien andava avanti e indietro per il corridoio. Poi un medico sconosciuto gli rivolse la parola: «Lei è Julien de la Tour? Credo che dovrebbe occuparsi ancora di Marie Chevalier. Al suo posto, dopo un attentato così, avrei paura anche io a restare solo, ma al momento non abbiamo infermiere a disposizione che possano sorvegliarla. Vuole occuparsene lei?».

Julien acconsentì senza una parola. La stanza era piena della presenza di Marie e lui stette lì seduto accanto a lei in silenzio per un bel po'.

MARIE

VIENNA, 5 SETTEMBRE 2013

All'improvviso Marie percepì la presenza di Julien. Ma non gli aveva appena detto di uscire dalla stanza? Era troppo sfinita per sforzarsi a mandarlo via un'altra volta. Stava invece lì coricata, completamente apatica, in quel letto estraneo che sapeva così tanto di medicine e disperazione. Marie prese fiato con la sensazione che a ogni respiro la vita le stesse sfuggendo sempre di più.

Come poteva continuare a vivere con quella terribile minaccia sulla testa? Nessuno poteva assicurarle che non avrebbero attentato nuovamente alla sua vita, figuriamoci proteggerla. Non aveva più né padre né madre, Véronique era lontana, irraggiungibile, e Julien… probabilmente aveva appena perso anche lui. Involontariamente sospirò e di colpo sentì la mano di lui sulla sua. Come poteva un uomo come Julien, che aveva ai suoi piedi centinaia o forse anche migliaia di donne, volere una donna mutilata come lei?

Si sentiva avvilita e mortificata, aveva perso la voglia di vivere. Si rinchiudeva sempre di più nel guscio dei suoi pensieri, schivava il dolore e non sentiva né vedeva nulla della discussione dei medici al suo capezzale né la disperazione sul volto di Julien.

Marie non riusciva quasi più a percepire nemmeno il suo corpo, poi sussultò sentendosi sfiorare la fronte da un lieve bacio. Quando aprì gli occhi il suo sguardo incontrò quello di Julien, così pieno di sentimento da farle sentire una fitta al cuore. Era veramente sul punto di lasciarla? Era forse stato un bacio d'addio?

Lui si sforzava di non far trasparire il timore per la sua sorte e con voce tenue, quasi impercettibile, le disse: «Mia amata Marie, probabilmente non ho la più pallida idea di come tu ti senta e cosa accada in te. Però ti prego, sii certa che ti sono accanto nella buona e nella cattiva sorte, a ogni costo».

Sentendo le ultime parole di Julien, Marie tese l'orecchio, gli rivolse uno sguardo interrogativo e nella mente le passò questo pensiero: "Sai veramente cosa stai dicendo e cosa significa?". Ma non aveva la forza per dire nemmeno una parola. Come se l'avesse compresa ugualmente Julien proseguì: «So che tu in realtà non mi conosci veramente e probabilmente non hai sentito parlare solo bene di me, tuttavia le cose non sono sempre come sembrano. Dall'istante in cui ti ho vista per la prima volta tutta la mia vita è cambiata. Era come se in tutta la mia vita non avessi fatto altro che attendere quel momento».

Marie assorbì ogni singola parola.

«Se me lo permetti, non mi distaccherò più dal tuo fianco, perché so che siamo destinati l'uno all'altra».

«Sei...» eruppe Marie.

«Se sono certo?», disse lui di rimando guardandola con adorazione: «Sì, lo sono!».

Il suono della sua voce l'aveva penetrata nel profondo. Ma la testa continuava a rimuginare e sottovoce disse: «Anche se il mio seno sarà per sempre sfigurato?». Le lacrime scesero copiose lungo il viso e Marie non l'avrebbe ammesso neppure a se stessa che non era per lo sfinimento, ma per lo scoraggiamento.

Nello sguardo di Julien si leggeva quanto la capisse. «Questo seno lo sfiorerò e accarezzerò con particolare tenerezza così che tu sappia che io amo ogni singolo millimetro del tuo corpo, con o senza cicatrice».

A quel punto Marie non poté trattenersi dal singhiozzare amaramente e Julien la strinse tra le sue braccia. Non riusciva a smettere di piangere. Si erano rotti gli argini di tutta la sua sofferenza e del dolore.

Julien la tenne stretta a sé, le accarezzò delicatamente i capelli sussurrandole all'orecchio parole dolci d'amore.

Gradatamente Marie iniziò a calmarsi. Sempre in lacrime lo guardò mormorando: «Me lo merito veramente il tuo amore?».

«E io cosa ho fatto da meritarmi che l'incantevole figlia di Jean Chevalier ami proprio me?», fu la contro risposta di Julien che involontariamente li fece sorridere entrambi. Una risata che faceva tanto bene, non riuscivano più a smettere, così che le lacrime non furono più di dolore ma di commozione e nessuno dei due sapeva più se stesse ridendo, piangendo o se fosse semplicemente felice.

All'improvviso alla porta si affacciò il dottor Weiß che li guardò soddisfatto come fa un medico quando vede che la sua paziente sta meglio. Attese un attimo, sino a quando l'onda delle emozioni si placò.

Poi disse: «*Monsieur* de la Tour, lei è semplicemente la migliore medicina per Marie. Vorrei poterla tenere qui in ospedale giorno e notte, ma so che non è possibile perché getterei mezza Vienna nella disperazione se lei non potesse cantare il *Parsifal*».

Marie allontanò da sé Julien con le due mani senza allentare la presa dalle sue spalle e terribilmente seria: «Questo non puoi farlo assolutamente. Non potrei perdonarmelo per tutta la vita se tu non cantassi Parsifal. Pensa solo a tutte le persone, alle… loro esperienze spirituali…».

Julien la guardò perplesso.

«Lo dico molto seriamente, *mon cher*» rispose Marie alla sua domanda silenziosa, felice che il tono della sua voce fosse così deciso come la sua convinzione: «Perché io so cosa diceva mio padre del tuo Parsifal. Mi aveva proprio rimproverata per avere dato più importanza ai miei impegni piuttosto che andare all'Opera».

«L'ha fatto veramente?», fece Julien.

«Oh sì, non hai idea di quanto fosse entusiasta di te. Io voglio fare di tutto per guarire e tu devi trasmettere alla gente l'importante messaggio di Parsifal».

«Come desideri tu», rispose Julien sorridente mentre si accomiatava da Marie.

JULIEN

VIENNA / PARIGI, 6 SETTEMBRE 2013

Spaventato Julien diede un'occhiata ai titoli dei quotidiani appoggiati sul tavolo della prima colazione: "Presunta killer Tatjana Menkova trovata morta nella sua cella".

Una voce interiore gli suggerì all'istante che non si trattava certo di un suicidio bensì che Tatjana era stata messa a tacere per non rivelare il mandante o i mandanti del secondo attentato alla vita di Marie. Pensandoci gli veniva da vomitare. Queste persone non si fermavano davanti a niente? Se erano tipi da camminare sui cadaveri, Marie era in grave pericolo. Fu assalito dal terrore perché sapeva di non poter vegliare su di lei quel giorno. Avrebbe dovuto meditare a lungo per essere veramente pronto a cantare per la prima del *Parsifal* all'Opera di Stato di Vienna. Che peccato non avere ancora il numero di cellulare di Lucius. E Véronique era lontana, a Parigi. Ma doveva assolutamente farle sapere che grave pericolo incombeva su Marie. Era importante che lei mobilizzasse tutte le sue capacità di guarigione per aiutarla. Pensieroso Julien fece il suo numero di cellulare e quando rispose lui sorrise involontariamente.

«*Bonjour* Julien», lo salutò così calorosamente che vide letteralmente di fronte a sé il suo sorriso. «Hai ricevuto il mio SMS?».

«Sì, ma ieri non ce l'ho proprio fatta a rispondere, sono successe troppe cose. Credo che senza il tuo aiuto Marie oggi non sarebbe più in vita» e le raccontò ciò che era successo in ospedale. Stupito di sé, trovò anche le parole per raccontarle come si era sentito dopo aver confessato a Marie il suo amore.

«Sono così felice per voi, ma dimmi Marie ti ha detto che contraccambia il tuo amore?», chiese Véronique piena di speranza.

«Sarei l'uomo più felice del mondo. Ma lei era troppo debole. E io sono così in ansia». Julien riferì a Véronique dell'aggressione e del fatto che quella donna armata era effettivamente una killer. «Pensa che nel frattempo è morta anche lei. Credo che non abbiamo la più pallida idea con che razza di gente abbiamo a che fare». Julien sospirò abbattuto.

«Come facciamo a proteggere Marie?».

«Ti prego Véronique, continua a mandare energia e protezione a Marie. Oggi mi è assolutamente impossibile farlo. Devo dedicare tutte le mie forze al *Parsifal*. È così importante che io riesca a veicolare anche il messaggio celato nella musica».

«Lo so, e non sai quanto vorrei essere lì a Vienna con voi. Ho provato in tutti i modi a trovare una ballerina che mi sostituisse e tu sai benissimo cosa non farebbe normalmente una ballerina solista dell'Opera di Parigi pur di sostituirmi. Hai idea di quanto sia ambìto il ruolo principale nella *Manon* di Kenneth McMillan? Ma sembra che il diavolo ci abbia messo la coda, le ballerine che sarebbero in grado di sostituirmi, con così poco tempo per provare, sono tutte infortunate».

«Sai Véronique, penso che dovremmo avere fiducia in Dio. Forse dietro si nasconde un piano superiore che al momento non riusciamo a riconoscere».

«Avrei voluto così tanto potervi raggiungere almeno per un giorno, quando non ho lo spettacolo, ma non c'erano più voli disponibili. Poi c'è lo stress, non posso permettermi di alzarmi nottetempo se la sera successiva devo di nuovo essere in scena; ma a chi sto poi dicendo queste cose?».

Julien la tranquillizzò pregandola di chiamare l'ospedale. Immaginava benissimo come si potesse sentire Marie, là abbandonata a se stessa, e che iniezione di energia sarebbe stata solo sentire la voce di Véronique. «Io stesso mi sento già meglio ora che ho parlato con te. Véronique, grazie per la tua amicizia».

La risposta fu un'allegra risata. Poi Julien affidò a Véronique il compito di vegliare su Marie. Ciò lo sollevò tanto che riuscì persino a raccogliersi in meditazione.

VÉRONIQUE

PARIGI / VIENNA, 6 SETTEMBRE 2013

«Sono io, Véronique. Come ti senti, *chérie*?». Véronique cercò di caricare il più possibile le sue parole di energia positiva.

«Oh, che bello sentire la tua voce!», rispose Marie felice. «Tenendo conto delle mie condizioni sono piuttosto debole, ma ho la sensazione di potercela fare. Raccontami, com'è andata la prima? Ti ho pensata così tanto!».

«Ora questo non è così importante, dimmi innanzitutto come stai tu. Julien mi ha raccontato ciò che è accaduto, ma devo sentirlo detto da te».

«No, no, tocca a te dirmi prima cosa si prova a poter finalmente danzare Manon. So che sono anni che speravi che venisse messa in scena quella di Jules Massenet, visto che lui stesso era connesso con la linea di sangue. Sicuramente non è un caso che tu debba danzare questo ruolo proprio ora che anche ho io iniziato a credere in tutto questo. Allora, ora voglio proprio sapere com'è andato il tuo debutto?». Marie non mollava.

Véronique non riuscì a soffocare una risatina sommessa, perché quando Marie tornava ad agire da Ariete significava che stava di nuovo meglio. «Allora va bene, *ma chére*, come vuoi tu. È stata un'esperienza fantastica, specialmente con Jan van der Walt al mio fianco nel ruolo di Des Grieux. Mi ero completamente dimenticata di trovarmi su un palco. Io ero solo Manon e percepivo il suo vissuto, il suo travaglio interiore, il suo dolore, l'amore per Des Grieux e poi la sua disperazione di morire, tutto questo l'ho vissuto sul mio corpo. Alla fine ero completamente sfiancata».

Véronique tacque tuttavia sul fatto che mai prima aveva vissuto così intensamente una morte in scena, visto anche che era quasi convinta di poter perdere Marie. «Sai, è stata allo stesso tempo la giornata più bella e la più terribile della mia vita».

«E il pubblico come ha reagito?», chiese Marie che aveva ascoltato il resoconto di Véronique senza fiatare.

«*Standing ovation*, praticamente dall'inizio. Jan e io siamo stati travolti da questa cosa tanto da dover prima capire cosa ci stesse accadendo».

«È assolutamente grandioso! Sono così felice per te. E com'è stata la festa dopo? Hai conosciuto qualcuno di carino?».

«No, ho solo rivisto qualcuno e ti assicuro che ne avrei fatto volentieri a meno. Ho dovuto passare l'intera serata seduta accanto a *monsieur* de la Fontaine che mi avrebbe volentieri rimorchiato all'istante a casa sua. È stato disgustoso». Col pensiero Véronique tornò un attimo all'energia oscura che quell'uomo emanava e decise che non era il caso di continuare a parlare di lui con Marie finché lei era ancora debole. Ma Marie disse pensierosa: «Sai Véronique, credo di averlo visto in una visione, nella prigione a Rouen, e non riesco a togliermi dalla testa l'idea che sia in qualche modo coinvolto con le aggressioni che ho subìto. Ma non può essere, vero?».

Véronique si sentì male al solo pensiero ed era certa che Marie avesse riconosciuto la realtà.

«Cosa succede? Perché sei così silenziosa?», insistette Marie. «Pensi che sia fuori di testa?».

«No, anzi al contrario. Penso che potresti avere ragione. Ripensando ora all'altra sera, lui era come distratto da qualcosa. Tra l'altro ha parlato di te un paio di volte, accennando che eri a Vienna. Come possiamo proteggerci da quest'uomo che ha così tanto potere e conoscenze che arrivano alle alte sfere? Lo sai che lavora anche per conto del governo?».

«Al momento sono sorvegliata da due robusti poliziotti. Questo dovrebbe bastare. Poco fa è passato di qui anche un commissario. Alles Klar, Herr Kommissar», cercò di scherzare Marie anche se il suo cuore era tutt'altro che leggero.

«Lo conosci no, Falco?».

Véronique era sorpresa di quanto velocemente Marie si fosse ripresa. Forse poteva fare a meno di andare da lei a Vienna. E disse: «Ti prego, sii sincera Marie. Vuoi che venga da te a Vienna?».

«Certo che vorrei, ma so che ti devi esibire nella Manon quasi tutti i giorni. Questo è un piano superiore e poi ho Julien che viene a darmi un'occhiata tutti i giorni».

«Sei veramente sicura?».

«Sì Véronique, lo sono. So che da lì, da Parigi, fai per me tutto quanto ti è possibile. Julien me lo ha confermato che è stato il tuo trattamento a distanza a farmi riprendere dal torpore in cui ero caduta dopo lo shock. Ti ringrazio dal profondo del cuore. Quindi rimani lì e mandami energia ogni volta che puoi. E sino a quando io non sarò in forma, dovrai recarti da sola nel sud della Francia come avevamo pianificato. Noi non ci lasciamo abbattere, promettimelo. Questo viaggio porterà rivelazioni a tutti noi e poi andrai avanti con la nostra missione. Me lo prometti?».

«Naturalmente». Véronique era sollevata che Marie se la cavasse anche da sola a Vienna. Tuttavia si sentiva un po' a disagio all'idea di salire sino alla grotta di Maria Maddalena da sola. «Mi viene il malincuore se penso di non poter andare lì insieme a te. Ma so che hai ragione, seguiremo le tracce della Maddalena anche se quegli individui ti hanno messo fuori combattimento. Poi anche quella donna killer!», a Véronique corse un brivido lungo la schiena. «Cambiamo argomento. Marie raccontami tutto di te e Julien. Muoio di curiosità. Lo ami veramente?».

JULIEN

VIENNA / PARIGI, 6 SETTEMBRE 2013

Dopo essere riuscito a parlare con Véronique, Julien era più sollevato eppure non riusciva a entrare in uno stato meditativo. Immaginava che dipendesse dalla preoccupazione per Marie e dai pensieri negativi dominanti. E pensare che voleva così tanto proteggerla.

In preda alla disperazione si gettò a terra, alzò le mani al cielo e invocò l'aiuto di Dio.

Caro Dio, per Marie e per gli spettatori, ti prego aiutami a uscire da questo buco oscuro, così da poter dare a Marie il sostegno di cui ha urgente bisogno e essere in grado questo pomeriggio di cantare il Parsifal.
Aiutami! Ti PREGO! Da solo non ce la faccio.

Lungo le guance pallide iniziarono a scendere le lacrime, iniziò a singhiozzare. Come fare per calmarsi? Solo sua madre ci riusciva quando da piccolo era disperato. La vide di fronte a sé e all'istante seppe cosa fare. Si alzò per prendere dalla cassaforte il diario di sua madre. Con il prezioso oggetto tra le mani si sedette sul tappetino che aveva steso sul pavimento per la meditazione. Lo sfogliò con cautela e iniziò a leggere.

Parigi, 27 gennaio 1990

Mio amato Julien,
vorrai sempre avermi al tuo fianco ogni volta che il peso della tua missione graverà sulle tue spalle. Sii certo, IO SONO con te, solo in un altro modo.

Julien si rese conto che la sua preghiera a Dio era stata ascoltata e ringraziò velocemente il cielo prima di continuare a leggere.

Marie si troverà in pericolo di vita, perché questo fa parte della profezia che dice che le verrà inferta una ferita come accadde in passato a Gesù Cristo. Puoi stare tranquillo: sopravviverà se tu ti affidi alle potenze celesti e resti nella tua forza. Io so quanto sia difficile perché sono stata testimone della sofferenza di Jean Chevalier quando sua moglie è stata assassinata. Tuttavia ha avuto la forza di proteggere Marie nell'amore. Anche tu ne sarai capace, mio Parsifal, perché questo tu sei, mio amato figlio.
Ti abbraccio con profondo amore, così come un giorno fece Dolor-di-Cuore con il suo amato figlio Parsifal.

Julien si sentiva colmato dal senso di grazia che aveva ricevuto. Sua madre sapeva già tutto da prima. Questa constatazione fece sì che non dubitasse più che sarebbe accaduto ciò che lei scriveva: Marie sarebbe sopravvissuta se lui fosse rimasto in questa forza frutto della fede. Julien sospirò.

Molto più calmo interiormente, fu finalmente in grado di meditare e prepararsi spiritualmente per la prima del Parsifal.

Un'ora dopo si avviò a raggiungere l'Opera di Stato dove entrò come di routine, eppure pervaso da questa forza. Indossò le vesti preparate per lui. Si lasciò truccare, si scaldò la voce ascoltando i suoni diffusi nel suo camerino dagli altoparlanti.

Come sempre fu catturato dall'incanto della musica di Wagner che gli faceva dimenticare tutto il resto.

Quando salì sul palco non era più Julien de la Tour ma il giovane folle sorpreso per l'accusa che gli veniva mossa. Cosa poteva esserci di male nell'uccidere un cigno? Gli esseri umani hanno l'abitudine di cacciare, o no? Così Gurnemanz, il più vecchio tra i cavalieri, lo condusse verso gli altri cavalieri del Graal. Gli era stato preannunciato l'arrivo di un "puro folle, saggio per compassione". Parsifal, questo folle, non comprendeva nulla della cerimonia dell'Ultima Cena che veniva officiata davanti ai suoi occhi, né riconosceva il vero significato della sofferenza di Amfortas. Così Gurnemanz, deluso, lo mandò via e Parsifal errò senza meta sino a quando raggiunse un luogo incantato, il giardino del mago Klingsor che lo attraeva come per magia.

Appena vi entrò, Parsifal venne circondato da un nugolo di splendide fanciulle che iniziarono ad accarezzarlo, cosa che gli sembrava estremamente strana. Poi entrò in scena una donna di straordinaria bellezza, Kundry, che gli si si avvicinò e quando pronunciò il suo nome, dentro di sé rispose: "Io ho chiamato te, o folle puro, 'Fal parsi', Te, puro folle, Parsifal".

La seducente donna confondeva però i suoi sensi, tanto che poco dopo Parsifal si ritrovava tra le sue braccia. Travolto dalla bramosia si unì a lei con il suo primo bacio. Contemporaneamente però provò un dolore lancinante al petto, che gli fece quasi scoppiare il cuore, così che respinse Kundry e in preda a profonda pena cantò:

Amfortas! La ferita! La ferita! Brucia sul mio cuore. Oh! Lamento! Lamento! Terribile lamento! Dal più profondo del cuore balza il suo grido. Oh! Oh!
Miserando! Pieno di strazio! La ferita ho visto sanguinare: ora sanguina in me. Qui, qui!

In piena estasi Parsifal diede sfogo al tormento della sua anima e innalzando le braccia al cielo cantò: «Il lamento del Salvatore, ecco io intendo, il lamento, ah! Il lamento per lo sconsacrato santuario. Liberami, salvami dalle mani macchiate dal peccato. Così suonò quel divino lamento, dentro l'anima mia, alto e tremendo. Ed io, folle o vile? Via me ne fuggii alle selvagge gesta d'un fanciullo! In ginocchio supplicando: Redentore! Salvatore! Signore di clemenza! Come espierò mai, peccatore, la mia colpa?».

Non si rendeva conto di quanto l'ammirazione di Kundry per lui crescesse, anzi la allontanò violentemente da sé mentre lei cercava ancora di sedurlo perché lui aveva riconosciuto il suo vero compito: sarebbe stato lui a guarire la ferita di Amfortas e per questo non doveva assolutamente avere un rapporto carnale con Kundry. Lei tentò però di spiegargli che la sua traboccante stretta d'amore lo avrebbe fatto diventare una divinità, così come era bastato il suo bacio a renderlo veggente del mondo. Ma Parsifal le resistette, così che Kundry adirata chiese aiuto e gettò un incantesimo sui sentieri che lo potevano condurre lontano da lei. A quel punto apparve Klingsor, il mago che scagliò una lancia contro Parsifal senza però ferirlo; restò sospesa sopra la sua testa.

Con grande consapevolezza Parsifal afferrò l'arma e in estasi profonda tracciò il segno della croce mentre dalla sua bocca risuonavano queste parole: «Con questo segno ti spezzo l'incantesimo: come questa lancia possa chiuder la ferita che per mezzo suo inferisti, così in lutto e in rovina, questa mendace pompa essa precipiti!».

Allo stesso tempo tutto attorno crollava perché l'incantesimo era definitivamente rotto. Dopo le parole di addio rivolte a Kundry, Parsifal si apprestò a lasciare quel luogo infausto, così Julien si ritrovò di nuovo dietro al palcoscenico.

Ancora una volta lo assalì quella sensazione, che ben conosceva, di essere come strappato da quell'altra vita che aveva appena impersonato. Ma in quel momento quanto appena accaduto sul palcoscenico significava per lui molto di più che solo parole e un bel costume. Decise perciò che valesse la pena provare.

Concentrato al massimo, si mise al centro del camerino, radunò tutte le sue forze e fece crescere in sé la convinzione di avere realmente tre le mani la sacra lancia. Quando la percepì fisicamente tra le mani, tracciò in aria per tre volte il segno della croce esclamando con grande ardore: «Con questo segno rompo ogni incantesimo che attenta alla vita di Marie! Che qualsivoglia energia diabolica venga all'istante rimandata al mittente da questa lancia sacra, non per vendetta, ma perché lui o lei possano riconoscere quale colpa si addossano così facendo».

Lentamente Julien abbassò il braccio pensando tra sé e sé: "Pietà per colui, colei o per quel Dio che ha fatto tutto ciò a Marie, perché il karma che si è creato non vorrei doverlo scontare neppure in molte vite".

Subito dopo Julien si trasformò nuovamente in Parsifal. La lancia che teneva tra le mani era per lui veramente sacra e così andò incontro a Gurnemanz facendogli intendere che dopo tanto vagare gli riportava la sacra lancia affinché Amfortas potesse essere guarito.

Profondamente commossi per aver di fronte a loro "il puro folle, sapiente per compassione", Kundry e Gurnemanz liberarono Parsifal dalla polvere accumulata durante il viaggio, dopo di che venne incoronato nuovo re del Graal.

Con profonda umiltà ma nella piena consapevolezza della forza della sua missione, e dopo aver redento Kundry, Parsifal attraversò le fila dei cavalieri del Graal per raggiungere Amfortas e toccare la sua ferita con la sacra lancia: «Soltanto un'arma vale: chiude la ferita, la lancia soltanto che l'ha aperta».

Nel profondo del cuore, mentre il suono delle parole lo pervadeva, in Julien crebbe la convinzione che questa volta non avrebbe chiuso, miracolosamente in un istante, solo la ferita di Amfortas grazie al contatto con la lancia sacra che un tempo sfiorò la carne di Gesù Cristo, il Redentore. No, la forza del Redentore era rivolta anche a Marie e così con fervore cantò:

> *Sanato sii, purificato e assolto! Poiché io sono, che ormai al tuo rito adempio. Benedetto sia il tuo dolore, che la forza suprema della compassione e la potenza d'un purissimo sapere donò a un timido folle! La santa lancia, ecco io vi rendo. Oh! di quale miracolo, altissimo trionfo! Da quella ch'ebbe potere di chiudere la tua ferita, un santo sangue scorrere contemplo, bramoso volto alla congiunta fonte, che nell'onda del Graal colà fluisce. Non deve più rimaner chiuso: ascoprite il Gral! Apritene lo scrigno!*

Tutti i presenti caddero in una profonda estasi e le ultime parole del coro risuonarono di bellezza ultraterrena: «Miracolo d'altissima salute. Redenzione al Redentore».

Con l'ultima nota Julien si sentì anche abbandonare l'anima da un'energia che l'aveva sino a poco prima pervaso. E quando aldilà del sipario si alzarono le grida di bravo e il pavimento sembrava tremare tanto erano intense, le accolse come una eco gradita delle onde che l'avevano travolto mentre agiva e cantava da Parsifal. La sua commozione fu sincera, solo in minima parte dovuta al pubblico dell'Opera viennese quando di fronte a loro cadde in ginocchio chinando il capo. Julien sapeva che il suo ringraziamento era rivolto a un'entità superiore piuttosto che agli spettatori che lo osannavano. L'ovazione si protrasse per alcuni minuti. Barcollante per la debolezza si lasciò trascinare più volte davanti al sipario mentre gli applausi entusiastici sembravano non voler finire. Era come se lui si trovasse ancora in un altro mondo e fu grato al direttore d'orchestra, Arnold Scherenberg, quando finalmente lo salvò spingendolo dietro al palco.

Sempre in quello stato, come avvolto da una nebbia, si accorse che gli appoggiava le mani sulle spalle rivolgendosi a lui: «Caro Julien, non so cosa tu abbia fatto per cantare così oggi. Ma una cosa la so, con il tuo Parsifal qui a Vienna oggi hai scritto una pagina di storia della musica. Nella mia lunga carriera di direttore d'orchestra non ho mai vissuto qualcosa di lontanamente analogo. Mi sembrava di non essere più lì a dirigere, bensì di essere uno dei cavalieri del Graal che trepidanti si auguravano che la redenzione non arrivasse troppo tardi. Quando alla fine sei riapparso in scena con la sacra lancia tra le mani sono stato travolto da un senso di beatitudine che non era più di questo mondo. Ti ringrazio dal profondo del cuore figlio mio, per avermi donato questa esperienza illuminante che non dimenticherò mai più».

Con gli occhi umidi di lacrime e profondamente commosso, strinse Julien in un abbraccio paterno esortandolo poi a cambiarsi e a pensare un poco a se stesso per riprendere le forze dopo quel viaggio trascendentale.

Come in trance Julien tornò nel suo camerino e si lasciò cadere su una sedia. Gli ci volle un po' per radunare i pensieri e tornare in sé e quando il suo sguardo cadde sul Parsifal truccato nello specchio davanti a lui, si rese conto di essere ancora se stesso. Aveva veramente compiuto il rituale per proteggere Marie? Davanti allo specchio sulla mensola c'era il suo cellulare, lo prese e automaticamente compose il numero di Marie. Doveva assolutamente sapere come stesse.

Lei rispose al primo squillo e nella sua voce Julien percepì la curiosità che andava al di là dell'interesse sull'esito della rappresentazione. Lei voleva sapere come si sentisse, ne era certo: «Allora Julien com'è andata la prima?».

«Meravigliosamente! Sono ancora completamente… ma non è questo, non c'entra niente. Marie, ti prego devo saperlo: come ti senti mia adorata?».

«Incredibilmente bene, perché nessuno ha più provato a spararmi». Poi però, con tono serio, aggiunse: «Mi sento meglio, anche se prima mi pareva che la ferita volesse di nuovo sanguinare, ma poi è stato come un miracolo, sono stata pervasa da una forza e da quel momento sono convinta che guarirò».

«Questo mi rende immensamente felice; nemmeno un attentato alla tua vita, beh, questo è già qualcosa!», fece Julien imitando il suo tono scherzoso. «Però vorrei che tu mi dicessi sinceramente se preferisci che venga subito da te oppure se per te va bene se, svestiti i panni di Parsifal, vado alla festa della prima sul palcoscenico. Stai veramente meglio?».

«Certo che vai alla festa! Ci mancherebbe che il personaggio principale, che tutti attendono trepidanti, non si presenti. Cambiati e lasciati festeggiare; domani mi racconti tutto tranquillamente».

«Ti ringrazio, *mon cœur*. So che con il pensiero mi sei accanto e gioisco già ora all'idea di quando sarà veramente così. Non vedo l'ora di poter mostrare al mondo la dama del mio cuore», aggiunse Julien sorridendo.

«Questo mi rende felice! Ma ora vai. Ci vediamo domani. Ti amo».

«E io amo te, mia principessa».

Quando Julien, indossati i suoi jeans scuri aderenti, una camicia blu reale completata da una giacca nera e un paio di scarpe di pelle blu cucite a mano, salì sul palco era veramente dell'umore giusto per festeggiare. La sua Marie era in via di miglioramento. Sul palco la festa della prima era già iniziata alla grande. Tentò di mescolarsi agli altri senza farsi notare troppo ma non appena si accorsero di lui cadde il silenzio, per incanto tutti si fermarono come nella Bella Addormentata.

Julien si guardò attorno meravigliato sino a quando l'intendente dell'Opera di Stato di Vienna, François Leroux, si scosse dall'incantesimo iniziando con voluta lentezza ad applaudire sino a quando tutti si unirono a lui. Solo dopo che la prima ondata di entusiasmo per Julien si fu placata, tornò un po' di calma. Ma Leroux non aveva ancora terminato, tenne un discorso su Julien definendolo il più grande tenore del secolo e dopo che tutti ebbero brindato alla sua salute la festa proseguì allegramente. Per tutti si era allentata la tensione degli ultimi giorni, potevano finalmente riprendere a respirare, certi dell'entusiasmo del pubblico viennese noto per essere molto critico. Non era solo Julien a essere felice in quel momento, anche se il più ricercato era lui. Venne subito attorniato da donne e uomini che si aspettavano già la redenzione, come la chiamavano loro, solo per essere riusciti a stringergli la mano. Per un po' Julien l'accettò di buon grado, conosceva l'effetto di certi momenti e in questo senso era abituato a tutto. Quella sera l'entusiasmo non voleva proprio scemare sino che a un certo punto, dopo aver espresso il suo ringraziamento a tutti i collaboratori che lo avevano affiancato meravigliosamente, si dileguò.

VÉRONIQUE

PARIGI / VIENNA, 7 SETTEMBRE 2013

Soprappensiero Véronique si affrettò a raggiungere la sala delle prove sistemandosi le spalline della maglietta. Aveva preso le scarpette, le dondolavano accanto e scosse la testa. Le cose a cui pensare erano così tante: al primo posto c'era il benessere di Marie, poi i preparativi per il suo viaggio nel sud della Francia e infine la questione che doveva ancora chiarire con Marie: era il caso di coinvolgere anche suo fratello? Abitava nella Francia meridionale ed era anche lui al corrente della loro eredità. Sino a quel momento Véronique aveva evitato di riferirgli minuziosamente tutto ciò che riguardava Marie e Julien. Forse era giunta l'ora di farlo. Quando stava per inciampare in un gradino, Véronique si disse che era il momento di tornare alla ragione. Poi c'era anche l'SMS entusiastico di Julien dopo la prima, la confessione che evidentemente aveva guarito Marie con un rituale che poi le avrebbe spiegato, ora sapeva come farlo. Lei sorrise cercando di immaginarselo brandire in aria la lancia dietro al sipario; sapeva che non si trattava di un gesto a vuoto. Quella che aveva compiuto era un'azione sacra. Sperava che un giorno Marie potesse vederla con i suoi occhi. Quanto le avrebbe fatto bene. Véronique si scosse involontariamente. Se solo avesse saputo il perché degli attentati alla vita di Marie. Chi c'era dietro a tirare le fila di questi orrendi atti? Véronique sentì una mano posarsi sulle sue spalle e solo così si accorse che Jan le era accanto e le stava rivolgendo la parola. Jan ballava Des Grieux e amava raccontare le sue impressioni, così che spesso Véronique si limitava ad annuire mentre lui raccontava qualcosa, ma questa volta toccò tutt'altro argomento. Voleva sapere cosa ne pensasse della novità.

Véronique lo fissò con uno sguardo interrogativo.

«Beh dai allora, che ne pensi?», ripeté Jan, «questa sì che è una sorpresa, o no? Che proprio Maurice de la Fontaine sia finito in ospedale, una lacerazione al fegato, dicono sia in pericolo di vita».

Véronique si vide di fronte quell'uomo, il suo fare viscido mentre con gli occhi la spogliava durante il loro ultimo incontro e se lo immaginò ora mentre col viso contratto per il dolore si teneva la mano sul fianco, come colpito da una pugnalata. Oppure ferito dalla punta di una lancia. No, i pensieri si affollavano nella sua testa, probabilmente era ancora troppo presa da Julien e Marie. Dal rituale di Julien.

«Allora su dimmi, proprio lui mister Perfezione è malato! Cosa ne pensi?».

Véronique tornò in sé: «Durante la festa dopo la prima era seduto vicino a me, ancora perfettamente in forma, e se proprio lo vuoi sapere un po' troppo su di giri» si lasciò scappare Véronique.

«Ci ha provato con te. Era evidente. Ma com'è possibile una cosa del genere? Non riesco a immaginare che da un momento all'altro possa manifestarsi una malattia così. Una lacerazione del fegato. Forse qualcuno gli aveva sferrato un pugno. Forse una donna di cui si era invaghito?». Jan la guardò sorridendo. Quando lei non ricambiò il sorriso proseguì: «Da stamattina la notizia si è sparsa come un incendio. Il nostro sponsor principale malato, vediamo come va a finire».

«Arrivo subito per il riscaldamento, scusami solo un attimo», Véronique si girò e scomparve in una nicchia. Doveva assolutamente informare Marie e Julien sull'accaduto. Velocemente digitò un SMS per informarli del colpo di scena. Aveva tutto a che fare con Marie e con le sue ricerche? Non poteva essere solo un caso, comunque era felice che quell'uomo, accanto al quale aveva percepito una sensazione di pericolo, fosse fuori gioco.

La risposta di Julien non si fece attendere a lungo: «Véronique, credi che possa essere collegato con la lancia di Parsifal? Hai già capito cosa intendo? Baci, Julien».

Véronique rispose subito: «Caro Julien, fidati delle tue forze! Veglia su Marie e aiutala a riprendersi completamente. Fatti raccontare da lei cosa ho intenzione di fare durante il mio viaggio nel sud della Francia. Vi terrò informati. Oggi c'è ancora uno spettacolo, poi faccio una piccola pausa con Manon. Vi faccio sapere i dati del volo. E oggi, prima dello spettacolo, chiamo ancora Marie, promesso. Ti abbraccio, Véronique».

JULIEN

VIENNA, 7 SETTEMBRE 2013

Julien era felice che la vibrazione del telefonino l'avesse risvegliato da un sonno profondo. Si era completamente dimenticato di puntare la sveglia, ma aveva volutamente tenuto vicino a sé il telefono così che Marie lo potesse raggiungere in ogni momento. Leggendo la risposta di Véronique, sul suo viso si delineò un sorriso. Il suo rituale con la lancia non aveva tanto contribuito alla guarigione di Marie quanto sortito un effetto del tutto inaspettato? Del resto Véronique era certa che lui avesse qualcosa a che fare con la condizione di Maurice de la Fontaine. In qualche modo era felice di aver innanzitutto messo fuori combattimento un uomo pericoloso come lui. Forse la sua Marie era così fuori dalla linea di fuoco…

Quando, dopo aver fatto la doccia, Julien si apprestò a rispondere alle email che gli aveva inoltrato il suo manager, si rallegrò che Véronique l'avesse contattato per SMS. Altrimenti il suo messaggio sarebbe andato perso in mezzo alle varie richieste di interviste. Julien esitò un attimo, poi pregò il suo manager di occuparsi di tutto il resto. Lui non voleva altro che stare accanto a Marie in ospedale. Solo una veloce prima colazione, gli andava qualcosa di leggero, magari un müsli dal buffet. Ma la giornata prese una piega diversa da quanto pianificato. Appena uscito dall'ascensore venne investito da una folla di fotografi e giornalisti. Parlavano tutti contemporaneamente e lui non riuscì quasi a prendere la parola. Riferivano di richieste. Di una vera e propria ondata di spiritualità che la sua esibizione aveva innescato. Fuori dall'albergo c'era un gruppo di persone che lo attendeva perché aveva visto in lui una sorta di "nuovo Messia", prescelto per ricordare agli esseri umani i veri valori dell'essere. Cosa ne pensava lui di tutto questo?

Finalmente riuscì a formulare una frase in mezzo a tante parole: «Prego tutti di vivere il più possibile con il cuore puro e nel timore di Dio. E di confidare nel messaggio della musica, perché così mi sento io, un messaggero della musica». Gli chiesero anche se aveva intenzione di scrivere un libro sul cammino di illuminazione di Parsifal. La sua rappresentazione poteva basarsi solo su esperienze fondate…

Julien sorrise poi si ricordò di come poter raggiungere l'uscita posteriore dell'hotel, fece un cenno con la testa e si dileguò dietro la porta che conduceva alle scale, proprio accanto all'ascensore. Ce l'aveva fatta a svignarsela, si augurò che l'uscita sul retro non fosse così presa d'assalto.

Quando, un quarto d'ora abbondante dopo, entrò nella camera d'ospedale di Marie fu felice di vederla sorridere con occhi luminosi anche se era ancora un po' pallida.

«Che bello che tu sia qui!», esclamò lei con voce flebile tendendogli le braccia come a chiedergli di essere abbracciata.

Julien si sedette sull'orlo del letto attirandola delicatamente a sé. Poi la sentì sussurrare: «Ti prego, baciami con tutta la passione che forse provi per me, così che possa sentire di essere ancora viva».

Julien non aspettò di farselo dire una seconda volta. Dolcemente la scostò da sé, la guardò nel profondo degli occhi e sfiorò con le sue labbra la meravigliosa bocca a forma di cuore di lei. In risposta lei dischiuse la bocca quel tanto, come a invitarlo, e il bacio si fece così ardente che Julien dovette trattenersi, in fondo Marie era stata operata solo la notte precedente.

Con le guance un poco arrossate Marie si staccò da Julien e disse piena di entusiasmo: «Ora so di essere in vita con tutte le fibre del mio essere e che farò di tutto per rimanerci perché voglio essere amata da te, mio Julien, su tutti i piani!».

Julien rispose al colmo della felicità: «Sapessi quanto lo desidero io, ma adesso per prima cosa ti devi riprendere dall'emorragia. Non dimenticarti che sei ancora in ospedale».

«Hai letto no, l'SMS di Véronique. Se nessuno attenta più alla mia vita, dovrei riuscire a lasciare presto l'ospedale».

«Sì, lo spero proprio con tutto il cuore».

«Lasciati guardare, *mon chére*», fece Marie e quando prese il viso di lui tra le sue mani il cuore le salì alla gola.

«Hai un'aria esausta. Ma sei almeno riuscito a mangiare qualcosa oggi?». Julien scosse la testa e cercò di raccontarle l'assalto della stampa che gli aveva impedito di raggiungere la sala della colazione costringendolo direttamente alla fuga.

«Questo non va assolutamente bene. Ora mi prenderò cura io di te». E mentre lo diceva già aveva suonato per chiamare l'infermiera.

Non ci volle molto e sulla porta fece capolino Klara: «Cosa posso fare per lei Marie? Oh, buongiorno, *monsieur* de la Tour».

«Mia cara, si immagini un po' che la nostra star qui non ha neppure avuto il tempo per mangiare un boccone. Riesce a fargli avere qualcosa da mettere sotto i denti? Non posso assumermi la responsabilità di vederlo collassare e che lei debba liberare un letto in più», aggiunse Marie ammiccando.

«No, questo proprio non s'ha da fare! *Monsieur* de la Tour, mi dia un attimo per informare la cucina. Spero che preparino qualcosa in suo onore. Non sarà un banchetto, siamo in una clinica, ma morire di fame proprio no».

«Voglio assaggiare qualcosa anche io però», aggiunse Marie con finta indignazione.

«Ma naturalmente, mia cara!», ribadì Klara felice. «È un buon segno se si ha appetito risvegliandosi dall'anestesia».

Erano appena stati consegnati i due vassoi con il cibo che arrivò per il suo giro di visite il dottor Weiß circondato dalle infermiere.

«Lo ribadisco, *monsieur* de la Tour, lei è la migliore medicina per Marie Chevalier! Ma per prima cosa devo farle i miei complimenti, ieri sera ho assistito alla prima e sono ancora profondamente commosso».

«Questo però me lo aveva sinora tenuto nascosto!» fece Marie fingendosi offesa.

«È che non so neppure come dirlo a parole, ma non ho mai provato nulla di simile assistendo a un'opera, sebbene abbia visto il *Parsifal* più di una volta. Ieri ho avuto come la sensazione di compiere io stesso, insieme a lei, questo viaggio di trasformazione. Quello che mi è stato dato di capire è che oggi mi sento un'altra persona. Lei è realmente un dono del cielo per tutti noi». Pieno di gratitudine il dottore prese le mani di Julien e le tenne strette.

Julien era veramente toccato, il pubblico di Vienna era unico al mondo. «Questo è in assoluto il complimento più bello che un ascoltatore possa farmi. La ringrazio. Ma ancora di più la debbo ringraziare perché Marie sta già molto meglio».

PARTE QUINTA

SULLE TRACCE DI MARIA MADDALENA

MARIE / VÉRONIQUE

PARIGI / VIENNA, 7 SETTEMBRE 2013

Nel frattempo Véronique si era prenotata un volo per Nizza per intraprendere, da sola, il viaggio sulle tracce di Maria Maddalena. Era stata Marie stessa a suggerirlo, dopo aver ricevuto l'SMS di Véronique sulle condizioni di Maurice de la Fontaine.

«Beh, se è lui stesso in pericolo di vita almeno non sarà impegnato ad attentare alla vita di altri», queste erano state le parole laconiche di Marie. «Così puoi metterti tranquillamente in viaggio da sola, perché chissà quanto tempo ci vorrà prima che io possa di nuovo essere in grado di fare una cosa del genere e suppongo che il tempo stringa».

Prima di iniziare a fare i bagagli Véronique voleva assolutamente sentire ancora una volta la voce di Marie. Rispose subito al primo squillo. «Sei incredibile Véronique, la tua tempistica nel chiamarmi è unica. Julien è appena uscito dalla mia stanza».

Véronique riusciva letteralmente a percepire il sorriso di Marie attraverso il telefono. Sollevata si lasciò scivolare sul suo divano di pelle bianco. «Tu conosci la mia intuizione», rispose Véronique ridendo.

«Come no! E hai già prenotato il volo?».

«Sì, parto tra una settimana, destinazione Baie des Anges. Che peccato che non possa venire anche tu».

«È vero», sospirò Marie. «Questa volta, forse, sarei addirittura riuscita a percepire l'energia degli angeli nella baia che porta il loro nome».

«Ne sono certa. È veramente un luogo molto particolare».

Pensierosa Véronique si passò la mano sulla fronte. «Probabilmente gli angeli mi sono così vicini perché sono cresciuta proprio lì».

«Può essere; in ogni caso sono felice che a Nizza tu abbia accanto tuo fratello. Così posso fare a meno di preoccuparmi per te».

«Ma onestamente, non penso che si tratti di me. Quella gente è evidentemente alle tue calcagna. Purtroppo». Véronique fece una smorfia.

«Non ne sarei così sicura. Ma dimmi, hai novità sulle condizioni di Maurice de la Fontaine?».

«Non proprio, so solo che si trova in ospedale e che da lì cerca di nuovo di immischiarsi nelle sorti del balletto».

«Capisco». Marie poteva solo sperare che lui non fosse ancora in forma tale da pianificare un nuovo attentato alla sua vita. Sempre che fosse quell'uomo che sospettavano si celasse dietro alla sua maschera sfuggente.

Véronique si accorse che i pensieri di Marie si erano fatti più cupi. Velocemente cercò di cambiare argomento.

«Pensa che anche qui i titoli dei giornali osannano al successo di Julien come Parsifal. Non è grandioso?».

«Sì, lo è». Marie rise felice. «Riesci a immaginare che qui nel frattempo esistono già gruppi spirituali che cercano di ottenere la redenzione attraverso la forza di Parsifal? Non è pazzesco? Volevano addirittura invitare Julien a tenere una conferenza».

«Cosa?», Véronique si toccò la testa. «È incredibile! Ma per come conosco Julien, penso abbia declinato l'invito».

«Naturalmente».

«Ma senti, pensi di farcela ad andare a vedere il *Parsifal*?», chiese cauta Véronique.

«Lo spero veramente. In realtà mi sento già molto in forma. Ma Julien pensa che debba aspettare il consenso dei medici».

«Non ha proprio tutti i torti. Io comunque da Nizza ti manderò una bella concentrazione di energia».

«*Merci, chérie*».

VÉRONIQUE

PARIGI / NIZZA, 14 SETTEMBRE 2013

L'aereo decollò puntualmente e Véronique era felice di aver trovato ancora un posto vicino al finestrino. Già che non poteva viaggiare insieme alla sua amica, come inizialmente pianificato, sarebbe stato bello avere almeno la compagnia delle nuvole. Si sentì nuovamente vicinissima al cielo e agli angeli e anche la sua energia scorreva, come ricaricata, attraverso il suo corpo. Se solo non ci fosse stata quella preoccupazione per Marie…

Per fortuna stava meglio, ma era stata in pericolo di vita e Véronique era felice che fosse stato possibile salvarla. Ancora non riusciva a capacitarsi che qualcuno avesse incaricato un sicario di farla fuori e che questa, una donna, fosse riuscita, indisturbata, a raggiungere la camera d'ospedale di Marie. Per fortuna lei e Julien, unendo le forze, erano riusciti a evitare il peggio. Poi restava aperta la questione della telefonata anonima che aveva tempestivamente allertato l'ospedale. Véronique inviò a Klara, l'infermiera, un'ondata di gratitudine e mentre lo faceva riusciva benissimo a vederla sorridere di rimando dal finestrino.

Ma di fronte agli occhi di Véronique non c'era lo scarno cortile interno di un ospedale, bensì un luminoso portale di luce color rosa e oro che tra le nuvole si aprì direttamente davanti ai suoi occhi. Era come se il cielo si stesse aprendo per lei. L'intero essere di Véronique iniziò all'improvviso a vibrare sino a quando si sentì leggera come una piuma. Che bene che faceva provare ancora una volta quella fiducia originaria che da sempre albergava nel suo cuore e che era parte della sua anima. Si prefisse di non farla mai più vacillare, qualunque cosa accadesse. Il bene avrebbe vinto.

Véronique chiuse gli occhi e si abbandonò allo stato di beatitudine dell'essere tutt'uno con tutto ciò che è.

«Siamo in fase di atterraggio all'aeroporto di Nizza», la voce gracchiante del capitano attraverso gli altoparlanti strappò Véronique dai suoi pensieri. Aprì gli occhi, si raddrizzò preparandosi ad arrivare a breve nell'incantevole "Baia degli Angeli", prima tappa del suo viaggio. Amava gli ultimi minuti che precedono l'atterraggio, in particolare quando sotto di lei si distendeva il mare nei suoi brillanti toni di blu. Riusciva realmente a percepire l'energia del mare e il suo profumo di salsedine. Tra poco si sarebbe potuta di nuovo muovere. Era troppo alta per questo genere di sedili da aereo, se ne rendeva conto ogni volta e il suo corpo non era abituato a stare così a lungo fermo e seduto. Non vedeva l'ora di prelevare il bagaglio dal nastro trasportatore, passare attraverso il cancello di sicurezza e riabbracciare finalmente il suo "fratellino".

Era proprio lì, dove se lo era immaginato, di fronte a lei: suo fratello che con la sua postura disinvolta da sempre ricordava un atletico e temerario D'Artagnan, era appoggiato alla barriera metallica.

Rispose al suo impetuoso abbraccio tenendola amorevolmente stretta e dicendo: «Amata sorellina mia! Che bello che il tuo cammino ti riporti ogni tanto a me». I suoi occhi brillavano ma poi la sua espressione si fece seria. «Avrei comunque preferito vedere Marie al tuo fianco. Mi hai accennato che le è capitato qualcosa di brutto? Dai andiamo a casa, devo saperne assolutamente di più. Anche se magari non mi credi, ultimamente pensando a voi due avevo una brutta sensazione e mi auguro che tu ti sia accorta che ti ho inviato un po' di energia positiva». Poi gli tornò il sorriso: «I tuoi successi come Manon li devi ovviamente a me», aggiunse ridendo.

Véronique annuì. «Per fortuna Marie non è più in pericolo di vita, ma non è proprio ancora in piena forma. Immagina di trovarti di colpo di fronte una donna con un'arma in mano. Se non fosse arrivata l'infermiera… non posso proprio pensarci».

«Per me Marie è come se fosse un'altra sorella, lo sai», disse Richard asciugandosi gli occhi.

«Lo so, *mon chér*», Véronique gli diede un colpetto col gomito: «Comunque sono assolutamente certa che si ristabilirà perfettamente perché gli angeli e Gesù Cristo vegliano su di lei in modo che possa portare a termine la sua missione in questa vita». Nuovamente venne pervasa da quella totale fiducia che aveva ritrovato di fronte al portale di luce.

«Sì, hai sicuramente ragione. Nei nostri pensieri la vedremo già guarita».

«Come sei saggio, fratellino mio». Véronique lo guardò con occhi raggianti dandogli un buffetto sul naso.

«Proprio questo facciamo! Ma ora vorrei vedere la mia amata Baia degli Angeli».

Richard afferrò la piccola valigia di Véronique, prese lei sottobraccio e si diresse verso la sua jeep. «Facciamo una passeggiata al mare, te lo prometto», disse prima di accendere il motore.

Richard scelse il suo percorso preferito per la Baia degli Angeli. Appena spuntò, diede un'occhiata a Véronique che contraccambiò e lui si accorse dell'effetto che le faceva la vista del mare luccicante al sole. Quello era il suo luogo dell'anima. Lo amava, lì era cresciuta più che in ogni altro posto.

«Vuoi andare subito in spiaggia o passiamo prima da casa mia?».

«Anche se non vedo l'ora, mi rinfrescherò un attimo e mi cambierò prima di tuffarmi tra le onde», rispose Véronique anche se ogni fibra del suo corpo anelava a bagnarsi nel mare.

«Poi però mi devi raccontare tutto per bene. Promesso?».

«Promesso».

La casa che Richard e Véronique avevano ereditato dai genitori era nelle vicinanze del porto sopra alla Coco Beach; Véronique sarebbe stata volentieri ore lì ferma a godersi il panorama, ma per prima cosa andò nell'atelier di Richard per vedere i suoi quadri più recenti. Il suo talento era stato uno dei motivi per cui gli aveva lasciato quella casa, e naturalmente il fatto che lei era destinata a Parigi, là dove il balletto è di casa. Richard era un pittore di talento e Véronique amava scherzare dicendo che con lui era risorto Sandro Botticelli, tanto era capace di dare alito di vita alle sue figure.

L'atelier era immerso nella luce e a Véronique bastò un'occhiata per capire che suo fratello aveva lavorato alacremente. C'erano in giro diverse tele, ne scorse anche una sul cavalletto, coperta da un telo. Lei sapeva quanto lui non amasse esporre al pubblico opere non finite, ma lei non ne aveva mai tenuto conto. «Ma io chi sono? Non sono mica il pubblico», gli aveva sempre detto ricordandogli che i ballerini classici sono sempre esposti alla vista di estranei in ogni fase del loro processo creativo, mentre si esercitano, durante le prove. «Io stessa non vado in giro coperta da un telo sino a che non so l'opera a memoria».

Quindi delicatamente sfilò il telo dal cavalletto e quasi non credeva ai suoi occhi quando si disvelò un dipinto di celestiale bellezza che rappresentava Maria Maddalena e Gesù Cristo nel momento in cui lui le appare di fronte al sepolcro e lei protende gentilmente le mani. Suo fratello era riuscito a catturare quell'amore che traspariva da ogni gesto e da ogni sguardo, così come il conflitto interiore insito in ogni gesto, perché come Gesù non voleva respingere Maria Maddalena, lei lo voleva ancora trattenere e lui non le poteva restare accanto nel qui e ora.

L'opera di suo fratello la emozionò al punto che Véronique sentì le lacrime scenderle lungo il viso.

«Questa è Marie, tu… tu hai preso lei come modella per la tua Maria Maddalena», balbettò infine.

In silenzio Richard si mise al suo fianco appoggiandole delicatamente un braccio sulle spalle. Lui sapeva benissimo cosa stesse accadendo a sua sorella, perché anche se si vedevano di rado tra loro c'era una profonda connessione di anime.

«Quando ho saputo della grave ferita inferta a Marie, non mi restava altro da fare che dipingerla per poter riacquisire la pace interiore. Mi sono lasciato guidare la mano, non l'ho deciso consciamente, ma ora tu vedi ciò che ne è risultato», fece Richard e Véronique ebbe chiaro quanto il fratello fosse stato colpito dalla rivelazione che anche lui era solo uno strumento.

In silenzio e in profonda comunione strinse il suo braccio senza riuscire a togliere lo sguardo dal dipinto, quando si accorse che Gesù Cristo rassomigliava molto a Julien, sebbene suo fratello non lo avesse mai incontrato di persona. E non dipingeva mai copiando dalle foto. Senza alcun dubbio suo fratello le aveva confidato la grande verità che quest'opera non era stata creata solo da lui, ma da una potenza superiore.

VÉRONIQUE

BAIA DEGLI ANGELI, 14 SETTEMBRE 2013

Véronique fece fatica a staccare gli occhi dal dipinto. In lei si era però rafforzato il pensiero che il disegno era ancora più grande. La ricerca di Marie del significato della sua eredità, il pericolo di morte, tutto ciò faceva parte di un piano superiore.

Dopo una rapida doccia si sedette nella sala da pranzo insieme a suo fratello. Con lo sguardo rivolto al mare gli raccontò tutto quanto era accaduto e perché avesse ora bisogno del suo aiuto. «Marie non mi avrebbe mai lasciato venire qui da sola se non avessi te».

«Voglio fare tutto quanto è in mio potere per aiutarvi». Il volto di Richard si era fatto molto serio, come accadeva solo mentre dipingeva; le parve come assente e per un momento rimasero in silenzio.

Poi Richard mise i pensieri da parte sollecitando Véronique. «Ma non volevi per prima cosa buttarti in acqua? Dai andiamo». Presero la moto e senza pensare più a persone o cose malvagie, tornarono sfrecciando alla Baia degli Angeli.

Véronique si godette alla grande il viaggio in moto dietro al fratello, mentre il vento le scompigliava i capelli. Lo stesso vento che con forza spingeva a riva le onde.

Non appena Richard ebbe fermato la moto in un punto che lei amava particolarmente, scese di corsa le scale e passando sui sassi raggiunse l'acqua che brillava nella luce del sole come milioni di diamanti. Piena di entusiasmo Véronique salutò gli angeli del mare pregandoli subito di sostenere Marie nella sua guarigione. Come segno d'aver compreso la sua richiesta le onde si ingrossarono bagnandole i piedi a riva. Ridendo, ringraziò per la sollecita risposta, si sfilò l'abito e in bikini si abbandonò all'amorevole abbraccio delle onde color turchese.

LUCIUS

PARIGI, 14 SETTEMBRE 2013

Quando il suo cellulare squillò Lucius era ancora a letto. Diede un'occhiata e vide che era il *mâitre*. Persino dall'ospedale continuava a tenere tutte le fila e Lucius sapeva che si sarebbe accorto della sua minima esitazione. Velocemente prese la chiamata dicendo la cosa più sincera che gli passava per la testa: «Sono ancora a letto, mi spiace c'è voluto un po'…».

Il tono della voce di Maurice de la Fontaine non era solo poco melodioso ma anche severo: «Non perdere d'occhio il tuo compito. Marie è a Vienna, ma c'è qualcun altro da tenere d'occhio anche qui a Parigi».

Lucius si mise automaticamente seduto: «Sì, chiaro, Véronique. Ma al momento è ancora impegnata con la *Manon*».

«Non hai bene in mente i piani, questa settimana non ci sono spettacoli. Queste negligenze non mi piacciono per nulla».

Lucius si mise le mani alla gola e inghiottì. «Mi era sfuggito, avevo così tante cose da fare da quando sei in ospedale, Maurice, si rivolgono tutti a me per le loro questioni».

«Véronique Valois ha preso un volo per Nizza questa mattina e non penso proprio che si tratti di un viaggio di piacere. Altrimenti, come prima cosa sarebbe volata dalla sua amica Marie Chevalier». Lucius riuscì letteralmente a percepire nella voce del *mâitre* come la sola idea di essere amico di qualcuno lo ripugnasse.

«Mi sembra plausibile», fece Lucius: «Significa che tu parti dal presupposto che Véronique faccia questo viaggio per raccogliere altre informazioni, giusto?».

«Esattamente», concordò il *mâitre*. «Per questo motivo voglio che tu raggiunga al più presto Nizza. Non dobbiamo lasciarci sfuggire l'occasione di seguire Véronique. Non è senza... insomma in lei c'è di più che solo una ballerina, lascia che te lo dica».

«Capisco», disse Lucius riflettendo su quanto ci volesse ancora prima che Véronique finisse nel letto del *mâitre*. In cuor suo si augurava che questo non accadesse mai. Nel frattempo si era già mezzo tolto il pigiama. «Prendo il primo volo per Nizza».

Lucius era soddisfatto dell'ordine con cui teneva la casa e l'armadio. Gli abiti per un viaggio dell'ultimo momento erano sempre pronti.

«Perfetto. Due dei miei uomini sono già lì sul posto e mi hanno riferito che Véronique si è recata sulla spiaggia insieme al fratello. Io però sono sicuro che ha altro in mente oltre a visitare i parenti e raccogliere conchiglie. Tienimi informato su tutto. Su tutto».

E prima ancora che Lucius potesse rispondere con una sola parola la comunicazione era chiusa.

RICHARD / VÉRONIQUE

NIZZA, 14 SETTEMBRE 2013

«Anche io mi sono dato da fare», disse Richard mentre si asciugava i capelli. Aveva seguito sua sorella in acqua e ora era lì in piedi davanti a lei come se dalla riva la volesse proteggere. «Non ti allontanare troppo ti prego, in questi giorni non mi fido di niente e di nessuno. La mia pancia mi dice che siamo in pericolo. Ognuno di noi. Non solo Marie. Chiunque sappia qualcosa sull'eredità segreta della cristianità è oggi costantemente in pericolo di vita. Sorella, è proprio di questo che si tratta».

Véronique guardò suo fratello incredula. Di solito lui era quello che non si agitava, il guascone che affrontava qualunque situazione con il sorriso sulle labbra. «Ma cosa è successo?».

«Per ora ancora nulla. Ma questo non significa che continui così». Si guardò attorno, poi le si avvicinò e mentre le asciugava i lunghi capelli con un asciugamano le parlò frettolosamente e con voce quasi incomprensibile. «Come sai, sin da bambino ho cercato di immaginare chi potessero essere i nostri avversari. No, non dire niente ora. Sono certo che in questo momento non possiamo essere né osservati né ascoltati. Certezza che ormai non ho più nemmeno a casa mia. Quantomeno non da quando sospetto chi potrebbe essere il nostro avversario».

«Hai scoperto qualcosa? Hai sempre tormentato soprattutto il nonno con tutte le tue domande».

«Sì, è vero!». A Richard venne ora da sorridere: «In ogni caso è così che nella mia ricerca, già tempo fa, sono incappato in qualcosa che mi porta a metterti in guardia. E ti prego di avvertire anche Marie».

«Ti ascolto».

«Sono certo che il nostro avversario sia una società segreta che si è data il nome di Ottaviani, i cui membri si sono prefissati, tra le altre cose, di distruggere tutti gli scritti e tutte le opere che diffondono pubblicamente l'idea della linea di sangue. Recentemente mi sono capitati tra le mani degli scritti del nonno in cui nomina proprio loro. Allora ho semplicemente fatto uno più uno».

A Véronique si accapponò la pelle.

«Gli Ottaviani hanno origini remote. Ho trovato tracce che risalgono all'impero romano sotto l'imperatore Augusto, nato a Roma nel 63 a.C. All'epoca si chiamava ancora Gaio Ottavio e aveva radunato attorno a sé una cricca di rampolli appartenenti alle famiglie più altolocate. Il loro scopo era di distruggere il potere femminile. Ho già detto che aveva ripudiato persino sua moglie? Avevano probabilmente scoperto che la forza primordiale, insita nelle donne, era di gran lunga maggiore della loro. Già il solo fatto che solamente le donne siano in grado di mettere al mondo i bambini le pone al disopra degli uomini. Decisero quindi di fare tutto il possibile per spezzare la forza delle donne e per relegarle nel ruolo di accessorio per l'uomo o usarle come fattrici. Naturalmente avevano l'obbligo di produrre discendenti di sesso maschile. Gli Ottaviani avevano una struttura strettamente gerarchica. Venivano premiati per ogni atto di indebolimento della linea di sangue femminile. Questo si protrasse per secoli e, credimi, esistono prove che sono stati loro a dare il via alla caccia alle streghe. Anche la strage di Montségur del 1244 è con tutta probabilità opera degli Ottaviani. In ogni caso ho la certezza che abbiamo a che fare con loro».

«È orribile», fece Véronique tremando.

«Sì, assolutamente orribile». Richard le mise la mano sulla spalla in atteggiamento protettivo e l'avvolse stretta nel suo asciugamano quasi a volerla difendere dalle altre parole che stava per pronunciare.

«Puoi immaginare come per questa banda di uomini assetati di potere Maria Maddalena fosse una spina nel fianco. Tu sai che le tracce di Maria Maddalena portano nel sud della Francia, e la sede principale francese degli Ottaviani ha avuto fin dall'inizio un ruolo cruciale nell'organizzazione. Danzi nelle fauci del leone, sorellina. Altre città come Roma, New York, Londra, Vienna e Mosca non sono così importanti. Ma se mi chiedi chi è stato a Vienna a cancellare le tracce degli attentatori, puoi star sicura che c'è il loro zampino, quello degli Ottaviani austriaci. Tu e io sospettavamo da tempo che Marie Madeleine Chevalier appartenesse alla linea di sangue e che dovesse portare a termine una missione importante. Ora è finita nel loro mirino».

Come in apnea Véronique aveva ascoltato le parole del fratello arrivando alla conclusione che le sue supposizioni erano giuste.

«Poi si è verificato ciò che i nostri genitori temevano. Sulla coscienza degli Ottaviani pesa anche la vita di Jean Chevalier. Finalmente conosciamo il nome dei nostri avversari, ma loro operano sotto copertura; hai un'idea di chi si potrebbe celare nell'ombra? Come facciamo a scoprire chi appartiene a loro?». Véronique pensò rapidamente a Lucius, a Jan, il suo partner nel balletto, e a tutte quelle persone di cui si fidava e non si fidava.

«No, non proprio», confessò Richard amareggiato. «Questa gente opera di nascosto, ho dovuto fare lunghe ricerche solo per arrivare alle loro tracce. Prova a mettere il loro nome in un motore di ricerca, non troverai praticamente nulla».

«Ma è incredibile!».

Pensierosa Véronique si morse il labbro inferiore, segno inequivocabile che le era venuta un'idea.

«Cosa credi, sorellina? Hai i tuoi sospetti, lo vedo», chiese Richard impaziente.

«Mi conosci proprio bene» rispose Véronique con un sorriso, prima di tornare nuovamente seria. «In effetti ho un sospetto su chi potrebbe, tra gli altri, celarsi dietro tutto questo».

«E sarebbe?», la interruppe suo fratello che a stento riusciva a trattenersi.

«Maurice de la Fontaine».

«Come sei arrivata a lui?», chiese Richard perplesso.

«Prima ti ho raccontato solo come si sono svolti i fatti, tutto ciò che è accaduto a Marie e poi la storia con Julien. In verità c'è molto di più e poi c'è quel sospetto che semplicemente non riesco a suffragare». Véronique gli confessò che sospettava di de la Fontaine anche per il suo atteggiamento sfrontato, per la sua sfacciataggine nell'affermare che a lui non si può nascondere nulla, e tuttavia...

«Com'è che non ci sono arrivata da sola! Quell'uomo ha tutti i numeri per essere alla guida di un'organizzazione del genere. In fondo è il coordinatore dei servizi segreti dell'unità speciale francese Service Action per gli interventi all'estero del Presidente. Inoltre si vocifera che fosse coinvolto nell'affondamento della nave di Greepeace *Rainbow Warrior* a Auckland, in Nuova Zelanda».

«Vedi bene che abbiamo a che fare con un avversario estremamente pericoloso che insieme ai suoi complici, o per meglio dire, ai suoi agenti, si nasconde dietro la rispettabile facciata di un'associazione culturale».

Véronique valutò se raccontare o meno a suo fratello di Lucius. Poi un istinto la trattenne. Nel duomo di Santo Stefano aveva fatto di tutto per salvare la sua amica. In teoria avrebbe già dovuto cancellarlo dalla lista dei sospettati. Richard intese il silenzio di lei come una crescente insicurezza. «Sorellina, adesso la prima cosa da fare è mangiare qualcosa di caldo mantenendo salda la fede che le potenze celesti sono più forti di tutti gli esseri umani messi insieme». Poi indicò il sole che splendeva alto sul mare.

«Ah, sì, Richard è vero! Faranno certamente di tutto per sostenere Marie e Julien nella loro missione».

VÉRONIQUE

NIZZA / SAINT-MAXIMIN-LA-SAINTE-BAUME, 15 SETTEMBRE 2013

Dopo la meravigliosa e rilassante giornata in spiaggia, le scottanti rivelazioni e una ispirata serata con suo fratello a Place Garibaldi, la mattina dopo Véronique andò a ritirare all'aeroporto l'auto a noleggio che aveva prenotato per proseguire il suo viaggio verso Saint-Maximin-la-Sainte-Baume. Quandò salì in auto il GPS segnava esattamente le 10:44. «Che bello questo segno degli angeli», pensò Véronique.

Purtroppo però dovette constatare che il navigatore non funzionava. Mantenne comunque la calma, perché era certa, grazie al segno degli angeli, che tutto era esattamente così come doveva essere. Perciò scese nuovamente le scale e si recò allo sportello dell'autonoleggio per sapere cosa fare.

Quando finalmente partì, dotata di un nuovo navigatore, erano esattamente le 11:11. Véronique sapeva che non poteva essere semplicemente un caso che nel momento in cui partiva le si manifestasse un portale temporale. Chissà cosa avrebbe portato con sé quel viaggio sulle tracce di Maria Maddalena? Si godette il tragitto in mezzo al bel paesaggio. L'infinita varietà della natura di Dio. Lei amava la terra rossa, i pini, le rocce rosseggianti e le colline della Provenza a cui andava incontro.

Poi suonò il cellulare. Era Julien, che ogni giorno la chiamava per tenerla informata sullo stato di salute di Marie.

Tutto emozionato le raccontò: «Pensa che ieri ho poi avuto il permesso dai medici di portare oggi Marie a teatro per assistere all'ultima rappresentazione e forse anche per trarne guarigione. Ora vorrei pregarti di sostenermi, con l'aiuto degli angeli, così da poter essere UNO con il divino durante il terzo atto per portare a termine questo grande compito».

«*Mon ami,* farò tutto quanto in mio potere per sostenerti al meglio delle mie possibilità», promise Véronique con voce solenne.

I due si misero velocemente d'accordo sulla tempistica, poi Véronique lo salutò perché doveva concentrarsi sulla strada quando si trovò davanti all'uscita per Saint-Maximin-la-Sainte-Baume. Arrivata nella pittoresca cittadina, che avrebbe mostrato volentieri a suo fratello immaginando già le case e i giardini trasportati in un suo dipinto, lasciò la vettura nel parcheggio per i turisti. A dire il vero era una turista, una parigina che voleva farsi un giro. Naturalmente, come prima cosa, avrebbe mangiato un boccone. Gironzolò per le stradine e poi optò per il ristorante La Renaissance nelle vicinanze di un pozzo. Sopra pensiero, lasciò vagare lo sguardo sui volti delle persone chiedendosi cosa stesse passando loro per la mente. Avevano anche loro paura di qualche killer? Degli Ottaviani? Véronique sorrise tra sé e sé, quello era il suo di destino e lei lo aveva accettato già da molto tempo. Poi il suo sguardo si arrestò su due figure vestite di nero. Che strano, in mezzo alla luce color pastello della Provenza quel nero sembrava un presagio funesto. La terribile evidenza la colpì come un fulmine. Come aveva fatto a essere così ingenua da pensare di poter seguire inosservata le tracce di Maria Maddalena dopo tutto quello che era accaduto a Marie e ciò che aveva appreso il giorno prima da suo fratello?

Cercò di fare un bel respiro profondo per riuscire di nuovo a pensare chiaramente. Questi due tizi stavano seguendo lei?

Invocò l'arcangelo Michele perché la liberasse da quella paura che l'aveva attanagliata come un artiglio d'acciaio. Sebbene in cielo splendesse il sole in lei calò un freddo gelido. Era dunque in pericolo di vita anche lei? Cosa poteva fare? Aveva promesso a Marie e agli angeli che avrebbe portato a termine il suo compito in questa vita e in cambio aveva ricevuto il dono della fiducia. Fiducia, questo era: all'istante la sua determinazione prese il sopravvento sulla paura e Véronique percepì chiara la presenza della Madonna accanto a sé. All'improvviso si sentì avvolta nel tepore del suo manto color acquamarina e udì la voce di Maria dirle:

Amata figlia, non temere. Anche se i poteri oscuri dispiegano tutte le loro forze per impedire la realizzazione della profezia, noi esseri di luce vi proteggiamo con il più puro dei poteri e con l'amore divino che è in grado di trasformare tutto. Credimi, tu sei protetta, anche se talvolta non sembra essere così.

Rincuorata e piena di fiducia, Véronique pagò il conto e si diresse verso la famosa basilica di Santa Maria Maddalena, così come avrebbe fatto qualunque turista. A ogni passo però percepiva la presenza degli inseguitori così da non avere più occhi per le pittoresche case tutt'attorno. Giunta finalmente alla Place de l'Hôtel de la Ville scorse un cartello con la dicitura "Basilica di Santa Maria Maddalena". Era questa la sua destinazione, il suo cuore sussultò.

Con un senso di grande consapevolezza oltrepassò il portale di legno e passando per un'altra porta, sempre di legno, entrò nella chiesa. Lesse in una brochure lì esposta che la chiesa era stata eretta nel 1245 da Carlo II d'Angiò in onore di Maria Maddalena. Lo sapeva già, ma vestire i semplici panni della turista le dava una sorta di senso di sicurezza, un ruolo che avrebbe interpretato danzando attraverso quella difficile giornata. Tuttavia per lei la basilica non era un luogo di leggerezza. Le sembrava di essere fragile e vulnerabile, poi il suo sguardo cadde su una tavola raffigurante la straordinaria scultura di Maria Maddalena e gli angeli nella Grotta di Sainte Marie Madeleine a la Sainte Baume. Il corpo di Véronique fu pervaso da una profonda rivelazione e vide il mondo che la circondava solo attraverso un velo di lacrime. Una rivelazione che la scosse profondamente. Ogni fibra del suo essere le diceva che lei stessa, in un remoto passato, era stata lì insieme a Maria Maddalena. Contemporaneamente riconobbe che era il suo destino trovarsi in quel momento esattamente in quel luogo. Più tardi fece fatica a descrivere a Marie le sensazioni provate in quell'istante: beatitudine per trovarsi nuovamente in quella energia; un'infinita tristezza per la perdita dell'amica tanto amata in passato; profonda gratitudine per aver sperimentato la sua vicinanza e anche quella di Gesù Cristo; scoramento per non poter avere Marie al suo fianco; paura dei persecutori… quest'ultimo pensiero la distrasse dal suo raccoglimento, si guardò attorno. L'avevano seguita anche nella Casa di Dio? Cercò di scrollarsi di dosso la paura e rivolse la sua attenzione a Julien, come gli aveva promesso. Pregò gli angeli, la Madonna e in particolare però Gesù Cristo e Maria Maddalena di stare accanto a Julien e li implorò di aiutarlo e sostenerlo a compiere il preannunciato miracolo di guarigione su Marie durante l'ultima esecuzione del *Parsifal*. La ferita di Marie doveva chiudersi definitivamente. Véronique si collegò con Marie e Julien entrando in un profondo stato meditativo.

VÉRONIQUE

SAINT-MAXIMIN-LA-SAINTE-BAUME, 15 SETTEMBRE 2013

Véronique non aveva idea di che ora fosse. La connessione con gli amici a Vienna l'aveva catapultata fuori dall'ambiente circostante e dalle sue preoccupazioni, che la assalirono di nuovo mentre si guardava intorno nella basilica. Degli uomini vestiti di nero però non c'era più traccia e lei si lasciò un po' andare, scese i gradini che portavano alla cripta, affascinata dall'aggraziata statua alla sua sinistra. Guardandola sentì rinnovarsi quel forte sentimento di comunione che aveva appena provato per Marie. Con un senso di profonda consolazione sorrise e percorse gli altri gradini che portavano giù nei sarcofagi di St. Maximin, St. Sidonius e di Maria Maddalena. Giunta qui, la sensazione di un'unione mistica si interruppe all'improvviso e Véronique ebbe la consapevolezza che le vere spoglie mortali di Maria Maddalena non fossero lì, quella cripta non era la sua ultima dimora, o comunque le reliquie erano state spostate altrove.

Questa impressione si rafforzò ulteriormente girando per la basilica. Anche se vi erano decisamente più raffigurazioni e riferimenti a Maria Maddalena e alla sua vita rispetto alla maggioranza delle altre chiese, la sensazione di Véronique fu però quella di una scarsa considerazione. Ovunque vi erano segni di decadimento, chiaro indice che alla più grande basilica gotica della Provenza, simbolo della comunità di Saint-Maximin-la-Sainte-Baume, la Chiesa dava poca importanza. Il valore di Maria Maddalena continuava a essere inferiore a quello che le riconoscevano gli appartenenti alla linea di sangue? Questi pensieri l'avevano realmente esaurita e quando uscì dando velocemente un'occhiata all'orologio, Véronique si rese conto di aver passato ore in chiesa. Si era fatta sera e con l'aiuto di un tè verde alla menta, bevuto in un ristorantino di fronte alla basilica, riuscì a vincere un poco la stanchezza. Dentro di sé sapeva che stava seguendo la sua vocazione.

Con un nuovo slancio ritrovò la strada che portava alla sua auto e poi si concesse di rimuovere qualunque pensiero sui potenziali inseguitori. Era contenta di aver trovato una graziosa sistemazione per la notte al Château de Nans a Nans-le-Pins. Più si faceva tardi e più respirava a pieni polmoni l'aria all'ombra dei pini godendosi la luce della Provenza. La sua anima però si collegò nuovamente con la sua amica e con Julien perché sapeva che proprio attorno a quell'ora lui sarebbe stato sul palco, il terzo atto del *Parsifal* era iniziato.

MARIE

VIENNA, 15 SETTEMBRE 2013

Salendo sul taxi Marie tirò un sospiro di sollievo. Con quanto amore il dottor Weiß e le infermiere si erano presi cura di lei! L'avevano accompagnata sino all'uscita su una sedia a rotelle. Al suo fianco c'era un poliziotto che avrebbe vegliato su di lei. E con sé nel cuore portava l'amore per l'uomo che a breve sarebbe salito sul palcoscenico. Un vecchio amico di suo padre le venne incontro all'ingresso. Era Françoise Leroux, l'intendente dell'Opera di Stato che la accompagnò direttamente nel camerino di Julien. Che carino da parte sua volerla vedere proprio lì. In tre attraversarono il corridoio che portava all'ascensore salutati quasi con deferenza dai presenti che avevano riconosciuto la figlia del famoso Maestro Chevalier e notoriamente futura fidanzata della stella più brillante del firmamento operistico. Marie che sapeva bene cosa le stesse succedendo rispose con un timido sorriso e fu felice quando finalmente la porta dell'ascensore si chiuse dietro a lei e ai suoi accompagnatori.

Finalmente raggiunsero il piano dove si trovava il camerino di Julien. *Monsieur* Leroux bussò energicamente alla porta socchiusa e subito dopo risuonò la voce a lei familiare: «Avanti».

Il cuore di Marie fece un balzo quando, preceduta dall'intendente, entrò nella stanza. Vacillò e automaticamente si tenne allo stipite della porta perché era la prima volta, dall'assassinio di suo padre, che rimetteva piede nel camerino di un artista, un ambiente a lei così familiare. Quando però si accorse che Julien aveva occhi solo per lei, dimenticò tutto e si godette il calore del suo abbraccio. Teneramente le sussurrò all'orecchio: «Per me non c'è nulla di più bello che saperti oggi qui in teatro, mia amata principessa. Vedrai che tutto andrà bene».

Emozionata si abbandonò alla sensazione che il corpo di lui destava nel suo, felice che l'ospedale le avesse concesso questa libera uscita perché già la sola presenza di Julien la faceva sentire più in forze. Poi udì la ben nota prima scampanellata e, mentre *monsieur* Leroux si schiariva la voce, Marie ebbe giusto il tempo di fare gli auguri a Julien per il suo, per ora, ultimo *Parsifal* a Vienna per poi raggiungere, al braccio dell'intendente e scortata dal poliziotto, passando per i corridoi del teatro, la loggia sul proscenio vicinissima al palco dove erano stati prenotati i loro posti.

Marie cercò di mettersi comoda sulla poltroncina di velluto, quel tanto che le permettevano le sue fasciature, perché non l'attendeva un'opera leggera di Puccini bensì una sacra rappresentazione scenica della durata di cinque ore. Fece appena in tempo a far scorrere lo sguardo sugli orchestrali, alla ricerca di qualche volto noto, che già entrò in scena Arnold Scherenberg accompagnato da applausi entusiastici.

«I viennesi sanno veramente apprezzare il loro primo direttore d'orchestra», pensò Marie felice, perché anche suo padre aveva sempre avuto parole di lode per questo collega di una certa età.

Dato che sapeva bene che Julien per il momento non sarebbe salito sul palco, Marie chiuse gli occhi e si fece trasportare in un altro mondo dal suono dell'orchestra. La forza di gravità sembrava aver perso il suo potere su di lei. La sensazione era quella di potersi lasciare brevemente alle spalle il suo corpo sfregiato. Un profondo senso di gratitudine la pervase mentre ascoltava le sacre parole di Gurnemanz, il più vecchio tra i cavalieri del Graal. Poi come un lampo la attraversò una rivelazione, esattamente nel momento in cui Julien salì sul palcoscenico, Marie aprì gli occhi e innanzi a sé vide Parsifal. Non riusciva a staccargli gli occhi di dosso, tanta era la luce che emanava. Aveva già più volte percepito la sua aura luminosa, ma mai prima l'aveva vista realmente con i suoi occhi. Era come se lui fosse circondato da una corona di raggi dorati, una sorta di aureola che non si limitava a cingere la sola testa, bensì l'intero corpo.

Quando dalla sua bocca fuoriuscirono le prime parole Marie si innamorò completamente. I suoni fecero breccia nel suo cuore come mai aveva fatto prima un suono prodotto da un essere umano. Era veramente degna di essere amata da quest'uomo?

Marie appoggiò le braccia alla balaustra del palco per seguire la rappresentazione ancora più da vicino. In quel momento Julien alzò lo sguardo e lei fu travolta da un'ondata di irrefrenabile felicità che coinvolse ogni fibra del suo essere perché riusciva a percepire chiaramente il suo amore e la definitiva certezza che era destino di entrambi stare insieme in questa vita. Le vicissitudini sul palcoscenico l'avevano affascinata al punto da dimenticarsi completamente della sua ferita e da non sentirla neppure più.

Ritemprata dalla forza della musica, Marie fu felice di potersi coricare un attimo in una stanzetta che era stata liberata apposta per lei. Riposata, riprese per tempo posto nel palco e non appena ricominciò lo spettacolo dimenticò completamente dov'era e chi era. Una sola cosa sapeva: che le parole del *Parsifal* la toccavano profondamente nell'anima e vide, come si dice accada nei momenti che precedono la morte, passare davanti al suo occhio interiore tutta la sua vita. Percepiva la vicinanza dei suoi amati genitori, alla destra e alla sinistra, e ne udì le amate voci:

> *Amata figlia, che meraviglia che tu comprenda come tutto, veramente tutto, sia esattamente così come previsto da lunga data da tutti noi nelle sfere sottili. Sii certa che noi ti siamo sempre accanto! Da questi piani è molto più facile per noi sostenerti e proteggerti. Forse ora tu ti chiederai perché non abbiamo potuto evitare che tu venissi ferita quasi a morte. Anche questo fa parte del piano superiore che tu volontariamente percorri insieme a noi. Solo avendo vissuto l'esperienza che Julien sarebbe pronto a dare la vita per te, hai compreso di poterti veramente fidare di lui, premessa indispensabile per il compimento della tua missione. Ora però ti devi aprire alla guarigione e prepararti interiormente. Così che tu possa attingere alla forza indispensabile nel proseguimento del tuo cammino.*

Prima che Marie potesse rendersene conto, i suoi genitori erano scomparsi e lei li ringraziò con infinito amore per la loro presenza. Iniziò ad aprire il suo spirito, come le aveva spiegato Véronique tempo addietro, e proprio in quell'istante ecco apparire nuovamente in scena Parsifal con in mano la sacra lancia.

Marie, come in preda a un incantesimo, non riuscì a distogliere lo sguardo. La luce attorno a lui si era fatta più rifulgente che mai e lei riuscì a scorgere accanto a lui Gesù Cristo e un'infinita schiera di angeli. L'atmosfera iniziò palpabilmente a cambiare. Era come se tutti trattenessero il respiro per la sacralità del momento di cui erano parte. Marie si accorse di come diveniva sempre più leggera ed eterica così che il suo cuore sembrava solo levitare.

Poi arrivò il momento: una frazione di secondo prima che Parsifal dirigesse la sacra lancia sulla ferita sanguinante di Amfortas, il suo amato la guardò intensamente negli occhi e quando i loro sguardi si unirono lei venne pervasa da un impeto tale che le parve come se nel suo cuore esplodessero stelle raggianti, e all'improvviso ogni dolore in lei era svanito. Contemporaneamente le tornarono tutte le forze.

Mentre venivano pronunciate queste parole, «Miracolo d'altissima salute: Redenzione al Redentore!», le sembrava di volteggiare sulle nuvole. Aveva ricevuto una guarigione miracolosa. Non era l'unica tra il pubblico a essere toccata sino alle lacrime, lì, ferma, seduta ad ascoltare. Marie si guardò intorno. Anche gli altri spettatori sembravano completamente trascinati da quanto accadeva sul palcoscenico. Dopo alcuni secondi di assoluto silenzio si alzò fragoroso un generale applauso.

Quando da dietro al sipario si affacciò Julien, ultimo tra i cantanti, per prendere l'applauso, Marie non poté fare a meno di mandargli un bacio con la mano che lui restituì all'istante. Timidamente sorrise dal palco rendendosi conto che gli occhi degli spettatori ora erano rivolti a lei. Ingoiò coraggiosa e poi si concesse di godersi l'applauso insieme a Julien. Sì, erano uniti.

Solo quando il sipario di seta si chiuse per l'ultima volta, Marie raggiante si alzò stupita di non sentire praticamente la ferita e col pensiero inviò un saluto ai suoi dottori. Era loro infinitamente grata per averle permesso di assistere al *Parsifal*.

«Mi sento molto, molto meglio. Era tanto che non mi sentivo così bene!», disse a Julien nel camerino mentre lui la teneva stretta tra le braccia. Dalla gioia la sollevò e dopo averla fatta scendere delicatamente la baciò con grande passione. Restando abbracciati si guardarono raggianti di gioia; ogni parola era di troppo perché si capivano lo stesso, in quel momento erano entrambi veggenti del mondo e si trovavano fuori dallo spazio e dal tempo. Tutti e due sapevano che Marie era stata guarita, che avevano appena sigillato il loro amore per questa vita e che, con grande probabilità, da questo momento in poi non ci sarebbe stato nulla che li avrebbe potuti separare.

Molti dei fardelli karmici accumulati attraverso i secoli che si frapponevano tra loro erano stati redenti una volta per tutte da Parsifal.

Teneramente Julien prese tra le mani il volto di Marie e le sue prime parole furono: «Così il nostro amato amico ha ancora una volta mantenuto la sua parola. Credo di non aver mai provato in vita mia una gratitudine più grande come in questo momento, mia amatissima principessa».

«Io provo esattamente lo stesso, mio amato eroe». Marie assaporò nuovamente il piacere delle labbra di lui sulle sue.

MARIE / VÉRONIQUE

NANS-LE-PINS / VIENNA, 15-16 SETTEMBRE 2013

Quando uscì dal ristorante L'Eveil des Sens per ritornare al Chateaux de Nans, Véronique aveva ancora in bocca il sapore della deliziosa cena. Nello specchietto retrovisore intravide la sagoma di una pesante moto nera; il conducente, che aveva già notato nei pressi del ristorante, indossava una tuta anch'essa nera. Poteva essere che la stessero di nuovo inseguendo. Una sensazione tutt'altro che piacevole.

Così quando Frédéric, il proprietario del castello, chiuse dietro di lei l'alta cancellata del parco, non appena parcheggiata l'auto, Véronique gli fu molto grata. Era riuscita ancora a vedere come la moto avesse proseguito in modo stranamente lento, mentre prima l'aveva seguita a velocità piuttosto sostenuta. C'era qualcosa di strano, Véronique ne era certa. Nonostante ciò, raggiunse la piscina e si sedette su una sdraio vicino al bordo a osservare il cielo trapuntato di stelle e a godersi il silenzio notturno in mezzo alla natura. Per tranquillizzarsi interiormente inspirò ed espirò profondamente. Poi all'improvviso il suo iPhone vibrò e al telefono c'era Marie. Con voce traboccante di felicità esclamò: «*Chérie,* pensa, sono stata all'Opera e ho sentito cantare Julien. Mentre lui teneva in mano la lancia, la mia ferita si è completamente chiusa, ora so di poter guarire del tutto. Non è incredibile? E contemporaneamente provare questo amore per Julien. Un miracolo senza uguali. Potrei danzare dalla gioia! Julien non è forse un dono del cielo?».

Il cuore di Véronique straripava di gratitudine. La sua amata amica presto sarebbe stata di nuovo in salute e forse avrebbero potuto proseguire insieme le ricerche. E il suo cuore era in buone mani con Julien, lo sentiva. «Carissima Marie, sono immensamente felice per te. Anche il mio cuore danza dalla gioia».

«Pensavo di dovertela dare subito questa meravigliosa notizia. Anche Julien è raggiante e ti saluta. Sono qui nel suo camerino».

Véronique riusciva letteralmente a percepire le scintille d'entusiasmo che Marie irradiava, tanto che il suo intero corpo iniziò proprio a vibrare. «Ti ringrazio con tutto il cuore per avermi chiamata subito. Ma dimmi, come sei messa ora con la tua fiducia in Julien?», chiese Véronique scherzando, perché già intuiva la risposta.

«Questa domanda ora te la puoi proprio risparmiare!», ribatté Marie con finta indignazione. Poi rise apertamente aggiungendo: «Oltre a te, Julien è la persona di cui mi fido di più in assoluto».

«Lo immaginavo e questa è una decisione saggia». Le amiche conversarono ancora per un po' sino a quando Julien non si fu cambiato, poi Marie dovette ritornare prontamente in ospedale.

Salutandosi Véronique promise a Marie che l'avrebbe chiamata subito dopo la visita alla grotta di Maria Maddalena, voleva mettersi in cammino già la mattina dopo.

VÉRONIQUE

SAINT-MAXIMIN-LA-SAINTE-BAUME, 16 SETTEMBRE 2013

Quando Véronique si svegliò il suo cuore era ancora colmo di felicità per la notizia della sera prima e contemporaneamente in gioiosa attesa perché sapeva che la visita alla grotta avrebbe cambiato la sua vita. In fondo anche questo rientrava nel piano del suo destino, ne era assolutamente certa. Aveva dormito magnificamente nella camera circolare, alloggiata nella torre dello *Château*. Si godette la vista dalla finestra e poi, passando per una scala a chiocciola, scese nella terrazza-ristorante per fare colazione. Si fermò di colpo. «Non può essere vero», mormorò Véronique, «il cigno di Lohengrin qui in questo luogo!».

Un meraviglioso cigno immacolato stava correndo sul prato davanti alla terrazza. Con la gioia nel cuore si sedette al posto che era stato apparecchiato per lei e di nuovo le sfuggì un'esclamazione di meraviglia quando vide che sul piatto che aveva davanti era raffigurato un incantevole unicorno. Aveva trascorso la notte in un luogo davvero magico. Non c'era da stupirsi che si sentisse così rinfrescata, intraprendente e piena di energia come non le accadeva da tempo. Già la sera prima alla reception aveva notato un piccolo cuscino sul quale era ricamata una parte del famoso arazzo medievale "L'unicorno imprigionato". Se questo non era un segno! Véronique era assolutamente certa di trovarsi nel posto giusto al momento giusto. Ritemprata, tornò nella stanza della torre per prepararsi per la salita alla grotta, cercò una giacca pesante, immaginando che avrebbe potuto fare freddo nella grotta, specie se si fermava a lungo, com'era sua intenzione. Nella basilica, il giorno prima, il tempo era volato, figuriamoci nel luogo sacro per eccellenza!

Quando Véronique salì sull'auto presa a noleggio, le scappò automaticamente un sorriso: come il giorno prima, l'orologio digitale del GPS indicava esattamente le 10:44.

«È incredibile!», esclamò. «Voi, cari angeli, volete ancora una volta dimostrarmi chiaramente che sono in armonia con i tempi divini. Vi ringrazio». Si godette ogni istante del cammino che portava al luogo dove Maria Maddalena aveva trascorso gli ultimi trentatré anni della sua vita. Dapprima attraverso Nans-le-Pins, poi su per il monte lungo i tornanti sino a raggiungere il parcheggio dal quale inizia la salita alla grotta. Da quell'altura si aveva una splendida vista sul Massif de la Sainte Baume.

Con lo sguardo rivolto in lontananza Véronique si girò e notò allarmata, a poca distanza da lei, due uomini in abiti sportivi, occhiali da sole scuri e *sneaker* ai piedi mentre uscivano da una Mercedes nera. Sentì i brividi lungo la schiena ma riuscì a dominarsi. Era stata addestrata ad affrontare situazioni del genere, quindi ora niente panico, anche se oltre a lei e a quei due uomini non si intravedeva anima viva. Strano, si sarebbe aspettata molte più auto lì nel parcheggio. Ma sapeva che sarebbe accaduto ciò che doveva accadere, perché per lei non vi era altra via. Era destinata a giungere proprio in questo giorno in questo luogo sacro che conosceva dai tempi antichi. Così invocò tutti gli esseri di luce che potevano proteggerla.

Quei pensieri energetici le inculcarono fiducia e si sentì pronta a iniziare il cammino in salita. Prima però diede un'occhiata all'orologio, erano le 11:11, tutto era esattamente come doveva essere, lo sapeva. Stava seguendo un piano divino e per il momento ignorò volutamente la presenza dei due uomini che la precedevano di un centinaio di metri; non erano dietro di lei, ma comunque erano ancora lì.

Decise che non si sarebbe fatta intimorire in nessun caso, ma avrebbe vissuto con tutta se stessa ogni singolo passo di quel percorso sacro, poiché tutti i segnali indicavano che stava facendo la cosa giusta.

Il suo cuore sobbalzò per la gioia quando, a pochi metri da lei, vide un'insegna in legno con la seguente iscrizione in bianco: "Grotta di Santa Maria Maddalena – Solenne luogo di preghiera e pellegrinaggio – Aperta dalle 7:30 alle 18:30 – 40 min per il Chemin des Rois".

E su un albero, lì vicino, raffigurato su una piccola targa quadrata di legno, scorse il famoso giglio a tre petali, il cosiddetto *fleur-de lys*, emblema non solo di regalità ma anche della sacra linea di sangue. Sotto comparivano di nuovo le parole *Chemin des Roys* solo che questa volta erano scritte diversamente. Véronique si apprestò dunque a salire lungo il Cammino dei Re per raggiungere l'ultima dimora di Maria Maddalena.

Si godette la camminata in salita attraverso quel bosco che pareva incantato, inondato dai raggi del sole e immerso in un'atmosfera mistica. Ammirò maestosi tassi secolari e ascoltò il silenzio quasi totale al quale faceva da melodioso contrappunto solo il canto degli uccelli. In lei si diffondeva un senso di tranquillità interiore. Tutto attorno non c'era anima viva.

Poi notò, alla sua destra, una specie di fonte che sgorgava dalla roccia: *La Source de Nans*, così l'avevano chiamata. Sapeva che era un'acqua sacra, così riempì la bottiglia che aveva portato con sé. Poteva benissimo immaginare come anche Marie sarebbe stata felice di averne un po', anche se era solo da poco che la sua amica aveva iniziato a credere nella magia della linea di sangue. Che fortuna che lei avesse insistito per essere iniziata. Sapeva cosa avrebbe fatto ora. Con profonda devozione si inumidì la fronte e in particolare il terzo occhio con quell'acqua preziosa. Era come se quell'acqua fresca penetrasse i veli che celavano la sua vista interiore rafforzando così la sua capacità di visione, all'improvviso infatti fu in grado di vedere gli elementali degli alberi, fate ed elfi che prima aveva solo intuito. Tutti loro salutarono Véronique come una vecchia amica così che lei si sentì al sicuro durante il resto dell'ascesa alla grotta. Degli uomini di prima non vi era più traccia. Probabilmente erano saliti velocemente senza lasciarsi incantare dalla magia della natura circostante.

Poco dopo Véronique giunse ai centocinquanta gradini che portavano alla grotta. Centocinquanta, un numero magico. Il numero dei gradini era lo stesso dei grani del rosario. Si fermò un istante a riposarsi appoggiandosi a uno spuntone di roccia di lato. Dal nulla apparve allora una gazza che si appoggiò su un ramo non lontano da lei e Véronique sapeva che era il momento di affrontare il suo passato.

In profondo raccoglimento salì gli ultimi gradini e oltrepassò la cancellata di ferro che proteggeva la grotta. Quando raggiunse il piazzale antistante la grotta constatando che erano le 11:55 e che la salita era durata esattamente 44 minuti, dovette reggersi, un senso di gioia la pervase sino alla punta delle dita: quanto era protetta, incredibile come tutto combaciasse perfettamente. C'era solo un modo in cui le cose avrebbero potuto essere ancora più perfette: avrebbe voluto percorrere questo cammino insieme a Marie. Eppure non aveva il minimo dubbio di essere al posto giusto nel momento giusto. Si appoggiò un attimo al muretto di fronte al portale e lasciò vagare lo sguardo su quello scampolo di Provenza. Si raccolse in se stessa perché era certa che mettere piede in quel luogo sacro sarebbe stata un'esperienza mai fatta prima nella sua vita.

Sapeva di dover affrontare una volta per tutte il suo passato. Fece alcuni respiri profondi e quando si sentì pronta attraversò la piazzuola salendo poi i pochi gradini che portavano all'interno della grotta. Non appena sfiorato il sacro suolo il suo corpo iniziò a tremare.

In quel momento di fronte a lei apparve Maria Maddalena, avvolta in una splendente luce color rosa-oro, e la strinse tra le braccia come una sorella. A quel punto Véronique non riuscì più a dominarsi e diede libero sfogo alle sue lacrime. Maria Maddalena la cullò dolcemente con le braccia e le accarezzò i capelli. La guidò verso uno dei banchi davanti all'altare e Véronique guardò meravigliata e con profonda devozione una scultura di Maria Maddalena inginocchiata davanti alla Croce in preghiera. Questa vista spalancò il portale verso il passato, a lungo rimasto chiuso, e si vide inginocchiata a poca distanza da Maria Maddalena. All'improvviso sentiva e sapeva che le lacrime di oggi si mescolavano a quelle di allora; lacrime versate per l'indicibile perdita e per l'immenso dolore per l'atroce morte di Gesù Cristo. Sapeva che era arrivato definitivamente il momento di superare il lutto, era la sua missione in questa vita. Per fare ciò aveva bisogno della forza e dell'aiuto divini. Non appena formulato questo pensiero e riconosciuto il suo bisogno si rese nuovamente conto dell'ambiente attorno a lei e sentì su di sé lo sguardo compassionevole di Maria Maddalena, che parlò con una voce di tale dolcezza che la toccò profondamente:

Salute a te, amata sorella. Finalmente sei qui! Ti ho atteso così a lungo. Dall'inizio della tua vita, Gesù Cristo e io ti siamo accanto perché sei la nostra amata amica, Sarah, nome che abbiamo dato alla nostra unica figlia carnale, la nostra Sarah-Tamar, la vera profetessa, la cui energia oggi è in te.

Quelle parole colpirono Véronique al cuore. Fu scossa da un singulto di profonda gratitudine. Maria Maddalena e Gesù Cristo avevano veramente chiamato la loro amata figlia come lei! Esisteva dono più prezioso di questo?

A fior di labbra pronunciò un sentito *merci*, prima che Maria Maddalena proseguisse:

Conosci il significato del nome Tamar? Contiene tra l'altro 'T'amare', 'amare te', ovvero che uno dei compiti di Sarah-Tamar era amare ogni altro da sé, ogni essere umano, qualunque cosa, lei o lui, avessero fatto a lei o a noi. Così anche tu, amata amica, sei un'intermediaria tra i mondi e gli esseri umani. Anche tu hai questa capacità di amare incondizionatamente e questo è un dono di infinita importanza per ciò che ti attende. Insieme a Marie Madeleine e a Julien, preziosissimo, sei predestinata a percorrere questo cammino, il cammino della totale dedizione al divino perché voi eravate e siete scaturiti dalla più pura tra tutte le linee di sangue. Per questo motivo io, noi, Gesù il Cristo e io, il sacro calice, inizieremo te e il tuo corpo a un'energia che tu conosci dai tempi passati e che tuttavia è più elevata di tutto ciò che tu abbia mai incontrato in questa vita. Un'energia in grado di pervadere tutte le tue cellule, il tuo Dna, il tuo intero essere ed elevarli. Non sarai in grado di descrivere a parole, né oggi né nel prossimo futuro, ciò che ti è dato ricevere, perché questa grazia è nota solo a coloro che vedono nelle sfere superiori. Però arriverà il giorno in cui sarai pronta anche tu. In tutti questi anni sei stata addestrata dagli angeli per essere consacrata per la comune missione con Marie Madeleine e Julien, alla quale già ti sei dedicata in passato, quando eri qui con me nella grotta, in profondo raccoglimento e in comunione, per guarire i malati oppure accompagnarli sul loro cammino verso Dio. Ti ricordi?

Il corpo di Véronique fu attraversato da un brivido e lei non poté più muoversi.

Sì, vedo che stai ricordando, amata sorella. Oggi come allora il dono della guarigione è nelle tue mani, lo sai bene. Questo verrà tuttavia ancora rafforzato in tempi divini, così che tu possa contribuire in misura ancora maggiore a trasformare il mondo nella sua essenza. Ora però preparati all'iniziazione che ti attende.

Con queste ultime parole Maria Maddalena sembrò svanire anche se Véronique continuava a percepirne chiaramente la presenza. Il corpo di Véronique era freddo come il ghiaccio, raffreddato dalla grotta di pietra. Anelava il calore, il sole, così seguì il suo impulso e uscì fuori alla luce del sole scendendo uno dopo l'altro i centocinquanta gradini. Che strano però che l'ombra cadesse diversamente da come si aspettava. Doveva essere trascorso molto tempo là nella grotta perché la posizione del sole si fosse modificata così tanto.

Eccola di nuovo, la pietra al bordo del mistico bosco.

Véronique si sedette, rivolse il viso al sole, chiuse gli occhi e rivisse mentalmente i preziosi momenti vissuti nella grotta. Così tanto dolore da un lato, e così tanta gioia dall'altro, si accorse che sul suo viso si stava delineando un sorriso.

Scaldata e rafforzata dal sole, si rimise in cammino per tornare nel sacrario di Maria Maddalena. Con passo agile risalì, con l'impressione, a ogni gradino, di liberarsi di un fardello che le gravava sull'anima. Con senso di liberazione e gratitudine si fermò davanti al luogo sacro quando vide un'immagine che nuovamente la trasformò perché di fronte a sé, avvolti in una rifulgente corona di luce, c'erano Maria Maddalena e Gesù Cristo vicini, ad attenderla a braccia aperte.

Véronique cadde in ginocchio tanto era consapevole della immensa grazia che le era concessa: poterli finalmente rivedere riuniti lì davanti a lei e lei era certa di vederli veramente con i suoi occhi. Ben presto però l'immagine venne coperta da un velo, un velo di lacrime.

Infine Gesù Cristo le venne incontro porgendole la mano per aiutarla ad alzarsi. Il suo sguardo si posò su di lei con un amore talmente profondo che lei non poté fare altro che gettarsi tra le sue braccia. Trascorso un tempo infinito riuscì nuovamente ad appoggiarsi a lui, che era la forza vitale stessa. Apprezzò ogni singolo istante, piena di gioia per essere nuovamente riunita con la sua famiglia di origine.

Poi Gesù Cristo le sollevò il mento dicendo con grande ardore:

> *Amata sorella, finalmente sei ritornata nel grembo della tua famiglia. Ti abbiamo attesa così a lungo, ma solo ora è arrivato il momento per portare a termine il compito di questa tua vita. Sappi che, qualunque cosa accada, noi ti siamo accanto e tu sei protetta. Non può accaderti nulla, perché in ogni morte è insita una resurrezione.*

Sentendo le ultime parole pronunciate da Gesù, Véronique venne all'improvviso assalita da un senso di terrore come se da qualche parte vi fosse in agguato un grande pericolo. Gesù le passò allora la mano tra i capelli e la strinse ancora una volta al suo cuore. Quando Véronique sentì quel battito così vicino al suo si calmò all'istante.

Solo dopo un certo lasso di tempo, che a Véronique sembrò un'eternità, Gesù la scostò delicatamente da sé e le fece capire telepaticamente che ora era pronta per l'iniziazione che avrebbe ricevuto da Maria Maddalena e da lui stesso. La condusse di nuovo verso i banchi davanti all'altare e la pregò di sedersi. Mentre prendeva tra le sue belle mani la mano sinistra di Véronique, Maria Maddalena fece lo stesso con la destra. Véronique ebbe la vaga sensazione di essere percorsa da un flusso di amore sconfinato. Credette di levitare quando l'energia divenne sempre più intensa. Mentre davanti al suo terzo occhio vedeva sfilare, alla velocità della luce, un infinito numero di forme geometriche in tutti i colori dell'arcobaleno, udì la voce di Maria Maddalena e di Gesù Cristo pronunciare parole sacre. Sapeva che il suo corpo stava ricevendo guarigione dai piani superiori perché la sensazione era quella che venisse come dissolto e poi ricomposto. Era come rinascere. Il suo intero essere vibrava alle più alte ottave del suono primordiale con il quale Dio a suo tempo creò il mondo.

Véronique ora sapeva con ogni fibra del suo essere cosa significasse ESSERE-TUTT'UNO. Quanto avrebbe voluto fermare per sempre il cammino del mondo per poter immortalare questa consapevolezza d'amore divino che pulsava in lei… Ma in quell'istante riconobbe che era il momento di riaprire gli occhi. Maria Maddalena e Gesù Cristo, di fronte a lei, erano anche profondamente commossi e così li strinse tra le sue braccia; senza fiato rimasero stretti in un profondo abbraccio che sapeva d'eternità.

VÉRONIQUE

SAINT-MAXIMIN-LA-SAINTE-BAUME, 16 SETTEMBRE 2013

Erano trascorse ore quando Véronique uscì dalla sacra grotta. Interiormente si trovava ancora in una dimensione superiore e si mosse nella piazza antistante come in trance. Lentamente, a ogni passo, stava tornando in sé e solo allora notò una scultura, proprio di fronte all'ingresso della grotta, la *Pietà* di Marthe Spitzer, di cui aveva letto sulle guide turistiche. Accanto a quest'opera d'arte, di una bellezza celestiale, erano seduti, appoggiati al parapetto, due uomini vestiti di nero.

Véronique alzò le spalle, in qualche modo la minaccia insita nella consapevolezza che quei tipi erano ancora lì non la tangeva. Continuava ad aleggiare nella percezione del miracolo che aveva vissuto.

Con passo leggero scese a valle pervasa da un senso di gratitudine che le faceva quasi scoppiare il cuore. Avrebbe voluto abbracciare tutto il mondo dalla gioia che provava, il suo più grande desiderio però era di raccontare subito a Marie la sua ineffabile esperienza, perché in realtà avrebbero dovuto farla insieme.

Stava frugando nella sua borsa per prendere il cellulare quando un'intensa fitta al fianco le fece alzare lo sguardo. Era la canna di una pistola puntata con forza contro di lei; i due uomini l'afferrarono contemporaneamente a destra e sinistra. «Da brava su, vieni con noi bellezza. Se ci tieni alla tua vita».

A Véronique cedettero le ginocchia; cosa doveva fare? Non era in grado né di reagire né di scappare anche perché le continuava a girare la testa per l'esperienza appena vissuta. Che un momento di tale beatitudine dovesse essere rimpiazzato dalla paura! Tremava, incapace di proferire una sola sillaba.

Poi, all'improvviso, di fronte al suo occhio spirituale apparve Gesù Cristo e di nuovo udì chiaramente la sua voce:

> *Qualunque cosa accada, noi siamo al tuo fianco e tu sei protetta.*

Il respiro di Véronique si calmò all'istante. Al momento non c'era nulla che potesse fare contro questi due uomini. Oltretutto nei pressi non c'erano altri escursionisti che potessero eventualmente aiutarla. Quindi rilassò il suo corpo, cosa che i due notarono subito allentando di conseguenza leggermente la presa sulle sue braccia. «Bene, l'importante è mantenere la calma».

Se solo avesse potuto sapere cosa volevano da lei quei due ceffi. Anche Marie si era trovata faccia a faccia con la killer. Ora era lei a essere in pericolo di vita? Véronique fece automaticamente quello che da sempre l'aveva aiutata nei momenti di disperazione interiore: invocò l'arcangelo Michele per poter dominare la sua paura. Cercò ripetutamente di inspirare ed espirare attraverso il naso per attivare il sistema nervoso parasimpatico e per poter ricevere i messaggi dalle dimensioni superiori anche in questa situazione così difficile. Quando fu di nuovo in grado di interagire con il mondo circostante si accorse che nel frattempo aveva già raggiunto il parcheggio.

Il più alto dei due la spinse bruscamente sul sedile posteriore dell'auto sedendosi accanto a lei. Prima di potersene veramente rendere conto lui le aveva già legato, sul davanti, entrambe le mani. Una benda sugli occhi le impediva di vedere dove la stavano portando.

«Allora, piccioncina, non farti venire pensieri strani», le sussurrò lui nell'orecchio.

Quando sentì il suo fiato caldo sul collo Véronique trasalì.

L'altro avviò il motore. A ogni curva, impossibilitata a tenersi salda per via delle mani legate, Véronique veniva spinta contro l'uomo, a cui la cosa non dispiaceva affatto, anzi. Per fortuna non fu un viaggio lungo. Véronique supponeva che non si fossero allontanati molto da Saint-Maximin-la-Sainte- Baume. La benda le impediva di vedere alcunché; appena scesi dall'auto percepì l'ombra rinfrescante dell'ingresso di una casa.

Non appena la porta si chiuse alle sue spalle con un colpo secco, le strapparono la benda dagli occhi e la trascinarono giù, incespicando, per una ripida scala di pietra in una sorta di segreta. Il proprietario della casa sembrava andare molto fiero della sua nutrita collezione di strumenti di tortura medioevali. Véronique inorridì alla sola vista.

Al centro della stanza si trovava una vecchia sedia di legno, che sembrava anch'essa antica e tuttavia incredibilmente stabile. I due la legarono a quella sedia e a Véronique sfuggì un grido di dolore. Le era stata posata una corona di spine sulla testa. Ora sentiva il sangue caldo scendere lungo il viso.

Come attraverso una nebbia le giunsero queste parole: «Tu non farai una fine migliore di quella del Messia, se ti fai beffa della verità attorno a lui rendendo omaggio alla peccatrice, Maria Maddalena».

Dal tono della voce, mentre l'uomo continuava a parlare, Véronique poté chiaramente percepire quanta rabbia vi era accumulata: «Ora, da brava dicci, puttana, cosa ha trovato Marie nel duomo di Santo Stefano. Il *mâitre* vuole saperlo».

«Marie? Cosa c'entra Marie in tutto questo? E poi cos'è che volete da me? Io sono qui in pellegrinaggio alla grotta santa. Prendete pure tutto il denaro che ho con me».

«Vuoi proprio prenderci per degli stupidi. Il *mâitre* sa benissimo che tu e Marie siete in confidenza. Con tutte le volte che vi telefonate…».

In Véronique si fece strada la disperazione quando si rese conto che quei tizi tenevano d'occhio Marie e lei stessa da tempo.

«Siete pazzi se pensate che sia qui per un altro motivo diverso da…».

«Perché sei qui? Avete trovato un indizio?»

«Un indizio?», Véronique non riusciva a togliersi dalla testa l'idea che nella grotta ci fosse effettivamente nascosto un indizio che permettesse, a lei e Marie, di capire come procedere nella ricerca di informazioni sulla sua eredità. «Siete decisamente pazzi. Io sono qui solo come una turista qualunque».

«E allora cosa mi dici di quell'espressione di felicità che avevi sul viso? Proprio mentre uscivi dalla grotta? Ammettilo che hai trovato qualcosa».

A quel punto l'altro tipo la perquisì. «Comunque con sé non ha niente, imprecò innervosito, solo una specie di portamonete, un calendario e il cellulare».

Il più alto dei due, seccato, batté il piede sul pavimento: «Io provo a chiamare il *mâitre*, se andiamo avanti così da lei non caviamo niente. Che ci dica cosa dobbiamo farne. Vieni. La lasciamo per un po' qui a cuocere nel suo brodo, sino a quando non ritrova il buonsenso e magari parla spontaneamente».

Prima di andarsene imbavagliarono Véronique.

Lei restò sola nell'oscurità che l'avvolgeva come un pesante pastrano. Dunque volevano snervarla. Ma cosa poteva dire loro? Non c'era niente, chiaramente sapeva del cofanetto, ma anche questi indizi erano veramente poco concreti. Perché altrimenti seguire l'idea di cercare innanzitutto le tracce di Maria Maddalena per trovare qualcosa che potesse aiutarle?

Beh, almeno ora sapeva dell'esistenza di un maestro francese che chiamavano *mâitre*. E aveva la prova che c'era effettivamente chi le seguiva per impedire loro di scoprire qualcosa sulla vita e l'operato di Maria Maddalena. Ora che quegli uomini se ne erano andati la tensione scemò, Véronique tremava sapendo che era sia per lo shock che per il freddo che c'era in quella segreta.

"Cosa devo fare ora?" era il grido che sentiva dentro di sé. "Ci sarà un'anima viva in grado di trovarmi qui sotto?". In preda alla disperazione si divincolò per vedere se riusciva a liberarsi. Ma il dolore ai polsi serrati nelle manette era tale da farle quasi perdere i sensi. "Come ho potuto essere così ingenua e stupida da mettermi in viaggio da sola dopo tutto quello che è accaduto a Marie?" si chiedeva sconvolta.

Normalmente non era certo una persona che agiva in modo avventato. Come poteva aver fatto un errore così grossolano?

Poi ricorse a tutto il suo buonsenso e a tutte le sue forze e si mise a pensare intensamente alla sua amica Marie. Cercava di inviarle il messaggio che era in pericolo e che aveva bisogno di aiuto. Respirò a fondo cercando di fare affidamento in quello che le aveva detto Maria Maddalena nella grotta. Forse tutto andava veramente secondo un piano superiore. Doveva essere così. Voleva crederci fermamente.

MARIE

VIENNA, 16 SETTEMBRE 2013

Marie quasi non riusciva a crederci; finalmente poteva lasciare l'ospedale. Che buon profumo che aveva anche solo la camera d'albergo. Niente più odore di disinfettante o di pasti da ospedale, bensì aroma di partenze e arrivi, che sapevano in qualche modo di vitalità; ecco cos'era.

Julien la guardò: «Sei così silenziosa, tutto a posto?». L'aveva accompagnata sino in camera mentre il poliziotto che ancora la sorvegliava era rimasto fuori dalla porta in corridoio.

Marie scoppiò in una risata, poi sussultò un attimo, ridere di cuore comportava ancora qualche doloretto. «Sì, è tutto così meraviglioso, finalmente libera. Mi sembra di essere una prigioniera che è stata finalmente rilasciata».

Julien l'abbracciò, era un piacere per entrambi non dover temere l'improvviso arrivo in camera di un'infermiera o di un medico.

«Vuoi rimanere qui stanotte? O vogliamo andare nel mio di hotel? La camera è più spaziosa, l'Opera di Stato mi ha messo a disposizione una piccola suite».

Marie non ci pensò a lungo: «Posso immaginarmi che di là sia meno facile rintracciarmi», disse rimuovendo poi rapidamente il pensiero della killer. «Ma è meglio se la mia borsa la prendi tu, non penso di farcela ancora». Notando lo sguardo preoccupato di lui aggiunse: «Niente paura, sto molto meglio. Potrei danzare dalla gioia». Poi fu trafitta da un dolore improvviso ma anche da un pensiero spaventoso. Impallidì.

«Cosa ti sta succedendo?», chiese lui stravolto:

«Non lo so», rispose Marie con voce spenta. «Credo che non abbia nulla a che fare con il mio cuore ma che a Véronique sia accaduto qualcosa di tremendo». Marie non era in grado di dirgli di più tanto era opprimente la sensazione che qualcosa non andasse con Véronique.

Julien la guardò è capì quanto Marie fosse in ansia per la sorte dell'amica. Prese il cellulare e fece il numero augurandosi di sentirla rispondere di buon umore come sempre.

Il cellulare suonava e suonava, ma nessuno rispondeva.

«Forse è ancora nella grotta, voleva andarci oggi, no? Di certo lì non c'è campo, oppure forse è andata al mare, l'aveva detto che in serata, dopo la visita alla grotta, voleva ancora andare a nuotare con suo fratello». Guardando nuovamente in viso Marie anche in lui iniziò a insinuarsi l'inquietudine come un gelo che pervadeva ogni cosa.

VÉRONIQUE

SAINT-MAXIMIN-LA-SAINTE-BAUME, 16 SETTEMBRE 2013

A Véronique sfuggì un sospiro. Se solo avesse potuto respirare meglio con quel bavaglio, allora la sua forza sarebbe stata sufficiente a far arrivare il suo grido di aiuto all'amica, ma così non ne era certa. Mentre era lì seduta in silenzio e al buio, con il gelo e l'oscurità che cercavano di insinuarsi nel suo cuore, passò in rassegna le chiare e luminose immagini della giornata. I bei pensieri e l'incredibile incontro con Gesù Cristo e Maria Maddalena. No, ora non si sarebbe persa d'animo. Avrebbe avuto fiducia che anche quelle ore in un'oscura prigione facevano parte del suo piano di vita. Non aveva alcun senso che appena dopo aver ricevuto la più grande grazia della sua vita, tutto dovesse aver fine. Oltretutto Maria Maddalena le aveva detto chiaramente che era stata prescelta per percorrere questo cammino insieme a Marie Madeleine e a Julien. Quindi questo rapimento non poteva significare la sua morte.

Sollevata, Véronique si appoggiò il più possibile contro lo schienale della sedia di legno per poter almeno rilassare leggermente gli arti contratti. Come odiava essere costretta all'immobilità.

Un rumore, un leggero strisciare come di passi che scendevano i gradini. Il panico era in agguato, pronto a riportarla in uno stato di disperazione. Ma non udì né le voci né i passi dei due tizi.

Véronique si accorse che per l'agitazione le si stavano inumidendo le mani. Poi una luce, come di una torcia, puntata dritta contro i suoi occhi. Il fascio di luce si spostò, ma la sensazione di abbagliamento rimase.

«Silenzio».

Véronique ansimò per l'agitazione, visto che anche quest'uomo era vestito completamente di nero. Sembrava però più un bellissimo, luminoso angelo della vendetta fasciato in una tuta nera da motociclista e con i biondi capelli al vento, ben diverso da quei tipi ordinari di prima. Véronique ebbe un tuffo al cuore quando lo riconobbe: era Lucius, il misterioso.

Si sentì come serrare il cuore in una morsa d'acciaio. Se avesse potuto proferire un suono, dalle sue labbra sarebbe uscito un doloroso gemito; all'istante le fu chiaro che lui stava dalla parte dei rapitori e quindi dei nemici, perché dopo la prova generale del Parsifal né Marie né Julien avevano più avuto notizia di lui, il che poteva solo significare che in verità era uno di loro. Faceva parte degli Ottaviani? Véronique lo fissò strabuzzando gli occhi in timorosa attesa di quello che stava per accadere. Una minaccia da parte sua le sembrava molto più orrenda di tutto ciò che quei tizi avrebbero potuto farle prima. Non sapeva da dove le arrivasse quella certezza, ma questo Lucius era un elemento pericoloso.

Agilmente la liberò dall'insopportabile bavaglio. La guardò con disinvoltura e poi arrivò la tanto temuta domanda: «Sei pronta per parlare con me?».

Véronique rispose balbettando: «Lo sai vero? Lei stava troppo male per rivelarmi qualcosa di importante. È in fase di miglioramento, e io non riesco a credere che tu stia con questi traditori».

Lo guardò con occhi imploranti sperando che in questo mostro, la cui presenza le era parsa così gradevole, vi fosse ancora uno sprazzo di umanità.

Lucius, basito, la fissò negli occhi. Per Véronique fu come riuscire a vedere in lui un'anima tenera e ferita, comunque meravigliosa. Il suo cuore sobbalzò. C'era forse una possibilità per arrivare a lui?

In quel momento lui le si avvicinò lentamente e lei cercò di tenere a freno la paura che potesse davvero farle del male.

Poi all'improvviso sentì il tocco delle sue mani che delicatamente le toglievano la corona di spine e le accarezzavano la fronte.

«Cosa significa tutto questo?», si chiese confusa visto che non riusciva assolutamente a spiegarselo.

Lucius iniziò a liberarla e divertito aggiunse: «Ci hai creduto vero, nel crudele sequestratore? Me ne assumo la piena responsabilità. Comunque presumo che non ti metterai a gridare se adesso ti porto via da questa camera delle tortura».

Véronique lo fissò incredula.

Lucius la aiutò ad alzarsi, lei vacillò, i piedi erano intorpiditi, come assaliti da migliaia di formiche. Stava quasi per cadere a terra quando lui la tenne per le spalle guardandola profondamente negli occhi.

Senza realmente riflettere su cosa stesse facendo Véronique gli gettò le braccia al collo. Sorpreso Lucius la tenne stretta a sé. Poi la allontanò delicatamente dicendo con voce velata: «Dovremmo andarcene di qui prima che ritornino gli altri per vedere se sono riuscito a farti parlare. Dai vieni, andiamo».

La prese per mano precedendola su per i gradini.

Nella testa di Véronique i pensieri si affollavano: era veramente un agente degli Ottaviani? Si aspettavano che riuscisse a cavar fuori qualcosa da lei? L'aveva già fatto altre volte? Aveva torturato dei prigionieri? La fantasia si era messa in moto e si rallegrò di essere in fuga e di dover dunque restare nella realtà. Non doveva inciampare né cadere nel suo cammino attraverso l'oscurità, resa meno intensa solo dal cono di luce della torcia proiettata sul muro. Avevano già lasciato la prigione chiudendosi alle spalle la porta quando Lucius si fermò un attimo buttando poi a terra la porta con un calcio secco.

Che senso aveva?

«Beh, qualcuno deve essere pur venuto a liberarti dalla tua prigione, oppure no?» fece Lucius sogghignando.

Dopo essersi assicurato che la messa in scena reggesse, come se lei fosse stata liberata da terzi, accompagnò Véronique all'auto parcheggiata poco distante dall'edificio e la invitò a salire.

Véronique si aggrappò a lui e partirono a grande velocità.

Dopo un bel po' deviò in una stradina, affiancata da un filare di alberi, che conduceva a una casa che nell'oscurità le sembrava un castello. Lui parcheggiò l'auto sul retro del grande edificio. Senza parlare prese Véronique per mano e la accompagnò all'ingresso posteriore. Bussò alla porta di legno scandendo i colpi secondo un preciso ritmo e la porta venne subito aperta da una donna di una certa età che riservò un caloroso abbraccio a Lucius.

Con tenerezza le disse: «Nana, ti ho portato qualcuno. Mi raccomando prestale attenzione. Si chiama Véronique e tengo molto a lei. Adesso devo andare via subito. Véronique, mi faccio vivo!».

Senza perdere tempo a guardarsi intorno, Véronique aveva già chiesto a questa Nana se poteva fare una telefonata. Che bello poter parlare con Marie che aveva effettivamente ricevuto il suo messaggio e si era preoccupata. Anche Richard l'aveva cercata e lei riuscì a rintracciarlo al cellulare mentre era già davanti alla stazione di polizia. Per fortuna non aveva ancora parlato con nessuno, tutte queste macchinazioni degli Ottaviani non erano facilmente spiegabili alla polizia. Stavano ancora riflettendo se era il caso di dare l'allarme. Richard l'avrebbe raggiunta di lì a poco, così che anche la cioccolata calda, che Nana le aveva preparato nell'accogliente cucina, aveva un altro sapore. Solo nel cuore le restò un retrogusto amaro. Lucius faceva parte degli Ottaviani, questo era chiaro; ma perché allora l'aveva salvata? Era dalla sua parte? Come doveva intenderlo?

Cercò di farsi dire qualcosa di più su Lucius da Nana, cosa che lei fece più che volentieri raccontando del baccano che faceva da piccolo nel castello. Ma dalla morte dei suoi genitori le sue visite si erano fatte rare.

«Ma in fondo è rimasto sempre quel bravo bambino», disse Nana sentendosi forse in obbligo di difenderlo.

«Sì lo è», rispose Véronique, «per la mia amica Marie e per me si è veramente dimostrato un salvatore».

«Sì, è quello che è, io mi fido di lui ciecamente. Adesso però deve mangiare qualcosa. Lei è veramente troppo magra, mia cara», fece Nana indignata.

«Sono una ballerina classica e i miei partner uomini devono potermi sollevare in aria a mani nude. Non posso pesare di più, altrimenti dovrei velocemente cambiare professione», spiegò Véronique sorridendo.

Scuotendo la testa Nina si mise ad armeggiare ai suoi vecchi fornelli in ghisa. Una ballerina in casa sua, le si leggeva in volto che per lei era una cosa ancora più strana del fatto che Lucius potesse far parte di un'organizzazione segreta che rapiva giovani donne.

LUCIUS / VÉRONIQUE

PARIGI / VICINANZE DI NANS-LE-PIS / VIENNA, 16-17 SETTEMBRE 2013

Lucius ascoltava le escandescenze del *maître*. Prima aveva interrogato Stewart e Clément su come avesse fatto l'ostaggio a sfuggire loro di mano. E ora, ovviamente, toccava a lui rendere conto a de la Fontaine. Quando lo sentì sbraitare allontanò leggermente il telefono dall'orecchio. «Cos'hai da aggiungere tu Lucius? Questi due dicono la verità?».

Questo fece sì che i suoi colleghi gli lanciassero sguardi non proprio amichevoli. Rivolse loro un'occhiata rassicurante.

«Sì, è evidente che non hanno fatto nulla di sbagliato. Chiunque l'abbia tirata fuori da lì sapeva il fatto suo. Ho esaminato con attenzione la porta e credo che dovremmo cercare qualcuno esperto in arti marziali orientali oppure in kickboxing. Anche se ormai non sono in pochi…».

«Ma com'è stato possibile che la notizia della scomparsa di Véronique si sia diffusa così rapidamente?», rifletté Maurice a voce alta. «Vi siete forse dimenticati di prenderle il cellulare, stupidi idioti?».

«Non siamo dei principianti, *monsieur* de la Fontaine», ribatté Stewart cercando di rimanere il più calmo possibile. «Ce l'ho tra le mani. Vuole che glielo spedisca?».

«No, distruggilo. E tu Lucius, voglio che scopra se c'era qualcuno a sorvegliarla da lontano. C'erano altri che la inseguivano a parte noi? Datti da fare. Aspetto delle risposte».

Con un cenno del capo Lucius si accomiatò dai suoi colleghi. Doveva prendere le distanze. Era una bella sensazione potersi allontanare da lì con la sua moto giù per i tornanti, andare semplicemente via. Di inseguimenti ne sapeva abbastanza per essere certo di essere veramente solo quando si fermò per prendere il suo cellulare privato a prova di intercettazione. Con soddisfazione registrò che Véronique si fidava di lui al punto da trovarla ancora dove l'aveva lasciata in compagnia di Nana. Non era scappata via subito e gli aveva creduto quando le aveva detto che lì sarebbe stata al sicuro.

«Tutto ok? Cosa pensi di fare ora?», le chiese.

«Sono ancora un po' sottosopra, ma Nana si prende cura di me e tra poco viene a prendermi Richard», gli confidò Véronique.

Inaspettatamente il nome Richard procurò a Lucius una fitta all'altezza del cuore. Era forse il fidanzato di Véronique?

«Potrei venire a prenderti da Nana e poi andiamo insieme al parcheggio, tanto sono di strada». Respirò affannosamente attraverso il naso, come se fosse una battuta: «Devo scoprire se la tua auto è ancora lì o se qualcuno l'ha portata via. Loro hanno paura che tu ci faccia seguire dalla polizia».

Véronique si ascoltò pensierosa mentre diceva: «Hai appena detto "ci", intendendo noi? Mettiamoci una pietra sopra, so che hai buone intenzioni nei miei confronti. Devo solo avvisare mio fratello che sta venendo qui. Qual è il punto migliore per trovarci?».

«Parliamone tra poco, mi avvio e ti raggiungo», rise Lucius. «Un attimo e sono lì». Comunque quel Richard era solo suo fratello e questa era già una buona notizia. Si ascoltò. Ma allora era stata fin dall'inizio Véronique a interessarlo, e non Marie? Rimosse il pensiero e si concentrò sul fondo stradale sconnesso. Leggermente nervoso, Lucius prese nuovamente in consegna Véronique dalla premurosa custodia di Nana. Dopotutto lei aveva avuto tempo per riflettere sul suo ruolo nel rapimento. Ma la sua risata era sincera. E anche lui era felice di non avere più così tante cose da nascondere. Le indicò un punto di ritrovo dove suo fratello poteva venirla a prendere. Però non aveva molto tempo, sapeva che il *mâitre* non ammetteva indugi, aspettava la sua chiamata.

Il pensiero di De la Fontaine non riuscì però a pregiudicare il piacere che provava avendo Véronique seduta dietro di lui sulla moto. Era un'ottima passeggera, seguiva con lui le curve, era chiaro che il suo corpo agile e allenato si adattava istintivamente e questo gli piaceva.

Ma scendendo dalla moto vacillò e Lucius, che da conducente non aveva subìto alcun disorientamento, la sorresse e la strinse ancora una volta tra le braccia. Véronique si abbandonò volentieri come se il suo posto fosse tra quelle braccia. Le sue labbra erano troppo invitanti e lui la baciò sulla bocca, notando chiaramente il suo disappunto quando si staccò. La sua auto era ancora lì nel parcheggio e Lucius sapeva che il *mâitre* aspettava impaziente la sua chiamata. Si ritirò un attimo lasciando parlare innanzitutto de la Fontaine. Se nell'auto c'era ancora qualcosa? Lucius indugiò solo un istante, i suoi colleghi avevano preso le chiavi della vettura e il cellulare di Véronique, e anche la sua borsa non c'era più. «No», rispose, come sempre parlando con il *mâitre* si attenne alla verità; lui si accorgeva sempre quando uno mentiva. Però non gli raccontò quanto gli avesse fatto bene sapere che Véronique fosse dalla sua parte. Di come proprio ora gli stesse sorridendo mentre il *mâitre*, come sempre, concludeva la chiamata frettolosamente.

«Dovrò denunciare la perdita delle chiavi».

«Sì, non credo di riuscire a recuperarle. Vieni ti accompagno al punto stabilito, non vogliamo fare aspettare tuo fratello».

Scesa dalla moto Véronique posò la mano sulla spalla di Lucius dicendo: «Ti ringrazio con tutto il cuore per avermi salvata. Non so perché tu l'abbia fatto e nemmeno come potrò mai sdebitarmi».

«Invitandomi una volta da te», disse con un sorriso malizioso di nuovo pienamente consapevole del suo effetto sulle donne.

Véronique rispose seria: «Certo che ti invito, solo che mi serve il tuo numero di telefono, altrimenti come faccio a raggiungerti?».

A quel punto Lucius ebbe la fulminea consapevolezza di non poterla esporre a quel pericolo. «Sarebbe meglio se tu non ti mettessi in contatto con me. È pericoloso per entrambi».

«Oh, capisco». Véronique lo guardò come se la cosa le dispiacesse.

«Non potrò impedire che continuino a pedinarti, non te lo posso promettere, ma non appena trovo un modo, mi faccio vivo. Fidati di me».

L'auto di Richard imboccò la piccola piazza che Véronique gli aveva indicato come punto di incontro mentre Lucius sapeva di non poter seguire la tentazione di conoscerlo: «Devo proprio andare», disse a Véronique, che automaticamente fece un passo indietro, e poi partì.

MARIE

VIENNA, 17 SETTEMBRE 2013

Marie ripose il cellulare. La conversazione con Véronique le aveva fatto bene. Si era tolta un peso dal cuore e quando riferì a Julien quello che si erano dette anche lui si rilassò dalla tensione che lo aveva attanagliato.

«Penso che ora potremmo andare a dormire tranquilli», aggiunse lui.

«Sì, hai ragione», rispose Marie sollevandosi dalla *chaise-longue* nella suite di Julien. «Dovrei riposarmi un po' prima di mettermi in volo dopo il soggiorno in ospedale. Non vedo l'ora di tornare a casa mia. Sai certamente di cosa parlo, tu che sei un globe-trotter dell'Opera».

«Assolutamente», rispose Julien con un tono di voce che fece trasparire il sollievo per il ritrovato buonumore di Marie.

Marie però non ascoltò più di tanto, rendendosi conto che quella sarebbe stata la prima notte con Julien nello stesso letto. Agitata, passò mentalmente in rivista quello che aveva messo in borsa. Per fortuna nell'armadio dell'albergo era rimasto ancora qualcosa da indossare. Voleva essere almeno attraente, anche se non si sentiva così.

«Vuoi andare prima tu in bagno, *chérie*? O comincio ad andare io?», la domanda di Julien strappò Marie dai suoi pensieri.

«Oh, comincia pure ad andare tu», fece Marie che non amava la sensazione di stare trattenendo qualcuno. Andando in bagno dopo di lui si sarebbe potuta prendere tutto il tempo che le serviva. Poi sapeva che con la sua ferita ancora in via di guarigione ci avrebbe messo più tempo del solito.

Quando infine si diresse verso il letto con indosso il suo *negligé* di seta color crema mentre Julien si era già messo comodo, si accorse chiaramente di come lui restò senza respiro. La guardò sgranando gli occhi e lei era molto consapevole del suo corpo. Un po' insicura Marie scostò la coperta per stendersi sul suo lato del letto. Nemmeno lei era in grado di parlare, aveva il cuore in gola. Poi però vide l'espressione dei suoi occhi e si abbandonò. Si fidava completamente di Julien, sentiva che era così.

Julien le prese delicatamente il viso tra le mani e con le labbra sfiorò la sua bocca. Marie si arrese e attirò l'amato a se senza più fare attenzione alla cicatrice che ancora le doleva. Così si ritrovarono nel più appassionato dei baci della loro vita e con le mani che non riuscivano a smettere di esplorare i loro corpi con infinita tenerezza.

Mentre stava per sfilare a Marie il *negligé,* Julien si arrestò di colpo dicendo: «Per un istante mi sono completamente dimenticato che sei stata dimessa dall'ospedale solo oggi. Credo che la prima volta non dovremmo esagerare».

Marie lo guardò sconcertata e sussurrò: «Ti fa impressione la mia cicatrice?».

«Per l'amor del Cielo, no!», esclamò Julien costernato.

«Allora perché non vuoi che andiamo avanti?», chiese Marie titubante.

«Perché ti amo così tanto che ho paura di poterti far male».

«Questo non può essere».

«Non lo sappiamo, mia amata Marie, non possiamo valutare cosa può accadere alla tua ferita se ce ne dimentichiamo abbandonandoci completamente alla passione».

Con delicatezza Julien le sfilò il *negligé* facendolo passare sopra la testa e iniziò a sfiorarle delicatamente con le labbra la ferita, ancora gonfia e arrossata, proprio sotto al seno, come le aveva promesso di fare quando era ancora all'ospedale. Marie non poté fare altro che rilassarsi e gemere di piacere. Quando la bocca di Julien risalendo accolse anche i seni di Marie, non c'era più via di ritorno e lei non desiderava altro che fondersi in lui.

Infine Julien mise da parte tutti gli scrupoli e lasciò che divenissero davvero uno.

In quell'istante i loro corpi si illuminarono di luce ultraterrena così da dimostrare a entrambi che l'unione era benedetta dai piani superiori. Si confessarono a vicenda che da sempre avevano sognato di poter sperimentare un amore così. Restarono l'intera notte avvinghiati l'uno all'altra sussurrandosi parole d'amore che trovarono eco nella loro anima. Era come se per tutta la vita non avessero fatto altro che attendere questo momento.

LUCIUS

PARIGI, 18 SETTEMBRE 2013

Lucius era scocciato per aver ricevuto l'ordine secco di rientrare a Parigi. Tuttavia non aveva contestato il volere del *mâitre*. Naturalmente avrebbe preferito continuare a tenere d'occhio Véronique. Così facendo avrebbe forse trovato il modo di parlarle. Ora però era a Parigi seduto sulla sua Ducati, imbottigliato nel traffico. Tutto questo non aveva senso. A breve avrebbe incontrato *monsieur* de la Fontaine che si era appena auto-dimesso dall'ospedale. Si trovava già nel quartier generale in attesa dello *speculator*, così veniva definito l'agente degli Ottaviani che ricopriva la carica più alta. Lucius però non sapeva più come portare avanti la cosa visto che era ormai palese che non fosse in grado di tenere un atteggiamento neutrale verso chiunque. "Non direi che eri neutrale, quanto gelido" diceva una voce nella sua testa e Lucius dovette darle ragione. "Ti sei innamorato di lei", proseguì la voce. "Non è vero!", ribatté lui con impeto.

"Sì, che è vero. Se sei veramente sincero con te stesso, lo sai che è così", il suo subconscio non si lasciava zittire così facilmente.

"Uhm, forse il mio Io non ha proprio tutti i torti", rifletté Lucius. "In fondo sarei stato tutt'altro che entusiasta se fosse venuto fuori che Richard era il fidanzato di Véronique. Cosa devo fare?".

Perso nei suoi pensieri, se ne stava lì in sella alla sua moto brillante alla luce del sole. Poi prese una decisione. De la Fontaine avrebbe dovuto aspettare ancora un po'. Era impossibile calcolare quanto sarebbe ancora durato quell'ingorgo. Ma si sa, le moto si infilano ovunque, così fece un tratto sul marciapiede, evitò un'edicola e imboccò una strada laterale.

Nonostante l'intenso traffico mattutino riuscì infine a raggiungere velocemente la casa di Xiao Lin nel quartiere del Marais. Si augurava che potesse consigliarlo e che innanzitutto fosse a casa. Non aveva fatto quasi in tempo a bussare che se lo vide già davanti, quell'uomo muscoloso che si inchinava, non troppo, perché in fondo il maestro restava lui, e ciononostante con quel rispetto che Lucius si era guadagnato, come sapeva bene, con il duro allenamento.

«Ti stavo già aspettando, figlio mio», così lo salutò calorosamente Xiao Lin. «Vieni, entra».

Lucius lo seguì malvolentieri, ma non appena fu di fronte a Xiao Lin nella posizione del loto ebbe inizio l'intensa cerimonia di purificazione che si era probabilmente meritato con la sua irrequietezza.

«Respira nel ritmo sacro, come ti ho insegnato io e non ti muovere perché ora prenderò la mia spada per liberarti dalla violenta tempesta che furoreggia nella tua testa. Anche il minimo movimento falso potrebbe causarti ferite mortali. Lo sai, devi trovare la tua pace interiore e dimostrarla».

Il battito del cuore di Lucius accelerò all'istante perché sapeva quanto la spada di Xiao Lin sarebbe arrivata vicino al suo corpo; quindi si sforzò, con ogni fibra del suo essere, di concentrarsi solo e unicamente sull'esercizio della respirazione sacra, restando immobile.

Contemporaneamente sentiva come Xiao Lin, con agili movimenti, facesse danzare attorno a lui la lama micidiale, e tuttavia così sacra. Contemporaneamente percepiva come il caos di pensieri nella sua testa iniziasse a dissolversi lasciando posto a una luce brillante che lo illuminava da dentro. Lucius aveva l'impressione che quella luce in lui si diffondesse sempre più, gli parve addirittura di vederne i raggi che fuoriuscivano dal suo corpo in tutte le direzioni. Alla fine della cerimonia, quando Xiao Lin conficcò la spada davanti a lui, gli sembrava quasi di volteggiare sopra al tappetino.

Pieno di gratitudine aprì gli occhi perché sapeva che a Xiao Lin era concesso molto raramente di eseguire questa cerimonia.

«Cosa significa questo, mio maestro?», chiese Lucius con deferenza.

«Nel momento in cui hai salvato la vita a Véronique sei veramente tornato a essere uno dei nostri», spiegò Xiao Lin solennemente.

«Come fai a saperlo? E chi sarebbero questo 'nostri'?», chiese Lucius perplesso.

«Non ho ancora avuto il permesso di rivelarti quale sia il mio vero compito in questa vita. È troppo presto per farlo. Io comunque accompagno diverse persone tra cui te. Diciamo che vi tengo d'occhio; come faccio a spiegartelo…? Con il mio radar sensitivo, così ho visto quello che hai fatto. So anche che da ora in avanti non sarai più in grado di torturare o addirittura uccidere persone innocenti perché sai nuovamente cosa significa amare».

«Come, prego?».

«Hai sentito benissimo. Ora so che sei di nuovo capace di amare i tuoi simili, una capacità che avevi perso con la morte dei tuoi genitori. Così sei tornato a far parte di quelli che vogliono cambiare il mondo attraverso l'amore e non la lotta» sentenziò Xiao Lin.

Sgranando gli occhi e a bocca aperta Lucius fissò quell'uomo saggio sapendo che aveva ragione. Da quando si era reso conto di amare Véronique aveva nuovamente accesso ai suoi sentimenti e sapeva che avrebbe rischiato la vita per lei, così come Julien aveva fatto per Marie nel duomo di Santo Stefano. «Maestro, io metto Véronique in pericolo, cosa posso fare?».

«Per il momento non vi è ancora concesso di stare insieme. Il tuo compito ora è di rimanere tra gli Ottaviani come se fossi ancora uno di loro, mentre in realtà sei al servizio della nostra causa».

«Ma è una vera follia! Devo continuare a lavorare sotto copertura per questa banda di assassini? Non sai cosa pretendi da me…». Dentro di sé Lucius ribolliva di rabbia, anche se era già arrivato alla medesima conclusione, ma l'idea lo terrorizzava.

«Calmati, mio caro», rispose Xiao Lin con tono conciliante. «A noi interessa solo continuare a essere informati su tutti i piani e le mosse di Maurice de la Fontaine, perché solo così potrai proteggere Véronique e le altre persone che ti sono vicine. So che non sarà facile per te, ma questa è la tua vera missione. Questo è il cammino della tua vita».

«E lo devo percorrere sino alla fine», aggiunse Lucius affranto perché non gli era chiaro come avrebbe potuto resistere. «Véronique non la posso proprio vedere?».

«No».

Lucius sospirò sapendo però che Xiao Lin aveva ragione e annuì.

«Ce la farai, non per niente sei il mio allievo», aggiunse Xiao Lin e se Lucius non l'avesse visto con i suoi occhi, avrebbe potuto immaginarsi di vedere un sorriso sul volto del saggio. Un pensiero meraviglioso che lo aiutò a elaborare ciò che lo attendeva. Lucius si alzò e si inchinò cosciente di aver appreso da Xiao Lin molto di più di quanto avesse sperato.

PARTE SESTA

I PRESCELTI, OLTRE I PERICOLI E LE MINACCE

VÉRONIQUE

PARIGI, 18 SETTEMBRE 2013

Véronique non vedeva l'ora; finalmente la porta dell'appartamento di Marie si aprì e si trovò di fronte all'amica. Rivedersi fu emozionante e Véronique ci mise un po' prima di accorgersi che lì accanto c'era Julien che osservava entrambe con tenerezza. Allora si staccò da Marie per abbracciare forte anche lui, che aveva sofferto e vinto. Continuarono a guardarsi con occhi raggianti sino a quando Richard, vicino a lei, si schiarì la gola e disse: «Allora, me lo presenti?».

Solo in quel momento si ricordò che era stato suo fratello ad accompagnarla a Parigi. Naturalmente conosceva la sua migliore amica ma non aveva mai incontrato Julien. Era una bella sensazione avere a fianco due uomini così. Lei e Marie ora non erano più sole nella ricerca dell'eredità di Marie e forse, chissà, c'era anche una quinta persona dalla sua parte, ma Véronique quasi non osava pensare a lui in questo senso. Si augurava che fosse veramente dalla loro parte e che non stesse invece portando avanti un gioco crudele agli ordini di de la Fontaine.

«Dio mio Marie, che piacere rivederti. Hai rischiato di essere assassinata!». Véronique era sconvolta per il pallore della sua amica anche se vide che interiormente ardeva. Non tutto ciò che era accaduto nelle scorse settimane era negativo.

«Per me è lo stesso, Véronique, credo che se tutti noi avessimo saputo a priori quanto era pericolosa la ricerca dei messaggi di Maria Maddalena e di Gesù Cristo, forse non ci saremmo neppure buttati nell'impresa».

«Questo non lo credo, cara Marie Madeleine», si intromise Julien con tono soave, «perché stando a un'antichissima profezia siamo stati prescelti per compiere questo cammino».

«Questo nel frattempo lo so, Julien, ma comunque se tu me lo avessi detto prima avrei preso tutti voi per matti», ribatté Marie.

«Poi ti dico che non c'è mai stato nessuno capace di trattenermi da un compito avventuroso».

«Questo è assolutamente vero», fece Richard sorridendo. «Chi è stata la prima che si è messa letteralmente a correre sui tetti di Nizza in occasione della sua prima visita?!».

«Ma come fai a ricordartelo ancora?», dovette ammettere Marie ridendo. Lentamente le cupe ombre dei fatti recenti svanirono e ridendo si sedettero a tavola. Ognuno aveva ancora qualcosa da raccontare e che non si era fidato di dire al cellulare.

Quando arrivò il momento di preparare dell'altro tè le due amiche approfittarono dell'occasione per un colloquio più confidenziale. «Nonostante i momenti terribili che hai passato, dall'interno risplendi in un modo che non ho mai visto prima. Sei molto felice con Julien, vero?», si rassicurò Véronique.

«Sì, è così *chérie*: come sai sono sempre stata scettica in fatto di relazioni. Non avrei mai pensato di vivere un amore di questo tipo», rispose Marie entusiasta e non poté fare a meno di raccontare all'amica particolari che prima aveva taciuto.

Véronique la strinse a sé perché la felicità era troppa per non condividerla: «Sono immensamente felice per te. Te lo meriti assolutamente dopo tutto quello che ti è accaduto».

«Ti ringrazio» rispose Marie. «Ma dimmi un po', come ti spieghi il comportamento di Lucius? Come mai ti ha salvata se palesemente fa parte dei nostri nemici dichiarati?».

Un leggero rossore apparve sul viso di Véronique mentre stranamente agitata rispose: «Se solo lo sapessi! Mi sto spaccando la testa a pensarci».

Marie conosceva la sua amica troppo bene per non accorgersi che non aveva raccontato proprio tutto. Così proseguì: «Però un sospetto ce l'hai già vero?».

«Sì, è vero. In qualche modo sembro piacergli», disse infine dopo aver esitato.

«Cosa è successo? Dai, su racconta», la sollecitò Marie.

«Di punto in bianco mi ha baciata» confessò Véronique.

«Me lo immaginavo. Ma raccontami, com'è andata?».

Allora Véronique non si trattenne più e le raccontò di tutti gli strani momenti vissuti con Lucius.

«Adesso come ti senti? Lo vedo che quest'uomo non ti è indifferente», insistette Marie.

«No, non lo è: anche se mi ha detto che non ci saremmo più potuti vedere perché è troppo pericoloso per entrambi», ribadì Véronique con tono triste.

«Ma non può essere vero!», si indignò Marie. «Prima ti salva la vita e ti bacia e poi ti pianta in asso?».

«Sostiene che così sono più al sicuro».

«Bah, vedremo di farci venire in mente qualcosa», esclamò Marie irritata. «Vedrai che una soluzione la troviamo».

Quando li raggiunsero di nuovo in soggiorno, Julien e Richard stavano proprio discutendo su come poterle assistere al meglio nella loro ricerca.

Davanti a un'ulteriore tazza di tè arrivarono alla conclusione che, per il momento, era meglio che Marie e Véronique rimanessero insieme a Parigi, mentre Richard sarebbe tornato a Nizza. Perché almeno per ora la società non lo aveva ancora nel mirino. Era bene avere qualcuno nelle retrovie che potesse intervenire quando gli altri avevano bisogno di aiuto. Julien a breve avrebbe avuto una serie di prove a Dresda, così concordarono che sarebbe stato meglio se Marie, anche per riprendersi, fosse rimasta tra le quattro mura di casa a Parigi. Lì almeno Véronique poteva prendersi cura di lei così da sostenerla con il pensiero.

Marie comunque ribadì nuovamente: «Ti raggiungo a Dresda non appena ho la sensazione di aver di nuovo voglia di viaggiare. Desidero così tanto sentirti un'altra volta cantare».

«Lo credo, mio tesoro», rispose Julien dandole un tenero bacio sulla fronte. «Se però avessi bisogno di avermi nelle vicinanze, cancello immediatamente il *Lohengrin*, lo sai. Ti prego di essere assolutamente sincera. Tu per me sei la cosa più importante».

«Ti ringrazio. Naturalmente preferirei averti accanto, ma ho la vaga sensazione che il *Lohengrin* a Dresda potrebbe essere un'ulteriore chiave per la soluzione del nostro mistero. Parsifal ci ha portato avanti. E non è stata Maria Maddalena stessa a dire che solo uno degli ultimi veri *troubadour* è in grado di svelare il mistero?».

«Sì è vero» rispose Julien modestamente.

«Allora tu potrai contribuire a risolvere il mistero solo cantando», spiegò Marie convinta.

«Penso che tu abbia ragione», aggiunse Richard pensieroso. «Quindi in ogni caso ora tu vai a Dresda. Non sarebbe meglio se io restassi a Parigi per tenere d'occhio le ragazze?».

«Ragazze!», esclamarono all'unisono Véronique e Marie. «Fratellino, ora non esagerare,» aggiunse Véronique.

«Scherzare ci sta, specie quando la vita è già tanto seria come ora», fece Richard.

«In due ce la facciamo. Appena Julien parte mi trasferisco da Marie. E se non sbaglio anche la polizia è al corrente dell'attentato che Marie ha subìto a Vienna, le pattuglie qui in zona sono state rafforzate. Del mio rapimento non sanno nulla, ma è meglio così, non voglio rischiare di attirare di più l'attenzione, significa che sul palcoscenico sono talmente sotto i riflettori che di sicuro non può accadermi nulla». Poi aggiunse pensierosa: «Lucius probabilmente mi informerebbe se corressi dei pericoli».

«Per questo potrei quasi essergli grato, sorellina mia», fece Richard mentre stringeva teneramente la mano di Véronique. «Spero che il tuo auspicio si riveli vero». E Véronique lesse nei suoi occhi tutta la sua preoccupazione.

JULIEN

PARIGI / DRESDA, 20 SETTEMBRE 2013

Col cuore pesante Julien si mise in viaggio per Dresda. A voler essere sincero con se stesso, avrebbe preferito annullare il *Lohengrin* piuttosto che separarsi dalla sua preziosa Marie. Naturalmente non era proprio sola, eppure senza di lei si sentiva come mutilato. Come avrebbe fatto a resistere qualche giorno o forse anche più a lungo senza sentirla, senza poterla toccare?

"Cosa mi è successo così di colpo?", si chiese Julien mentre aveva già preso posto sull'aereo. "Ma probabilmente è così che ci si sente quando si incontra l'amore della vita".

Per consolarsi aprì il diario di sua madre che portava sempre con sé in viaggio da quando aveva conosciuto Marie.

Parigi, 30 gennaio 1990

Amato figlio,
come nel frattempo avrai constatato, ho ricevuto il dono di prevedere futuro, cosa che non è stata facile da sopportare. Tuttavia sono anche incredibilmente grata, perché senza questa capacità non saprei cosa ti attende e non potrei aiutarti così tanto.
Julien ti prego, preparatevi, tu e Marie a dover affrontare degli ostacoli quando sarete una coppia, perché le forze

oscure faranno di tutto per distruggere il vostro amore così puro. Non ti stupire di nulla.
Sii tuttavia pronto a fare qualunque cosa per lottare per questa vostra unione. Anche se Lohengrin ha dovuto abbandonare la sua Elsa perché lei non era in grado di fidarsi completamente di lui, ciò non vale per te, qualunque cosa accada. Hai sentito, figlio mio?

Julien era sconvolto. Allora il *Lohengrin* era dunque un'opera importante sotto molti aspetti. Avrebbe dovuto fare attenzione a non lasciarsi sfuggire il messaggio, sperava così tanto di poter finalmente risolvere il mistero e forse vivere felice insieme a Marie. Sua madre aveva per caso previsto un nuovo pericolo?

Ovviamente avrebbe lottato per lei, per il suo amore per Marie e per Marie stessa.

Emozionato rivolse nuovamente la sua attenzione al diario:

Marie dubiterà nuovamente di te e della tua fiducia, ma tu dovrai convincerla che ha tutte le ragioni del mondo per fidarsi completamente di te. Comprendi, amato Julien? Devi fare tutto il possibile affinché sia così!
Senti ora come ti stringo in un abbraccio d'amore e sappi che sono sempre con te, ovunque tu sia…

Marie avrebbe dubitato del suo amore? Julien si ascoltò; no, mai più un'altra donna gli si sarebbe avvicinata troppo. Alla fine l'avrebbe convinta. Così sperava lui.

MARIE

PARIGI, 20 SETTEMBRE 2013

Marie si rallegrò vedendo Véronique davanti alla sua porta di casa con i bagagli. «Sinceramente sono proprio contenta di passare del tempo con te. Come sarebbe bello se non ci dovessimo preoccupare di nulla».

Ma gli occhi di Véronique rivelavano che c'era dell'altro che le pesava sull'anima.

«Cosa succede?», chiese Marie.

«Vorrei tanto rivedere Lucius».

«Aspetta un attimo, mi verrà di certo in mente qualcosa».

Mentre Véronique sistemava le sue cose nell'appartamento, Marie si sedette a riflettere nel suo posto preferito. Di idee gliene vennero tante, ma anche le relative riserve, così stette per un po' seduta in silenzio.

Poi però, con un sorriso dipinto sul viso, aprì gli occhi e rivolgendosi a Véronique, che nel frattempo le si era seduta accanto guardandola con curiosità, disse: «Mando un SMS a Lucius e gli chiedo di vederci. Questo non è pericoloso. In fondo ufficialmente ha salvato sia me che Julien, fatto riportato da tutti i giornali del mondo, quindi mi pare ovvio che lo voglia ringraziare di persona».

«Questa è un'idea grandiosa, *chérie*». Véronique saltò su per abbracciare spontaneamente Marie, ma poi si trattenne di colpo. «Ma la cosa non è per nulla priva di pericoli, perché se il tuo telefono è tracciato, loro vengono a sapere che tu lo vuoi vedere, così poi ti pedinano e alla fine arrivano a torturarti per ottenere informazioni» ogni parola in più la gioia nella sua voce scemava.

«Véronique, Lucius è tutt'altro che stupido! Troverà un modo per rispondermi senza metterci in pericolo. Fidati di me!», concluse mentre già stava scrivendo il messaggio.

"Lucius, vorrei vederti, parlarti con urgenza, per poterti ringraziare ancora una volta con tutta calma. Ti prego, chiamami! Baci. Marie".

Prima di inviare il messaggio lo fece vedere alla sua amica spiegandole che Lucius sapeva leggere tra le righe e che avrebbe capito.

«Ma quanto è brillante la mia amica!» esclamò Véronique rasserenata. «Mandalo subito così com'è, prima che io cambi ancora idea».

Poco dopo suonarono alla porta, era un corriere in bicicletta che consegnò a Marie una lettera scritta a mano. Marie aprì subito la busta mentre era ancora in corridoio. La missiva era di Lucius.

«Hai visto com'è veloce a rispondere il tuo amico!», esclamò Marie trionfante mentre tornava in cucina con il messaggio.

«Davvero?» Véronique balzò dalla sedia faticando a trattenersi per non strappare la lettera dalle mani di Marie. «Cos'è che dice?».

«Tieni, leggi tu stessa!», disse Marie porgendo lo scritto a Véronique.

Cara Marie
È troppo pericoloso per tutti noi risponderti dal cellulare perciò ho scelto questa modalità.
Immagino tu sappia che sono stato io a liberare Véronique.
Dovremmo trovarci in un luogo che non dia nell'occhio.

Fra due ore su una panchina vicino al Lac Inférieur al Bois de Boulogne?
Se per te va bene, per favore tira la tenda della finestra di camera tua, quella che dà sulla strada.
Io sono qui nei pressi.
Con affetto e fai attenzione a te stessa! Lucius

«Allora, che ne dici?», fece Marie fissando la sua amica. Era un'idea molto più ponderata e prudente di quello che si era aspettata.

«È incredibile. Ci vai?»

«Ma cosa dici! Sarai tu ad andare» rispose Marie. «È per questo che ho messo in scena tutto questo teatrino».

«Come, adesso? Io?», chiese Véronique senza fiato.

«Sì tu! Dai, adesso andiamo a chiudere la tenda, così da farlo sapere a Lucius, e niente obiezioni, *chérie*», replicò Marie sorridendo.

VÉRONIQUE

PARIGI, 20 SETTEMBRE 2013

Véronique si muoveva nervosamente avanti e indietro sulla panchina; com'era venuta in mente a Marie questa idea davvero troppo pericolosa? Se l'avesse saputo Richard... Oppure Julien. Nessuno dei due avrebbe approvato questo incontro. Véronique scrutava con occhio diffidente tutti i passanti. Nessun volto noto, ma questo poteva anche non voler dire niente, visto che chiunque poteva essere una spia al soldo di de la Fontaine. Si augurava che Lucius sapesse cosa stava facendo. In lontananza scorse una figura dalle movenze stranamente familiari. Mai prima si era resa conto di quanto anche Lucius avesse un fisico allenato e flessibile come solo un danzatore può avere; sportivo, questo lo era decisamente. In cosa era andata a imbarcarsi? Véronique restò seduta immobile sino a quando non se lo trovò di fronte. Lucius si levò gli occhiali da sole e la guardò con i suoi occhi raggianti. Le sembrò che continuassero a guardarsi per lunghi minuti prima che lei potesse nuovamente rendersi conto del mondo che la circondava.

Fu Lucius a rompere il silenzio. Delicatamente le sfiorò la fronte là dove c'erano ancora tracce della corona di metallo dicendo a voce bassa: «In realtà avrei dovuto immaginarmelo di potermi trovare di fronte te e non Marie».

«E questo ci mette in pericolo?», chiese Véronique cautamente per non rovinare la magia del momento.

«Tutto si sistemerà», lo sentì dire. Un attimo dopo lui la strinse in un abbraccio appassionato sussurrandole all'orecchio: «È dal nostro ultimo incontro che muoio dalla voglia di tenerti tra le braccia. Ma come sai, questo è molto pericoloso non solo per te e me, ma anche per Marie e Julien. Ti prego, fidati di me. Farò tutto ciò che è in mio potere per proteggervi da altri attacchi. Per questo motivo nessuno può avere il minimo dubbio sulla mia lealtà verso la Società». La scostò leggermente da sé aggiungendo: «Lo comprendi?».

Eccome se lo capiva. Véronique annuì, del resto anche loro erano arrivati a quella conclusione.

«Ciò significa che né tu né Marie potete più avere contatti con me a meno che io non vi faccia avere personalmente un messaggio tramite un corriere. Se ci fosse il minimo dubbio su di me, tutti i miei cellulari verrebbero controllati. Ti prego di rispondere solo nel caso in cui dovessi ricevere un mio messaggio scritto a mano nel quale è inclusa la parola…», si fermò un istante a riflettere, poi sorridendo disse: «*Lohengrin*, perché non si può mai sapere cosa sia capace di farsi venire in mente il mio *mâitre*. Ne sa una più del diavolo, come hai potuto sperimentare sulla tua pelle».

«Richard ha fatto qualche indagine; quando si parla della Società, si tratta degli Ottaviani, vero?», insistette lei.

Lucien la guardò stupefatto. «Sì, esatto, ma quel nome non dovresti dirlo a voce alta. Questa Società fa di tutto per restare veramente segreta».

«Lucius non riesco proprio a inquadrarti. Stavi per estorcermi tutto e poi di colpo mi hai salvata. Sei davvero certo di stare dalla nostra parte?», insistette Véronique, perché voleva a tutti i costi sapere la verità.

«A essere sincero non è da molto che sono dalla vostra parte. Salvare Marie e Julien a Vienna faceva parte del piano così da guadagnarmi la loro fiducia e carpire facilmente i loro segreti», rispose Lucius dicendo la verità mentre si staccava da Véronique per poterla guardare profondamente negli occhi.

Véronique annuì, quel sospetto lei lo aveva già espresso a Marie. «Ma che cosa diavolo ti ha portato a schierarti all'improvviso dall'altra parte?».

«Julien».

«Come prego?», Véronique credette di aver capito male.

«Hai sentito bene». Lucius la guardò come a voler leggere ogni suo minimo stato d'animo mentre proseguiva sottovoce. «Quando Julien nel duomo di Santo Stefano si è gettato su Marie per salvarle la vita con il suo corpo, per me è stato un momento incredibile. I miei genitori sono stati uccisi brutalmente. E per molti anni non sono più riuscito a provare qualcosa di simile alla compassione. Ma quando ho visto quell'amore palesato dalla sua reazione, io…», Lucius sospirò. «Io ero convinto di stare dalla parte giusta. De la Fontaine mi ha sempre raccontato che i miei genitori erano stati assassinati da fautori della linea di sangue. L'ho messo in discussione solo quando ho visto Julien agire in quel modo per salvare la donna che ama».

Il cuore di Véronique batteva all'impazzata, non l'avrebbe interrotto per nulla al mondo.

«Poi ho assistito alla prova generale del *Parsifal*. Mi ha sconvolto, il modo in cui ha cantato mi ha fatto aprire gli occhi e ho dovuto riconoscere che ero diventato un mostro».

Lucius si fermò di colpo per vedere che effetto avevano le sue parole su Véronique. Compassione, questo leggeva nei suoi occhi, e così si azzardò a continuare a esprimere i suoi sentimenti.

«Quando Parsifal alla fine ha cantato le parole 'Sanato sii, purificato e assolto', mi ha guardato diretto negli occhi e sapevo di essere stato redento da tutte le mie colpe».

Pronunciando queste ultime parole gli occhi di Lucius si inumidirono.

«Quello è stato il momento in cui hai riconosciuto di voler stare dalla nostra parte?».

«Sì, esattamente così. Però credimi, non c'è istante in cui io non rimpianga di essere corso dietro a de la Fontaine come un cane da salotto. Ma nessuno doveva accorgersene. Volevo capire come potervi aiutare. Quindi vi ho seguito. Anche pedinare te è stato un ordine della Società».

«Il tuo sguardo non era molto amichevole però, prima di slegarmi!», Véronique si rammentò di quel momento e non trovò del tutto convincente il filo del suo discorso.

«Ero furioso con me stesso, con tutto il mondo; da un lato volevo solo che tutto quell'avanti e indietro finisse e dall'altro un po' non lo volevo; c'è voluta forza di volontà per aiutarti, perché allora saresti venuta a sapere, come sta accadendo in questo momento, che sono una brutta persona. Se ti avessi uccisa in quel momento non lo avresti mai saputo. Voglio essere sincero, per un attimo sono stato tentato», confessò mentre il suo sguardo si faceva sempre più intenso. «Ma poi ti ho guardato negli occhi e vi ho visto qualcosa, che mi ha… non potevo più».

«Cosa vuoi dire?», chiese Véronique.

«Sotto il tuo sguardo avevo la sensazione di essere ancora il Lucius di una volta, quello che credeva nel bene e…», il suo sguardo si spostò dall'altro lato del laghetto e lui sussultò.

«Eccoli lì, stanno arrivando». In lontananza si intravedevano due uomini. «Siete ancora pedinati. De la Fontaine non mi dice tutto. Devo andare via prima che mi riconoscano».

Véronique non fece in tempo a reagire che Lucius si era già messo gli occhiali da sole ed era rapidamente scomparso tra due cespugli. Lei restò aggrappata alle sue ultime parole. Chissà cosa avrebbe ancora aggiunto se non fossero stati interrotti.

Improvvisamente si trovò vicino Marie.

«Tutto ok?», chiese preoccupata. «Lucius se n'è andato così di fretta».

«Sì, ci stanno pedinando e lui li ha scoperti».

«Oh no! Ma non finisce mai», sbottò Marie sconvolta lasciandosi cadere sulla panchina.

Véronique le si sedette un attimo accanto mettendo un braccio attorno alle sue spalle. «Sembra proprio essere il nostro destino. Ma grazie ancora Marie per aver organizzato questo incontro».

«Davvero?», gli occhi di Marie si illuminarono.

«Sì, anche Lucius aveva evidentemente molta voglia di rivedermi», rispose Véronique concedendosi di provare un po' di felicità ripensando a lui.

«Sono felice per te dal profondo del cuore», rispose Marie raggiante e ascoltando senza fiatare il resoconto di Véronique sulla conversazione con Lucius.

«Uhm, non è facile neppure per lui», fece Marie scossa. «È arrivato il momento di porre fine a tutto questo. Cos'ha raccontato?».

«Che i suoi genitori sono stati assassinati. Ma non da noi, mai e poi mai! C'è sempre dietro quel de la Fontaine».

«Spero che a Dresda Julien possa trovare altri riscontri», sospirò Marie.

«Sì, sarebbe meraviglioso. Ma dovremmo andarcene da qui. Non riesco a stare seduta tranquilla mentre so che ci sono due tizi che mi stanno osservando», disse Véronique trascinando via con sé la sua amica.

JULIEN

DRESDA, 22 SETTEMBRE 2013

Anche se sentiva molto la mancanza di Marie, Julien era comunque felice di essere di nuovo nella sua amata Dresda. Amava cantare al Semperoper, il Teatro dell'Opera di Dresda, e per poterlo fare scartava volentieri anche le offerte più redditizie da parte di altri teatri d'opera più grandi. Quel teatro era per lui come un vecchio amico.

Con grande entusiasmo si buttò a capofitto nelle prove del *Lohengrin* dato che quest'opera è strettamente affine al *Parsifal* offrendo però ulteriori possibilità di sviluppo. Julien era elettrizzato anche dal fatto che Elsa sarebbe stata interpretata da Ekaterina Kurkova, cantante che ai suoi occhi non aveva uguali, con una voce che spiccava per bellezza, alla quale si aggiungevano un carisma ineguagliabile e un'immensa forza espressiva che lo colpivano ogni volta che lavorava con lei. Ed era anche molto attraente. Ma questo erano più le altre donne che lo sottolineavano, non tanto lei. Nella veste di suo partner in scena era facile per lui far credere al pubblico che il loro amore fosse vero. Lui apprezzava molto il fatto di avere accanto una cantante del suo calibro, solo così poteva crescere oltre se stesso. Anche Ekaterina Kurkova la viveva così. Si sentivano vicini e passavano insieme anche il tempo libero tra una prova e l'altra.

Ekaterina raggiunse Julien all'ingresso degli artisti e lo prese a braccetto. «Faccio un salto a mangiare un boccone veloce, vieni anche tu?», gli chiese.

«Sì, mi andrebbe un'insalata, oggi le prove andranno per le lunghe», Ekaterina rise e dal tono si sentiva che si era già riscaldata la voce. I suoi tacchi alti erano ovviamente poco adatti all'acciottolato antistante il teatro, così Julien si prestò volentieri di aiutarla a superare le asperità del cammino. Erano già usciti spesso così a braccetto. Lo faceva senza pensare, anche ora, mentre sempre più gente si girava a guardarli. Lui lo attribuiva semplicemente al fatto che erano entrambi famosi e che decisamente formavano una bella coppia.

Fortunatamente davanti al Caffé c'era ancora un tavolino libero, un po' in disparte, il sole autunnale scaldava e Julien era felice di trovarsi ancora una volta nel cuore di questa antica città, con il sontuoso Zwinger alla loro sinistra e il Teatro dell'Opera proprio di fronte.

«L'allestimento non ti sembra un tantino fuori moda?», chiese Ekaterina.

«A essere sincero sono molto felice che sia così, perché almeno il regista ha compreso il testo e non mi fa rotolare selvaggiamente da una parte all'altra del palcoscenico».

«È sorprendente cosa non si debba fare nelle vesti di Lohengrin. Ti è già capitato di doverti dimenare e rotolare sul palco?», si indignò Ekaterina sgranando gli occhi.

«Sì, proprio così. E per me è stato tutt'altro che piacevole. Lohengrin è il figlio di Parsifal, prescelto per spezzare il malefico incantesimo con la forza del Graal e salvare Elsa e suo fratello, creduto morto. Come può un eroe sublime come lui dimenarsi selvaggiamente di qua e di là? Però è il passato», aggiunse cercando di calmarsi perché il solo ricordo gli faceva ancora perdere le staffe.

Ekaterina sapeva benissimo cosa lui volesse dire: «Talvolta ho la sensazione che certi registi cerchino intenzionalmente di estirpare dalle opere ogni significato profondo. Quando invece le storie che ci sono dietro servono alla formazione dell'anima e hanno sempre un senso più profondo…».

Visibilmente stupito, Julien guardò Ekaterina. Poteva essere che anche lei ne sapesse di più?

«Perché mi guardi in quel modo strano? Ho detto qualche sciocchezza?».

«No, anzi al contrario», esclamò Julien. «Condivido in tutto la tua opinione».

«Davvero?».

«Assolutamente», rispose Julien. «Però non credo che dovremmo continuare questa conversazione così pubblicamente. Non si sa mai chi potrebbe ascoltarci proprio ora».

«Capisco. Dopo tutto quello che hai passato, comprendo benissimo. Ma hai qualche idea di chi volesse far fuori Marie Chevalier? Si tratta per caso di qualche segreta eredità che fa gola a quei ragazzacci?».

«Ti prego Ekaterina, non qui», sospirò forte Julien.

«Va bene, mio caro. Scusami, per favore. Certe volte il mio temperamento e la mia fantasia partono per la tangente».

Julien le accarezzò un braccio per calmarla. «Cosa ne dici se prima della prova facciamo ancora due passi nel magnifico giardino dello Zwinger?».

«Magnifica idea», fece saltando subito su dalla sedia.

Solo il fatto che Julien dovesse ancora pagare il conto la trattenne dallo scappare via subito. Ekaterina lo prese di nuovo sottobraccio e insieme si diressero verso i giardini.

«Vogliamo sederci un attimo?», chiese Ekaterina dando un'occhiata alle sue scarpe, e così i due si sedettero sul bordo di una delle quattro vasche disposte simmetricamente nel cuore di questa oasi in pieno centro città. A occhi chiusi rivolsero il viso al sole per accumulare un po' di calore prima di tornare sul palcoscenico. Da veterani del settore ignorarono completamente i passanti, ma anche gli operatori dei media che continuavano a fotografarli.

Era tanto comunque che Julien non si sentiva così bene, sapendo Marie a Parigi affidata alle cure di Véronique, anche se avrebbe voluto averla lì con sé. Voleva assolutamente riuscire a convincerla a raggiungerlo prima dell'inizio delle rappresentazioni, gli mancava terribilmente.

MARIE / VÉRONIQUE

PARIGI, 22 SETTEMBRE 2013

«Credi che Lucius possa avere problemi? Speriamo che non lo abbia riconosciuto nessuno». Véronique diede ancora una volta fiato alla sua preoccupazione mentre Marie la osservava con uno sguardo comprensivo e sorridente.

«È troppo intelligente per non uscirne fuori con una qualche scusa. Eravate semplicemente lì uno accanto all'altro e conversavate. Cosa può avere da ridire de la Fontaine?».

«Spero che tu abbia ragione».

Quando suonarono alla porta Véronique si alzò di scatto. «Uffa non ce l'avrei fatta un minuto di più a stare qui seduta ferma». Il corriere le consegnò una grande busta.

«Tieni Marie, per te». Poi però le cadde l'occhio sull'indirizzo e sgranò gli occhi. «No, è per me, è Lucius che scrive».

«Cosa aspetti allora? Dai aprila», fece Marie sorridendo all'amica.

Piena di entusiasmo Véronique aprì la busta, ma un secondo dopo dal suo volto sparì il colorito.

«Cosa c'è?», chiese Marie preoccupata.

«Com'è possibile? I soliti paparazzi... ma perché mai Lucius ce l'ha inviata?». Véronique mostrò il contenuto della busta a Marie guardandola sconcertata mentre lei si lasciava cadere sul divano.

Le foto finirono per terra e Véronique riuscì a vederle meglio. Marie impallidì. «Ah se solo fossi andata con Julien». Chi poteva essere quella donna accanto a lui? Marie si sentiva molto debole. Con dita tremanti prese la lettera che prima le era scivolata per lo spavento. Era una calligrafia dalla spiccata personalità con caratteri grandi, diritti e ben leggibili:

Cara Marie
Posso rivolgermi così a Lei, visto che sono un suo grande ammiratore! Bene, vorrei andare direttamente al punto. Dato che lei mi sta molto a cuore non voglio vederla correre a capofitto verso la sua programmata infelicità.
Come può vedere dalle foto, Julien de la Tour le è tutt'altro che fedele.
Per dimostrarle che non si tratta solo di foto datate (quelle sullo yacht ovviamente non sono state scattate in Germania nei giorni scorsi), ne ho accluse anche alcune fatte oggi a Dresda. Come può vedere, Julien indossa la sciarpa che lei gli ha regalato di recente.
Spero in questo modo di poterla preservare dal commettere una grande sciocchezza, ovvero sposare quel donnaiolo!
Con profondo affetto
Il suo devoto servitore

La firma non era però leggibile. Marie guardò Véronique.

«Questa non l'ha scritta il tuo Lucius, mai e poi mai! Di certo è stato quell'odioso de la Fontaine. Comunque io non ne posso più».

Véronique si rese conto che la sua amica stava per svenire e così iniziò subito a pregare sentendo la fiducia tornare nel suo cuore, quella fiducia che così tanto augurava alla sua amica.

Amata Maria, amata madre di noi tutti, dal profondo del cuore ti prego, prenditi cura della tua creatura. Lascia scendere la tua grazia per ridare a Marie la forza d'animo. Affido dunque la mia amata Marie alla tua protezione. Ti ringrazio!

Sapeva di dovere in qualche modo infondere coraggio alla sua amica. Un nuovo programma e distrazione; e poi perché non riusciva a credere alla fedeltà di Julien? Véronique guardò Marie dritto negli occhi dicendo: «Questa non è di Lucius, tu sai chi è che ti vuole ferire».

Marie restò in silenzio ma gli occhi tradivano il suo dolore. Véronique sapeva di dover agire da sola. Diede a Marie un calmante e restò con lei sino a quando non prese sonno. Poi però scrisse un SMS a Julien.

JULIEN

DRESDA / PARIGI, 22-23 SETTEMBRE 2013

Solamente alla sera, finita la lunga prova, Julien poté restare finalmente solo in camera sua. L'intenso lavoro sul *Lohengrin* l'aveva spossato, ma quella sensazione gli piaceva. Per essere felice ora gli mancava solo una cosa: una lunga telefonata con Marie. Prese il suo cellulare e vide che c'era un SMS di Véronique.

Marie stava male. Per via di alcune foto di lui ed Ekaterina. Julien scosse la testa, rifletté brevemente e poi scrisse a Véronique: "Ma Véronique, non crederai veramente che io mi sia rimesso insieme con Ekaterina? Sai benissimo che la nostra relazione è finita quasi tre anni fa e che quelle foto devono essere state scattate nell'estate del 2010 quando siamo andati insieme in vacanza in Costa Azzurra. Oggi abbiamo trascorso insieme la pausa di mezzogiorno. Lei è una vecchia amica e niente di più! Per favore mostra questo messaggio a Marie, io la amo più di tutto! Julien".

Gli sembrò che passassero ore prima di ricevere la risposta. "È vero Julien. Ma cosa mi dici delle ultime foto chiaramente scattate nei giorni scorsi a Dresda? Sembrate davvero in un atteggiamento molto confidenziale. In uno degli scatti si vede chiaramente che Ekaterina ti bacia…".

Sconvolto Julien fissava il testo del messaggio di Véronique. No, non poteva proprio essere. Naturalmente lui ed Ekaterina erano in grande confidenza, ma non lo aveva assolutamente baciato! Julien aveva la sensazione che gli mancasse la terra sotto i piedi ma doveva fare di tutto per convincere Marie e Véronique della sua innocenza. "Cara Véronique, ti prego credimi, tra Ekaterina e me oggi c'è solo una buona amicizia. Niente di più! Te lo giuro sul nome di Gesù Cristo! Io non l'ho baciata. Deve essere un fotomontaggio... Pensi veramente che avrei rischiato la mia vita per Marie se stessi ancora insieme a Ekaterina? Non hai pensato che magari c'è qualcuno che ci vuole separare? Dopo che non sono riusciti a rendere inoffensiva Marie, è una conseguenza logica! E poi esiste anche Photoshop!".

A Véronique sfuggì un sospiro di sollievo, a dire il vero non si aspettava altro da Julien.

"Mio caro, ma io ti credo! Anche io sospettavo qualcosa del genere. Ma qui non si tratta di me, bensì di Marie. E lei sembra essere ossessionata dal pensiero di cancellarti dalla sua vita... Mi dispiace infinitamente. Possiamo solo pregare che in qualche modo la verità venga fuori. Sì, certo che cercherò di farle avere il tuo messaggio".

Mentre leggeva le parole di Véronique, Julien ebbe la sensazione che il suo cuore venisse trafitto da un pugnale. La stessa sensazione orribile che doveva aver provato Lohengrin quando Elsa non fu capace di credergli pretendendo che rivelasse il suo nome, anche se lui l'aveva ripetutamente pregata di non farlo perché questo li avrebbe separati per sempre.

Che delitto aveva commesso, perché Marie diffidasse di lui a quel punto?

Julien si sentiva il cuore pesante e sapeva di dover fare qualcosa per liberarsi di quel dolore. Anche se era già molto tardi ed era in una camera d'albergo, non vide altra via d'uscita se non cantare. Questa volta però non si sentiva di cantare l'aria di un'opera bensì una canzone, *Je suis malade,* che da studente cantava ogni volta che qualcosa lo opprimeva.

La voce di Julien risuonò come una supplica, come se volesse comunicare a Marie tutta la sua sofferenza. E quando arrivò a cantare "*Cet amour me tue*", cioè "Questo amore mi uccide", l'intensità del suo canto avrebbe sciolto anche la più dura di tutte le pietre.

Cantare gli diede un po' di sollievo, ma gli ricordò anche ciò che sua madre gli aveva preannunciato, tempi difficili attendevano Marie e lui. Doveva trovare conforto nell'idea che anche questa sofferenza faceva parte del cammino a lui destinato?

Prese il diario di sua madre e in effetti trovò un'annotazione che si riferiva proprio alla sua situazione:

> *Julien, ti prego preparati al fatto che sul vostro cammino, tuo e di Marie, verranno frapposti degli ostacoli nel momento in cui sarete una coppia, perché le forze oscure faranno di tutto per distruggere un amore così puro.*
> *Non ti meravigliare di nulla!*
> *Sii però pronto a fare di tutto per lottare per questo legame. Anche se Lohengrin ha dovuto lasciare la sua Elsa, perché lei non era in grado di fidarsi di lui senza riserve, questo non significa che debba valere per te, qualunque cosa accada. Mi ascolti, figlio mio?*

Come poteva essere che sua madre sapesse tutto ciò che sarebbe piombato loro addosso già 23 anni prima? Julien era assolutamente deciso a non rinunciare a Marie. D'impulso scrisse un altro SMS a Véronique: "Pianto tutto qui e vi raggiungo a Parigi. Marie vale per me mille volte di più del *Lohengrin*".

La risposta stavolta fu più veloce: "Caro Julien, ti prego non farlo. Ti imploro! Marie ti sbatterebbe subito fuori, perché precipitarti qui di corsa non dimostra nulla. Inoltre può essere che il *Lohengrin* sia una chiave per le vostre ricerche successive. Per favore, resta a Dresda. In attesa di nuove da parte mia! E ora proviamo a dormire… Buona notte! Baci".

VÉRONIQUE

PARIGI, 23 SETTEMBRE 2013

Véronique sobbalzò nuovamente. Doveva esserci un altro modo per dimostrare l'innocenza di Julien. Se solo la busta fosse stata inviata veramente da Lucius? Riprese in mano la lettera che accompagnava le foto e la rilesse più attentamente. Forse conteneva qualcosa che poteva aiutarla. Poi osservò le foto, una dopo l'altra. In effetti eccolo lì il foulard che Marie aveva comprato per Julien prima che partisse. Questo era un indizio che dimostrava che i loro nemici avevano inviato la busta a Marie per confonderla. Chi aveva scritto la lettera aveva informazioni di prima mano dalle persone che la pedinavano. Lucius non poteva non saperne nulla, doveva per forza essere a conoscenza di qualche dettaglio. Véronique si sedette sul letto e con l'aiuto dell'arcangelo Michele si collegò con il suo Sé superiore. Si mise in contatto con Lucius sperando che lui percepisse la sua richiesta di aiuto. Non c'era altra via per avvicinarsi a lui senza che i loro osservatori se ne accorgessero. Ma Lucius doveva riuscire a percepire la sua urgenza. Sicuramente era così. Véronique restò così seduta a lungo sino a quando non fu certa che il messaggio era arrivato a destinazione.

MARIE

PARIGI / DRESDA, 23 SETTEMBRE 2013

Si udì tubare una colomba e Marie si mise seduta un po' stordita. No, non l'aveva sognata, la colomba era proprio lì sul davanzale. Forse non tutto era perduto. Julien insieme a quell'altra donna... forse era solo un sogno? Marie si rifiutava anche solo di pensare al suo nome. Di colpo ecco che se la rivedeva di nuovo davanti e le veniva da maledire con tutto il cuore chi le aveva fatto avere quelle foto. Il tubare della colomba la distrasse e l'occhio le cadde sulla figura che le era accanto nel letto. Véronique, quell'anima fedele era lì coricata. Anche mentre dormiva si capiva che la notizia dell'infedeltà di Julien aveva colpito anche lei.

«Véronique, sei già sveglia?», sussurrò Marie timidamente.

«Sì», sospirò Véronique ammiccando sotto i raggi del sole. «Marie, dimmi, ma sei riuscita in qualche modo a dormire un po'?».

«Sono stata svegliata dalla colomba», rispose indicando la finestra. «Se solo sapessi cosa fare adesso...».

«Al tuo posto per prima cosa parlerei con Julien», fece Véronique.

«No! Non se ne parla assolutamente», rispose Marie decisa. Quasi l'avesse spaventata il tono della voce di Marie, la colomba volò via.

Cercando di calmarla, Véronique le accarezzò il braccio.

«Ora stammi semplicemente ad ascoltare. Capisco che ti senti ferita. Ma hai mai pensato per un attimo a Julien? È da ieri che cerca disperatamente di chiamarti».

Marie si fece attenta: «L'ha fatto?».

«Sì, basta che tu dia un'occhiata al tuo cellulare. In ogni caso dopo mi ha contattata visto che non riusciva a spiegarsi come mai ieri non ti sei più fatta viva con lui. Quando gli ho raccontato della lettera e delle foto è rimasto scioccato. Mi ha giurato di non stare insieme a Ekaterina. È sicuro, come del resto anche io, che le foto siano state manipolate e ritoccate. Ieri sera non volevo oberarti di più, ma non ti sei accorta di come chi ha scritto la lettera sia informato su tutti i tuoi movimenti? Altrimenti come avrebbe fatto a sapere che tu hai regalato a Julien un foulard?».

«Oh mio Dio!», fece Marie con un gemito. «Credi che sia un perfido piano per separarmi da Julien?».

«Lo do per scontato», ribatté Véronique, visibilmente sollevata dal fatto di poter parlare con Marie.

JULIEN

DRESDA, 23 SETTEMBRE 2013

Julien entrò nella sala della colazione del Grand Hotel come in trance, dopo la meditazione fatta di prima mattina era riuscito a liberare la mente dai suoi problemi personali. Aveva preso la partitura ed eccole che riprendevano vita in lui le melodie e i movimenti che avrebbe dovuto portare in scena, per fortuna il giorno dopo. Avrebbe preferito saltare del tutto la colazione e mettersi subito al lavoro, ma era d'accordo con Ekaterina e non voleva indisporla. Prima però doveva ancora chiarire cosa ne pensasse lei di quell'infame bugia che loro si sarebbero di nuovo messi insieme. Forse poteva scrivere lei a Marie e spiegarle…

Entrando nella sala e trovandosela di fronte Julien sobbalzò. Si era di nuovo perso nei pensieri su come fosse la sua relazione con Ekaterina anziché concentrarsi sul *Lohengrin*. Il sorriso di lei era teso, oppure era solo una sua impressione? Appena seduto lei gli porse in silenzio un giornale.

Scioccato vide i titoli: «Star della lirica rompe con Marie Chevalier». Poi guardò Ekaterina negli occhi cercandovi la conferma di non aver letto male e che veramente ci fosse scritto così.

Ekaterina annuì, scoppiò a ridere vedendo la sua espressione sconcertata e disse: «Non devono proprio aver nulla da fare nella redazione del giornale. Trasformare un'innocua pausa pranzo al sole in questa montagna di frottole…».

Il sorriso di Julien era meno felice. «Ah Ekaterina, la cosa non è così semplice. Marie è venuta a sapere di questa storia già ieri. E noi non ci conosciamo ancora così bene da capire che si tratta di uno scherzo di pessimo gusto». Ekaterina lo guardò sbigottita. «C'è qualcosa che posso fare per te?».

Julien si passò la mano sugli occhi e deglutì. Doveva pensare a un piano. Ma prima di tutto doveva sgravarsi di ciò che gli pesava sull'anima.

«È una catastrofe assoluta».

Preoccupata Ekaterina gli mise un braccio sulle spalle inarcando dubbiosa le sopracciglia.

«Ieri Marie ha ricevuto una busta anonima con le nostre foto, anche di quando eravamo in vacanza sulla Costa Azzurra. E in più dei fotomontaggi dei giorni scorsi. Ora non vuole più avere niente a che fare con me. Se poi vede anche questo giornale, tra di noi è proprio finita prima ancora di cominciare veramente». Dal tono della voce di Julien traspariva quanto questa cosa lo angustiasse.

«Capisco, ma non ti arrendere Julien. Noi due sappiamo che non c'è nulla di vero in questi pettegolezzi». E dopo una pausa aggiunse: «Cosa ne dici se parlassi con Marie per spiegarle che non deve assolutamente preoccuparsi dato che da anni siamo solo dei buoni amici?».

Julien la guardò sorpreso. «Faresti questo per me?».

«Ma naturalmente!», esclamò Ekaterina. «Vedo quanto stai soffrendo e negli ultimi giorni ho chiaramente visto quanto significhi per te questa donna».

«Ti ringrazio di cuore». Nella voce di Julien era già tornato un bagliore di speranza. «Per prima cosa però mi devo calmare e riflettere. Tu comprendi, vero? Altrimenti come faccio domani a cantare?».

«Ovviamente».

Julien chiuse gli occhi, poi prese la teiera e si versò del tè verde. Mangiare qualcosa, proprio non ci riusciva. Dopo alcuni sorsi di tè, di colpo, sapeva quello che voleva fare.

«Ekaterina, va bene per te se ora ti lascio sola? Sento il bisogno urgente di fare una passeggiata. Voglio liberarmi la testa dai pensieri».

«Chiaro, mio caro! Dovresti però travestirti un po' meglio. È probabile che fuori dall'albergo ci sia un'orda di giornalisti in attesa».

«Dio mio, hai ragione! Non ci avevo proprio pensato».

«Ho un'idea», Ekaterina lo guardò tutta pimpante. «Vieni con me nel foyer, ci compriamo un bel paio di occhiali da sole e anche un cappellino e con una spruzzata di gel nei capelli avrai subito un altro aspetto. Avere una certa esperienza teatrale ti torna comodo. Fai la parte del turista americano, così non ti riconosce nessuno».

VÉRONIQUE

PARIGI, 23 SETTEMBRE 2013

Esitando un po' Véronique aprì la porta. Sentendo suonare, si era buttata velocemente addosso una vestaglia, anche se avrebbe preferito fare con calma colazione con Marie senza ulteriori disturbi.

Si trovò di fronte un fattorino che le diede una busta. Con un gesto automatico prese la penna e firmò, ritirandosi poi di nuovo nell'appartamento. Ancora un messaggio senza mittente. Véronique si chiese se avesse voglia di vedere il contenuto. Però era indirizzato a Marie, doveva decidere.

«La cosa migliore è cestinarlo subito», disse raggiungendo Marie in cucina mentre metteva a bollire l'acqua.

«Chi era?». Marie si girò e Véronique non avrebbe potuto fare nulla per trattenerla perché non appena vista la busta l'aprì facendola cadere a terra, gli occhi di Marie fissi sul giornale che aveva estratto.

Da dietro le spalle Véronique riuscì a leggere i titoli. Fece giusto in tempo a sostenere Marie che stava afflosciandosi a terra come un sacco. Véronique era addestrata e sapeva come agire in caso di svenimento. Ma Marie era incredibilmente pallida e non rinveniva. Alzare le gambe, mettere un panno freddo sulla fronte, tutto questo non era servito. Véronique infilò anche un morbido cuscino sotto la testa dell'amica e poi controllò la cicatrice. Per fortuna era tutto normale, la ferita non si era riaperta. Questa era già una buona cosa. Poi però chiamò subito il medico di fiducia che sarebbe passato a breve. Si inginocchiò accanto a Marie e iniziò a pregare.

LUCIUS

PARIGI, 23 SETTEMBRE 2013

«Il mio piano è riuscito perfettamente». *Monsieur* de la Fontaine ridacchiò sotto i baffi.

Lucius era appena entrato nel suo ufficio e lo guardò stupito. Il *mâitre* e un sorriso di cuore, due cose incompatibili.

«Cosa ti rende così felice?», chiese curioso.

«Ho appena appreso da Simon e da Gérard che a casa di Marie è arrivato il medico di famiglia. Era di fretta e Véronique aveva l'aria preoccupata. Sono proprio contento che una mia iniziativa abbia finalmente avuto di nuovo successo. Che poi stavolta è stato così semplice…».

A Lucius scese un brivido lungo la schiena ma cercò di non farlo notare. «Cos'hai fatto per far stare male Marie?». Intanto per la testa gli passavano i pensieri più terribili. Poi però reagì e premette il tasto di registrazione sul suo cellulare. Ormai aveva già deciso da tempo. Sicuramente, prima o poi, avrebbe potuto utilizzare il materiale contro de la Fontaine.

«Ho cercato delle vecchie foto di Julien de la Tour insieme a Ekaterina Kurkova e le ho fatte manipolare. Ieri un fattorino ha consegnato a Marie le foto con loro che si baciavano. E proprio ora un altro corriere le ha consegnato una busta contenente un giornale tedesco. Standò ai titoli, Julien l'avrebbe lasciata per tornare con Ekaterina. Una mossa geniale. Tanto semplice quanto efficace. Rifilare tutto alla stampa è stato un gioco da bambini. Ed ecco che subito lei crolla e di corsa arriva il medico».

Maurice de la Fontaine sorrideva soddisfatto di sé senza aspettarsi alcuna reazione, ma Lucius sapeva che sino a un mese prima non ci avrebbe pensato due volte a complimentarsi con il *mâitre* per il suo operato. «Complimenti Maurice!». Si accorse da solo quanto la sua voce suonasse falsa e con entusiasmo ancora maggiore proseguì: «È un'idea fantastica, prima separarli così da rendere Marie una preda più facile».

«Sì, questa è la nostra occasione, insieme quei due sono troppo sicuri di loro stessi. Quando finalmente sarà frollata a dovere, sarà come cera tra le mie mani e potrò fare di lei quello che voglio».

«Capisco», replicò Lucius sorridendo. «Ne farò buon uso, mi scusi se allora mi prendo un po'di tempo per allenarmi, o no?».

«Sì, sì. Vai pure», fece *monsieur* de la Fontaine con disinvoltura. «Ho tutto perfettamente sotto controllo».

«Questo lo pensi solo tu» borbottò Lucius irritato. Poi si accomiatò con il solito amichevole: «Buona fortuna».

Lucius continuava a rimuginare, era il caso di sentire direttamente Marie e raccontarle tutto? O era meglio riferire a Véronique? Pensando a lei il battito del suo cuore accelerò. Poteva anche chiamare Julien. Il numero del cellulare ora ce l'aveva. Oppure invece... tenne il tutto ancora per sé e attese, i due erano una coppia incredibile che non si lasciava separare così facilmente. Arrivato da Xiao Lin, Lucius si rallegrò sapendo che l'allenamento gli avrebbe fatto dimenticare tutti gli intrighi.

Xiao Lin l'aveva squadrato rapidamente e poi condotto nel suo luogo sacro. Gli versò una ciotolina di tè dicendo: «Hai bisogno di schiarirti i pensieri. Chi conosce la retta via agisce rettamente».

Lucius sentiva scendere in sé la pace interiore. In presenza di Xiao Lin non vi era dubbio alcuno dell'esistenza più che reale della retta via. Xiao Lin lo guardò al di sopra del bordo della ciotolina di tè e con occhi sorridenti disse: «Sono fiero di te, figlio mio! Stai veramente cominciando a ritrovare la giusta via».

Meravigliato Lucius guardò il suo amato maestro. Gli aveva veramente appena letto nel pensiero. «Ma non ho fatto ancora niente di speciale».

«Questo lo pensi tu», disse sorridendo compiaciuto. «Io la vedo diversamente. Marie però ha bisogno del nostro aiuto. Lo shock per lei è troppo pericoloso». Lucius annuì e lo fissò. Non sarebbe mai riuscito ad abituarsi al fatto che il maestro sapesse così tanto.

«Io conosco la via. Ma chi deve agire sei tu».

«Cosa devo fare secondo te?», chiese Lucius.

«Ho un buon amico. È un prete al Sacré-Cœur. Lui ti aiuterà a fare la cosa giusta».

E Lucius balbettando: «…la cosa giusta. Sì». Ma cosa voleva il maestro da lui? Si era già spaccato la testa pensandoci, ma la decisione su cosa in quel momento fosse giusto non gli sembrava così facile.

«Resta e tranquillizzati. Io preparo tutto». Xiao Lin si alzò con un movimento fluido e uscì dalla stanza.

Lucius si sedette sul tappetino nella posizione del loto e iniziò a svuotare la sua mente recitando in silenzio il mantra che gli aveva dato Xiao Lin anni prima. Però non riusciva ancora a trovare pace. Avrebbe preferito che il maestro lottasse con lui. Se si sfiancava era più facile raggiungere quello stato dei sensi che portava all'illuminazione dello spirito, lo sapeva. Lucius sospirò e poi si accorse del progressivo sopraggiungere della calma interiore e del diffondersi di una chiarezza cristallina.

JULIEN

DRESDA, 23 SETTEMBRE 2013

Nessuno seguiva quel turista con gli occhiali da sole così vistosi. Julien si guardò indietro un paio di volte e poi sorrise soddisfatto. Almeno questo trucco aveva funzionato, Ekaterina aveva avuto una buona idea. Non le aveva però rivelato dov'era diretto. Sapeva che lei non aveva una grande considerazione della sua spiritualità, spesso l'aveva disturbato mentre meditava oppure l'aveva preso in giro. Questo era uno dei motivi per cui l'aveva lasciata.

Dopo essersi nuovamente assicurato che nessuno lo seguisse, girò a sinistra sul retro della cattedrale cattolica, la strada più veloce per raggiungere la Terrazza di Brühl. A passo veloce salì i gradini, attraversò il boschetto che si apriva di fronte a lui per poi raggiungere la sponda e appoggiarsi alla balaustra che dava sull'Elba. Lentamente si incamminò lungo il fiume passando davanti all'Accademia delle Belle Arti dalla cui cupola principale svettava la statua dorata dell'arcangelo Gabriele che lui tanto amava, poi scese i gradini sulla destra e girò infine un'altra volta a destra. Ben presto si trovò di fronte alla chiesa dove voleva trovare rifugio e sollievo dalle sue preoccupazioni.

L'impressionante edificio della Frauenkirche si stagliò di fronte a lui, Julien si fermò per assimilare quella veduta familiare con tutti i suoi sensi. Lasciò scorrere lo sguardo dal basso in alto, su verso il cielo, soffermandosi un attimo, insieme a una colomba bianca, sulla croce dorata della cupola. Sgranò gli occhi per assicurarsi di aver visto bene. Quando si convinse che effettivamente si trattava di una messaggera di pace si sentì pervadere da un senso di profonda gratitudine per la grazia che gli era stata concessa con quel segno. Perché ora sapeva che tutto sarebbe andato bene.

Era felice che nella chiesa vi fossero solo pochi turisti. Si sedette direttamente accanto alla navata, nella settima fila perché sapeva che da lì si aveva la sensazione di essere seduti direttamente sotto alla cupola con l'occhio di Dio, almeno così gli era sempre sembrato. Involontariamente gli venne da sorridere perché amava la Frauenkirche più di ogni altra, forse perché era l'unica chiesa, tra quelle che conosceva, dove non fosse esposto un Cristo sofferente sulla Croce. Sua madre gli aveva confidato già in tenera età che il senso di Gesù Cristo era proprio questo, in verità il punto era la sua Resurrezione e non la Crocifissione.

In profondo raccoglimento, Julien alzò lo sguardo a quell'occhio blu rifulgente come il cielo, la cui pupilla nera era contornata d'oro. La sensazione fu come se il suo portale stellare si aprisse in una modalità a lui sinora ignota.

In quell'istante apparve innanzi a lui una figura avvolta in un luminoso manto di colore rosso intenso che pareva anch'essa volteggiare in aria. Quando si rivolse a lui Julien la riconobbe, era Maria Maddalena che lo guardava piena di compassione. Poi delicatamente sollevò la sua graziosa mano sinistra per accarezzargli lievemente una guancia prima di dirgli con voce melodiosa:

> *Mio amato fratello, credimi io comprendo il tuo dolore, ma non crucciarti. Tutto andrà bene, perché anche noi sappiamo come tessere i nostri fili in sottofondo. Dedicati al Lohengrin, la soluzione del mio mistero ti si disvelerà da sola.*

Con un sorriso incantevole sulle sue labbra piene e meravigliose, lei sparì lievemente com'era apparsa.

Una forte scossa gli diede nuovamente coscienza del suo corpo. Venne anche pervaso da una certezza: poteva confidare sul fatto che lui e Marie si appartenevano e che sarebbero di nuovo tornati insieme. Da solo, il suo sguardò si alzò sino all'occhio di Dio e lui gli rivolse una fervente preghiera di ringraziamento per l'aiuto ricevuto. Grato, riconobbe che Véronique aveva avuto ragione: il suo compito lo attendeva lì a Dresda e lui era già felice per il *Lohengrin*. Che dono del cielo era stato per Marie e lui l'amicizia sincera di Véronique! Sempre capace di dare il consiglio più giusto. Presto, interpretando con fervore Lohengrin, avrebbe avuto nuove rivelazioni. Nulla doveva distoglierlo da questo compito.

VÉRONIQUE

PARIGI, 23 SETTEMBRE 2013

Véronique era arrabbiata con se stessa. Aveva immaginato che fosse di nuovo il medico a suonare alla porta. Marie stava già meglio, il medico le aveva somministrato un farmaco per stabilizzare la circolazione così che Véronique, piuttosto euforica, era corsa alla porta di casa. E ora questo: un corriere che le porgeva una piccola busta.

Véronique tentennò un attimo, inspirò ed espirò guardando poi più attentamente: la busta aveva lo stesso aspetto di quella che aveva fatto recapitare Lucius qualche giorno prima. Il suo cuore fece un balzo mentre la afferrava con un cenno.

La aprì all'istante. Effettivamente la lettera era di Lucius, ne riconosceva la calligrafia.

«Marie», esclamò, «pensa, ci ha scritto Lucius».

«Che bello per te». Il tono della voce di Marie era ancora troppo flebile.

«Non vuoi proprio sapere cosa scrive?», fece Véronique cercando di incuriosire l'amica che seduta sul letto la guardava con aria stanca.

Nel frattempo Véronique aveva scorso le righe sapendo che il suo messaggio telepatico era arrivato a Lucius.

«Dai, su, dimmi cosa dice. Ti vuole rivedere?».

«Sì è possibile», ribatté Véronique ridendo.

«Dai adesso non farti tirare fuori ogni parola con le pinze. Vedo già che sei felice», gridò Marie impaziente.

Véronique lesse la lettera a voce alta:

Cara Marie e mia cara Véronique,
mi dispiace per quanto accaduto nei giorni scorsi.
Non ne sapevo assolutamente nulla, altrimenti vi avrei avvisate. Posso solo immaginare quello che deve aver passato Marie.
Marie, spero tanto che tu non creda a quello che è stato scritto sui giornali su Julien e su quell'altra donna.
Ti posso dimostrare che è stato tutto un piano ordito dalla Società. Pensa a Lohengrin.

Véronique si arrestò e aggiunse: «Ma è meraviglioso, *ma chére*! Che ne pensi?».

«Continua a leggere, ti prego», chiese Marie con le lacrime agli occhi.

Vuoi che ci incontriamo per le 9 di stasera nel confessionale della Chapelle des confessions, la Cappella delle Confessioni, nella nostra basilica? Al posto del confessore ci sarò io ad aspettarti e ti dimostrerò che non c'è motivo per condannare Julien. Sarei lieto se tu Véronique potessi accompagnare la tua amica e vegliare su di lei mentre noi due parliamo. Lo sapete no, che continuate a essere pedinate? Per questo motivo io arriverò lì molto prima di voi in modo tale che nessuno possa collegarmi a voi. Fate attenzione! Se per voi va bene accostate di nuovo la tenda. Con affetto Lucius

Marie si mise le mani sul viso e iniziò a piangere lacrime amare. «Oh, Dio mio, cosa ho fatto a Julien! Non è terribile?».

«Dai adesso calmati», fece Véronique cercando di placarla.

«No, a te e a Lucius non sarebbe mai accaduto, perché la vostra fiducia è molto più grande della mia».

Teneramente Véronique accarezzò i capelli di Marie dicendo: «*Chérie,* adesso non si tratta di questo, ma solo e unicamente del fatto che tutto si chiarirà. Allora che si fa? Lo andiamo a incontrare Lucius o no?».

«Certo che andiamo nella basilica. Tira subito la tenda per favore».

LUCIUS

PARIGI, 23 SETTEMBRE 2013

Sollevato, Lucius vide che la tenda dell'appartamento di Marie veniva chiusa. Era felice, evidentemente si sentiva meglio se poteva uscire di casa e recarsi in chiesa. Sperava anche che Véronique l'avrebbe accompagnata. Pensandoci il suo cuore iniziò battere più forte. Si richiamò però subito alla ragione, in fondo in questo momento non si trattava né di lui né di Véronique, bensì solo e unicamente dell'orribile bugia architettata da *monsieur* de la Fontaine e dai suoi tirapiedi. Vide Xiao Lin davanti a sé e sapeva di essere sulla retta via.

Lucius lasciò la moto non lontano da casa di Marie e proseguì a piedi verso la basilica del Sacre-Cœur dove lo attendeva un prete di nome Auguste, come concordato. Non avrebbe mai immaginato che Xiao Lin fosse amico proprio di un prete cattolico, ma d'altro canto il suo maestro era al servizio di tutto ciò che era spirituale e sicuramente avevano dei punti in comune. Lucius comunque si era già chiesto quale fosse il vero compito del suo maestro in questo mondo. Sembrava avere tra le mani e tessere più fili di quanto avesse creduto in passato. Possibile che questi vecchi, de la Fontaine e Xiao Lin, siano tutti avvolti da misteri?

Pensieroso, Lucius iniziò a salire l'infinito numero di gradini senza però dimenticarsi di controllare in giro. Doveva essere assolutamente sicuro di non essere seguito, non voleva certo mettere in pericolo Marie e Véronique.

Come concordato con Xiao Lin e Auguste, girovagò per la chiesa con fare disinvolto per poi sparire nella Chapelle des confessions, dove avrebbe fatto finta di impartire una confessione.

C'era già qualcuno ad attenderlo. Lasciò che una donna si allontanasse in tutta calma e poi porse la mano al prete che lo accolse calorosamente.

«Io sono Auguste e sono molto lieto di potermi mettere al servizio di una causa così pura».

Lucius lo guardò stupito. Cosa voleva dire tutto questo? Cosa intendeva Auguste con quella "causa pura"? Poteva essere che sia Xiao Lin che Auguste avessero familiarità con l'idea di una linea di sangue? Erano sostenitori segreti? Cosa sapeva quell'uomo sulla sua ricerca dei genitori, la sua origine e l'appartenenza alla società segreta?

Auguste si era accorto del suo sguardo interrogativo perché con *nonchalance* disse: «Vedo che Xiao Lin non ti ha raccontato molto su di me, ma non fa niente. Non si tratta di noi, bensì di sostenere Marie Madeleine Chevalier e Julien de la Tour nella loro missione. Allora andiamo al punto. Questa è una tonaca da sacerdote che dovrebbe andarti bene. Ti ho organizzato anche una parrucca nel caso in cui qualcuno entrasse nel confessionale dopo Marie. Sai come fare?».

Lucius annuì e represse una risata. Proprio un uomo di chiesa che lo aiutava a fingersi un falso prete. Era abituato ai travestimenti, così indossò la parrucca con fare esperto. Per completare il quadro Auguste, sorridendo, gli porse un paio di occhiali con la montatura in corno.

«Credo che così, a prima vista non la riconoscerebbe neppure sua madre, Lucius».

Quando il prete nominò sua madre Lucius involontariamente sussultò. «Oh mi dispiace, sua madre probabilmente non è più tra i vivi?».

«Lei non poteva saperlo».

«Sì è vero, tuttavia bisognerebbe essere più attenti con le proprie esternazioni, più di quanto non lo sia stato io in questo momento», replicò Auguste sommessamente.

"Non c'è da stupirsi che quest'uomo sia un amico di Xiao Lin", pensò Lucius facendo un cenno col capo.

Auguste gli ripeté ancora una volta tutto quello che doveva sapere sull'andamento di una confessione, ma Lucius lo rassicurò che sapeva come fare.

«Si sente pronto? Posso lasciarla solo ora?», chiese ancora Auguste con fare amichevole.

«Sì, e vorrei ringraziarla di cuore per il suo aiuto».

I due uomini si salutarono con un veloce abbraccio e Auguste si allontanò.

La persona seguente che aprì la tenda della cappella era proprio Marie. Lucius notò con piacere che aveva le gote arrossate per l'agitazione, ma per il resto aveva un aspetto sano e vivace, indossava il suo solito profumo e, come sempre, scarpe coi tacchi alti. Era felice che lo shock subìto a seguito delle brutte notizie non avesse lasciato conseguenze serie. Marie però fece un balzo indietro, e ci volle un secondo di spavento prima che Lucius si ricordasse di avere un aspetto completamente diverso.

Le sorrise e appoggiò il dito sulle labbra. Poi sfilò da sotto la parrucca una ciocca dei suoi capelli biondi nascondendola subito dopo. Marie l'aveva riconosciuto e si affrettò ad annuire.

Lucius si calò di nuovo nel suo ruolo e pronunciò la consueta formula della confessione, mentre da sotto la tonaca sfilava una sottile cartellina nera appoggiando all'orecchio di Marie il suo cellulare. Fece partire la registrazione fatta nell'ufficio di de la Fontaine mentre Marie sgranava sempre di più gli occhi.

Sentendola ansimare Lucius capì che Marie era furiosa per la portata dell'inganno. Con il tono di voce mansueto da prete le suggerì di continuare a inspirare ed espirare. Si riprese il cellulare e la esortò a ripetere dopo di lui: «Dio mio, ho peccato nei tuoi confronti e in quelli dei miei fratelli, ma nella tua vicinanza io trovo il perdono. Vedi il mio rimorso e dammi la forza per vivere secondo il tuo amore».

Per quanto strano le sembrasse dire queste parole a Lucius, Marie sapeva però che in realtà erano rivolte a un'istanza superiore e miracolosamente anche il suo cuore si calmò. Grata, guardò Lucius negli occhi mentre lui con voce contraffatta concludeva la confessione: «Io ti assolvo da tutti i tuoi peccati», e lei sapeva di aver commesso una grave colpa nei confronti di Julien.

Lucius sussurrò: «Sapevo semplicemente che il puro eroe del *Parsifal*, che ho potuto conoscere sul palco a Vienna dopo il nostro misfatto nella cattedrale di Santo Stefano, non avrebbe potuto commettere un atto così ignobile. Non potevo permettere che venisse attribuito a lui, e con l'aiuto di un amico sono riuscito, diciamo, a sostituire questo prete. Non dimenticare che ci sono persone di cui ti puoi fidare». Osservandola Lucius si accorse che Marie stava lottando con i suoi sentimenti sperando di riuscire a mantenere la parvenza di una vera confessione.

«Ah, non sai quanto ti sono grata e come sto male per il mio comportamento nei confronti di Julien», fece Marie tirando su col naso.

Per consolarla Lucius le accarezzò un braccio. Non osava abbracciare Marie perché aveva notato che sulle vetrate della cappella si delineavano ombre scure quando qualcuno nel confessionale si muoveva. Poi la pregò di andare via non senza averle prima chiesto di salutare Véronique. Lucius era sopraffatto dalla sensazione di gioia per aver aiutato i suoi amici anzichè fare qualcosa per de la Fontaine. Si era già trovato spesso in pericolo, seminare chi lo pedinava o lavorare sotto mentite spoglie per lui non era niente di nuovo. Però quando Marie lasciò la cappella, capì il significato della vera amicizia.

JULIEN

DRESDA / PARIGI, 23 SETTEMBRE 2013

Nonostante tutta la sua buona volontà, Julien non riusciva a concentrarsi, i suoi pensieri erano tutti per Marie.

Infine decise di tentare ancora e prese il cellulare. Era lì pronto a digitare il numero quando il telefonino suonò e la foto del profilo di Marie apparve sul display.

«Pronto, sei tu?», esclamarono contemporaneamente per poi fermarsi a sorridere.

«Marie, sono così felice che finalmente tu mi abbia chiamato!».

«Oh, Julien ti prego mi puoi perdonare per aver dubitato di te?», Julien si accorse di quanto le stesse a cuore. «Ma sai… le foto e i titoli dei giornali, per me è stato davvero troppo».

«Lo comprendo. Solo non capisco perché non hai voluto parlare con me. Di certo si sarebbe chiarito tutto subito».

«Hai ragione ma talvolta il mio ego ha la meglio. Scusami ti prego, mi sono comportata come una bambinetta. Mi dispiace terribilmente».

«Sono solo felice che abbiamo risolto la cosa» replicò Julien. «Ce l'ha fatta allora Véronique a convincerti?».

«Purtroppo no, io semplicemente non l'ascoltavo, perché sapevo che era tua amica. Avrei dovuto confidare di più nell'amicizia che c'è tra noi».

Julien annuì, con la ragione poteva capire tutto, ma il suo cuore doleva per l'offesa che lei avesse potuto crederlo capace di tanto.

«Va tutto bene, Julien? Sei così silenzioso», Marie tratteneva il fiato per l'apprensione.

«Sì, tutto ok», replicò Julien, troppo rapidamente perché Marie potesse veramente credergli.

«Davvero?».

«Sì, però ora rivelami cosa ti ha finalmente convinto della mia innocenza?».

«Lucius».

«Come prego? Credi più a Lucius che non alla tua migliore amica?». Julien era allibito, ma poi Marie gli raccontò che Lucius le aveva addirittura portato una registrazione fatta nell'ufficio di de la Fontaine.

«Beh, di coraggio ne ha», disse Julien con tono di apprezzamento.

«Sì, ha davvero rischiato tanto per incontrarsi con noi, o meglio con me, Véronique stava di guardia. Ma aveva anche altri argomenti». Marie esitò un attimo, non sapeva bene come descriverlo poi disse. «Non riusciva a credere che tu fossi colpevole perché tu per lui sei Parsifal, l'eroe puro».

«Beh, almeno uno che non ha dubitato di me», si lasciò sfuggire Julien. «Anche Véronique era convinta della tua innocenza. Solo e unicamente io ho dubitato di te», replicò Marie mogia mogia. «Ed ero quella che aveva meno ragioni per farlo. Mi dispiace immensamente Julien! Potrai mai perdonarmi?».

A Julien si strinse il cuore sentendo parlare di perdono, quando era lui a dover essere così tanto perdonato da Marie. Si ricordò di come avesse peccato contro Giovanna d'Arco in una vita precedente. Rispose con la massima convinzione: «Sì mia cara, posso farlo, se mi raggiungi il più presto possibile qui a Dresda».

Marie lo rassicurò che era proprio quello che voleva fare. Era già stata una volta con suo padre in quella città e ancora si ricordava di come fossero rimasti incantati dall'acustica nella Frauenkirche. Le mancavano le parole mentre cercava di raccontarlo a Julien. In quel momento lui percepì nuovamente il forte legame con la sua Marie, che viveva e amava la musica come lui, e non riusciva più a immaginarsi di condividere la vita con una persona con una gamma di emozioni profondamente diversa dalla sua. Ci aveva provato più volte quando una donna gli piaceva, accorgendosi relativamente presto che dopo pochi giorni iniziava ad annoiarsi quando lei considerava la musica, la letteratura e l'arte solo come un piacevole argomento di conversazione, piuttosto che viverla con il suo intero essere come accadeva a lui. Si era chiesto spesso come fosse possibile non entusiasmarsi per queste espressioni della potenza creativa di Dio.

«Fantastico», la voce di Marie lo distolse dai suoi pensieri. «Dormi bene Julien. Ti amo».

Quanto aveva sperato negli ultimi giorni di sentire ancora Marie pronunciare queste parole! «Ti amo anch'io. A presto».

VÉRONIQUE

PARIGI, 23 SETTEMBRE 2013

Con un sorriso Véronique osservò Marie dormire. Finalmente era di nuovo felice, con occhi ardenti le aveva raccontato del viaggio che l'attendeva. L'animo di Véronique non era solo pieno di gioia per tutte le cose buone che quel giorno aveva portato. Con nostalgia il suo sguardo era appeso al cielo notturno. Cosa avrebbe dato per aver potuto incontrare lei Lucius. Quanto avrebbe voluto sapere quando poter riprendere contatto con lui. Che strano era saperlo nella stessa città e tuttavia così distante.

Naturalmente aveva già provato cosa significava essere respinta e ne aveva sofferto, come qualunque altra donna, ma in questo caso era tutta un'altra cosa. Sentiva chiaramente che Lucius non le era indifferente, ma non aveva la più pallida idea se la loro attrazione reciproca sarebbe mai potuta diventare qualcosa di più. In ultima analisi la missione che doveva essere portata a termine non aveva nulla a che fare con lei o con Lucius ma solo e unicamente con la promessa che Marie e Julien avevano fatto a Maria Maddalena in un'altra vita. Ovviamente lei sosteneva questa missione sacra, ma nel suo cuore si agitavano più sentimenti del solito. Doveva assolutamente chiarirsi sul sentimento che provava. Poi però ebbe una certezza: aveva nostalgia di una storia d'amore, di quelle che solitamente viveva solo quando ballava.

Quando lo ammise a se stessa, Véronique cadde sfinita sulle ginocchia davanti alla finestra, giunse le mani sul petto in gesto di preghiera e iniziò a pregare con fervore:

> *Caro Dio, così facendo mi rimetto nelle tue mani. Io so cosa è parte della mia missione dell'anima in questa vita, e farò di tutto per portarla a compimento, come ti ho promesso un giorno, perché il servizio a te e ai tuoi mi è più caro di qualunque altra cosa, come tu sai. Tuttavia ti prego anche di volermi donare ancora in questa vita un amore vero, al quale anelo così profondamente, se ciò è da te contemplato. D'altro canto, continuerò a esercitarmi ad avere profonda fiducia nella tua saggezza e nella tua bontà, perché so che tutto, veramente tutto ciò che deve accadere, accadrà, se percorro la via della fiducia. Se è previsto che per me ci sia un cavaliere, così sarà. Ti ringrazio con profonda umiltà.*

Mentre pronunciava le ultime parole Véronique toccò delicatamente il pavimento con la fronte concludendo con un amen. Restò ancora qualche minuto in quella posizione sino a quando non si calmò del tutto.

JULIEN

DRESDA, 24 SETTEMBRE 2013

Julien contava le ore che lo separavano da Marie. Ancora un'ultima prova e poi ci sarebbe stata la rappresentazione in sua presenza. Non stava in sé dalla felicità. Non era facile ritrovare la tranquillità interiore e immedesimarsi di nuovo in Lohengrin. Questa volta gli riuscì solo quando dalla fossa dell'orchestra risuonarono le prime note del preludio. Julien percepiva l'espandersi della sua anima per poter recepire la bellezza di questa musica. Gli tornarono in mente le parole di Liszt: «...con Lohengrin finisce il vecchio mondo dell'opera, lo spirito aleggia sulle acque e luce fu». Julien sorrise, nel suo cuore si era fatta luce da quando Marie si fidava di nuovo di lui, ora poteva abbandonarsi alla musica. Tornò a essere Lohengrin, quel nobile cavaliere del Graal che arriva a conoscere il vero amore e tuttavia deve andare via per portare a termine il suo dovere superiore nei confronti del Graal quando la sua amata Elsa non mantiene la promessa chiedendogli come si chiama. Julien inspirò profondamente in sé la musica. E poi ecco, era lì sulla navicella mentre il blu brillante dell'acqua sul palco lo trascinava al centro della storia. Con un piano che non sembrava essere di questo mondo iniziò a cantare: «Grazie a te, mio caro cigno».

In quel momento lui stesso era Lohengrin ed Elsa con la sua corona di luce era la donna per la quale divampava d'amore.

Julien si commosse vedendo quanto anche Ekaterina si era calata nel ruolo. Si gettò ai suoi piedi ammettendo: «Mio eroe, mio salvatore! Portami via. A te intera io mi dono, quale io mi sia».

Lohengrin sperava ardentemente che lei non chiedesse più alcuna prova sulla sua provenienza e mai prima di quel momento aveva cantato quei versi in quel modo.

«Elsa, io t'amo!».

Il sipario venne calato e Julien lo percepì come un dolore. Un mondo si chiudeva, il mondo dove lui si lamentava di Elsa che aveva infranto la sua fiducia e lui doveva di nuovo orientarsi nella realtà dietro al palco. Ekaterina lo seguì nel camerino perché si era accorta che la sua reazione era diversa dal solito. Senza bussare spalancò la porta e con voce penetrante gli chiese. «Va tutto bene Julien?».

«Sì tutto bene», mormorò lui senza in realtà sapere come si sentiva.

«Guardami, Julien».

«Cosa succede? Perché ti agiti così tanto?». Julien non voleva altro che stare da solo.

«Non mi agito, sono preoccupata per te», chiarì Ekaterina.

«Perché poi?»

«E me lo chiedi? Sei diventato verde in faccia quando ti ho chiesto il tuo nome e la tua origine e mi hai guardata come fossi un fantasma. Ho avuto una sensazione inquietante. Quando poi hai iniziato a cantare pieno di disperazione o avuto l'impressione che non stessi più interpretando un ruolo». «Questo è! Esattamente questo», si fece sfuggire Julien.

«Cosa è questo?», chiese Ekaterina del tutto irritata.

«Tu mi hai fatto vedere dov'è il mio problema».

«Adesso però non devo anche comprenderlo, no?».

«No mia cara, non devi», rispose Julien visibilmente sollevato.

«Allora va bene così» sospirò Ekaterina. «Sono felice che sei tornato in tè. Se hai bisogno di qualcosa d'altro fatti vivo».

«No, grazie. Va tutto bene».

«Comunque non ho mai ascoltato un Lohengrin più convincente di te oggi».

«Grazie», replicò Julien con un sorriso un po' triste.

«Lo dico seriamente».

«Lo so» Julien sorrise debolmente, i suoi pensieri già rivolti a Marie e al dato di fatto che lui era il suo Lohengrin e lo sarebbe stato per sempre.

Ekaterina gli piazzò un bel bacio sulla fronte, prese le sue vesti e sparì con i suoi capelli biondi fiammanti nel camerino.

JULIEN

PARIGI, 25 SETTEMBRE 2013

Il suono della sveglia lo strappò dal sonno e Julien venne nuovamente catapultato da un mondo all'altro, questa volta dal mondo dei sogni alla realtà della sua camera d'albergo. Sotto la doccia si ricordò della sua rivelazione della sera prima. Era stata così evidente; quando aveva riconosciuto che i dubbi che Marie nutriva per lui davano la stessa sensazione che aveva provato Lohengrin tradito da Elsa, ne era stato al contempo ferito e consolato. Ora sapeva cosa voleva dire e per questo aveva cantato quella scena con tale convinzione. La sensazione era realmente quella di un colpo mortale al cuore quando la persona che più amiamo al mondo diffida di noi a tal punto. Julien però sapeva che di lì a poche ore avrebbe avuto di fronte a sé Marie. Si lavò la testa lasciando scorrere abbondantemente l'acqua, aveva bisogno di chiarezza. Preannunciato da sua madre, quel tradimento non avrebbe dovuto sconvolgerlo così tanto. Ora però voleva incontrare Marie senza risentimento. Era stato un bene che Lohengrin gli avesse mostrato chi era e cosa voleva in questa vita. Julien si sedette sul letto e respirò consapevolmente. Si immaginò di inspirare pura energia dorata invece che aria, e di farla scendere lungo la colonna vertebrale mentre espirava. Infine visualizzò il cosiddetto *prana* divino mentre inspirava partendo dalla terra-stella, il centro energetico sotto ai suoi piedi; lo immaginò salire lungo la parte posteriore del suo corpo, su fino a raggiungere il portale stellare in alto, sopra la sua testa per poi ridiscendere durante l'espirazione fin giù nella terra-stella.

Julien ripeté l'esercizio per sei volte sino a raggiungere uno stato di pace interiore.

Subito dopo si confrontò con le sue emozioni. Iniziò dalla delusione per il fatto che Marie avesse davvero creduto alla possibilità che lui avesse un'altra storia... quando lui, a Vienna, le aveva assicurato di voler stare con lei per tutta la vita. Ed ecco che ancora una volta si fece sentire quel pungente dolore al cuore e Julien invocò subito l'arcangelo Raffaele pregandolo di avvolgerlo nella sua luce di guarigione color smeraldo. Già inspirando quell'energia di guarigione, il suo cuore si fece più leggero, anche se sapeva che la cosa era lungi dall'essere risolta. Invocò quindi anche Raziel, il cosiddetto mago tra gli arcangeli, e lo pregò di sciogliere il trauma e tutto quanto vi era connesso, in armonia con il suo piano dell'anima.

Non appena il potente angelo iniziò a svolgere il suo sacro lavoro, Julien si sentì scuotere in tutto il corpo. Ebbe la sensazione che le parti del suo corpo venissero letteralmente smontate e riassemblate. Per reggere meglio lo svolgersi del processo, Julien inspirò ed espirò profondamente per nove volte.

Quando la sua camera venne improvvisamente inondata da una luce bianca e brillante, per Julien fu come liberarsi da un macigno. Incantato continuava a fissare la luce, mentre questa si avvicinava sempre di più, sino a dare l'impressione di essersi posata sul bordo del suo letto. Non riusciva però a distinguere nulla di preciso. Julien chiuse gli occhi perché la luce iridescente era troppo abbagliante. Però non riusciva a tenerli chiusi perché voleva sapere che significato avesse. Qualcosa del genere non gli era mai successo prima. Con cautela socchiuse quindi gli occhi non riuscendo a credere a ciò che vedeva. Socchiuse nuovamente gli occhi e si diede un pizzicotto per essere certo di non sognare; perché ciò che vide altro non era che il meraviglioso volto di Gesù Cristo, di una bellezza ultraterrena. I suoi occhi rilucevano di compassione. Julien non si rendeva conto di ciò che gli stava accadendo. Il suo terzo occhio e l'intero corpo iniziarono a vibrare quando Gesù Cristo si rivolse a lui:

> *Amato fratello, anche se ti sei già liberato di un pesante fardello perché sei stato capace di confrontarti realmente con le tue emozioni, ti attende ancora il più importante dei compiti per guarire, ovvero il perdono divino. Se vuoi evitare ulteriori disgrazie, prenditi tempo per fare un profondo rituale di perdono prima di accogliere la tua Marie.*

Quando l'apparizione svanì, Julien ci mise un po' a capire ciò che era successo. Aprì e chiuse gli occhi più volte per tornare completamente alla realtà. Il suo cuore si riempì di profonda gratitudine per la grazia che aveva ricevuto, ora sapeva cosa doveva fare. Perdonare Marie era più importante che arrivare puntuale all'aeroporto per darle il benvenuto a Dresda.

MARIE

PARIGI / DRESDA, 25 SETTEMBRE 2013

Marie ricontrollò di nuovo tutto, aveva preso il bagaglio a mano dal nastro traportatore, si era data una veloce rinfrescata, si era pettinata e ora non restava che frenare l'agitazione. Aveva il cuore in gola, a breve si sarebbe trovata di fronte a Julien. Sperava che fosse veramente così come le era sembrato dalla sua voce al telefono e che fosse veramente disposto a perdonarla. Immersa nei suoi pensieri si avviò lungo il corridoio, si trovò di fronte la porta a vetri, mancava pochissimo e l'avrebbe raggiunto.

Scattò un flash, si sentirono delle grida. Marie si guardò attorno confusa. Venne circondata da un'orda di gente, non riusciva a distinguere le singole persone: fotografi, giornalisti, curiosi; avrebbe voluto fare marcia indietro e scomparire dietro la porta a vetri.

«Come ci si sente quando il proprio compagno ha una storia con la migliore e la più bella cantante del mondo?».

«Marie, è venuta qui a Dresda per salvare la sua relazione?».

«Crede di avere delle chance con Ekaterina Kurkova?».

A Marie girava la testa. Il pavimento sembrava oscillare sotto i suoi piedi ma il suo orgoglio ebbe la meglio: avrebbe mantenuto la sua dignità, era abituata allo scalpore come figlia di suo padre. Cercò di rammentare il suo sguardo che sapeva tenere a distanza i giornalisti dicendo poi col tono più regale possibile: «Signore e signori, fatemi passare per favore, Julien mi aspetta».

Nello stesso istante la folla si divise e all'altro capo lei scorse Julien con un magnifico mazzo di rose bianche e gigli tra le mani.

A quel punto mollò semplicemente la valigia per buttargli le braccia al collo. Lui l'abbracciò, la sollevò, girò più volte attorno a sé tenendola stretta. Poi la fece scendere e la baciò lievemente sulle labbra mentre con lo sguardo le dava il benvenuto.

Era come stare in una luminosa bolla d'aria fuori dal tempo.

La sensazione di calma finì non appena si staccarono uno dall'altra. Ricominciarono gli scatti e i flash delle macchine fotografiche e vennero subissati di domande.

Con fare protettivo Julien mise un braccio attorno a Marie e con il suo sorriso più smagliante disse: «Gentili signore e signori, come avete appena potuto vedere siamo follemente innamorati e immensamente felici di poterci finalmente rivedere. Le altre notizie su di noi erano solo delle infami bugie. Adesso però, prego tutti di rispettare la nostra sfera privata e di non continuare a seguirci. In fondo non siamo delle star di Hollywood».

«Ciò che non è, può ancora essere. Con il suo fascino e il suo talento da attore, *monsieur* de la Tour», aggiunse una voce femminile con tono deciso. Julien scartò l'idea con un cenno di mano.

Marie però era felice: Julien le aveva di nuovo dichiarato pubblicamente il suo amore e con il suo fare deciso era riuscito a farsi strada in mezzo alla folla così da poter uscire indisturbati dall'aeroporto.

LUCIUS

PARIGI, 25 SETTEMBRE 2013

Non aveva mai visto Maurice de la Fontaine perdere il controllo in quel modo. Lucius dovette trattenersi per non far trasparire sul suo volto la soddisfazione che provava. Il piano del maestro era fallito miseramente nel momento in cui Julien e Marie avevano dichiarato alla stampa il loro amore e la fedeltà reciproca. Che disastro, quantomeno per la Società. Lucius poteva solo immaginare che ripercussione potesse avere sui vari circoli degli Ottaviani sparsi per il mondo. Un brutto colpo per la fama del *mâitre*.

Dall'ufficio accanto al suo, Lucius ascoltò in silenzio mentre lui si scatenava. Rumore di oggetti frantumati e urla che indussero gli altri accoliti a passeggiare nervosamente avanti e indietro lungo il corridoio, l'atmosfera era frenetica.

«Cosa sta succedendo qui?», chiese Lucius uscendo sul corridoio che collegava il suo ufficio con quello di Maurice de la Fontaine. Ripeté la domanda mentre entrava nell'enorme stanza nella quale de la Fontaine ordiva le sue trame. «Tutto ok?».

«Per niente!», gridò *monsieur* de la Fontaine a voce talmente alta che Lucius istintivamente si abbassò. Sapeva di doversi assolutamente comportare come al solito, per cui doveva mantenere quella postura soffermandosi all'ingresso della porta sino a che l'ondata d'ira si fosse infranta oltre lui.

«Cosa fai lì impalato sulla porta come un cretino?», lo strigliò Maurice de la Fontaine. «Fai qualcosa invece di stare lì a fissarmi. Fatti venire in mente qualcosa! Questa coppia impossibile deve essere fermata. Tu lo sai, è il compito della nostra vita e noi abbiamo giurato di opporci alle forze della luce che ci abbagliano con la menzogna e l'inganno. E ora si devono incontrare proprio questi due qui, non riesco a crederci».

«Ma chi? Di chi sta parlando? Non saranno mica la Chevalier e quel de la Tour?».

«E di chi sennò! Il mio piano di mandarli all'aria con la gelosia è fallito, quella Chevalier l'ha perdonato. Non riesco a capacitarmene. Tutta la stampa internazionale è stata testimone del loro incontro all'aeroporto di Dresda come se nulla fosse. Che razza di ipocrisia!». Il *mâitre* ribolliva di rabbia, poi mise sotto gli occhi di Lucius il suo cellulare facendo scorrere tutte le rassegne stampa. A Lucius venne quasi da sorridere spontaneamente vedendo con quanto amore i due si guardavano, poi però ripensò a quanto fosse pericoloso ogni indizio che potesse far sospettare al *mâitre* che lui ne sapeva di più su di loro di quanto non immaginasse.

Nel frattempo il *mâitre* aveva ritrovato la sua proverbiale calma mentre tra sé e sé a bassa voce aggiunse: «Una cosa così non mi era mai accaduta, che tutti i piani saltassero in aria. È una faccenda stregata». Passò il pollice e l'indice sulla barba, gesto che Lucius conosceva bene e che denotava quanto fosse nervoso. «Dobbiamo impedire che trovino altri indizi sulla loro discendenza. Ti viene in mente qualcosa? Dai Lucius, non piantarmi in asso».

«No, così su due piedi non mi viene in mente niente» replicò Lucius con sguardo preoccupato. «É come se su quei tre moschettiere ci fosse una mano che li protegge».

«Cosa vuoi dire?», chiese il *mâitre* sorpreso.

«Beh, prima viene sventato l'attentato in clinica, poi Véronique riesce a sfuggire ai suoi rapitori, e ora questo attacco tramite i media finisce a vuoto; sono tre fallimenti uno in fila all'altro. Capisco che questo non ti lasci indifferente», rispose Lucius osservando attentamente la reazione di de la Fontaine.

«Intendi dire che sono intervenute delle forze superiori?».

«Non ne sono certo, ma l'esperienza con Julien nel duomo di Santo Stefano mi dà ancora del filo da torcere. Lui non ha chiaramente lottato da solo contro quei quattro uomini».

«Se è così, dobbiamo trovare una via per lavorare anche con mezzi ultraterreni, Lucius», rifletté Maurice a voce alta. «Anni fa, su mio suggerimento, avevi imparato le arti marziali da quel, beh sai uno di quei nomi cinesi, sai di chi parlo, no? Prova un po' a sentire lui. E vedi di farlo in giornata. Ma non far capire le tue intenzioni, semplicemente vedi di sapere cosa potrebbe ancora funzionare oltre l'aggressione, il rapimento e la diffamazione».

«Ho già capito, *mâitre*. Mi attivo subito». Mentre ripassava nel corridoio davanti all'ufficio di de la Fontaine, Lucius scosse la testa. Tra tutti proprio Xiao Lin, un maestro di luce, doveva aiutarlo in questi piani oscuri. Ancora una volta ebbe la conferma che de la Fontaine aveva solo ereditato un potere senza un barlume di genialità. Ma anche la stupidità poteva essere pericolosa per lui e i suoi amici. Si sarebbe effettivamente rivolto a Xiao Lin ma per un motivo completamente diverso. E non ci sarebbe andato nemmeno da solo. Lucius dovette trattenersi dallo scoppiare a ridere. Gli era venuta davvero una bella idea e non avrebbe esitato a metterla in pratica.

VÉRONIQUE

PARIGI, 25 SETTEMBRE 2013

A Véronique facevano male tutti i muscoli, era stata una prova impegnativa. Ma per fortuna finalmente era tutto perfetto, lei era felice di tornare sul palco nelle vesti di Odette e Odile in occasione delle rappresentazioni de *Il Lago dei Cigni* in cartellone. Si gettò in spalla la borsa con il necessario per gli allenamenti. I piedi le dolevano ma bastarono pochi passi sulla via di casa e già si erano di nuovo abituati alla normale andatura. Véronique aveva una grande esperienza in fatto di dolori e contratture e un singolo pomeriggio di prove non poteva certo sfinirla. Di buon umore, diede un'occhiata a destra e sinistra e stava per attraversare la strada quando il suo sguardo cadde su una pesante moto accostata al marciapiede di fronte. Seduto in sella c'era un uomo con una tuta nera, da sotto il casco spuntavano dei capelli biondi; il cuore di Véronique si mise a battere più forte: non c'era dubbio, era Lucius. Aveva forse il compito di osservarla? Doveva semplicemente passargli davanti? Incerta sul da farsi si bloccò sino a quando Lucius le fece capire con un segno che poteva tranquillamente raggiungerlo. Velocemente percorse i pochi passi sino a raggiungerlo. Senza dire una parola lui le porse un casco e la invitò a salire in moto dietro di lui. Veronique si strinse al corpo di Lucius senza avere idea della loro destinazione. Ma dopo tutto quello che aveva vissuto insieme a lui negli ultimi tempi era una bella sensazione, perché si fidava ciecamente ed era felice di averlo vicino.

Come sempre Lucius si lanciò, sfrecciando attraverso le strade di Parigi quasi volesse seminare degli inseguitori.

Frenò così di colpo che Véronique venne pressata ancora di più contro di lui. Stupefatta si guardò intorno, la Senna nelle vicinanze, sullo sfondo l'Ile de France, dovevano essere da qualche parte nei pressi del Marais, un quartiere che amava molto.

La voce di Lucius risuonò attutita attraverso il casco: «Véronique, che bello che tu sia venuta. Vuoi scendere e imboccare quella via lì davanti sulla sinistra? Poi suoni da Xiao Lin. Abita nella seconda casa sul lato destro. Voglio prima accertarmi che non ci abbia seguito nessuno, poi arrivo subito anche io».

«Ma chi è Xiao Lin, Lucius?», chiese Véronique un po' sorpresa. Cosa voleva da lei lì? Cercò gli occhi di Lucius attraverso il casco riflettente, ma vide solo il suo viso.

«È il mio maestro. Ora vai, ti prego. Ti spiego tutto dopo».

Véronique scivolò giù dal sedile posteriore, si tolse il casco e si incamminò senza più voltarsi a guardare Lucius. Girò l'angolo e si trovò subito davanti alla casa in questione che esercitava su di lei una grande attrazione. All'improvviso si ricordò di aver già sentito il nome di quell'uomo in passato. L'aveva citato Julien parlando di maestri che vivevano sulla Terra in questi tempi e lei stava per conoscerne uno.

Véronique aveva già allungato la mano per suonare il campanello quando la porta si aprì e lei si trovò davanti un uomo con l'aura più luminosa che avesse mai visto in questa vita.

Automaticamente si inchinò leggermente e stava per presentarsi quando l'uomo fece cenno di no e senza dire una parola la trascinò con sé in casa. Diede ancora un'occhiata in strada in su e in giù e chiudendo poi la porta dietro di loro le disse sorridendo: «Io so chi è lei, mia cara. Lei è calorosamente benvenuta. Mi scusi per il mio comportamento un po' rude, ma non si sa mai quando i muri hanno occhi e orecchie».

«Questo è certamente vero. Lucius voleva essere sicuro che nessuno ci avesse seguito prima di raggiungerci».

«È una cosa saggia, specie quando si tratta di dover portare a termine un compito sacro. Ma cosa le sto dicendo!», si interruppe Xiao Lin. «Questo lei lo sa molto bene perché l'ha vissuto sulla sua pelle».

Meravigliata, Véronique fissò l'anziano cinese osservandolo discretamente: la semplicità della sua tunica, il volto senza età. Lucius gli aveva forse raccontato qualcosa sul suo salvataggio?

«Sì, lo ha fatto», rispose Xiao Lin prima ancora che a Véronique venisse in mente di dirlo a voce alta.

«Lei riesce a leggere nei miei pensieri?». Véronique gli diede uno sguardo interrogativo.

«In questo caso non è certo stato difficile», sorrise annuendo amichevolmente. «Adesso però devo aprire a Lucius».

Lucius apparve infatti sulla porta esattamente in quell'istante. In silenzio entrò in casa, diede un giro alla porta e i due uomini si abbracciarono calorosamente.

«Che bell'ospite che mi hai portato, mio caro», fece Xiao Lin raggiante.

Imbarazzato Lucius guardò a terra mentre Véronique lo seguiva divertita con lo sguardo. Sì, anche il suo angelo biondo era solo un uomo di carne e sangue. «Maurice è completamente fuori di sé per il fallimento di tutti i suoi piani. E io dovrei chiedere aiuto proprio a te Xiao Lin. Deve essere proprio disperato se vuole avere un consiglio da te; non avrei mai detto che ti contasse tra i membri della Società». Nelle parole di Lucius si celava una domanda inespressa.

«Bisogna essere astuti anche quando non si è proprio furbi come una volpe». Xiao Lin si inchinò con finta umiltà.

Véronique fece passare lo sguardo da uno all'altro. Avevano avuto ragione allora a supporre che a capo degli Ottaviani ci fosse Maurice de la Fontaine. Era lui l'unico responsabile per tutto ciò che era accaduto nelle settimane precedenti. E probabilmente anche della morte di Jean Chevalier. Pensando a questo si mise involontariamente una mano sullo stomaco perché si sentiva male.

Immediatamente le si avvicinò Lucius prendendo delicatamente il suo viso tra le mani. «Cosa succede, *ma belle*? All'improvviso ti sei fatta pallida».

«Mi sono appena resa conto che avevamo ragione. Dietro a tutto c'è Maurice de la Fontaine. È semplicemente orribile».

«Lo sai, lui è solo la punta della lancia, la Società è molto grande, ci sono membri in tutto il mondo, pronti a fare di tutto per fermare Marie e Julien. Ma niente paura Véronique, tu sai che sono dalla tua parte. E Xiao Lin ci mostrerà la via migliore per permettere a loro due di raggiungere il loro scopo».

«È scritto così», intervenne anche Xiao Lin con un sorriso affettuoso.

Con gratitudine Véronique guardò prima l'uno e poi l'altro. Era bello lavorare per lo stesso scopo. E se ce l'avessero fatta, anche tutto il resto si sarebbe sistemato.

Poi Lucius prese Véronique per mano e insieme seguirono il maestro nel suo "tempio".

Véronique inspirò silenziosamente. Riusciva a sentire la purezza di quel luogo e ne assorbì l'eterea atmosfera con tutte le fibre del suo essere. Quando Xiao Lin le venne accanto, lei gli prese le mani e con il cuore traboccante di emozione gli disse: «Xiao Lin, la ringrazio con tutto il cuore per avermi accolta in questo luogo prezioso. Sono profondamente consapevole della grazia che mi viene offerta e farò di tutto per dimostrarmi un'allieva degna». Fece per inginocchiarsi ma Xiao Lin la fermò.

E disse: «Mia cara, un'allieva degna come te è sempre benvenuta. Il tuo cuore è di una tale purezza che sono io a inchinarmi e mi reputo fortunato di poterti accompagnare per un tratto del tuo cammino».

Senza minimamente pensarci su, Xiao Lin era automaticamente passato a darle del tu, cosa che Véronique e Lucius realizzarono subito con piacere. Lucius fece un cenno di apprezzamento a Véronique, non aveva mai visto il maestro così accessibile.

Xiao Lin sorrise a entrambi dicendo: «Accomodatevi, vado a preparare un tè».

Non appena Xiao Lin se ne fu andato, Lucius mise da parte i tappetini. Guardò Véronique e la prese tra le braccia, stringendola come se non volesse più lasciarla andare.

«Avevo una tale nostalgia di te, non ce la facevo più ad aspettare per rivederti», sussurrò dolcemente all'orecchio di Véronique. «Spero che sia così anche per te».

Dolcemente Véronique si liberò dal suo abbraccio per guardare i suoi luminosi occhi blu. «Non hai idea di quanto».

Prima di potersene rendere conto, le labbra di Lucius già sfioravano delicatamente le sue e alcuni secondi dopo si trovò coinvolta nel bacio più appassionante della sua vita. Era così come l'aveva sempre sognato quando sul palcoscenico aveva danzato un infinito numero di volte le grandi scene d'amore dei balletti.

Improvvisamente i due si resero conto della presenza di Xiao Lin, che con passo felpato era tornato da loro, e si staccarono imbarazzati.

«Non c'è alcun motivo di vergognarsi, perché non esiste nulla di più prezioso di un amore corrisposto tra due persone che si completano a vicenda. Sono felice che vi siate trovati, anche se ci vorrà ancora un po' di tempo prima che possiate mostrare il vostro amore pubblicamente», fece Xiao Lin.

«Quanto?», chiese impetuoso Lucius.

«È tutto da vedere, mio caro», replicò Xiao Lin con tono pacato. «Dovrai pazientare ancora un poco».

Véronique rivolse uno sguardo interrogativo prima all'uno e poi all'altro. «Cara Véronique, in determinati momenti mi è concesso il dono della preveggenza», spiegò Xiao Lin.

Véronique però lo interruppe con un lieve gesto: «Capisco».

«Ora riflettiamo insieme su come depistare de la Fontaine. Ma dobbiamo fare attenzione, le cose non sono mai come sembrano», aggiunse d'improvviso, e mentre lo diceva le rughe attorno agli occhi tradivano la sua età. Cosa temeva Xiao Lin? Véronique gli rivolse uno sguardo indagatore. «Cosa vuoi dire?», si accodò Lucius.

«Un po' di pazienza, ragazzo mio».

Senza più preoccuparsi dei due, Xiao Lin iniziò a versare il tè fumante nelle finissime tazzine disposte religiosamente al centro del tappetino a forma di un sacro triangolo. Intonò un mantra sacro, giunse le mani davanti al petto e invito Véronique e Lucius a sedersi sul pavimento.

Per loro sedersi su un tappetino da meditazione non era niente di nuovo, eppure si guardarono perché era la prima volta che lo facevano insieme. Con cautela i tre accostarono le tazzine alle labbra e bevvero il primo sorso del prezioso tè bianco servito da Xiao Lin. Véronique chiuse gli occhi per gustarsi l'aroma profumato.

«Véronique tu sei qui ora per un motivo ben preciso che al momento non posso ancora rivelare», iniziò a dire Xiao Lin a bassa voce. «Ma prima permettimi, ti prego, di liberarti definitivamente dal trauma del rapimento».

«Gli spaventi me li lascio volentieri alle spalle», replicò Véronique con voce quasi impercettibile, il ricordo le aveva di colpo tolto la parola. Sapeva che era la presenza di Xiao Lin a rendere di nuovo presente tutto ciò che aveva vissuto. «Allora cominciamo subito». Xiao Lin si era già alzato con movimenti agili mettendosi dietro di lei.

Con grande tenerezza sfiorò la parte posteriore della testa di Véronique e, intonando un mantra sacro con voce quasi impercettibile, iniziò a sciogliere da tutti i suoi sistemi le esperienze dolorose vissute. Durante tutto il processo Véronique inspirò ed espirò fluentemente attraverso il naso per rilassarsi il più profondamente possibile, mentre le due persone che le stavano più a cuore la osservavano con affetto.

Dopo un bel po' di tempo Xiao Lin prese le mani di Véronique chiedendole: «Mia cara, come ti senti ora?».

«Leggera come una piuma. Ti ringrazio dal profondo del cuore». Era lì lì per riaprire gli occhi e ringraziarlo anche con un gesto, ma Xiao Lin la trattenne continuando a parlare: «Ora recati nuovamente nella sacra grotta di Maria Maddalena nel Massif de la Sainte Baume, perché sei attesa».

Véronique percepì la verità di quelle parole e fece come le era stato detto. Poteva sentire Lucius inspirare forte ma si allontanò mentalmente da lui per incamminarsi salendo poi i gradini che portavano alla grotta.

In un luminoso cono di luce brillante color rosa-oro vide non solo Maria Maddalena e Gesù Cristo ma anche la loro figlia, Sarah-Tamar, che sino a quel momento aveva solo intuito senza vederla. Era incantevole con il suo volto ovale dalla carnagione olivastra e i suoi occhi brillavano alla luce delle candele in toni di grigio che Véronique non aveva mai visto prima. I lunghi capelli avvolgevano l'esile figura come un manto. Dava un'impressione di fragilità e la sua aura era pura ma contemporaneamente emanava una forza quasi sovraumana mentre veniva incontro a Véronique per abbracciarla dolcemente. A Véronique sembrò di fondersi con lei, di essere tutt'uno. Poi all'orecchio le giunse la sua voce squillante e gioiosa:

Salute a te, Véronique, amata sorella, parte divina di me!

Involontariamente Véronique sospirò. Ma Sarah-Tamar non si irritò, bensì le disse:

Sì, hai inteso bene, noi due siamo parte della stessa unica energia. Per questo i miei genitori mi hanno dato il tuo nome.

Con cautela Véronique si staccò da lei e la guardò negli occhi. Doveva assicurarsi di aver capito bene.

Ma gli occhi di Sarah-Tamar non potevano mentire e Véronique le rispose piena di gratitudine. "Sono grata che i tuoi genitori ti abbiano dato il mio nome. E sentirlo dire da te mi commuove ancora di più. Ti ringrazio".

"È solo apparentemente un altro tempo, sorella. In verità si tratta dello stesso messaggio di 2000 anni fa; e così sono ora io a poterti concedere uno sguardo sul futuro. Come Julien ha già saputo da mia madre, lui è uno degli ultimi veri *troubadour* e a breve avrà modo di svelare il mistero, così che non manchiate il vostro viaggio e che la profezia possa compiersi. Ma lasciate che Lucius lo riferisca al suo *mâitre*, deve apprendere dalla sua bocca il nome della destinazione del viaggio. Perché Maurice de la Fontaine deve continuare ad avere fiducia in lui".

Sentendo nominare de la Fontaine il cuore di Véronique si riempì di paura. Sarah-Tamar però le passò una mano sui capelli per tranquillizzarla e disse:

Non preoccuparti, amata sorella, anche questo fa parte del piano intessuto nella cronaca dell'Akasha da tempo remoto. Ricordati sempre che le cose non sono mai come sembrano. Tuttavia ora non posso rivelarti di più, sappi solo che d'ora in avanti non mi scosterò più dal tuo fianco.

Con un sorriso malizioso aggiunse:

A meno che tu non voglia liberarti di me e mi mandi via.

"Mai nella vita!", si indignò spontaneamente Véronique, per cui Sarah-Tamar la abbracciò nuovamente.

Véronique voleva ringraziare lei e anche i suoi genitori, perché Maria Maddalena e Gesù Cristo erano rimasti lì accanto a loro. Ma venne risucchiata da una specie di gorgo e catapultata nel santuario di Xiao Lin.

Per prima cosa Véronique respirò a fondo e poi aprì gli occhi. Lucius e Xiao Lin la osservavano attentamente e negli occhi di Lucius lesse la preoccupazione mentre lo sguardo di Xiao Lin era pieno di pace, cosa che la incoraggiò. Poi, in silenzio, Xiao Lin le porse una tazzina di tè fresco.

Dopo alcuni minuti si raddrizzò con movenze graziose, come solo una ballerina classica sa fare dichiarando con voce ferma: «Ora so cosa s'ha da fare» e dopo raccontò ciò che aveva vissuto e quello che dovevano fare. Era concentrata perché il messaggio era urgente, tuttavia con la coda dell'occhio vide che Lucius la stava fissando in silenzio. Xiao Lin però annuì e allora capì che lui aveva già visto tutto in anticipo. Telepaticamente lo ringraziò e il maestro contraccambiò inchinandosi. Lanciò uno sguardo a Lucius come per incoraggiarli, ma Véronique sapeva ciò che voleva fare.

Rivolgendosi a Lucius disse: «Ti ringrazio dal profondo dell'anima per avermi condotta qui. Non sai quanto questo significhi per me». Si alzò, porse la mano a Lucius e lo attirò a sé. Lo guardò, mise le mani attorno al suo viso dicendo: «Io ti amo, così come ti ho sempre amato».

Lucius iniziò a singhiozzare come un bambino e Véronique percepì che quelle parole avevano smosso in lui qualcosa che era rimasto chiuso a lungo. Comprendeva tutto e lo cullò dolcemente tra le braccia sino a quando si calmò di nuovo.

«Sai che non sentivo queste parole dalla morte di mia madre? Avevo la sensazione di non meritare più l'amore dopo che mi ero votato al lato oscuro. E ora appari tu, un puro angelo in sembianze umane, una donna di una bellezza ultraterrena che dice di amarmi. È più di quanto avessi osato sperare e farò di tutto per dimostrarmi degno di te, perché anche io ti amo così tanto che sarei pronto a morire per te».

Véronique era commossa, lo tenne stretto a sé e quando si accorse con quanto affetto Xiao Lin li stesse osservando le venne di colpo da ridere tanto da contagiare gli altri due. Così questo momento tanto commovente si concluse con un'inaspettata leggerezza.

Lucius si ricompose sapendo che non aveva alcuna voglia di fare quello che andava fatto. Fu il primo a smettere di ridere.

«Dovrei andare e fare rapporto a Maurice, così da calmarlo». Véronique lo guardò preoccupata. «Niente paura, mio angelo». Lucius la guardò con tenerezza. «Non è la prima volta che sono in giro in veste di agente. Solo che il mio padrone ora è un altro ed è finalmente quello giusto».

«Tu sai molto meglio di me quello c'è da fare». Véronique non voleva dare l'impressione di essere troppo preoccupata.

«No Véronique, è diverso, tu hai il dono di intuire le cose, mentre la mente di Lucius è acuta come una lama appena affilata. Solo insieme sarete in grado di riconoscere dove vi deve portare il vostro cammino e a cosa dovete fare attenzione. È per questo motivo che Lucius ti ha portata qui da me. Affronterete insieme i pericoli che vi attendono». Pieno di compassione li guardò aggiungendo: «Ora però dovete momentaneamente separarvi. Il vostro tempo ha da venire. Abbiate pazienza».

MARIE

DRESDA / PARIGI, 26 SETTEMBRE 2013

Marie sorrise a Julien. Era certa che anche lui avesse vissuto la magia di una sacra, indimenticabile notte d'amore. Era stato un bene essersi chiariti prima, con tutta calma, perché così avevano potuto godere dell'amore com'è dato solo agli esseri umani capaci di mettere completamente a nudo la loro anima. Mentre appoggiava il vassoio con la colazione sul bordo del letto Julien si rallegrò di poter così prolungare un po' la notte facendo colazione insieme.

A un certo punto però Julien si innervosì e Marie si accorse che lui non era abituato a non essere solo il giorno della rappresentazione. Aveva fatto abbastanza esperienza con suo padre e così disse. «Penso di dovermi vestire e lasciarti solo, così che tu possa prepararti con calma per lo spettacolo di stasera».

La sua espressione tornò allegra mentre diceva: «Che bello che non devo spiegarti niente! Sino a ora le mie relazioni fallivano esattamente a questo punto e ho preferito restare single. Sai, devo semplicemente restare in quella condizione che mi permetta di dare tutto me stesso sul palco. Se non ci riesco, mi vergogno perché ho la sensazione di aver tradito il pubblico. Ma mi pare che tu possa capirlo».

«Sì, già mio padre mi aveva spiegato che non avrebbe mai potuto eseguire un brano come un qualunque funzionario, ma che faceva di tutto, con ogni fibra del suo corpo, per essere all'altezza della musica, del brano e del pubblico».

«È proprio così», sospirò Julien.

«Altrimenti con me non avresti avuto nessuna chance», si infervorì Marie colpendolo al fianco per scherzo.

«Vabbè, se vuoi essere proprio sincera ammetti che eri già innamorata di me prima di sentirmi cantare», sorrise Julien compiaciuto.

«Questo non è vero», si indignò lei.

«Il primo io-ti-amo te l'ho sentito dire prima del *Parsifal* quando eri ancora in clinica», la corresse Julien.

«Sì, questo è vero», ammise Marie timidamente, «ma sapevo da mio padre che non eri il tipo da cantare meccanicamente. Non sei un burocrate della musica».

Julien scoppiò a ridere, scompose i capelli di Marie e la baciò appassionatamente.

Marie ebbe di nuovo la sensazione di sciogliersi tra le sue braccia ma ripensando alla conversazione si controllò e lo respinse dolcemente. «Ora cerchiamo di essere ragionevoli, anche se mi pesa. Ma non voglio assolutamente sentirmi in colpa se stasera non dovessi essere nella migliore condizione fisica e canora».

Un *beep* del cellulare li avvisò che era arrivato un messaggio. Guardarono entrambi lo schermo perché era di Véronique. "Caro Julien, ti prego di fare molta attenzione questa sera, quando canti il *Lohengrin*! Ieri ho ricevuto un messaggio da Sarah-Tamar, la figlia di Gesù Cristo e della nostra Maria, nel quale mi diceva che a breve risolverai il mistero di Maria Maddalena. Oggi durante la meditazione ti ho visto come Lohengrin con una colomba bianca sulla testa, così credo che durante la rappresentazione avrai una rivelazione che ci porterà avanti.

In bocca al lupo per lo spettacolo! Ne parliamo domani con calma, ma ora preparati con il massimo rigore! Saluto te e Marie con grande affetto! Baci, Véronique".

Spalancando gli occhi, Marie e Julien si guardarono dicendo a una voce: «Che sincronicità!». Marie si strofinò le braccia perché le era venuta la pelle d'oca e poi si accorse che anche i capelli di Julien si erano alzati. Marie saltò su e sparì sotto la doccia.

Mentre era in bagno sentì i primi vocalizzi e quando uscì dalla suite lui era seduto sul tappetino davanti al letto in profonda meditazione.

Marie sorrise del fatto che non le importava di sparire senza neanche un saluto. Lei aveva il suo obiettivo e quando entrò nella Frauenkirche mentalmente stava già recitando una preghiera. Prego per Lohengrin, iniziò sapendo quanto era importante per lei che Julien fosse sostenuto dalle forze del bene durante la rappresentazione.

Marie non avrebbe saputo dire quanto tempo trascorse in chiesa. Quando il suo stomaco brontolando si fece sentire, raggiunse un supermarket lì vicino e provvista del necessario tornò in albergo, nella suite di Julien. Lui la salutò solo con un cenno del capo e tornò ai suoi esercizi e lei si mise a preparare uno spuntino. Arrivarono a sera in questo mutuo accordo di silenzio.

Per fortuna Marie aveva già pensato a tirare fuori dalla valigia le cose da indossare. Aveva già appeso il suo abito da sera più bello, in seta verde smeraldo. Marie era consapevole di quanto le stesse bene quell'abito, trasformava la esangue carnagione da ospedale in un nobile pallore e ogni volta che lo indossava faceva risaltare al massimo la sua brillante chioma castana che destava ammirazione. Tutto era perfetto, anche se le mancava Véronique, con lei non sarebbe stata sola seduta nel palco reale, esposta allo sguardo di tutti mentre il suo cuore seguiva palpitando Julien che trasmutava la musica in rivelazione. Sospirò e poi sorridendo si fece coraggio. Maria

Maddalena l'aveva detto: non sarebbe mai stata sola. Anche nel palco, dove aveva già preso posto da un po', accanto all'intendente della Semperoper, Hervé Schneiderhahn, Marie continuò a respirare come le aveva insegnato Véronique, nell'assoluta convinzione di far arrivare energia a Julien. Marie lo immaginò seduto in meditazione nel camerino. Un momento sacro lo attendeva. Sapeva come si svolgevano le cose dietro al palco; quante volte, da bambina, aveva avuto il permesso di stare lì seduta a guardare mentre suo padre dirigeva le prove dal suo podio. Così Marie con il pensiero era vicina a Julien, mentre nelle vesti di Lohengrin saltava sulla navicella. Aveva sicuramente pregato di essere sostenuto prima dello spettacolo. Era come se la sua voce sommessa le arrivasse chiara come il cristallo sino lì nel palco reale. "Io dedico a voi e al vostro segreto il mio Lohengrin con anima e corpo affinché mi venga rivelato il mistero!", anche se lei sapeva che lui aveva pronunciato queste parole solo mentalmente.

JULIEN COME LOHENGRIN

DRESDA, 26 SETTEMBRE 2013

Era Lohengrin o era lui stesso che stava confessando il suo amore a Elsa? A terra distrutto udiva le sue domande, il tradimento. E, come Lohengrin, Julien si rassegnò al suo destino dando a ogni parola che cantava il suo vero significato, che come mai prima aveva compreso:

> *In paese lontano, inaccessibile ai vostri passi, havvi un castello di nome Monsalvato; un luminoso tempio s'alza colà nel mezzo, così prezioso, quale niente di simile si conosce in terra. Ed in esso una coppa di miracolosa virtù, viene guardata come la più sacra delle reliquie: essa fu, perché i più puri tra gli uomini ne prendessero cura, in terra da una schiera d'angeli portata; ogni anno scende dal cielo una colomba, per dare nuova forza alla sua miracolosa virtù: è questo il Gral; e beata purissima fede per lui si comparte a tutta la sua corte. Chi dunque è scelto a servire il Gral, costui Egli munisce d'un sovrumano potere; contro di lui si perde l'inganno d'ogni malvagio; quando egli Lo contempla, a lui si dissipa la notte della morte. Anche colui che dal Gral è in lontano paese inviato, ed eletto a campione in difesa della virtù, non*

viene punto spogliato della sua santa forza, finché quale suo cavaliere colà non sia riconosciuto. Di tale augusta natura infatti è la virtù del Gral, che, scoperto... ei deve fuggire agli occhi dei profani. E perciò nessun dubbio dovete nutrire intorno al suo cavaliere; ma se lo riconoscete... allora se ne deve da voi partire... Ora udite, com'io ricompenso la vietata domanda! Dal Gral fui io dunque presso di voi mandato. Parsifal mio padre ne porta la corona, e suo cavaliere io sono... chiamato Lohengrin.

Il cuore di Julien traboccava mentre, in questo modo a piena voce, rivelava a tutti il messaggio e venne pervaso da una tale luce interiore che sperava giungesse sino alle ultime file per capire in che modo il racconto del Graal divenisse nuovamente realtà. Avvolto in questi raggi ultraterreni i suoni che lui stesso emetteva gli giungevano quasi impercettibili, ma già prima della fine del brano sapeva che quella era l'interpretazione canora della sua vita. Julien sbatté le palpebre sotto la luce dei riflettori e quando sulla navicella che lo portava via apparve una colomba bianca lui cadde in ginocchio e dal suo cuore scaturì una preghiera, mentre la navicella trascinata dalla colomba scivolò fuori dal palcoscenico per riportarlo alla realtà.

Non appena cadde il sipario il pubblico andò in visibilio.

E quando Julien de la Tour alias Lohengrin salì per ultimo sul palcoscenico non ci fu più un freno. Tutto il pubblico dell'Opera di Dresda si era alzato in piedi ad applaudire con una tale foga da far tremare il pavimento. Anche Marie applaudiva ma in lei c'erano pace e silenzio. Nel suo cuore c'erano pace, coraggio e la fede che la missione del suo destino poteva essere compiuta.

PARTE SETTIMA

SULLA VIA DELLE RISPOSTE

JULIEN

DRESDA, 27 SETTEMBRE 2013

Julien si godeva la vista sull'Elba. Con una giornata di sole così aveva fatto bene a non rimanere in albergo, per quanto lo stare solo con Marie fosse allettante. Ma in questa città che tanto amava nulla lo tratteneva al buio di un albergo. Il sole avrebbe fatto bene a Marie, anche perché nonostante il suo splendido aspetto la sera prima con l'abito verde, a Julien non era sfuggito il suo pallore. Dopo la lunga degenza in ospedale l'aria fresca e i raggi del sole erano certamente la cosa migliore per la sua amata Marie. Come trasformato sedeva ora di fronte a lei, nel cuore ancora le parole di Lohengrin, e questo era un altro motivo per uscire da quella stanza dove forse potevano anche essere state installate delle cimici: voleva finalmente raccontare a Marie le rivelazioni che aveva avuto mentre era sul palcoscenico. Le avrebbe anche rivelato che dietro le quinte gli erano apparsi Gesù e Maria Maddalena e che lo avevano incoraggiato? Avrebbe corso il rischio. Per il momento voleva placare la fame che l'aveva tormentato durante la notte, praticamente passata a parlare con la folla di persone radunatesi nella Semperoper per congratularsi con lui. Non c'era stato tempo di staccare neppure per uno spuntino veloce. Adesso però si sarebbe proprio goduto questa prima colazione con Marie.

Era piacevole stare lì in silenzio insieme a lei, se n'era già accorto il giorno prima e quasi un po' gli dispiacque rompere quel silenzio ma il messaggio era troppo importante e così iniziò a raccontarle tutto. Cosa aveva provato, come gli era arrivata la rivelazione.

«In tutti questi anni ho sempre creduto che per Montsalvat si intendesse il castello di Montségur, la fortezza dei Catari, perché le persone più svariate sostenevano che Montsalvat e Montségur avevano lo stesso significato, ovvero "salvato", oppure "monte sicuro". Così per me era ovvio pensare che con Montsalvat si intendesse in verità Montségur. Ma ieri mentre stavo cantando mi è apparso Gesù Cristo che mi ha mostrato un'immagine e una parabola dicendo:

> *Guarda questa effige, mio amato fratello e riconosci il luogo che hai visitato da bambino insieme alla tua leggiadra madre, il cui nome reca in sé un indizio per il segreto che devi svelare.*

«Oh, mio Dio!», fece Marie mettendosi una mano davanti alla bocca.

«Il nome di tua madre è sempre stato il segno, visibile e tuttavia invisibile, nascosto ai nostri occhi. Sembra proprio che il caso non esista a questo mondo. Tutto è stato pianificato da tempo immemorabile». Pensierosa, Marie osservava Julien. «Credi che tua madre sapesse perché aveva quel nome? Che il castello di Montsalvat fosse in realtà il Montserrat?».

«Questo, con tutta la buona volontà, non te lo so dire Marie», replicò Julien dicendo il vero. «Ma forse troviamo riscontri nel suo diario. Appena torniamo in albergo controllo. Ma ho notato anche qualcosa d'altro. Nel *Parsifal* si dice che Montsalvat, il luogo dove si svolge la vicenda, si trova nel Nord della Spagna. Questo significa, di conseguenza, che il castello del Graal a cui si fa riferimento nel *Parsifal* come nel *Lohengrin* non può essere il castello di Montségur. Inoltre non può essere un caso che la prima rappresentazione ospite del Festival di Bayreuth ebbe luogo proprio al Teatro del Liceu a Barcellona. E lo scorso settembre, per la prima volta dopo cinquantasette anni, sono stati nuovamente messi in scena tre spettacoli del Festival di Bayreuth ovvero *Lohengrin*, *Tristano e Isotta* e *L'Olandese*. Notevole, no?».

«Sì, hai ragione», fece Marie. «Quando lo prendevo un po' in giro sentendolo dire che per lui era molto importante dirigere Wagner proprio in Spagna, mio padre mi faceva sempre notare che nel Teatro d'Opera catalano la musica di Wagner occupa un posto molto speciale».

«Stai attenta a quello che dici, mia cara», la interruppe Julien. «Barcellona non è veramente Spagna, bensì la capitale della Catalogna. A quanto pare anche qui non è un caso che la Chiesa cattolica non sia nemmeno lontanamente riuscita a esercitare sulle persone lo stesso potere che aveva in Spagna. In più, se ricordo bene, Ignazio di Loyola ha deposto la sua spada, simbolo del suo cavalierato, proprio sull'altare della sacra Vergine a Montserrat, come segno della sua rinuncia alla vita mondana per dedicarsi completamente al divino. Come sappiamo noi tutti, educati alla storia della linea di sangue, Loyola era uno di noi. Non per niente l'Inquisizione sospettava di lui proprio per la cura che si prendeva delle donne».

«Si fa sempre più emozionante», esclamò Marie eccitata. «Allora raggiungiamo al più presto Barcellona e il Montserrat». Il suo sguardo vagò per un attimo in lontananza e poi con occhi raggianti aggiunse: «Sei sicuro che Véronique vorrà accompagnarci? Te lo ha promesso, vero, di seguirti ovunque ti portino le tue rivelazioni?».

«Sì, e forse dovrebbe venire anche suo fratello Richard, perché questa volta il nostro potente nemico certamente non si limiterà a sguinzagliare solo cinque agenti tra il suo branco di gente priva di scrupoli. Ho parlato a lungo con Véronique e il messaggio che ci manda Xiao Lin e che lei ha ricevuto è chiaro. Con l'aiuto di Lucius dobbiamo mettere i nostri nemici a parte del segreto. Però la cosa più importante ora è andare a Barcellona».

«Pensi veramente che dovremmo semplicemente rivelare i nostri piani a Lucius? Perché dovremmo aiutare de la Fontaine, quel traditore?». La voce di Marie tradiva la sua emozione e Julien cercò la sua mano.

«Ora calmati però, *chérie*», disse Julien cercando di calmarla.

«Ma io non voglio calmarmi!», proruppe Marie turbata.

«Di notte continuo ad avere incubi e a vedermi e rivedermi mentre vengo trafitta da un pugnale nel duomo di Santo Stefano. Non riesco a stare tranquilla se penso che Véronique, con il tuo consenso, rivela i nostri piani all'assassino di mio padre».

«Marie, devi avere fiducia in noi. Avresti dovuto esserci. Ma tu lo sai com'è fatta Véronique: non ti farebbe mai del male».

«Questo lo so», ammise Marie sottotono. «Ho semplicemente paura, Julien. È per questo che mi agito così tanto».

«Questo posso capirlo benissimo. Ora però stammi bene ad ascoltare». Marie annuì titubante.

Julien continuò a raccontare con grande trasporto nella voce cercando di non eccedere: «Xiao Lin, l'uomo che ha consigliato a Véronique e Lucius di rivelare la nostra prossima meta a Maurice de la Fontaine, non è solo l'insegnante di Lucius. Io faccio ancora fatica a credere che abbia avuto come allievo anche lui. Ma gli affiderei la mia vita perché lui è il maestro. Non ho mai incontrato una persona più integra di lui. Non mi ha solo insegnato le arti marziali e la meditazione ma anche il cammino a nove tappe per divenire un uomo».

Marie spalancò gli occhi dicendo: «Questo non me lo avevi ancora raccontato. Ora mi è tutto molto più chiaro».

«Cosa intendi?».

«È per questo motivo che anche nelle situazioni più difficili riesce sempre a trasmettere una tale calma. Però dai, ora continua a raccontare», lo incitò Marie.

«Quest'uomo, a modo suo, è unico come lo era tuo padre nel suo campo. È veramente un maestro capace di vedere nel passato e nel futuro. Significa che è in grado di leggere i registri *akashici* come fossero un normale libro. Ha riconosciuto che Lucius può tranquillamente rivelare i nostri piani al capo degli Ottaviani. È la via giusta. Dobbiamo semplicemente fidarci di lui».

«Lentamente inizio a capire come tutto sia interconnesso», mormorò Marie.

«Io mi fido di Véronique e mi fido anche di Lucius. Chi l'avrebbe mai detto». Poi Julien, di colpo, si arrestò osservando Marie con tenerezza: «Sei certa di voler fare anche tu questo viaggio dopo tutto quello che hai passato?».

«Pensi veramente che ti lascerei andare da solo?», si indignò Marie, e poi con un pizzico di fatalismo aggiunse: «Se proprio dobbiamo morire per svelare il segreto, lo faremo insieme».

Prese le mani di Julien guardandolo negli occhi: «Sai, anche io ieri, durante il tuo Lohengrin, ho capito alcune cose; e mi dispiace infinitamente di averti ferito nel profondo con la mia tremenda sfiducia come Elsa ha fatto con il suo Lohengrin».

Quando Marie si accorse che Julien voleva interromperla, gli appoggiò semplicemente un dito sulle labbra. Poi continuò: «Ancora un attimo e ti lascio parlare, *mon amour*. A essere sincera ho sempre fatto fatica a fidarmi di te, ma solo perché in me c'era ancora tanta paura derivante da una vita passata. Tu sai che avresti potuto salvarmi dal rogo, a quel tempo».

Julien iniziò a tremare ma la sua voce rimase salda. «Amata Giovanna, ne sono dolorosamente consapevole. Sino a oggi non sono riuscito a perdonarmi. So di che colpa mi ero macchiato allora».

Marie vide la sua commozione e lo baciò. Julien capì che il bacio era per lui e allora qualcosa in lui cambiò perché il bacio puro di Marie Madeleine era come un balsamo salvifico per la sua anima ferita. Finalmente si erano riuniti.

LUCIUS

PARIGI / DRESDA, 27 SETTEMBRE 2013

Per la prima volta dopo il pianificato incontro con Marie Chevalier avvenuto il mese prima al Sacré-Cœur, i nove membri della società segreta degli Ottaviani si ritrovarono alla solita ora nei cupi locali sotterranei di una chiesa ormai quasi dimenticata, risalente all'epoca dei Templari, per decidere su come procedere nel caso "Marie Madeleine e Julien de la Tour".

A Lucius non era mai pesato aprire una seduta, ma oggi dovette controllarsi molto per riuscire a pronunciare, senza interrompersi, la preghiera ufficiale della Fratellanza. Facendo alcuni respiri consapevoli cercò di rendersi neutrale prima di iniziare a recitarla con voce distaccata: «Signore, lasciaci essere dei tuoi buoni servitori facendo sì di annientare definitivamente tutte le falsità diffuse sul tuo unico, vero figlio. Non avremo pace sino a quando non avremo distrutto sino all'ultimo degli scritti eretici. Signore, dacci la tua benedizione, oggi come ogni giorno. Amen».

Come sempre, i convenuti ripeterono per nove volte all'unisono la parola "amen" a mo' di giuramento di perseguire la causa comune sino a quando non si fossero imposti nella loro missione divina.

Gli ultimi echi della preghiera si erano appena dissolti tra le volte del locale, quando otto paia di occhi si rivolsero curiosi verso Lucius, perché già nella convocazione *monsieur* de la Fontaine aveva accennato al fatto che aveva importanti novità.

Con un impercettibile cenno del capo Maurice fece capire a Lucius che poteva iniziare.

«Bene, miei compagni di lotta, credo di avere buone novità per noi», iniziò a dire Lucius.

«Dai, vai subito al punto senza farti cavare fuori dalla bocca ogni singola parola», lo interruppe subito Gérard innervosito.

«Stai zitto, villano», intervenne Maurice de la Fontaine furioso, e rivolgendo un sorriso a Lucius aggiunse: «Procedi pure, Lucius».

«Bene allora. Sono riuscito a mettere le mani su un messaggio che Véronique ha ricevuto da Marie e Julien. Si fa chiaramente riferimento al fatto che la soluzione del mistero, citato nella nota millenaria profezia, abbia in qualche modo a che fare con Barcellona. Questo significa che loro tre, non appena Julien avrà terminato le rappresentazioni a Dresda e Véronique sarà libera dai suoi impegni, si recheranno a Barcellona, dove a quanto pare è nascosto un tesoro connesso con la presunta storia tra Maria Maddalena e Gesù Cristo. Ora spetta a noi seguirli e strappare loro di mano sul posto l'eredità eretica, prima che il mondo possa venire a conoscenza solo di mezza parola sul suo contenuto».

«Marie e Julien come sono arrivati a questa idea di Barcellona?», chiese Maurice de la Fontaine sfregandosi con foga la testa come se questo servisse a donargli chissà quali lampi di genio.

«Con tutta la mia buona volontà, non lo so proprio Maurice», rispose Lucius, «ma credo sia molto più importante sapere in che direzione dobbiamo continuare a cercare».

«Senza dubbio, mio caro», replicò il suo *mâitre* ammiccando. «Lo so bene perché sei il mio agente più pagato».

Lucius si sentiva tutt'altro che bene nella sua pelle per aver quasi tradito i suoi nuovi amici, ma non restava altro da fare che fidarsi di Xiao Lin che sembrava conoscere il piano superiore. Così, forzatamente, sorrise a Maurice ringraziandolo per l'apprezzamento. Sapeva però anche che tra gli altri agenti aveva sempre meno amici, ma andava bene così, tanto prima o poi la sua vera identità sarebbe venuta alla luce.

Dopo aver rimuginato ancora su come procedere nei giorni successivi, conclusero il loro raduno come l'avevano iniziato, con la preghiera di Lucius, e poi si dispersero in tutte le direzioni.

VÉRONIQUE

PARIGI, 27 SETTEMBRE 2013

Véronique era appena rientrata a casa dalle prove all'Opera Bastille quando sentì suonare. Meravigliata premette il tasto del citofono per sentire chi potesse essere, non aspettava nessuno e non riusciva proprio a immaginarsi chi potesse farle visita a quell'ora della notte, anche perché né Marie né Julien, e nemmeno Richard, erano a Parigi. Si augurò che non fosse un'altra incursione di quel de la Fontaine.

Così chiese cautamente: «Chi è?».

«Sono io, Lucius».

Del tutto sbalordita e come telecomandata, Véronique premette un altro tasto sul citofono per aprire il portone di casa sua. Quando Lucius uscì dall'ascensore riconobbe i suoi movimenti sicuri e il casco da motociclista sotto il braccio, mentre lui con un dito sulla bocca le faceva segno di tacere. «Nessuno deve sospettare che io sia qui. Non vorremmo mica che i tuoi vicini, se interpellati, siano tentati di dichiarare che tu ricevi la visita di giovani uomini in tuta da motociclista accogliendoli affettuosamente per le scale...», disse con quel sorriso irresistibile che tanto amava in lui.

Quando Véronique si buttò tra le sue braccia Lucius sembrava trasformato. Il tono della sua voce era completamente diverso mentre le sussurrava all'orecchio: «Dovevo assolutamente vederti e sentirti, amore mio».

«Ma non è troppo pericoloso Lucius?», replicò lei sussurrando a sua volta. «No, non veramente, perché da quando ho appreso da una fonte connessa a te che la vostra prossima destinazione è Barcellona, mi hanno ordinato di tenerti d'occhio, ovvero di seguire di nuovo ogni tuo passo». Involontariamente si scostò e fece un passo indietro per guardarla negli occhi. Con tono scherzoso aggiunse: «Quindi fai attenzione a quello che fai perché io vedo tutto».

Ridendo, Véronique lo spinse di lato con un colpetto: «Probabilmente vuoi mettere fuori gioco gli altri miei ammiratori. Dico bene?».

«Esatto, perché da ora in avanti tu appartieni a me», alle parole seguì un bacio appassionato, poi la sollevò portandola disinvoltamente in braccio attraverso casa come se lo facesse tutti i giorni.

Si arrestò davanti al grande divano bianco in pelle adagiandovi delicatamente Véronique e sedendosi accanto a lei; Véronique si godette tutti i momenti che seguirono. Era come se tutto il suo corpo fosse in fiamme e lei non desiderava altro che darsi completamente a quell'uomo. «Mio amato angelo», disse Lucius con voce resa roca dalla passione, «so benissimo ciò che desideri, solo che ora non è il momento giusto».

Véronique era sbigottita, non le era mai successo di lasciarsi così andare con un uomo rendendosi vulnerabile.

E se lui non avesse provato le stesse emozioni? Le passò per la mente che aveva parlato del desiderio di lei, senza aggiungere che per lui era lo stesso. Lucius lesse all'istante il dispiacere di Véronique nel suo sguardo e aggiunse deciso: «Non essere triste. Credimi, non sai quanto vorrei trascorrere la notte qui con te, ma non potrei evitare che il nostro legame divenga visibile ad altri, anche a quelli non particolarmente sensitivi. Non potrei mai metterti in pericolo in questo modo».

Véronique annuì e si immaginò mentre invano cercava di nascondere quanto lo amava. «Io ti amo».

Lucius la guardò come se lei gli avesse messo il mondo ai suoi piedi. Serio le disse: «Sai che ti amo, come non ho mai amato prima una donna. Ed è proprio per questo che devo pensare a tutto per non commettere il minimo errore». Poi le coprì il viso di baci e per un momento si dimenticarono di tutto ciò che li circondava.

Véronique non avrebbe saputo dire quanto tempo ci volle prima che si separassero. Ma a un certo punto Lucius si mise seduto. Tirò fuori dal suo giubbotto di pelle due cellulari non intercettabili mettendogliene uno in mano.

Véronique si fece dire il codice segreto, felice di poter ora restare in contatto con lui. Finalmente aveva di nuovo un po' di potere in più sul prossimo passo. Guardò Lucius e disse: «Grazie, ma ora devi andartene».

Lucius annuì. «Ti prometto che nessuno si accorgerà che esco da questa casa. Tu sei al sicuro». Così dicendo trasalì e il sorriso tirato le fece capire che anche lui non era d'accordo con il suo destino di dover tradire lei e i loro amici.

Poi sussurrò: «Dato che non so se in questa vita avremo ancora modo di parlarci a quattr'occhi, desidero che tu sappia che sei la cosa più preziosa che mi sia capitata di questi tempi sulla Terra. Grazie a te ho riconosciuto quanto fosse sbagliato fidarmi di de la Fontaine. Con il tuo aiuto posso in piccola parte ripagare il mio debito karmico. Ti assicuro che difenderò Marie e Julien a tutti i costi, e tu sei né più né meno la mia stessa vita, puoi esserne certa».

Véronique respirava ritmicamente per non crollare, sapeva di dover essere forte per Marie, per Julien e ora anche per Lucius.

Dopo averle detto ciò che voleva dirle Lucius le diede ancora un ultimo bacio sulla bocca e, afferrato il casco, si dileguò prima ancora che Véronique se ne potesse accorgere.

Véronique chiuse la porta e vi appoggiò la fronte. Aveva il terrore di perdere Lucius ora che lo aveva appena trovato. Si mise in ascolto, magari riusciva ancora a sentire i suoi passi che si allontanavano, invece udì un leggero fruscio e vide una busta che veniva infilata sotto la porta. Véronique esitò un attimo, negli ultimi tempi le buste in circolazione cominciavano a essere un po' troppe. Poi però sentì il tramestio degli stivali da motociclista sul pianerottolo e prese la busta.

Arrivata in camera, si lasciò cadere sul letto e con il cuore che le batteva forte estrasse un sottile foglio di carta fatta a mano su cui spiccavano dei caratteri latini ed ebraici.

Mia amata Véronique,
forse Marie ti ha raccontato che a suo tempo ho studiato l'ebraico, questa lingua sacra, per capire di più. Sino all'incontro con Marie e te non avevo però ancora capito quanto tutto fosse collegato.
Dato che credo che il calcolo del valore numerico del tuo nome con l'aiuto della ghematria (la tecnica ermeneutica per l'interpretazione delle parole attraverso i numeri) dimostri chiaramente che sopravviverai all'Operazione Barcellona, ti riporto qui il calcolo per infonderti il coraggio per affrontare ciò che ti attende:
Véronique Valois
האולו קינור
Ghematria: 372
Lo stesso valore numerico ha anche l'espressione:
םימי הברא ל
Ke chol arbe yamim = "Aumenterò i miei giorni come la fenice" (Libro di Giobbe)
Comprendi cosa voglio dire? Come la fenice, tu ti solleverai dalla cenere, qualunque cosa accada. Questo ti dovrebbe tranquillizzare un po'.

Ti amo più della mia vita.
Ora ti bacio nel sonno, mio amato angelo.
Il tuo Lucius, per l'eternità.

Era felice che lui le desse così energia per l'avventura di Barcellona. Avrebbe volentieri discusso di tutto questo con Marie ma preferiva che si godesse la notte con Julien. Era contenta che i due potessero, una volta tanto, stare indisturbati nella camera d'albergo di Julien; sperava anche che Julien il giorno dopo avrebbe trovato la concentrazione per cantare di nuovo il *Lohengrin*. Pensare a loro le scaldò il cuore e così si inginocchiò accanto al letto. Erano tante le cose che le stavano a cuore e che voleva confidare alla Vergine Maria. E tante erano le preghiere che voleva rivolgerle, e così si calmò e fiduciosa si rivolse a Lei.

LUCIUS

PARIGI, 27-28 SETTEMBRE 2013

Lucius salì sulla moto e restò fermo un attimo. Poi sollevò il mento deciso e partì dirigendosi verso il quartier generale degli Ottaviani, tanto era chiaro che non avrebbe comunque preso sonno. Inoltre era quasi sicuro di non trovare nessuno a un'ora così tarda della notte. Forse poteva essere l'occasione per scoprire di più sulla morte dei suoi genitori. Anche se la maggioranza delle persone avrebbe già desistito da tempo dopo gli innumerevoli fallimenti, questi invece lo spronavano ancora di più a portare a termine il compito affidatogli da Xiao Lin. Perché, dopo tutto quello che era accaduto nei giorni precedenti, Lucius si era convinto che de la Fontaine avesse troppo la coda di paglia per non aver avuto le mani in pasta anche in quell'orribile colpo del destino. Lucius scosse la testa e si accorse di un automobilista che al semaforo gli rivolgeva uno sguardo interrogativo. Lui gli fece un cenno col capo, allungò la muscolatura del collo e sfrecciò via non appena arrivò il verde.

Lucius fece un giro di tutti i locali della centrale. Non c'era anima viva. Un raro momento di tranquillità in questo luogo che solitamente pullulava di Ottaviani.

Si sedette ben diritto davanti al computer centrale immergendosi, così come gli aveva insegnato Xiao Lin, in uno stato di massima vigilanza riflettendo su ciò che doveva cercare. Le parole chiave erano determinanti. Le sue dita si muovevano da sole sulla tastiera e non appena digitate le parole "Operazione Nizza", come per magia si aprì un file. Una cartella con delle foto e alcuni documenti di testo. Guardando le foto per un attimo dovette tenersi al bordo del tavolo perché l'insieme del mondo nel quale era cresciuto iniziò a vacillare: si trovò di fronte moltissime foto dei suoi genitori e di lui da bambino nelle più svariate situazioni. In quel preciso istante Lucius ebbe la certezza che erano gli Ottaviani e non i discepoli della linea di sangue ad avere sulla coscienza la vita dei suoi genitori, altrimenti perché avrebbero dovuto avere una cartella con queste foto. Erano sotto osservazione, la sua famiglia e lui, già da molto prima della morte dei suoi genitori. Lucius si sentì gelare da un istante all'altro, sebbene il locale nel quale si trovava fosse tutt'altro che freddo. Non riusciva più a muovere le dita per scrollare verso il basso il contenuto della cartella. Era in stato di shock. Rifletté convulsamente su ciò che poteva fare. Ma non riusciva più a pensare chiaramente. Respirò e poi fece ciò che gli aveva insegnato Xiao Lin: chiese un aiuto dall'alto e sentì se stesso sussurrare: «Sia fatta la tua volontà».

Era come se Xiao Lin fosse di fronte a lui perché udì chiaramente le sue parole: "Lucius cerca di calmarti interiormente intonando il mantra *Sat Nam* e facendolo passare attraverso i tuoi chakra come sette onde sonore. Così puoi risvegliarti dal tuo irrigidimento e ricominciare a muoverti perché così ti connetti con la verità della tua essenza divina e la forza di ritornerà».

Recitò *Sat Nam* mentre sentiva un'onda di calore fluire attraverso il suo corpo gelido. Riuscì a superarlo e con la forza mentale che gli veniva dalla recitazione del mantra riuscì di nuovo a rivolgere l'attenzione ai documenti che riguardavano i suoi genitori. Venne attratto da uno schedario che conteneva delle lettere e aprì la prima.

Parigi, Venerdì Santo, 9 aprile 1982

Nel frattempo mi sono convinto che Lucius Grimaldi, figlio di Lucielle e Bartolomé Grimaldi, sia il ragazzo di cui ci è stato raccontato e che da tempo stiamo cercando in tutto il Paese tra tutti i ragazzi di sette anni.

Ha l'aspetto di un angelo e le sue capacità con arco e freccia così come nell'approccio con i cavalli sono incomparabili rispetto a quelli dei suoi coetanei. Il suo quoziente di intelligenza inoltre è straordinariamente elevato, cosa che le mie indagini presso la sua scuola a Montpellier hanno chiaramente confermato. La sua mancanza di paura sarà di grandissima utilità per le nostre imprese.

In tal modo è stato chiaramente identificato come il soggetto raccomandatoci dal medium di Mosca; colui che svolgerà un ruolo fondamentale affinché la profezia attorno a Marie Madeleine Chevalier e Julien de la Tour non si compia.

Ora sta a noi eliminare dal mondo i suoi genitori così che lui possa divenire uno dei nostri servitori. Vi prego di fare attenzione, nel corso della sua educazione, che lui non reputi la sua connessione con la linea di sangue come una forza positiva. Addestrerò il ragazzo a diventare un agente nella fase in cui è ancora possibile formarlo. Farò in modo di addossare la colpa per la morte dei suoi genitori ai seguaci della linea di sangue.

Firmato da Maurice de la Fontaine, vicecapo supremo francese degli Ottaviani.

A Lucius parve che il cuore stesse per scoppiare nel petto perché dall'attentato mortale ai suoi genitori a Nizza nel 1983 non riusciva più a ricordarsi il suo cognome e Maurice de la Fontaine l'aveva sempre tranquillizzato dicendogli che era un bene se non lo ricordava più perché così i seguaci della linea di sangue, che sicuramente volevano anche la sua di morte, avrebbero avuto più difficolta a trovarlo ed eliminarlo.

Lucius lottò con tutti i mezzi imparati da Xiao Lin per non essere paralizzato dal pensiero di essere lui responsabile della morte dei suoi genitori, solo perché quel demone in vesti umane aveva visto in lui qualcosa. Come aveva potuto essere così cieco da seguire de la Fontaine per decenni? Perché la sua intuizione non era intervenuta prima? Come poteva lavorare ancora un solo giorno, per non dire un solo secondo, per gli Ottaviani che avevano semplicemente "sterminato" i suoi genitori per catturare lui e addestrarlo a diventare una gelida macchina assassina?

Lucius nascose il viso tra le mani e poi vide lì davanti a sé il volto di Véronique e per un momento seppe che era per lei che doveva essere forte e proseguire il suo cammino, che era il suo destino.

Poi tentò nuovamente la sua fortuna con il *Sat Nam* e in effetti lentamente si calmò così da poter pensare chiaramente.

In un attimo copiò il contenuto della cartella su una chiavetta USB. Poi cancellò dal computer tutte le tracce. Quando ebbe l'impressione che fosse a posto si allontanò a passo sostenuto da quel personale luogo dell'orrore senza girarsi nemmeno una volta. Sapeva che il pericolo gli camminava accanto da tutta la vita. E sperava ardentemente di non arrecare altre disgrazie ai suoi cari.

VÉRONIQUE

PARIGI / DRESDA, 27-28 SETTEMBRE 2013

Vegliata da Marie, Véronique era da poco entrata nel regno dei sogni quando venne di nuovo svegliata di soprassalto. Le sembrava che il cuore le stesse per scoppiare e per lo spavento si alzò.

Cosa le stava succedendo? Non riusciva proprio a ricordare di avere avuto un incubo eppure il suo cuore non smetteva di dolerle così che venne presa dalla paura. Che Marie fosse nuovamente in pericolo?

Véronique doveva accertarsene subito, non importava quanto tardi fosse. Prese il cellulare e fece il numero di Marie.

Che sollievo quando la sua amica rispose subito: «Véronique cosa succede? Tutto ok?». Dalla voce si capiva che Marie era preoccupata.

«Grazie a Dio mi hai risposto, Marie!», sospirò Véronique. «Ho avuto la sensazione che ti fosse di nuovo capitato qualcosa».

«Ma come ti viene in mente? Sono qui da Julien», rispose Marie stupita.

«È che ogni volta che mi sveglio così di colpo, sino a ora è sempre successo qualcosa di brutto». Véronique si bloccò. «Lucius, è a lui che deve essere accaduto qualcosa. Oggi gli ho raccontato dove siete diretti, e ora questo incubo che non è neppure un sogno! Speriamo che de la Fontaine non lo…».

«*Chérie,* Lucius ha appena rivelato a quella gente che la nostra prossima destinazione è Barcellona. Perché dovrebbero dubitare di lui, fosse anche solo uno di quegli orribili personaggi?».

Véronique annuì e poi le venne in mente che Marie non poteva saperlo. «Marie, tutto ok, hai ragione. Gli mando un SMS. Mi ha lasciato un cellulare non rintracciabile. Quando è tutto risolto ti mando un messaggio, d'accordo?».

Questa volta fu Marie ad annuire e dopo una pausa sussurrò: «Sono felice che sia rintracciabile. Comunque fatti viva subito, non aspettare domani mattina».

Véronique fece un bel respiro cercando di calmarsi. Solo dopo che il battito del suo cuore si era regolarizzato digitò il messaggio per Lucius. Prima di ricevere la risposta le sembrò che fosse passata un'eternità.

"Mia amata, grazie per avermelo chiesto, ho scavato troppo in profondità e appreso di più sulla mia origine. Questo mette in pericolo me e non voi. Prega per me, per favore. Eternamente tuo, Lucius".

«Per l'amor del Cielo, cosa vuol dire?», sfuggì di bocca a Véronique. Chiamò all'istante Marie e le lesse il messaggio.

«Cosa intende dire?». Anche il tono della voce di Marie era preoccupato. Poi aggiunse: «Se fossi in te gli scriverei quello che puoi fare per lui».

«Se non ci fossi tu…». Véronique chiuse la conversazione e con mano tremante digitò la domanda sul cellulare e la inviò a Lucius. Richiamò Marie per leggerle anche la risposta appena arrivata: "Véronique, per favore, vai immediatamente da Xiao Lin. Ti ringrazio, mio angelo. Baci, Lucius".

«Penso che dovresti andare, Véronique», fece Marie. «Presumo che verrà anche Lucius».

«Oh, lo spero», replicò Véronique. «Ti ringrazio con tutto il cuore per il tuo sostegno nel mezzo della notte. Spero solo di non aver svegliato Julien, perché domani ha bisogna di tutte le sue forze per la prossima rappresentazione».

«Non preoccuparti. Julien sarebbe il primo a correre ad aiutarti. Ora vestiti e vedi di raggiungere Xiao Lin. Io prego per voi».

«Lo faccio, grazie e a presto *chérie*».

LUCIUS

PARIGI, 27-28 SETTEMBRE 2013

Lucius fu il primo ad arrivare da Xiao Lin. Neanche fosse pieno giorno, il maestro gli aprì la porta prima che lui bussasse. Senza dire una parola Xiao Lin spinse Lucius nella stanza accanto dicendo: «Véronique ci metterà ancora un po' ad arrivare». Il sorriso di Xiao Lin era simile a quello del Buddha. «Sei sicuro che non ti abbia seguito nessuno?».

«Sì. Non ti metterei mai in pericolo», rispose Lucius.

In cucina Lucius si rivolse a Xiao Lin pensieroso: «Dimmi un po', allora lo sai anche tu quello che ho scoperto oggi?».

«Suppongo abbia a che fare con l'attentato ai tuoi genitori».

«Sì è così», confermò Lucius aggrappandosi alla credenza barcollando: «Non mi sento bene».

Xiao Lin riconobbe l'entità dello shock e lo prese tra le braccia come se fosse suo figlio.

A quel punto Lucius non riuscì più a controllarsi e scoppiò in un pianto straziante tanto che Xiao Lin iniziò a pronunciare delle parole sacre, là dove quelle umane non bastavano a lenire quel dolore.

Sottovoce gli disse nell'orecchio: «Véronique è qui vicino», poi lo accompagnò verso la porta.

Vedendo Véronique, Lucius singhiozzò e si buttò tra le sue braccia. Véronique si rese conto che lui avrebbe avuto bisogno di tutta la sua esperienza e forza. Felice che si lasciasse aiutare, gli accarezzò la testa dicendo: «Lucius, amore mio, io sono qui».

Xiao Lin si ritirò in cucina per lasciarli soli.

«Lucius, ti prego confidami ciò che ti ha portato in questo stato». Véronique gli diede un bacio sulla fronte.

«Però prima andiamo in cucina da Xiao Lin, perché sono certo di non essere l'unico ad avere un urgente bisogno di sostegno dopo questo spavento».

In cucina era già pronto il tè bianco e Xiao Lin versò dell'acqua nelle fragili ciotoline per scaldarle. Poi versò il tè e con entrambe le mani le porse a Lucius e Véronique come un dono.

Dopo il primo sorso Véronique si sentì già stabile abbastanza per raccontare ai due di come si era svegliata all'improvviso in preda a una terribile ansia. «Avevo la sensazione che il mio cuore si spaccasse in due».

Esterrefatto, Lucius la fissò perché l'ora da lei indicata corrispondeva esattamente a quella in cui la lettura del rapporto risalente al 1982 gli aveva provocato lo shock.

Quando i due si resero conto di quanto fosse stretto il loro legame, tanto da condividere le emozioni anche a una tale distanza, ci volle l'intervento di Xiao Lin per stabilizzarli. Li prese tra le braccia e solo quando sciolse l'abbraccio, riconobbero che dono avevano ricevuto.

In profondo raccoglimento bevvero ancora alcuni sorsi di tè e quando Xiao Lin rivolse uno sguardo interrogativo a Lucius, anche Véronique non riuscì più a trattenere la sua curiosità: «Ti prego Lucius, raccontaci perché eri così disperato».

Lucius sapeva di poterle confidare tutto, e quanto Xiao Lin lo seguisse con il pensiero lo dimostrò la domanda se fosse riuscito a copiare il file.

Lucius tirò fuori la chiavetta USB e la porse a Xiao Lin: «Qui c'è tutto». Xiao Lin prese la chiavetta dicendo: «Dobbiamo conoscere l'intero contenuto dell'Operazione Nizza per comprendere il più possibile tutte le connessioni». Xiao Lin indirizzò i suoi ospiti verso il suo ufficio e Véronique fu sorpresa di quanto fosse tutto moderno e tecnologicamente avanzato; non se lo sarebbe aspettata vista l'età avanzata del maestro. Xiao Lin, che si era accorto dello sguardo di Véronique, le sorrise e la invitò ad accomodarsi tra lui e Lucius davanti al computer. Anche Lucius si sedette per occuparsi della chiavetta.

Véronique respirò per rafforzarsi interiormente, mentre i movimenti delle labbra di Xiao Lin rivelavano che stava recitando mentalmente un mantra. Quando a video apparvero le prime immagini Véronique prese la mano di Lucius da un lato e di Xiao Lin dall'altro. La prima foto raffigurava un giovane de la Fontaine con accanto a sé un ragazzino di otto anni mentre sostavano sulla strada nel momento esatto in cui davanti ai loro occhi esplose un'autovettura. Lucius sapeva che era l'auto dei suoi genitori, vide l'hotel Méridian davanti al quale era avvenuto lo spaventoso incidente e riconobbe che la crudeltà di de la Fontaine era perfino maggiore di quanto avesse immaginato. Con l'inganno si era guadagnato l'amicizia dei Grimaldi per poter essere proprio lì con il loro figlio nel momento in cui l'auto esplodeva. Lucius urlò e il suo grido si conficcò nell'anima di Véronique. Esterrefatta guardava le foto che Lucius faceva scorrere. Mai nella vita avrebbe pensato di potersi trovare così vicina a una tale crudeltà e la paura e la preoccupazione per Lucius unite allo spavento e all'energia distruttiva delle immagini erano davvero troppo per la sua anima sensibile. Quando scivolò silenziosamente dalla sedia, Lucius e Xiao Lin si presero subito cura di lei, uno sussurrandole all'orecchio parole d'amore e l'altro premendo dei punti dell'agopuntura.

Quando si accorse dell'accaduto Véronique si ricompose. Sapeva che per Lucius era stato un colpo di gran lunga peggiore.

Prima di poter aprire bocca Xiao Lin le spiegò: «Véronique, tu hai la forza per superare l'impatto di queste immagini. E tu Lucius, non devi sentire il peso per avergliele mostrate. La forza di un angelo supera anche il male». Poi invitò entrambi nella camera degli ospiti e Véronique si rallegrò che anche Lucius avesse accettato l'invito. Appena rimasti soli Lucius disse: «Dopo tutto quello che è accaduto nel frattempo, ho un solo desiderio, ovvero stare tra le tue braccia e poter magari prendere sonno. Entrambi dobbiamo raccogliere le nostre forze per tutto ciò che ancora ci attende».

Così com'erano, senza svestirsi, si coricarono sul letto abbracciandosi stretti. Per riprendere energia, alle loro anime bastava l'amorevole vicinanza dell'altro, e il sonno salvifico donò loro la forza di cui avevano così tanto bisogno.

MARIE

DRESDA / PARIGI, 28 SETTEMBRE 2013

Marie si svegliò alle prime luci dell'alba da un sonno profondo e senza sogni. Per prima cosa cercò a tentoni il cellulare per vedere se ci fosse qualche messaggio di Véronique. Era talmente in ansia da svegliare Julien, che aveva percepito la sua irrequietezza. Marie gli raccontò della sua preoccupazione e del fatto che Véronique non si fosse fatta viva dopo essere arrivata da Xiao Lin. Julien si informò una seconda volta se intendesse proprio il suo Xiao Lin, poi fece il numero del maestro mettendolo in viva voce così che anche Marie potesse sentire la telefonata.

Xiao Lin rispose al primo squillo e con un tono di voce pacato disse: «Julien, non ti preoccupare. Loro sono qui. Sono felice che tu mi abbia chiamato, dobbiamo parlarci urgentemente».

«Véronique sta bene? Anche Lucius?», li interruppe Marie.

«Pronto, mia cara, lei deve essere Marie Chevalier», Xiao Lin la salutò così allegramente.

«Sì, sono io», rispose Marie stupita.

«La sua voce mi ricorda suo padre da giovane».

«Lei conosceva mio padre?», chiese Marie al colmo dello stupore.

«Oh sì, eravamo molto legati, ma ora torniamo a Lucius. Ieri ha subìto un terribile shock ed è qui da me adesso. Lo stesso Véronique, che si è presa cura di lui. Julien, so che hai ancora delle rappresentazioni a Dresda, ma vorrei comunque invitarti a fare un salto da me. La sera di San Michele, se per te è fattibile. È molto importante».

Marie vide la commozione di Julien e rispose per lui: «Xiao Lin, lo manderò immediatamente da lei non appena rientriamo a Parigi. Julien è molto felice per il suo invito».

«Sì, lo faccio; e poi, Xiao Lin, è troppo tempo che non ci vediamo».

«Tu sai che sei sempre il benvenuto. Allora ci vediamo il giorno di San Michele in serata. Sono felice». Xiao Lin chiuse la telefonata e con il cellulare muto in mano Marie fissò Julien: «Conosceva mio padre? Come può essere?».

«Amore mio, tuo padre era in contatto con tutti i buoni spiriti del mondo. Raccoglieva intorno a sé le forze del bene per proteggere tua madre e te». Marie dovette inghiottire e Julien la attirò a sé abbracciandola e sussurrando: «Dovremmo essere grati che Véronique e Lucius si trovino proprio da lui. Là sono al sicuro». Julien baciò Marie e continuò ad accarezzarla sino a quando lei si dimenticò del tutto dei suoi amici.

LUCIUS / VÉRONIQUE

PARIGI, 28 SETTEMBRE 2013

Xiao Lin bussò alla porta tanto delicatamente che all'inizio reagì solo Véronique. Poi si svegliò anche Lucius che si guardò attorno incredulo. Quando scorse Véronique vicino a sé, si dette un pizzicotto facendola ridere.

«Mi pare di sentire che siete svegli», era la voce del maestro. «Véronique, un saluto da Marie e Julien che si rallegrano che tu sia qui al sicuro insieme a Lucius. Ma Lucius, credo che tu dovresti andare dagli Ottaviani. In meditazione ho appena visto che qualcuno al quartier generale si è accorto che il file sull'attentato ai tuoi genitori è stato aperto da una persona non autorizzata. E Maurice de la Fontaine è a un passo dallo scoppio d'ira della sua vita».

Lucius scattò all'istante dal letto aprendo la porta a Xiao Lin. Vestiti o meno, non importava. «Cosa devo fare adesso?».

«Vestiti, beviti una tazza di tè e poi, come se niente fosse, vai al quartier generale. Hai esperienza e forza a sufficienza per farlo», rispose Xiao Lin tranquillamente.

Lucius guardò Véronique sapendo di perdersi qualcosa nel momento in cui tornava a obbedire agli Ottaviani. Ma sapeva che il suo destino gli imponeva questo sacrificio. Lasciò vagare lo sguardo su Véronique, coricata nel letto, e aggiunse con rammarico. «Mi dispiace moltissimo di doverti di nuovo abbandonare senza dare nell'occhio», e dopo un ultimo rapido bacio sulla bocca di Véronique lasciò la stanza.

LUCIUS

PARIGI, 28 SETTEMBRE 2013

Lucius era felice che Xiao Lin con la sua previsione lo avesse in qualche modo preparato, perché gli Ottaviani non lo avevano mai trattato con così tanta diffidenza. Lo fecero aspettare, venne perquisito per vedere se fosse armato e all'inizio non volevano nemmeno farlo entrare nell'ufficio di de la Fontaine. Una parte di lui si divertì un mondo quando, nonostante tutte le misure di sicurezza, lo fecero comunque entrare continuando a fidarsi di lui. Quando però chiese il perché di tutto quel trambusto non ottenne risposta.

Davanti all'ufficio di de la Fontaine c'era un uomo di guardia. Naturalmente Lucius lo conosceva e normalmente gli avrebbe fatto semplicemente il cenno di passare. Quella mattina però venne fermato. «*Monsieur* de la Fontaine è impegnato in una conferenza telefonica e non vuole essere disturbato. Da nessuno».

Lucius rifletté un attimo. O si impuntava oppure si sarebbe dovuto scordare di poter osservare le mosse degli Ottaviani. Si limitò a sorridere comprensivo, bussò ed entrò prima ancora che l'uomo di guardia potesse reagire.

Lucius si era preparato e tuttavia lo sguardo del *mâitre* lo colpì come una lama incandescente. De la Fontaine veramente non voleva essere disturbato, questo diceva lo sguardo. Mentre

Lucius era pronto a girare i tacchi e ad andarsene, il *mâitre* gli fece cenno di avvicinarsi e di fare silenzio porgendogli delle cuffie uguali a quelle che indossava lui. In silenzio Lucius si sedette sulla sedia accanto a de la Fontaine e quando vide chi erano gli altri partecipanti alla conferenza si rese conto di quanto avesse agito sfrontatamente. Era davvero inconsueto: tutti i vertici degli Ottaviani lo stavano fissando e Lucius contraccambiò lo sguardo perché sino a quel momento non aveva mai saputo chi fosse a capo degli altri reparti. Sapeva dove si trovavano le sedi nelle altre capitali ma, a quanto pare, era l'unico osservatore a essere messo a conoscenza di queste informazioni. Lucius inghiottì rapidamente, poteva essere che de la Fontaine lo volesse mostrare e smascherare di fronte ai capi di New York, Mosca, Vienna, Roma e Londra. Sentì una goccia di sudore freddo scendere lentamente lungo la schiena. Pensò di mostrarsi il più stupito possibile, come lo sarebbe stato qualunque osservatore ammesso a una conferenza di quel livello. Segretamente era felice di poter forse avere importanti informazioni che potevano aiutarlo a proteggere la sua amata Véronique, Marie e Julien. Respirò consapevolmente sino a quando sentì diffondersi in lui pace e tranquillità. Solo allora poté percepire ciò che stava accadendo. L'inglese di de la Fontaine era abbastanza rudimentale ma comprensibile per lui ed evidentemente per gli altri ascoltatori. L'accento francese fece sì che le prime parole pronunciate da de la Fontaine e che arrivarono a Lucius avessero quasi un certo fascino: «... è il mio pupillo Lucius. Lui è riuscito a tenere sotto osservazione i sospetti e a sapere che nei prossimi giorni sono diretti in Spagna. Dobbiamo a lui se il nostro piano non è fallito, ovvero che è stato meglio non farli fuori subito bensì tenerli d'occhio e renderli inoffensivi solo quando ci avranno condotto agli artefatti ingannatori, in modo da poter continuare a mantenere anche in futuro questo insopportabile segreto». Poi il tono di voce di de la Fontaine si fece più incisivo. «Prima di tutto dobbiamo identificare la spia nelle nostre fila. Avete tutti ricevuto l'avviso di sicurezza che il nostro computer è stato hackerato. Abbiamo preso dei provvedimenti. Vi assicuro che troveremo quell'infedele e lo annienteremo».

Lucius osservava l'espressione dei vari partecipanti alla conferenza sullo schermo nelle varie finestre. Tutti esprimevano la loro collera o si offrivano di collaborare. Con preoccupazione Lucius notò che l'uomo a Mosca zelantemente prendeva appunti e, dato che era stato addestrato a farlo, riuscì a leggere ciò che Grigori Solokov stava scrivendo: «Sospettato no. 1: Lucius. Misura necessaria: osservazione ed eliminazione». Poi l'uomo di Mosca sollevò lo sguardo rivolgendolo direttamente a Lucius e facendogli un sorriso volutamente amichevole.

Lucius riconobbe che la migliore difesa era l'attacco. Con voce ferma, mentre faceva scorrere lo sguardo da una finestra all'altra dello schermo, come se non avesse fatto altro sino a quel momento disse: «Ho altre informazioni per voi tutti: nei prossimi giorni i nostri team si devono concentrare su Barcellona. È lì che arriveranno Marie Chevalier, Julien de la Tour e anche quella Véronique. Non appena ho i dati esatti dei loro voli, mi metto in moto anche io per preparare tutto. Grazie per la vostra attenzione». Lucius fece un cenno a de la Fontaine, si tolse la cuffia e lasciò la stanza. Ovviamente avrebbero preso delle misure per tenere d'occhio anche lui, non c'era dubbio. Lui era il sospettato principale. Chi altri avrebbe potuto essere interessato ad avere informazioni sui suoi genitori... Ma lui sarebbe stato al gioco.

JULIEN

DRESDA / PARIGI, 28 SETTEMBRE 2013

Julien guardò Marie e annuì pensieroso. «Capisco che tu sia preoccupata per Véronique. Non dire niente, so già che vorresti essere con lei. Posso farti una proposta: io canto questa sera e nei due giorni di pausa ti accompagno a Parigi, domani volo di andata, dopodomani ritorno, così sono di nuovo qui per la rappresentazione del primo di ottobre sufficientemente in forma. Ti pare una buona idea? Cosa ne dici?».

Julien la osservava e si era accorto che mentre lui parlava le rughe sulla fronte lentamente si distendevano. Per questo non si stupì quando Marie gli saltò al collo e ridendo gli disse: «Sai leggere nel pensiero, *chérie*. Grazie, è meraviglioso! Avviso subito Véronique», e già si era staccata da lui per inviare un SMS all'amica.

Non aspettò la risposta bensì continuò a passeggiare per le strade distratta dall'aria e dalla luce. Poi a un certo punto sospirò e disse: «Dovrebbe sempre restare così».

Julien annuì ma poi la indirizzò di nuovo verso il Palazzo Taschenberg. «Io ora mi riposo un attimo, tu potresti intanto prenotare i voli?».

Lei fece cenno di sì e, non appena rientrati nella suite dell'albergo, rivolse l'attenzione al suo laptop. Julien le diede ancora un bacio sui capelli prima di sparire nella sua stanza, ma non per coricarsi: prese invece il diario di sua madre, accuratamente avvolto in un panno, richiuse la cassaforte e si stese sul letto a pancia in giù. I prossimi giorni potevano essere pieni di pericoli e a loro servivano tutte le informazioni possibili. Sino a quel momento sua madre aveva previsto tutto, sino ai minimi palpiti del suo cuore. Julien sperava che avesse scritto anche qualcosa su Barcellona, si augurava ci fosse una qualche indicazione per placare la tremenda tensione che si era fatta largo in lui quando si era reso conto che anche Xiao Lin cercava di prevenire il futuro, e ciò nonostante non era riuscito a evitare l'assalto a Marie nel duomo di Santo Stefano.

Parigi, 22 febbraio 1990

Amato figlio,
presumo che tu e Marie Madeleine abbiate nel frattempo appianato i vostri diverbi, perché siete entrambi persone adulte capaci di pensare chiaramente. Tuttavia il pericolo non è ancora scongiurato, anzi al contrario, la parte più importante della vostra missione deve ancora venire.

Ebbe un oscuro presentimento. Per evitare di essere trascinato ancora più profondamente in questo gorgo di paura iniziò a respirare ritmicamente, si immerse in una breve meditazione e riprese a leggere solo quando si sentì preparato interiormente.

È assolutamente necessario che tu riprenda ad allenarti nelle arti marziali così da essere pronto per la battaglia finale.

Spaventato Julien rilesse le ultime righe. Cosa intendeva sua madre per battaglia finale? Riprendere gli allenamenti non era un problema, rientrato a Parigi sarebbe subito andato da

Xiao Lin, cosa che comunque voleva già fare per sapere come poteva essere che sia lui che Lucius fossero allievi di Xiao Lin. Ma doveva farla sembrare una cosa molto naturale. Marie non doveva assolutamente venire a sapere che sarebbero stati tutti in pericolo. Dopo tutto ciò che aveva vissuto, era ancora in uno stato di allarme che le costava forza preziosa. Mentalmente rivide alcuni degli esercizi che lo avevano a lungo accompagnato come una routine giornaliera. Sapeva che il suo corpo si sarebbe ricordato dei movimenti. E Xiao Lin gli aveva insegnato a superare il dolore. Perché impegnarsi nuovamente in tal modo avrebbe fatto male. All'improvviso non riuscì più a stare coricato, si alzò di scatto, raggiunse Marie chiedendole se avesse prenotato i voli per il giorno dopo.

Stupita lei alzò lo sguardo dal laptop: «Sì, perché?».

«Ora mi è chiaro che devo vedermi con Xiao Lin. Il mio vecchio maestro ha un ruolo importante nella riuscita dei nostri intenti, me ne sono appena reso conto. Inoltre lui mi aveva pregato di andarlo a trovare la sera di San Michele. L'hai sentito anche tu».

«Posso venire anch'io?», chiese Marie curiosa.

«No, vorrei allenarmi con calma e senza spettatori. Spero che tu lo capisca». Julien rise tra sé e sé perché questa non era solo una scusa, temeva anche solo il pensiero di dover ammettere di fronte a Xiao Lin quanto fosse arrugginito.

«Lo capisco. Nessun problema».

"Domani alle 16.20 atterriamo a Parigi" si disse mentalmente.

«*Merci, mon amour*». Julien si ritirò nella camera da letto facendo a memoria il numero del suo vecchio maestro.

Di nuovo Xiao Lin rispose al primo squillo dicendo. «Salve Julien, stavo già aspettando la tua telefonata. Vieni domani sera per allenarti insieme a Lucius?».

Julien cambiò espressione. Allenarsi, sì certo, se lo era aspettato. Ma con Lucius? Lui era importante, non poteva più far finta che non fosse così. Con voce sicura disse: «*Bonjour* Xiao Lin. Domani sera sono a Parigi ma devo subito ripartire dopodomani, dato che dovrò cantare ancora il *Lohengrin* l'1 e il 3 ottobre».

«Capisco. Allora vedi di essere qui domani poco prima di mezzanotte. Io avviserò Lucius. Per voi due è più sicuro venirmi a trovare protetti dal buio della notte. Ti prego fai attenzione che non ti segua nessuno. Lo sai che vieni osservato».

«Tutto chiaro. Promesso». Julien esitò solo un attimo dopo aver chiuso la chiamata. Poi si diede una mossa e inviò un SMS a Véronique per informarla che all'indomani lui e Marie sarebbero stati a Parigi. In fondo al messaggio aggiunse: "Avvisa Lucius. Forse è importante far arrivare agli Ottaviani altre informazioni su di noi. Deve sembrare che lui sia in possesso di notizie privilegiate". Premette su invio mentre di pancia aveva una sensazione spiacevole: chiaramente non era abituato a mettere il suo destino nelle mani di un'altra persona.

Poi gli venne in mente Xiao Lin che ovviamente partiva dal presupposto che lui si sarebbe allenato con Lucius. Sicuramente quello che aveva fatto era giusto.

Julien si sentì sollevato all'idea di avere Xiao Lin dalla sua parte. Il suo sguardo cadde sul libro che aveva lasciato aperto sul letto. Lo prese e continuò a leggere.

> *Quando arriverà il momento dovrai essere ben preparato, figlio mio!*
> *Io farò del mio meglio, dall'altra parte del velo, per vegliare su di te e sugli altri. Mi state tutti a cuore.*
> *Ora basta però. Il tempo è prezioso. Vai e allenati!*
> *Ti abbraccio come solo una madre che ama sa fare.*

Julien si asciugò una lacrima all'angolo dell'occhio. Che meraviglia poter essere comunque vicino a sua madre anche in questo modo. Quando sentì avvicinarsi alla porta della camera i passi di Marie, riavvolse il diario nel panno e lo richiuse in cassaforte. Stava proprio chiudendo lo sportello quando entrò Marie lanciandogli uno sguardo interrogativo. Ma voleva sapere altro. «Allora? Hai raggiunto Xiao Lin?».

«Sì, sarò da lui domani a mezzanotte».

«Che orario strano per un allenamento», si stupì Marie.

«Il punto è non essere visti, di notte è più facile», spiegò Julien. «Adesso però devo proprio riposarmi se questa sera voglio in qualche modo cantare».

«Sì naturalmente, *mon amour*. Me ne vado via subito».

Marie diede al suo amato ancora un veloce bacio sulla fronte prima di uscire dalla stanza sorridendo.

PARTE OTTAVA

LA FORZA DELL'AMICIZIA PROFONDA

LUCIUS

PARIGI, 29-30 SETTEMBRE 2013

Lucius si guardò attorno e per un momento sostò in un ombreggiato portone. L'aver diffuso la notizia che Julien e Marie sarebbero di nuovo stati a Parigi non aveva danneggiato la sua immagine agli occhi degli Ottaviani. Solo quando de la Fontaine insistette per sapere perché de la Tour venisse via dalla città di Lohengrin, Lucius non trovò nulla di particolarmente convincente da dirgli. «Ha già avuto problemi con il suo ginocchio e stare sempre lì in piedi su quella navicella...», aveva balbettato. «Forse doveva dedicarsi a qualche disciplina marziale. Comunque oggi vado lì, se ha bisogno di me sono raggiungibile al cellulare».

De la Fontaine gli aveva lanciato uno dei suoi inconfondibili sguardi, tanto che a Lucius scesero i brividi lungo la schiena. Quello sguardo perforante... Poi però lo aveva congedato con un gesto. E se non si sbagliava, non era stato seguito da nessuno, nella strada dove abitava Xiao Lin tutto era calmo.

Però più si avvicinava alla casa del maestro e più la sensazione di calma si affievoliva. Il suo istinto non si sbagliava: qualcuno lo stava osservando, lo percepì nettamente. Senza dare nell'occhio si guardò attorno; sì, lì c'era un passante a cui normalmente non avrebbe fatto caso. Ora però notò che camminava al suo stesso passo. Eppure le sue scarpe non facevano rumore. Così silenziosamente camminava solo chi era allenato a farlo. Lucius sapeva che avrebbe potuto distrarlo. Ma era meglio non farlo. Aveva detto che sarebbe andato da Xiao Lin. Quindi assolutamente niente di anormale. Se solo quell'uomo non avesse avuto quell'aria... c'era qualcosa di minaccioso in lui; e poi quel cappotto... Senza volerlo Lucius sussultò, l'abbigliamento tipico delle spie dell'Europa dell'Est, cappotto di lana scuro qualunque fosse la stagione, cappello e scarpe di pelle con suole sottili. Il ramo russo degli Ottaviani non si era lasciato ingannare, erano lì alle sue calcagna. Lucius bussò alla porta di Xiao Lin, sapeva che l'uomo avrebbe poi riferito che lui era andato regolarmente ad allenarsi.

Quando Xiao Lin aprì la porta gli fece capire che erano osservati. Si abbracciarono amichevolmente e i saluti risuonarono più francesi del solito. Grandiosa la rapidità con cui Xiao Lin aveva reagito.

Solo dopo aver chiuso la porta alle spalle di Lucius Xiao Lin disse: «Hai l'aria spaventata. Cosa succede?».

«Ho visto qualcuno, gli uomini di Grigori Solokov non mollano. Forse sono riuscito a ingannare Maurice, ma non i russi, mi stanno seguendo. Per ora senza dare nell'occhio. Non mi sono tradito, questo lo so».

Xiao Lin però esitò e quando Lucius si accorse che le novità l'avevano colpito gli chiese: «Cosa c'è, in che misura riguardano anche te?».

«Julien sarà qui tra poco».

Lucius credette di aver capito male. «Julien de la Tour? Viene qui?».

«Sì, Julien», ribadì Xiao Lin a bassa voce. «Voglio spiegarti tutto, ma prima devo mettere in guardia Julien. Deve camuffarsi».

Xiao Lin si girò un attimo per scrivere qualcosa sul suo cellulare. Lucius trovava sorprendente che il suo vecchio maestro padroneggiasse così la tecnologia più avanzata. «Il tuo non è intercettabile, vero?».

Xiao Lin si limitò a sorridere a Lucius e lo invitò a seguirlo in cucina. Dopo aver versato a entrambi del tè bianco iniziò a parlare con la sua cadenza musicale. «Come sai oggi è un giorno speciale, quello del potente arcangelo Michele. Non è solo il più grande tra gli angeli custodi del Signore, ma anche il patrono di tutte le sacre arti marziali perché anche lui è un guerriero sotto il firmamento come te e anche Julien».

Lucius aggrottò le sopracciglia: «Dove vuoi arrivare?».

«Dato che entrambi dovrete essere preparati per la grande battaglia che probabilmente si svolgerà sul Montserrat vi ho convocati in questa notte pregna dell'energia di Michele per darvi ulteriori insegnamenti».

Lucius, che era convinto di essere arrivato lì di sua iniziativa, rivolse uno sguardo interrogativo a Xiao Lin. Lui però era praticamente già mezzo fuori dalla cucina. «Apro un attimo la porta». E in quell'esatto istante qualcuno suonò alla porta.

Automaticamente Lucius seguì il suo maestro. Aperta la porta, Xiao Lin si trovò di fronte un barbone, talmente malconcio che Lucius trattenne il respiro per evitare il tanfo di quel corpo sudicio. Xiao Lin aiutava tutti, nel quartiere era risaputo.

Come sempre Xiao Lin chiese: «Cosa posso fare per lei?».

«Ha da dare qualcosa da mangiare a un uomo affamato?».

«Ma naturalmente», rispose Xiao Lin pieno di compassione. «Venga pure dentro e mi segua». E la pesante porta si chiuse per la seconda volta.

Lucius era stupefatto, perché chiunque avesse tenuto d'occhio la casa non avrebbe notato nulla di inconsueto. Eppure Julien ce l'aveva fatta a entrare in casa senza destare l'attenzione. Perché era proprio Julien che sorridendo lo stava salutando.

«Sono molto felice di conoscerti finalmente, Lucius». Al più tardi l'avrei riconosciuto dal tono della voce, si disse Lucius rispondendo automaticamente: «Piacere mio». Dal leggero inchino traspariva l'ammirazione per il grande cantante.

«Ora però devo per prima cosa togliermi il costume di carnevale». La risata di Julien risuonò argentina e quando anche Xiao Lin si unì, Lucius si accorse di come la tensione accumulata si stesse scaricando.

Julien si tolse il cappellaccio e il cappotto tutto sporco. Quando si passò le mani tra i capelli neri che scendevano sulla schiena si sentì di nuovo se stesso. Nel momento in cui si accorse dello sguardo curioso di Lucius aggiunse: «Chi l'avrebbe mai detto che anni di lezioni di recitazione mi sarebbero serviti anche fuori dal palcoscenico!». Sul suo viso si delineò un sorriso da adolescente.

«Come entrambi sapete, le cose non sono mai come sembrano», intervenne Xiao Lin sorridendo e Lucius concordò con un cenno del capo. «Ora però dovremmo dedicarci alle nostre faccende. Julien, per favore, siediti vicino a Lucius sulla panca della cucina. Ti porto subito un tè e poi vi spiego perché vi ho convocati qui».

Lucius notò in Julien un sussulto. Forse era anche lui convinto di essere arrivato di sua iniziativa. Sorrise tra sé e sé.

Poi fece la domanda che gli bruciava: «Da quanto tempo vi conoscete voi due? Mi sembrate molto in confidenza, anche se ai miei tempi non ho mai incontrato Julien qui».

«Julien ha cominciato che era bambino perché per diventare un vero lottatore di shaolin kung fu bisogna allenarsi intensamente già in tenera età. Questo significa che Julien veniva qui ad allenarsi praticamente tutti i giorni molto prima di te».

«Ma come poteva sapere già da piccolo di dover diventare un lottatore?» insistette Lucius.

«Io non ne sapevo niente», intervenne Julien, «è stata mia madre che il giorno dopo che ebbi compiuto quattro anni mi ha mandato per la prima volta da Xiao Lin esortandomi a fare tutto quello che lui pretendeva da me».

«Hai chiesto a tua madre come le fosse venuta quell'idea?».

«No, non l'ho fatto perché è morta molti anni fa».

«Oh, mi dispiace sentirlo».

«Non ti preoccupare, tutto a posto. Ma credo che dovremmo dedicarci a cose più importanti, non è vero Xiao Lin?».

Xiao Lin accennò un sorriso dicendo: «So che avete delle domande da farmi. Nel frattempo è chiaro a tutti e due che siete dalla stessa parte, anche se Lucius deve dare l'impressione che non sia così per il bene della nostra causa». Poi, guardando Julien nel profondo degli occhi aggiunse: «Quello che però ancora non sai è che Lucius è cresciuto nella convinzione che i suoi genitori siano stati uccisi nel 1983 dai seguaci della linea di sangue. Questa è la ragione per cui de la Fontaine è riuscito a portarlo dalla sua parte. È da poco che Lucius ha riconosciuto di non essere un assassino e che la vendetta non fa altro che portargli via tutta la forza. Solo qualche giorno fa ha potuto aprire un dossier sui suoi genitori rendendosi conto fino a che punto de la Fontaine lo abbia manipolato».

Lo sguardo che Julien rivolse a Lucius era pieno di compassione.

«Julien, puoi immaginare come fosse stravolto Lucius quando ha scoperto che il suo autoproclamato benefattore, Maurice de la Fontaine, aveva commissionato l'assassinio dei suoi genitori. Véronique era qui quando abbiamo aperto una cartella con delle foto che provano che lui ha assistito, mano nella mano con il piccolo Lucius all'epoca un bambino, all'attentato mortale…».

«So cosa pensi Julien», continuò Xiao Lin. «D'ora in avanti Lucius sarà dalla testa ai piedi dalla parte della luce!».

«Ci puoi giurare!», fece Lucius con uno sguardo gelido.

«Non so davvero cosa dire Lucius», rispose Julien sbigottito. In segno di comprensione gli mise una mano sulle spalle.

Lucius percepì quanto quel gesto gli facesse bene e rispose con un sorriso di gratitudine. Ora poteva capire perché Véronique lo stimasse così tanto.

Xiao Lin annuì quando vide l'amicizia che traspariva dai loro sguardi. «Dovremmo prepararci, è per questo che ci siamo riuniti qui questa notte». Julien e Lucius si alzarono contemporaneamente mentre il maestro usciva dalla cucina. «Ora invochiamo l'aiuto dell'arcangelo Michele».

In silenzioso accordo i tre, passando per il cortile, si recarono nel luogo più sacro della casa. Prima di entrare in quel santuario, in silenzio, si tolsero le scarpe e rimasero un attimo in raccoglimento.

Xiao Lin fece loro un cenno per invitarli a entrare nel *dojo*, poi porse loro due tute blu scuro. Lucius si stupì di quanto fosse in forma Julien. Non se lo sarebbe immaginato, non era solo un cantante? E poi non aveva sentito da qualche parte che i cantanti d'opera non potevano assolutamente avere degli addominali troppo duri per non pregiudicare l'attività del diaframma mentre cantavano? Di nuovo una prova che le cose non erano mai come sembravano a prima vista. Le parole del saggio Xiao Lin riecheggiarono nella testa di Lucius ed ecco che già erano lì uno di fronte all'altro, concentrati dopo essersi fatti l'inchino.

Xiao Lin disse: «Anche se al Montserrat non vi affronterete, sarà utile che qui lottiate uno contro l'altro perché così potrete riconoscervi e capire il vostro stato esteriore e interiore».

Già durante gli esercizi di riscaldamento Lucius si accorse della differenza. Come sempre lui si preparava a eseguire i suoi esercizi con disciplina ferrea. Julien invece sembrava assorto ad ascoltare se stesso sino a quando il suo corpo, agile e caldo, non seguiva i suoi comandi. Lucius era stupito, un altro approccio, eppure il maestro era lo stesso. Era veramente curioso di vedere l'effetto di questi due diversi atteggiamenti durante il combattimento. Notò con quanta attenzione Xiao Lin stesse osservando i suoi allievi così diversi tra loro. Appena pronti li pregò di iniziare il combattimento senza armi. Lucius guardò Julien, si inchinò in attesa del cenno di Xiao Lin.

Si accorse quasi subito di essere molto più in forma di Julien. In silenzio annuì a se stesso, non si era aspettato nulla di diverso, sapeva che la lotta era una cosa seria e lui si dedicava a ogni combattimento con tutta la sua concentrazione. Lucius osservò attentamente Julien; ma non stava forse zoppicando? L'aveva già notato un'altra volta osservando il tenore, probabilmente si era ferito al ginocchio e quello era il suo punto debole. Lucius rifletté su come sfruttarlo a suo favore e se Xiao Lin veramente lo volesse. Non importava, si girò di scatto e col piede colpì l'anca di Julien atterrandolo. Ansimando entrambi si fermarono quando Xiao Lin tornò da loro rivolgendo lo sguardo a Lucius: «Lucius tu lotti come se ne andasse della tua vita, ma non ti sei collegato con la tua forza superiore. Hai vinto solo perché Julien al momento non è nella migliore condizione fisica. Ciò significa che devi lavorare di più sulla tua forza interiore, piuttosto che su quella esteriore».

Lucius sapeva che Xiao Lin aveva ragione. L'aveva sempre. Ciò nonostante la critica lo ferì, perché, tra le righe, vi lesse che in realtà Julien era superiore a lui. La cosa non gli era nuova, l'aveva visto come lottava nel duomo di Santo Stefano. Era curioso di sentire cosa Xiao Lin avrebbe detto a Julien, che si stava riprendendo.

«So che il ginocchio ti procura dolore, ma questo non può trattenere un vero guerriero dall'allenarsi con ferrea volontà. Mio caro, nei prossimi giorni dovrai lavorare sulla tua forza fisica con grande disciplina, non importa quanto dolore ti procuri. Solo così impari a superare il dolore con la tua forza interiore e a essere pronto per la grande lotta, perché si tratta di essere in forma su tutti i piani».

Umilmente Julien chinò il capo dicendo: «Lo farò, mio maestro».

«Lo so, *mon petit*», rispose Xiao Lin con un sorriso affettuoso. A Lucius era chiaro che si stava rivolgendo al ragazzino che aveva addestrato e anche a Lucius venne da sorridere rivedendosi davanti a uno Xiao Lin più giovane, ne sentì la voce che per lui era stata un faro nell'oscurità della sua vita dopo la morte dei suoi genitori.

«Ora preparatevi di nuovo ma questa volta vi invito a farlo interiormente. Poi passerete alla lotta con i bastoni».

Al cenno di Xiao Lin, Lucius si sedette accanto a Julien sul pavimento come per meditare e a occhi chiusi si focalizzarono sul loro respiro e sul fluire del *chi*.

A Lucius ronzava la testa con tutte quelle impressioni che c'erano da elaborare, il respiro di Julien accanto a lui era molto più regolare del suo e mentre cercava di raggiungere un'armonia interiore vide dall'aura di Julien che il suo era uno stato di raccoglimento molto più intenso.

Dopo un po' Xiao Lin li riportò alla realtà porgendo loro due bastoni.

Lucius afferrò il suo e si mise di fronte a Julien in attesa del segnale di Xiao Lin e poi ecco di nuovo la distrazione, perché gli avversari non segnalano mai l'inizio di un combattimento, era lui a dover decidere quando iniziare ad attaccare. All'improvviso si rese conto di quante volte lui stesso era stato l'aggressore. Nel duomo era stato diverso. E nel Montserrat sarebbe stata ancora un'altra cosa, sarebbe stati loro quelli aggrediti. Dal primo movimento Lucius capì che non avrebbe avuto alcuna chance contro Julien. Lui era sì veloce, agile ma la calma che emanava il suo avversario questa volta era enorme. Julien parò i colpi di bastone e mentre Lucius rispondeva con forza sempre crescente i movimenti di Julien erano di una leggerezza che lo intimoriva. Sentiva di non avere alcuna possibilità contro la grazia danzante di quei movimenti. Aveva appena fatto a tempo a formulare quel pensiero che già era battuto. Con profonda stima si inchinò di fronte a Julien complimentandosi per la vittoria. «Tu sei veramente Parsifal che con cuore puro lotta contro il male del mondo modificandolo al suo interno. Ti ringrazio dal profondo del cuore per poter lottare al tuo fianco».

Julien lo prese tra le braccia e lo strinse forte a sé sussurrando: «*Merci de tout mon cœur, mon frère*!», «Grazie con tutto il mio cuore, fratello mio!».

XIAO LIN

PARIGI, 29-30 SETTEMBRE 2013

Xiao Lin sapeva che era un rischio. Mettere un uomo così ambizioso come Lucius di fronte al fatto che esistono persone dotate di maggior talento… osservava le reazioni di entrambi. Quando però vide Lucius complimentarsi sinceramente con il suo avversario dopo la sconfitta ebbe la certezza che gli anni di insegnamento non erano passati senza lasciare traccia in lui. Xiao Lin annuì e prese la decisione: era il momento giusto per iniziare sia Lucius che Julien alla più alta energia dell'arcangelo Michele. Anche se era uno dei pochi veri monaci shaolin combattenti al mondo, già considerato da molti come una leggenda vivente, Xiao Lin aveva accesso a piani ancora più elevati dei grandi insegnamenti misterici dell'universo. Solo pochissimi ne erano a conoscenza, molte erano le cose riservate solo all'orecchio di pochi. Xiao Lin sapeva che quella decisione non era reversibile; respirò e percepì l'energia del mondo poi seppe che era giunto il momento per trasmettere la conoscenza segreta a loro due.

Si schiarì la voce, andò verso i due e li accompagnò nel suo sacrario. Lì li benedisse come aveva già fatto molte volte. Poi con voce solenne disse: «Amati figli, ora è arrivato il momento a cui sono stato preparato da tempo immemore. Ho il potere di trasmettervi la più alta energia dell'arcangelo Michele.

Perché l'arcangelo Michele, come Gesù Cristo, reca in sé la più alta energia divina e può dotarvi di potere ultraterreno».

Xiao Lin vide quanto i due fossero commossi ed ebbe la conferma che erano veramente pronti.

Come guidati da un'istanza superiore, entrambi si inginocchiarono sul pavimento del sacro tempio, uno di fronte all'altro e si presero per mano guardandosi profondamente negli occhi mentre Xiao Lin si mise esattamente nel punto in cui le loro mani si univano. Poi guardò in alto, alzò le braccia con i palmi delle mani rivolte al cielo e nel silenzio del suo spirito invocò l'arcangelo Michele. L'energia nella stanza cambiò, onde di luce blu-viola-oro scendevano dall'alto a forma di spirale e Xiao Lin, commosso, le sentì penetrare nelle sue mani. Poi posò una mano sul capo di Julien e l'altra sul capo di Lucius trasferendo a entrambi l'energia elettrica di cui era conduttore. Li sentì vacillare e poi si accorse che non solo si guardavano negli occhi attingendo forza uno dall'altro, ma avevano anche armonizzato il ritmo del loro respiro come lui aveva loro insegnato. Li osservò come intuitivamente collegavano i loro cuori sino a quando si misero a battere all'unisono così da poter meglio reggere l'impatto delle alte vibrazioni dell'energia dell'arcangelo Michele.

Profondamente commosso, Xiao Lin riconobbe che quei due uomini secondo la sacra profezia avrebbero veramente potuto portare a termine il loro compito, visto che ora erano in grado di fare la cosa giusta anche senza ulteriori indicazioni da parte sua. Entrambi ne erano degni.

Quando le onde di energia iniziarono lentamente a scemare, Lucius e Julien, sotto lo sguardo di Xiao Lin, si resero veramente conto dell'accaduto e si alzarono muovendo cautamente braccia e gambe come se dovessero riscoprire il loro corpo.

Xiao Lin, inginocchiato davanti a loro, sprofondò in una preghiera di ringraziamento. Poi anche loro si inginocchiarono e ognuno ringraziò con parole sue. Il primo fu Julien: «Grazie per non avermi lasciato andare via quando non avevo tempo per gli allenamenti». Poi fu la volta di Lucius: «Grazie per essermi rimasto accanto anche quando stavo dalla parte sbagliata». Senza ulteriori parole i tre uomini rimasero abbracciati per un bel po' di tempo sino a quando Xiao Lin annunciò che il loro addestramento non era ancora terminato. Pregò nuovamente Lucius e Julien di mettersi in posizione di combattimento poi insegnò loro delle tecniche di lotta, semplici nei movimenti ma di grande potenza, riservate solo a pochi allievi. Xiao Lin sapeva che anche questo era parte del piano affinché la millenaria profezia potesse realizzarsi.

Lucius e Julien impararono le nuove tecniche di combattimento, gli esercizi di respirazione e le giravolte con una velocità impressionante. Xiao Lin fece un cenno di approvazione. «Qui potete vedere come può agire in voi la forza di Michele. In passato anche io sono stato addestrato e iniziato in questo modo. Voi però verrete messi alla prova. È per questo che posso affidarvi queste due spade che voi brandirete per noi». Lui stesso si era guadagnato quelle spade con la sua maestria, ed ecco che lo rivide lì innanzi a sé, il maestro di shaolin, mentre gli affidava le lame affilate. Xiao Lin aggiunse poi solenne: «Come voi due sapete c'è un proverbio cinese che dice "per padroneggiare la sciabola ci vogliono cento giorni, ma per padroneggiare la spada diecimila non bastano". Tuttavia io so che oggi siete pronti per lottare contro le forze che ci ostacolano».

Con rispetto e consci di quanto fossero affilate, Lucius e Julien afferrarono le spade. Questa era un'altra cosa rispetto alla lotta con i bastoni di legno.

L'atteggiamento di Xiao Lin non lasciava dubbi: avrebbero dovuto misurarsi con le armi. Attesero solo un attimo un cenno e poi la lotta tra maestri si scatenò.

Xiao Lin seguiva attento ogni loro movimento. La forza dei combattenti di fronte a lui era quasi alla pari. Erano padroni del movimento dei loro piedi così come delle rapide giravolte e davanti agli occhi di Xiao Lin si svolgeva un'aggraziata danza di spade tra maestri. Niente faceva pensare che si trattasse contemporaneamente di una prova di coraggio mortale.

Il trasferimento di energia aveva funzionato e tuttavia dai movimenti dei due si poteva facilmente capire che nel frattempo si era fatta notte fonda. Xiao Lin fece loro cenno di smettere prima che uno dei due potesse ferirsi. Si congratulò con loro e li ringraziò, si inchinarono di fronte a lui. Da quel giorno in avanti la loro amicizia non fece che crescere e non sarebbero stati in grado di spiegare cosa l'energia di Michele avesse veramente cambiato in loro. Xiao Lin però lo riconobbe e prima di lasciarli andare nella notte, uno nelle vesti di un senzatetto, si inchinò profondamente.

VÉRONIQUE

PARIGI, 30 SETTEMBRE 2013

Con sua sorpresa, mentre entrava nella sala da ballo del *palais* Garnier per gli allenamenti del mattino, Véronique venne salutata da un ballerino mai visto prima. Mentre, come tutti gli altri ballerini, eseguiva gli abituali *pliés* sulla musica di Chopin, si accorse che lo sconosciuto la stava osservando con la coda dell'occhio. Anche se doveva ammettere che il nuovo arrivato era decisamente di bell'aspetto, con un corpo dalle forme ideali per un ballerino, Véronique non riusciva a liberarsi dalla sensazione che qualcosa in lui non fosse a posto. Nel profondo del cuore lo paragonò a Lucius sorridendo tra sé e sé. Era immune da tentazioni del genere.

Il direttore del balletto in persona, Marcel Chagrin, diede il benvenuto al nuovo arrivato.

«Buongiorno miei cari. Spero abbiate trascorso una buona domenica. Ora però desidero presentarvi un vostro famoso collega del teatro Bolshoi, il primo ballerino Sasha Marakov. Il nostro egregio sponsor, Maurice de la Fontaine è riuscito a invitarlo per un paio di giorni qui a Parigi così che possa lavorare sulla vostra tecnica e sul vostro virtuosismo, per i quali ha ottenuto, alcuni anni fa, il premio di miglior ballerino del decennio a San Pietroburgo».

Sentendo nominare de la Fontaine, Véronique avvertì un brivido scenderle lungo la schiena. Era dunque così, questo Marakov era al suo servizio. Avrebbe fatto buon viso a cattiva sorte. Lo guardò attentamente e si rese conto di conoscerlo. Anni prima aveva assistito dal vivo a uno spettacolo del leggendario balletto del Bolshoi, Richard l'aveva accompagnata nel suo viaggio a Mosca. All'epoca Sasha Marakov aveva ballato nel ruolo del corsaro nell'omonimo balletto di Marius Petipa con una tale bravura da farla andare in visibilio per settimane al solo pensiero. Richard l'aveva sempre presa in giro dicendo che era innamorata di Sasha Marakov.

Mentre era ancora presa col ricordo di questa cotta adolescenziale, si accorse di essere arrossita. In quell' esatto momento si trovò di fronte proprio Sasha Marakov che con un sorriso beffardo la pregò di eseguire qualcosa insieme a lui. Véronique si sentì in trappola e avrebbe preferito sprofondare nel pavimento perché non aveva assolutamente idea di cosa Marcel Chagrin e probabilmente anche Sasha Marakov avessero parlato un attimo prima.

Prima di poter reagire il pianista intonò i primi accordi dell'*Adagio del cigno bianco* de *Il Lago dei Cigni* di Čaikovskij e Sasha Marakov stava già eseguendo i primi passi. Come sempre non appena sentiva la musica, Véronique non poteva fare altro che ballare. Con grande grazia si mosse verso Sasha prendendo il braccio che lui le porgeva come previsto nella coreografia. Senza esitare neppure un attimo si diede alla danza con tutta se stessa mentre Sasha la conduceva e la sollevava come se avessero ballato insieme tutta la vita. Véronique si stava trasformando sempre più in Odette tanto che si dimenticò del tutto di non essere sul palcoscenico ma che stava ballando solo sotto lo sguardo della compagnia.

Solo quando arrivò alla posizione finale, nella quale Odette si sofferma a lungo in una sorta di profondo inchino, Véronique tornò alla realtà grazie all'applauso spontaneo dei suoi colleghi. Stupita rivolse lo sguardo alla sua passione di una volta mentre lui, sempre tenendola per mano, rivolto a lei e agli altri ballerini disse: «Mia cara, sono impressionato». E poi attirandola a sé, all'orecchio aggiunse sussurrando: «Andiamo a colazione insieme a mezzogiorno?».

Poi si inchinò davanti a lei in un modo tale da farle nuovamente salire il rossore in viso.

Dall'imbarazzo Véronique non sapeva veramente cosa dire, così che dalle sue labbra uscì solo un timido «D'accordo». Sasha ne prese atto con uno sguardo intenso.

Véronique fuggì dalla sala. Solo quando fu seduta nel suo camerino con il cellulare in mano le venne in mente che Marie era arrivata il giorno prima. Che bello potersi sfogare con la sua amica. Si lavò le mani e decise che un ballerino, per quanto attraente potesse essere, non avrebbe fatto di lei un'alleata di de la Fontaine. Véronique rivide la sofferenza di Lucius mentre osservava le fotografie del giorno della morte dei suoi genitori. No, non avrebbe ceduto a quell'impulso del suo corpo che volentieri avrebbe continuato a ballare con Sasha Marakov. Come Lucius, sarebbe stata al gioco guardando in faccia il pericolo.

VERONIQUE

PARIGI, 30 SETTEMBRE 2013

La prova era stata impegnativa ma, come se già avesse raggiunto tutto con l'invito a colazione, Marakov si concentrò sugli altri ballerini della compagnia. Solamente verso la fine si avvicinò a Véronique e le ricordò il loro appuntamento. Véronique si cambiò in fretta, se proprio doveva uscire con un uomo che sospettava essere una spia degli Ottaviani, allora voleva liberarsi del peso al più presto. Come immaginava, Sasha la stava già aspettando sulla terrazza dell'Opera seduto a uno dei tavoli sotto uno dei grandi ombrelloni bianchi. Doveva ammetterlo, era un uomo attraente. E come danzava poi... mai prima di allora si era sentita subito così sicura con un ballerino sconosciuto, già al primo *pas de deux*.

Lui le sorrise e si tolse gli occhiali da sole a specchio. Con lo sguardo percorse il suo corpo e poi sembrò dirigerla a sedersi di fronte a lui e Véronique si chiese come faceva quell'uomo ad agitarla in tal modo. Dov'erano finite la sua forza e la sua calma? Diresse lo sguardo in lontananza, evitando volutamente di guardarlo negli occhi, e concentrandosi sulla respirazione.

«*Ma belle*, posso offrirti una coppa di champagne per brindare alla nostra collaborazione?», chiese con un sorriso seducente.

Véronique alzò le sopracciglia perché con tutta la sua buona volontà non riusciva proprio a spiegarsi come Sashha potesse parlare di collaborazione dopo un solo *pas de deux*. Ma la sua perplessità sembrava solo divertire il suo compagno di tavolo.

«Al posto di Jan van der Walt, il due e anche il quattro di ottobre, sarò il principe Sigfrido. Non te l'hanno detto? Dopo dobbiamo ancora provare e non vedo l'ora».

Véronique si sentì ingannata. Normalmente quelle decisioni venivano prese di comune accordo. Che sfrontatezza da parte di Marcel Chagrin non aver ritenuto necessario informarla che si sarebbe dovuta cimentare in uno dei ruoli più difficili, o meglio nel doppio ruolo più impegnativo in assoluto del balletto classico, con così poco preavviso e con un nuovo partner. Anche se questo ballerino era una leggenda, e probabilmente le sarebbe piaciuto ballare con lui…

«Questa è davvero un'ottima ragione per festeggiare», fece Marakov guardandola con occhi raggianti.

«Sì, hai ragione», concordò Véronique con un sorriso luminoso. Oh, sì lei sapeva come fare buon viso a cattiva sorte. «Dai, brindiamoci su».

Come se lo champagne gli avesse sciolto la lingua, Sasha iniziò a farle delle domande sulla sua vita privata.

Véronique bevve ancora un sorso di champagne mentre rifletteva. Non poteva nominare Lucius. E se voleva scoprire cosa tramasse questo Sasha… gli fece un grande sorriso e disse: «Al momento non c'è nessuno nella mia vita. Sino a quando sarò prima ballerina mi godrò la mia libertà fino in fondo».

Lui sollevò le sopracciglia e lo sguardo che seguì non lasciava dubbi: «È proprio la risposta che volevo sentire. Che dono poter danzare forse il mio ultimo Sigfrido insieme all'angelica Véronique Valois!» e prima che Véronique se ne accorgesse aveva già afferrato la sua mano sinistra appoggiandosela alle labbra.

Lei arrossì e ritrasse la mano. Si augurava che Lucius non avesse ricevuto l'incarico di pedinarli, poteva letteralmente vederlo davanti a sé mentre li osservava costretto ad assistere questo Marakov mentre…

Véronique non sapeva cosa fare. Qualunque mossa sarebbe stata sbagliata.

LUCIUS

PARIGI, 30 SETTEMBRE 2013

Lucius la conosceva bene la sua Véronique. Riusciva a vedere come i suoi occhi brillavano mentre guardava quel Marakov. Non avrebbe mai pensato di essere così geloso, avrebbe voluto precipitarsi lì e mettere al tappeto quell'uomo con un paio di colpi ben assestati. E Véronique rideva e si comportava come se quello lì fosse qualcuno di speciale. Se solo avesse potuto parlarle e metterla in guardia. De la Fontaine era stato di ottimo umore tutta la mattina e su sua richiesta gli aveva confidato l'intero piano: la spia russa Sasha Marakov doveva avvicinarsi a Véronique a passo di danza per carpirle informazioni. Lucius dovette ricorrere a tutto il suo autocontrollo per non affrontare seduta stante de la Fontaine e ucciderlo. Sete di vendetta e gelosia, un'accoppiata in lotta nel cuore di Lucius, ma lui sentiva ancora dentro di sé la forza di Michele e così riuscì a dominarsi sino a quando sentì sotto di sé la sua moto e sulla testa il casco, mentre infrangendo alcune regole stradali partì per raggiungere Véronique. Voleva metterla in guardia, ma non sapeva come, di sicuro lei non andava in giro con due telefonini. Infatti era così, non poteva raggiungerla e mandarle semplicemente un messaggio non gli sembrava il massimo. Poi ecco che la vide seduta in compagnia di quel… Doveva assolutamente placare le sue emozioni. Fece un profondo respirò e sfrecciò via in moto.

Non era necessario tenere d'occhio Julien, che aveva appena preso il volo di ritorno da Dresda; Marie era andata sicuramente con lui all'aeroporto. Lucius fece un cenno con la testa, finalmente sapeva cosa fare. Xiao Lin aprì la porta dicendo: «Per sfogarti un allenamento mi sembra sprecato».

«Se tu sapessi!». Lucius confidò al maestro le sue pene. «Beh, allora cambiati, ma prima di allenarti devi calmarti».

«Maestro, com'è possibile che dopo aver toccato un'energia celeste si possa sprofondare in un tale buco? Devo ammettere che dopo l'iniziazione pensavo di essere immune da sentimenti come la gelosia, la sete di vendetta, tutte queste...».

Xiao Lin si limitò a guardarlo in silenzio poi gli appoggiò un dito sulle labbra per invitarlo a riflettere.

Finalmente comprese il messaggio, chiuse gli occhi e portò le mani nel *mudra anjali* davanti al suo terzo occhio per dedicarsi poi a una tecnica di respirazione per raggiungere la pace interiore.

Dopo un bel po' Lucius riaprì gli occhi dando l'impressione di essersi molto calmato. Di nuovo cercò lo sguardo del maestro chiedendogli: «Ho ragione se dico che queste cose ci accadono per evitare di diventare arroganti nella nostra spiritualità?».

«Sì, figlio mio è così», rispose Xiao Lin. «Il pericolo di credersi illuminati una volta raggiunto un determinato stadio della nostra evoluzione è talmente alto che Dio ci manda sempre delle prove in modo tale da riconoscere che nonostante la divinità che vive in noi dobbiamo sempre restare umili per poter veramente arrivare ad avere un cuore puro».

Sentendo queste parole Lucius, imbarazzato, guardò a terra perché si vergognava di non essere stato capace di avere la meglio sul suo scatto d'ira. Comprensivo Xiao Lin aggiunse: «Ti prego, non essere così severo con te stesso, hai trovato una via di uscita e sei venuto da me. Consenti alla tua anima di assimilare tutte le esperienze delle ultime ore».

«Non sono dunque irrimediabilmente perduto? Ho tanta paura che la costante presenza di cattivi pensieri nella mia vita possa trascinarmi in modo inarrestabile verso il male».

«No, al contrario! Sono molto fiero di te», fu la pronta risposta di Xiao Lin. Poi accompagnò il suo allievo nel *dojo* per l'allenamento.

MARIE

PARIGI, 30 SETTEMBRE 2013

Marie si godette il giro per le strade di Parigi. Era felice che Véronique avesse trovato il tempo per cenare insieme tra una prova e l'altra. Ovviamente l'unico posto possibile era l'Opéra, dove avrebbero potuto mangiare velocemente qualcosa e parlare un po'. Finalmente sarebbero di nuovo state solo loro due. C'erano così tante cose da raccontare, Marie aveva parlato a lungo con Julien sugli eventi della notte precedente ed era felice di poter riferire a Véronique che anche Lucius era stato iniziato all'energia salvifica dell'arcangelo Michele. Lì davanti c'era un parcheggio libero, Marie arrivò da destra. Guardandosi alle spalle, scorse la familiare figura di Véronique che stava uscendo dal teatro dell'opera in compagnia di un ballerino mai visto ma dall'aspetto molto attraente. La sua amica sembrava impegnata in una vivace conversazione perché non si rese conto dell'ambiente circostante, cosa inusuale per lei. «Chi potrebbe essere?», si chiedeva Marie dirigendosi verso di loro. Voleva quasi mettere loro le mani sulle spalle, quando Véronique alzando la testa vide Marie.

Con un sorriso Véronique si volse verso l'uomo scusandosi: «*Pardon* Sasha, devo velocemente salutare la mia amica», le buttò le braccia al collo e la strinse come se non volesse lasciarla andare via.

«Non volevo assolutamente disturbarvi», fece Marie con un tono di voce lievemente più alto del solito, cosa che fece piacere a Sasha perché le rivolse uno sguardo amichevole.

Poi Véronique si staccò da lei e con modi formali che Marie raramente le aveva visto fare disse: «Posso presentarti la mia migliore amica, Marie Chevalier? Marie, lui è Sasha Marakov del Bolshoi di Mosca che dopodomani e il quattro di ottobre ballerà al mio fianco». I suoi gesti erano contratti e Marie si domandò cosa stesse succedendo a Véronique.

«Il programma è stato cambiato?». Marie si rivolse a Sasha accennando un saluto.

Marakov strizzò gli occhi osservando attentamente Marie: «Lei non è per caso la figlia di Jean Chevalier?».

«Sì sono proprio io», ribadì Marie asciutta.

«*Enchanté*».

Marie sapeva come portare avanti questo tipo di conversazione, l'aveva imparato con gli ammiratori di suo padre e così chiese a Marakov per quanto tempo avesse intenzione di fermarsi a Parigi.

«Solo un paio di giorni, per ballare con l'incantevole Véronique Valois», rispose lui prontamente. «Poi proseguo per Barcellona».

A Marie si drizzarono i capelli. «Barcellona?», chiese. Ovviamene aveva capito, ma non poteva far vedere quanto era sconvolta. Non poteva essere un caso. Se avesse mai pensato di poter continuare semplicemente a vivere senza proseguire nella ricerca dopo il ritrovamento del cofanetto nel duomo, ora sapeva con certezza che non era possibile. Ci sarebbe sempre stato qualcuno che l'avrebbe pedinata, spiata e minacciata. Véronique intanto osservava la reazione dell'amica augurandosi che riuscisse a mantenere la calma.

Quando nessuna delle due batté ciglio Sasha chiese: «Vogliamo accomodarci al ristorante?».

Marie pensò: "Così facile però, anche no".

E Véronique, con un sorriso artificioso: «Sono secoli che non vedo la mia amica e ho un sacco di cose da dirle a tu per tu. Lo capisci vero?».

«Naturalmente che lo capisco. Tanto ci vediamo dopo per la prova generale», fece Sasha accomiatandosi dalle due amiche con un perfetto inchino. Véronique accompagnò Marie nella saletta del ristorante. Sedute accanto su uno dei divanetti, non sarebbe stato facile origliare i loro discorsi. Marie non vedeva l'ora di saperne di più. «Come mai, all'improvviso, balla con voi? È inconsueto, no? Non riesco a liberarmi dall'idea che quel tipo ti abbia messo gli occhi addosso».

Véronique la guardò con gratitudine e disse. «Pensavo già di iniziare a soffrire di manie di persecuzione. Proprio uno che mi fa sballare, sai che per me è uno dei miti della danza. Da ragazzina ero così innamorata di lui. E oggi quando me lo sono trovato davanti…».

«Racconta», fece Marie facendo tanto d'occhi.

«No, prima la cosa più importante: è stato de la Fontaine ad attirarlo qui da Mosca. Questo mi puzza, non può essere un caso».

«*Chérie*, fai attenzione. Hai già visto Lucius oggi? Spero che stia bene», all'improvviso Marie iniziò a vedere ovunque dei collegamenti. «Julien lo ha incontrato ieri da Xiao Lin ed è stato…». A Marie mancavano le parole. Poi ci riprovò: «Xiao Lin ha trasmesso loro la più alta iniziazione, loro ora sono… Véronique io sono assolutamente certa che Lucius adesso è uno di noi». Véronique sorrise tra sé e sé, se lo vedeva davanti Lucius, come la guardava, come si muoveva. «Marie, ma se ha l'ordine di continuare a pedinarmi e ci spia per ordine di de la Fontaine, si accorgerà delle avance di Marakov».

«La cosa migliore è che tu lo avvisi in anticipo: hai quel cellulare, mandagli un messaggio. Lo informi che abbiamo scoperto che Marakov è probabilmente al soldo di de la Fontaine. Così vedi come risponde. Pensa se avessimo torto».

«Sarebbe bello, vorrebbe dire che potrei danzare liberamente», Véronique lanciò uno sguardo struggente all'amica.

«Vorrei davvero che fosse così. Ballare *Il Lago dei Cigni* con la tua passione da ragazzina... ci sarà anche a Barcellona. Lo sai, no, che Lucius voleva rivelare a de la Fontaine il nome della città dove vogliamo proseguire le nostre ricerche? Non era stata addirittura un'idea tua?».

«E tu credi che de la Fontaine abbia immediatamente reagito? Marie, la cosa mi fa paura, abbiamo di fronte un nemico potente».

«Che non si fa scrupolo di mettermi alle calcagna un assassino». Le due si fissarono in silenzio.

LUCIUS

PARIGI, 30 SETTEMBRE 2013

Lucius era di nuovo se stesso, grazie all'allenamento era nuovamente consapevole del suo corpo, conosceva i suoi limiti, la sua resistenza, sapeva anche quando era abbastanza. Lasciò la casa di Xiao Lin con un senso di intima felicità mentre la luce della sera sopra a Parigi gli scaldava il cuore. Doveva semplicemente fidarsi di Véronique, da ballerina classica era un'attrice come Julien, assolutamente convincente nei panni di un senzatetto la sera prima. Lucius salì in sella alla Ducati. Sino a quando lei non gli avesse detto diversamente lui si sarebbe aggrappato al pensiero che Véronique gli fosse affezionata. La gelosia non era che una conferma di quanto l'amasse. Ora aveva nuovamente le idee chiare.

Era ora di farsi rivedere al quartier generale e guardare de la Fontaine negli occhi. Per far questo non gli serviva solo coraggio ma anche concentrazione. L'idea che tutti stessero interpretando un ruolo gli piaceva, e il suo da agente che faceva il doppio gioco era il più pericoloso. Solo Véronique era sempre se stessa, tranne quando calcava il palcoscenico. Le augurò di poter sempre essere così autentica. A lui non era concesso, da doppiogiochista doveva sempre stare in guardia. Ma era stato addestrato proprio per questo.

Mentre saliva nel modernissimo ascensore vetrato per raggiungere l'ufficio di de la Fontaine, sentì vibrare il secondo cellulare. Non vedeva l'ora di ricevere un messaggio da Véronique. Una spiegazione, qualcosa.

Piuttosto deluso lesse le poche righe: "*Chérie*, grazie per il tuo messaggio. Al momento non posso. Mi faccio viva più tardi. Baci, Véronique".

Proprio in tempo, prima che le porte dell'ascensore si richiudessero, Lucius fece sparire il cellulare segreto nelle profonde tasche del suo giubbotto nero da motociclista.

Ora non aveva tempo di ripensare alla telegrafica risposta di Véronique perché Maurice gli stava venendo incontro e, a quanto sembrava, era di ottimo umore. «Buonasera Lucius, ho grandi notizie per te», fece prendendolo per un braccio e trascinandolo nel suo ufficio. Chiuse la porta e gli fece segno di sedersi su una delle pesanti poltrone in pelle.

Lucius si accomodò e guardò de la Fontaine impaziente.

«Su incarico dei nostri amici russi, come tu sai, da oggi Sasha Marakov è qui in città. Un lavoro in meno per te. D'ora in avanti si occuperà lui di Véronique Valois».

«Si l'ho visto». Lucius fece trasparire il suo disappunto. «Io sono lì che osservo a distanza, mi tengo in disparte e poi ecco che dalle prove del balletto sbuca fuori quel tizio. Avresti potuto telefonarmi».

De la Fontaine fece un gesto con la mano come per liquidare il tutto. Le critiche gli scivolano sempre addosso, pensò Lucius irritato. Poi si ricompose e tornò a recitare la parte del bravo ragazzo. Come aveva fatto ad affidarsi per così tanto tempo a un uomo del genere?

«Immaginati un po' l'acclamata star, Sasha Marakov, che si esibisce nel ruolo del Principe Sigfrido accanto a Véronique Valois ne *Il Lago dei Cigni*. Sarà l'evento clou della stagione dei balletti di cui parlerà tutta Parigi. E subito dopo...».

Lucius cercò di calmarsi quando con la fantasia vide Marakov mentre poteva toccare la sua amata in tutti i punti possibili e impossibili, anzi doveva, per non farla cadere durante i sollevamenti. Con aria annoiata si mise a giocare con la zip del suo giubbotto fissando de la Fontaine.

«Allora cosa ne dici? E poi subito dopo va a Barcellona. Non è assolutamente geniale?».

Lucius si diede un contegno, non doveva trasparire che non stesse ascoltando. La novità lo colpì come un pugno nello stomaco. Proprio quel Marakov a Barcellona. Sapeva bene che quel tipo non era bravo solo a danzare bensì anche nell'uso di tutti i tipi di armi, la spia perfetta. Lucius trasformò la sua indignazione in un finto entusiasmo quando esclamò: «Complimenti, meglio di quanto potessimo sperare!». Poi si alzò dalla poltrona battendo sulla spalla di Maurice de la Fontaine in segno di approvazione. «Questa volta nessuno ci fermerà dal carpire per tempo il loro segreto».

«Non verrà mai divulgato, almeno sino a quando ho ancora voce in capitolo qui a Parigi».

Lucius deviò l'attenzione del *mâitre* su questioni più pratiche, quando avrebbe dovuto prenotare i biglietti, per quante persone… un'azione del genere comportava molto di più che la semplice domanda su quale killer russo avrebbe intralciato il suo cammino. Lucius si rese conto che gli si stava accapponando la pelle.

VÉRONIQUE

PARIGI, 30 SETTEMBRE-1° OTTOBRE 2013

La prova generale dell'orchestra durò un'eternità. Véronique era esausta e si rallegrò che Marie le avesse preparato degli stuzzichini. Mangiare cose leggere faceva bene e anche la sensazione che qualcuno si occupasse di lei.

«Tutto ok, *ma chére*?», chiese Marie con partecipazione.

«Non proprio», rispose Véronique pensando con ribrezzo a Marakov che allungava le mani. «Grazie per lo spuntino, ho veramente fame». Lo sguardo di Véronique passò sopra ciotoline e piattini, verdure tagliate a pezzetti e un piatto di insalata mista. Marie aveva persino grigliato del salmone fresco, sapeva quanto la sua amica avesse bisogno di proteine dopo l'intenso sforzo fisico. Cibi nutrienti a ridotto contenuto calorico erano d'obbligo per Véronique se voleva eseguire con successo le famose 32 *fouettés en tournant* nel terzo atto. Sapeva benissimo con che sguardi implacabili l'avrebbero osservata da dietro le quinte, commentando già prima, durante le prove, ogni sua debolezza. Era un'impresa ardua.

Stettero in silenzio godendo del fatto di essere di nuovo insieme. Le parole non erano necessarie e Véronique sapeva che Marie neppure lo voleva il ringraziamento che lei aveva a fior di labbra. Così si limitò a stringerle la mano in silenzio e una volta caricata la lavastoviglie si accomodarono in salotto. «Grazie di cuore per la tua comprensione, per avermi dato la possibilità di arrivare qui con calma». Véronique sorrise a Marie.

«Ma è naturale!».

«No, non lo è. Non conosco nessuno a parte te che sappia sempre esattamente cosa mi serve».

All'improvviso Marie scrollò la testa ridendo. «E se penso quanto sono stata a tratti insopportabile nelle ultime settimane, è un miracolo ancora più grande che tu abbia sempre saputo cosa dovevi fare».

«Non è assolutamente vero!», si indignò Véronique. «Tu hai passato le pene dell'inferno e rispetto a me sei stata docile come un agnellino».

Marie scoppiò a ridere: «Grazie per il complimento, *chérie*. Grazie per aver chiuso un occhio. E dimmi com'è andata con Marakov?».

«Un seduttore per eccellenza, mi sono dovuta controllare molto. Ho pensato continuamente all'avvertimento di Lucius che è un soggetto molto pericoloso. Prova tu a danzare una scena d'amore quando hai questo pensiero in testa…».

Marie sospirò. «Ti ammiro per riuscire a ballare con un tipo il cui capo è stato addestrato dal KGB».

«La mia paura non è tanto che possa spararmi come ha fatto con te la killer a Vienna. È sufficiente che mi faccia cadere durante una figura di sollevamento e per me è finita».

Sconvolta Marie si coprì il viso con una mano. «Non so come hai fatto a resistere tutto il giorno».

«Ho fiducia in quello che mi ha detto Maria Maddalena. Non siamo sole, Marie». Véronique fece un sorriso raggiante.

«Véronique, non so se riusciremo a vedere Lucius a Barcellona, non vuoi chiamarlo e parlargli? Hai quel secondo cellulare, allora usalo». Marie sorrise pensando alle telefonate di Julien che si era fatto vivo appena atterrato a Dresda.

Si ritirò in cucina e Véronique tirò fuori il cellulare. Ma invece di chiamare Lucius si soffermò a osservare, soprappensiero, il panorama dalle grandi vetrate, la Torre Eiffel nella notte, le strade illuminate, la sua amata Parigi.

Véronique non avrebbe saputo dire cosa esattamente le fosse passato per la testa, quando Marie, dopo un quarto d'ora, tornò nella stanza.

«Non ti ho proprio sentita parlare». Marie si azzittì perché Véronique non si era spostata di un millimetro. «Va tutto bene?».

«Non proprio, *chérie*» sospirò Véronique. «Non ce la faccio a chiamare Lucius. Vorrei tanto dirgli che non danzerò ma...», poi tacque imbarazzata.

«Capisco», rispose Marie. Porse all'amica un pezzetto del suo cioccolato preferito. «Vedrai, lui ti ama. Non importa cosa tu faccia o decida».

Solo dopo che la cioccolata fondente si era sciolta nella sua bocca Véronique si fece forza e digitò il numero di Lucius. Sorridendo Marie uscì di nuovo dalla stanza.

«Amore mio, come stai?». La sua voce era così carezzevole che a Véronique cadde un peso dal cuore.

«Sinceramente non sto proprio bene, Lucius».

«Cosa succede? Forse avrei fatto meglio a non dirti quanto sia pericoloso Sasha Marakov?».

«Questo non è il vero problema», fece Véronique tastando il terreno.

«Ti prego, confidami quello che ti opprime».

Véronique prese tutto il suo coraggio e raccontò a Lucius che strana sensazione fosse provare con Sasha Marakov sapendo che a lui basterebbe farla cadere.

«Devi salire con lui sul palcoscenico, lo sai. Ma non preoccuparti». Furono le parole liberatorie di Lucius. Il cuore di Véronique perse un colpo e poi riprese a battere al suo ritmo regolare.

«Sai qualcosa? Che piani hanno?».

«La cosa non è stata architettata solo da Maurice de la Fontaine e noi dobbiamo fare buon viso a cattiva sorte. Non credo che abbiano pianificato qualcosa del genere. Per ora si è sempre parlato che Marakov vi deve incontrare a Barcellona. E questo è possibile solo se ci sei anche tu che sei il collegamento con Marie e Julien. Non temere, lui non ti farà nulla».

«Significa che per il momento non devo avere paura?».

«No, durante la sua permanenza a Parigi Sasha farà di tutto per guadagnare la tua fiducia e avvicinarsi a te il più possibile».

«Oh no!», si lamentò Véronique che si ricordava fin troppo bene di come lui sfruttasse ogni minima occasione per farle delle avance.

«È così terribile?», chiese Lucius comprensivo e leggermente sollevato.

«Sì, non puoi neanche immaginare quanto», sussurrò Véronique con voce quasi impercettibile.

«Posso aiutarti in qualche modo, *ma chére*?», chiese lui con voce altrettanto bassa.

«Sapendo che io sto solo recitando, se per caso dovessi vedermi con Sasha in una situazione equivoca».

«Ma naturalmente. È ovvio».

Véronique sentì l'anima liberarsi da un peso enorme. «Dico bene che tu non assisterai a nessuna delle rappresentazioni?». Volle sapere.

«Questo non lo so ancora, perché Maurice è assolutamente imprevedibile nelle sue decisioni. Devo essere a sua disposizione per non farmi notare. Ma Véronique, promettimi una cosa».

«Cosa?», lo interruppe Véronique col fiato corto.

«Di fare veramente attenzione perché questi russi sono molto meglio allenati di noi sotto tutti gli aspetti».

«Cosa intendi?».

«Sono in grado di infiltrarsi nei nostri pensieri ricorrendo a tecniche energetiche».

«Come, prego?», sconvolta Véronique si mise la mano davanti alla bocca. «Ma è spaventoso!».

«Sì lo è, ma io sono certo che continuando a fare i tuoi esercizi di meditazione con disciplina non perderai la tua chiarezza mentale», cercò di tranquillizzarla Lucius.

«Farò del mio meglio», promise Véronique con cuore pesante.

«Molto bene. Inoltre Xiao Lin ti sosterrà a distanza».

«Grazie a Dio. Questo mi tranquillizza».

Poi d'improvviso calò il silenzio e Véronique ebbe l'impressione che Lucius fosse altrove con i suoi pensieri.

«Tutto bene?», chiese dopo un po'.

«Non lo so», rispose Lucius. «Maurice vuole parlarmi».

«Oh allora è meglio se attacchiamo».

«Giusto. Arrivederci cara».

«Arrivederci amore mio».

«E ricordati sempre che ti amo più di tutto, qualunque cosa accada», poi Lucius interruppe la comunicazione.

«Ti amo anche io», sussurrò Véronique anche se sapeva che Lucius non la stava più ascoltando.

Pensierosa guardò di nuovo la Torre Eiffel illuminata cercando di elaborare le ultime, toste novità.

Marie rientrò nella stanza per vedere come stesse l'amica. Con cautela si sedette accanto a Véronique sul divano bianco sfiorandole la schiena. «Allora come ha reagito Lucius?».

«Meravigliosamente», fece Véronique girandosi verso l'amica con un sorriso. «Nel frattempo mi sto chiedendo perché prima ero così preoccupata. Ma sai cosa… ti racconto tutto in dettaglio mentre cucio le mie scarpette da punta».

Stupita Marie alzò le sopracciglia perché era molto strano che Véronique si fosse portata a casa le scarpette da punta da cucire, c'era infatti una legge non scritta che le scarpette da ballo era bandite nel suo attico.

«Sì, hai capito bene Marie», così rispose Véronique alla domanda inespressa della sua amica. «Con tutto il caos e l'agitazione di oggi non ce l'ho proprio fatta a cucire le scarpette a teatro durante le pause».

«Posso immaginarlo benissimo».

Insieme si alzarono dal divano di pelle e ritornarono in cucina. Mentre Véronique tirava fuori dalla sua borsa le scarpette da punta, un martello, vernice e l'occorrente per cucire, Marie mise su l'acqua per il tè.

Appena iniziato a cucire Véronique cominciò a riferire le ultime notizie da far drizzare i capelli. Quando Marie sentì la storia sull'infiltrazione dei pensieri si sentì raggelare in tutto il corpo. Era certa di essere stata lei stessa manipolata per diffidare di Julien, quando in realtà avrebbe dovuto avere più giudizio.

Pensierosa sorseggiò il suo tè *kusmi Be cool* sapendo che anche lei avrebbe dovuto meditare molto nei giorni seguenti per restare internamente calma qualunque cosa le attendesse qui e soprattutto in Spagna.

JULIEN

DRESDA, 1° OTTOBRE 2013

A Dresda Julien si godette il totale isolamento. Aveva la netta sensazione che al momento non ci fosse nessuno che lo seguiva e si abbandonò alla tranquillità che precede la tempesta che sicuramente li attendeva in Spagna. Anche se amava Marie più di ogni altra cosa, aveva bisogno di questi momenti di solitudine per attingere completamente alla sua forza.

Dopo una lunga serie di esercizi di yoga sentì lentamente svanire i dolori che affliggevano il suo corpo dopo il duro allenamento con Xiao Lin. Grato, assunse la posizione del loto e iniziò a meditare. Cercò di riportarsi in quello stato che aveva sperimentato durante la trasmissione dell'energia di Michele a casa del suo maestro.

Quando si sentì pervadere da quell'energia e da un senso di profonda pace Julien seppe di essere pronto ad affrontare la giornata.

Lentamente si alzò dal tappetino da yoga, andò in bagno e si buttò sotto la doccia. Mentre il forte getto d'acqua tempestava il suo corpo gli fu di colpo chiaro che non si sarebbe più dovuto allenare se voleva essere in forma perfetta per la rappresentazione serale. Anche se si era ripromesso di sfruttare ogni giorno di permanenza a Dresda per riacquisire le sue vecchie capacità, non poteva trascurare il canto che praticato ai massimi livelli, come nel suo caso, era qualcosa di agonistico.

Mentre si asciugava si guardò pensieroso nello specchio chiedendosi seriamente come avrebbero potuto svelare il mistero senza farlo cadere nelle mani sbagliate quando erano seguiti da personaggi come Sasha Marakov. Specie se questi sarebbero stati anche loro a Barcellona come Julien aveva appreso da Marie. Lei e Véronique non avevano alcuna conoscenza delle arti marziali. Solo Lucius sarebbe stato in grado di affrontare professionisti del genere. E lui stesso non era così in forma come il suo amico, anche se era riuscito a vincere nel combattimento che avevano avuto a Parigi. Quindi doveva esserci un'altra via, in fondo la profezia millenaria diceva che Marie e lui l'avrebbero portata a compimento riuscendo a nascondere il tesoro di Gesù Cristo.

A Dresda c'era solo un altro luogo oltre la Semperoper dove trovare delle risposte e così, dopo un'abbondante colazione, si avviò nuovamente verso la sua amata Frauenkirche.

VERONIQUE

PARIGI, 1° OTTOBRE 2013

Col cuore che le batteva Véronique era in attesa di fare la sua prima entrata sul palcoscenico dell'Opéra Garnier per la prova generale. Anche se il suo sguardo era ovviamente rivolto a quanto accadeva in scena, in realtà non registrava nulla di ciò che avveniva. Con tutta la sua buona volontà non riusciva a immaginarsi di poter formare una coppia affiatata con Sasha Marakov, alias Principe Sigfrido. Mai prima si era fidata così poco di un partner. Ma in quanto Odette, principessa dei cigni, doveva riuscire a rappresentare una fiducia incondizionata.

A forza di rimuginare Véronique si stava quasi dimenticando di togliersi per tempo gli indumenti che la riscaldavano al fine di comparire sul palcoscenico come un grazioso cigno. Nonostante il suo impegno si accorse che i suoi movimenti erano tecnicamente perfetti ma senza nessuno sentimento. Le pareva di essere una marionetta che eseguiva la coreografia con passi legnosi. Era semplicemente orrendo!

Anche Sasha sembrò accorgersene perché il suo iniziale sorriso raggiante si congelò letteralmente quando eseguirono il famoso *Adagio del cigno bianco*. E in un momento in cui non erano osservati le sussurrò: «Dio mio, ma cosa ti succede?».

In risposta Véronique gli lanciò uno sguardo infuocato come a volergli dire: «Lo sai benissimo».

Leggermente irritato, al sollevamento successivo Sasha stava quasi commettendo un errore, cosa di cui Véronique si accorse istintivamente. Si dovette controllare per non reagire tremando in tutto il corpo perché non c'era niente di peggio della paura che un partner disattento potesse farti cadere. Si sforzò di ricordarsi ciò che le aveva detto Lucius: questo non sarebbe in nessun caso accaduto, perché Marakov aveva ancora bisogno di loro. Così riuscì ad avere il controllo del suo corpo.

Comunque fu veramente felice quando dopo il lungo *pas de deux* potè uscire dal palcoscenico e avere un attimo di tempo per tranquillizzarsi prima che toccasse di nuovo a lei dopo le diverse variazioni degli altri cigni. Velocemente rivolse una preghiera alla Vergine Maria. Non appena tornata in scena per eseguire la sua variazione si sentì come pervasa da una nuova energia che rendeva i suoi movimenti molto più aggraziati. Fece comunque molta fatica a rappresentare quell'amore che doveva provare per Sigfrido. Mai prima di allora fu così contenta del calare del sipario al termine del secondo atto.

Tuttavia non appena indossato il tutù nero sembrò come trasformata. Non solo era entrata nel ruolo di Odile, lo era diventata. E aveva in mente una sola cosa, era letteralmente ossessionata dal desiderio di distruggere il Principe Sigfrido, o meglio Sasha, con la seduzione per allontanarlo dal suo vero amore, Odette, inducendolo a rompere il suo giuramento di fedeltà.

Non vedeva l'ora di entrare in scena durante il ballo quando il Principe Sigfrido sceglie la sua futura sposa.

Quando apparve da dietro all'enorme mantello svolazzante del barone Rotbart, danzando verso il Principe Sigfrido e sua madre, Sasha non riuscì a credere a suoi occhi. Véronique che sino a quel momento gli era sempre apparsa come una creatura angelica si era trasformata in una figura talmente seducente da provocare in lui un'imbarazzante reazione fisica al primo sguardo. Dovette ricorrere a tutta la sua disciplina mentale per riuscire a concentrarsi sul suo ruolo. Una breve pausa tra i *divertissement* gli consentì di darsi di nuovo un contegno. Ed era convinto che gli sarebbe stato tutt'altro che difficile rappresentare, nel *pas de deux* con il cigno nero, come cedeva al pericoloso fascino di Odile e soprattutto a quello della ballerina che c'era dietro.

Véronique non era mai stata così convincente nel ruolo di Odile.

Quasi in trance, scese dal palcoscenico dopo aver eseguito le trentadue famosissime e allucinanti *fouettés en tournant* e a seguire il giuramento d'amore e fedeltà del Principe Sigfrido e tornò lentamente alla realtà solo nel corridoio laterale sotto lo sguardo stupito delle altre ballerine. Persino alla sua più acerrima concorrente Svetlana Sergeeva, tecnicamente perfetta, sfuggì un commento: «Non sei mai stata così brava!».

Véronique riusciva solo ad annuire amichevolmente perché temeva che la sua voce la potesse tradire.

Non appena calato definitivamente il sipario, dopo il quarto atto, il direttore del balletto Marcel Chagrin salì sul palcoscenico e pieno di stupore si rivolse alla sua prima ballerina: «Ho sempre avuto l'impressione che il cigno bianco ti corrispondesse di più, Véronique. Ma oggi mi hai convinto del contrario. La tua Odile era di una forza e una perfezione mozzafiato oltre che un capolavoro d'arte seduttiva. Non ho mai visto su questo palco delle *fouettés* più belle».

«Non posso che concordare» si inserì, non richiesto, Sasha. «Persino a Mosca sono davvero poche le ballerine capaci di rappresentare e ballare Odile in modo così convincente», e prima di quanto potesse accorgersene Véronique si ritrovò stretta tra le braccia di Sasha.

Per fortuna *monsieur* Chagrin tossicchiò per farsi nuovamente notare così che Véronique riuscì velocemente a svincolarsi dall'abbraccio del nemico, senza dare l'impressione di volerlo respingere.

«Ma ancora una cosa».

«Sì?», fece Véronique alzando le sopracciglia perfettamente delineate in uno sguardo interrogativo.

«Spero tanto che la tua Odette dimostri altrettanta forza e vivacità. Oggi purtroppo non è stato così. Neppure per un attimo ho creduto che fosse perdutamente innamorata del principe Sigfrido. E anche i tuoi movimenti erano più simili a quelli di una marionetta, che non a un grazioso cigno».

Con un senso di vergogna Véronique chinò il capo consapevole che Chagrin diceva il vero, ma non ce l'aveva proprio fatta a entrare nei panni di Odette sapendo chi era in realtà Sashha.

«Farò del mio meglio. Te lo prometto, Marcel», sussurrò Véronique anche se non aveva idea se ce l'avrebbe fatta.

«Questo lo so, mia cara. Ma ora vai a casa a riposarti per essere in forma per la rappresentazione del secolo di domani» e dandole due bacetti sulle guance si accomiatò.

Sasha invece vide vicina la sua occasione e confidenzialmente le mise un braccio attorno alle spalle. «Cosa ne dici se ci rilassassimo insieme? Ho una suite fenomenale al Ritz con un letto enorme».

Ricorrendo a tutte le sue arti da attrice contraccambiò lo sguardo dicendo: «Sasha sei veramente gentile, ma ho voglia solo di andare a casa e dormire», e con un vistoso battito di ciglia aggiunse: «Lo capisci vero?».

JULIEN

DRESDA, 1° OTTOBRE 2013

Julien venne accolto nella Frauenkirche da una solenne musica d'organo. Percorse la navata e si sedette in uno dei suoi posti preferiti proprio sotto la cupola, il rifulgente occhio di Dio, questa era l'impressione che sempre gli dava la pupilla nera contornata da fili dorati e immersa nel blu luminoso.

Ascoltò in raccoglimento le prime note del corale di Bach: «Gesù rimane la mia gioia», perché lo vedeva come un segno che si trovava nel posto giusto al momento giusto.

Infine congiunse le mani davanti al petto, chiuse gli occhi e si rivolse in preghiera a Dio:

> *Caro Dio, rendimi un tuo strumento in questa sacra missione, che cercherò di compiere in tutta umiltà. Ti prego fai che possiamo comprendere quale sia il tuo piano per noi in Spagna, dove già ci attende un potente nemico. Io mi rimetto completamente nelle tue mani sapendo che guiderai me e gli altri in modo meraviglioso. Con profonda gratitudine, Amen.*

Julien aveva a malapena terminato la preghiera quando venne catapultato fuori dal suo corpo per ritrovarsi a volteggiare sopra a un sarcofago di pietra all'interno di una grotta rocciosa.

Anche se si trovava in uno stato di consapevolezza superiore sapeva di non aver mai visto in vita sua quel luogo. Riuscì anche a scorgere due sculture, una di un angelo e l'altra probabilmente di Maria Maddalena che sembrava inginocchiarsi davanti a una bara di pietra. "Questo posto ha a che fare con la soluzione del nostro mistero?", si stava chiedendo Julien quando di colpo, chiara e forte udì una voce maschile:

Figlio mio, tutto ti si svelerà a tempo debito. Abbi fede.

Spaventato, Julien si guardò attorno. Aveva forse espresso a voce alta i suoi pensieri?

Un istante dopo si accorse di essere rientrato nel suo corpo e di essere seduto in uno dei banchi della Frauenkirche.

La voce non era né quella di suo padre defunto né di un altro conoscente. Quindi suppose che dovesse essere di un'entità superiore.

Poteva essere stata addirittura la voce di Dio?

Ma perché Dio avrebbe dovuto parlare proprio con lui? Poco dopo udì nuovamente quella chiara voce maschile:

Tu sei mio figlio, come lo è anche Gesù Cristo. Non farti più piccolo di quello che sei.

Queste parole penetrarono nelle ossa di Julien e gli fecero accapponare la pelle in tutto il corpo.

Nel frattempo si era quasi persuaso a credere che Dio Padre in persona gli avesse parlato.

Intuitivamente alzò lo sguardo verso l'occhio di Dio e gli sembrò quasi che ammiccasse. Naturalmente Julien sapeva che poteva anche essere un'illusione ottica provocata dalla luce del sole, ma comunque lo intese come un segno e, dopo un'ultima breve preghiera rivolta al cielo, si alzò felice dal banco della chiesa.

LUCIUS

PARIGI, 2 OTTOBRE 2013

I pensieri di Lucius continuavano a girare attorno a Véronique che doveva vedersela con quel Sasha Marakov, mentre lui si doveva concentrare sul fare buon viso a cattiva sorte perché Maurice, nel frattempo, organizzava praticamente ogni giorno delle riunioni legate all'Operazione Barcellona. Nel frattempo a Parigi si era fatto vivo anche Alexander, l'uomo di Solokov, quello che aveva sulla coscienza il maggior numero di morti di alto rango.

Sino a poco tempo prima Lucius avrebbe persino apprezzato la compagnia di quella persona così priva di scrupoli, ora invece l'energia di quel gelido killer gli faceva letteralmente gelare il sangue pensando a Véronique, Marie e Julien. Per sua fortuna poteva, persino doveva, su ordine del suo capo, trascorrere ogni minuto libero da Xiao Lin, altrimenti i suoi nervi non avrebbero retto.

Il suo maestro lo fece lavorare più duramente del solito così che nelle lunghe ore di allenamento non gli restava neppure un minuto libero per indugiare nei suoi pensieri.

Quando alla sera si buttava sul letto era talmente esausto che gli si chiudevano gli occhi all'istante prima ancora di poter spegnere la luce sul comodino e al mattino si alzava a pezzi come se avesse passato la notte a lottare per la vita. Lucius sapeva solo una cosa: il suo spirito doveva diventare talmente forte da renderlo impassibile. Insieme a Xiao Lin ci lavorò su con disciplina ferrea. Senza lamentarsi continuava a ripetere un esercizio dopo l'altro, sul piano sia fisico che mentale, sino a che questi non gli si impressero nella carne e nel sangue.

E a mezzogiorno del 2 ottobre, per la prima volta nella sua vita, ebbe la sensazione che le sue emozioni non potessero più controllarlo, perché il suo spirito era ora più forte del suo Ego.

Profondamente grato si inchinò di fronte al suo maestro, certo che sarebbe stato in grado di vedere Véronique tra le braccia di Sasha Marakov senza che questo lo toccasse più di tanto. Maurice de la Fontaine aveva infatti deciso che doveva essere lui a vedere danzare la star del Bolshoi. In fondo si trattava dello spettacolo del secolo.

VÉRONIQUE

PARIGI, 2 OTTOBRE 2013

Appena tornata dal suo training mattutino Marie fece di tutto per viziare Véronique.

Quando poi, dopo un'appetitosa insalata per colazione, Véronique si spostò sul divano in salotto con il suo amato tè verde alla menta, Marie fece intanto scendere l'acqua nella vasca e decorò il bagno con le candele. Si augurava che il bagno e il profumo dell'olio essenziale di lavanda potessero rilassarla un poco perché sentiva che Véronique dentro di sé era tutt'altro che tranquilla. «Grazie per tutte queste attenzioni. Sei veramente un tesoro, Marie».

«Ma è naturale, *chérie*. Vuoi restare da sola?».

«Sì ti prego», disse con uno sguardo come per scusarsi.

«Allora goditi il bagno», disse Marie mentre usciva. Véronique scivolò nella vasca immergendo anche la testa. Avrebbe preferito sprofondare sottoterra piuttosto che salire sul palcoscenico quella sera, ma sapeva di non poter fare altrimenti, le sfide che la vita ti presenta vanno affrontate, altrimenti prima o poi ti si ripresentano.

Pensierosa tirò fuori la testa dall'acqua e si mise a osservare la luce di una candela che Marie aveva disposto sul bordo della vasca. Era come se quella luce la attirasse a sé, così che all'improvviso si scordò di tutto ciò che la circondava e si ritrovò in un mondo dei sogni.

Vide se stessa, accanto a un lago avvolto in una fitta nebbia, come una giovane amazzone ferma a riposarsi dagli strapazzi degli ultimi combattimenti, quando la sua attenzione venne catturata da uno dei cigni sull'acqua. Si avvicinò per vederlo meglio. All'improvviso però il cigno nuotò velocemente a riva liberandosi del suo piumaggio, dal quale apparve un meraviglioso giovane identico a Lucius.

Nel momento in cui il giovane la guardò negli occhi, per l'inavvicinabile guerriera non ci fu più scampo. Nel profondo del cuore sapeva che quel giovane era il suo destino e dopo un bacio appassionato gli giurò amore eterno e fedeltà. Il cigno però scomparve nuovamente nell'acqua.

Stupita la giovane donna si guardò intorno, poi si sentì attratta in una specie di mulinello che la fece volteggiare nella nebbia e atterrare in una grande sala addobbata a festa. Non riusciva davvero a spiegarsi cosa fosse successo.

Poi, di colpo, in mezzo ai cortigiani riapparve il giovane, vestito in abiti preziosi, e chiedeva formalmente la sua mano.

Senza quasi accorgersene si ritrovò a ballare e senza pensarci un attimo gli promise di sposarlo. Nello stesso istante si udì un fragoroso tuono e una spaventosa risata da far gelare il sangue e l'amazzone si accorse di essersi promessa all'uomo sbagliato. Dietro ai preziosi abiti emerse infatti un uomo che non era Lucius bensì Sasha, che con forza l'attirò a sé per volare via insieme a lei alla velocità della luce senza che nessuno potesse evitarlo.

Dallo spavento Véronique cacciò un urlo che fece accorrere Marie in bagno. «È tutto a posto, Véronique?».

Véronique era seduta immobile nella vasca da bagno, lo sguardo ancora fisso sulla candela anche se a Marie sembrava che guardasse nel nulla.

Delicatamente si avvicinò all'amica e le sussurrò all'orecchio sino a quando ebbe l'impressione che lei stesse a sentire.

Lentamente Véronique si girò verso l'amica e con voce rotta le raccontò della visione.

«In senso figurato significa forse che Sasha riuscirà a strapparmi a Lucius?», chiese tremando in tutto il corpo.

«No, non credo mia cara», fece Marie cercando di tranquillizzare la sua amica. «Comincia a uscire dalla vasca. Dopo vediamo».

Porse a Véronique un grande asciugamano nel quale lei quasi affondò. Mentre la sfregava delicatamente per farla asciugare a Marie venne un'idea brillante. «Sai cosa? Adesso ti massaggio i piedi con l'olio di nardo, come a suo tempo fece Maria Maddalena con Gesù Cristo, perché sei stata proprio tu a dirmi che non fu solo un gesto per mostrargli profondo rispetto ma anche per prepararlo energeticamente allo shock che avrebbe subito con la Crocifissione. Di conseguenza questo olio deve avere anche la capacità di dissolvere uno shock».

Con gli occhi sgranati Véronique guardò Marie sapendo che quella era la soluzione.

Grata si fece accompagnare in camera, si stese sul letto e attese Marie sino a quando tornò con il prezioso olio essenziale.

Molto dolcemente Véronique prese dapprima il piede sinistro dell'amica e iniziò a ungerlo con il prezioso unguento. Si accorse velocemente che lei iniziava a rilassarsi e quando ebbe finito con il piede destro Véronique si era già addormentata profondamente.

In punta di piedi Marie uscì dalla stanza per non correre il rischio di svegliarla.

Anche se agli occhi di Véronique si era mostrata tranquilla, in realtà dentro di sé Marie era piuttosto agitata: dopo la morte di suo padre aveva una grande paura di tornare in teatro a Parigi, benché si trattasse di un balletto e non di un'opera, in particolare anche perché né Julien né Véronique potevano accompagnarla. In condizioni normali avrebbe aspettato il ritorno di Julien per assistere alla seconda rappresentazione de *Il Lago dei Cigni* ma, vista la precaria situazione con Sasha, Marie non se la sentiva di abbandonare la sua amica, anche se non sapeva se Maurice de la Fontaine avesse pianificato qualche altra aggressione ai suoi danni. Lucius aveva sì detto che a Parigi non sarebbe più accaduto nulla, ma chissà se *monsieur* de la Fontaine diceva a Lucius proprio tutto.

Immersa nei suoi pensieri Marie restò a lungo coricata sul divano dimenticandosi di svegliare Véronique come le aveva promesso. Per fortuna la sveglia interiore di Véronique funzionò alla perfezione e lei si risvegliò per tempo.

Appena sveglia Véronique sgusciò fuori dalla coperta e si inginocchiò davanti al suo piccolo altare ai piedi del letto. Con grande fervore pregò la Madonna di starle accanto durante la rappresentazione, così da riuscire, nonostante tutte le resistenze contro Sasha, a interpretare una Odette convincente e coinvolgente.

Poi udì una voce amorevole:

Amata figlia, non ti preoccupare. Danzerai in modo meraviglioso. Questo te lo prometto.

"Grazie con tutto il cuore", rispose Véronique sollevata: "Ma ho ancora un peso sul cuore. Sasha mi porterà via da Lucius?".

Il rapporto si chiarirà in modo miracoloso. Abbi fiducia e fai tutto il possibile per essere centrata e padrona della tua forza.

Visibilmente consolata Véronique si alzò e si vestì prima di affrettarsi a raggiungere il teatro perché voleva avere tempo a sufficienza per i suoi rituali di preparazione che prevedevano oltre al riscaldamento anche esercizi di respirazione e la consumazione di almeno una barretta energetica.

MARIE

PARIGI, 2 OTTOBRE 2013

Una volta uscita Véronique, Marie si diresse verso casa perché non aveva con sé nulla di adatto da indossare per andare all'Opera. Già nel taxi ebbe l'impressione di essere seguita, ma in quel momento non poteva rivolgersi ai suoi amici, doveva cavarsela da sola.

Nonostante i tacchi alti salì i gradini che portavano alla sua mansarda come se il diavolo in persona la stesse inseguendo, chiuse la porta dietro di sé e appoggiandovi poi la schiena si lasciò scivolare sino a terra. Dal panico il suo cuore sembrava facesse delle capriole. Marie non sapeva cosa fare, quindi iniziò a pregare:

> *Caro Dio, ti prego aiutami con la mia paura. Mi sento completamente indifesa e persa. In questo momento non ho nessuno che mi possa aiutare. Quindi prego Te e i Tuoi angeli. Aiutatemi. Vi prego!*

Pronunciò l'ultima parola della sua preghiera con un tono straziante che non avrebbe lasciato indifferente neppure la persona più distaccata.

Nello stesso istante Marie rialzò la testa e sul davanzale della cucina scorse di nuovo la colomba bianca; Dio le aveva risposto con un segno.

Dopo essersi calmata un po', si alzò lentamente da terra e andò in cucina a prepararsi il suo immancabile tè prima di scegliere la mise per la serata.

VÉRONIQUE

PARIGI, 2 OTTOBRE 2013

Nel frattempo, finito il trucco e indossato il caldo abbigliamento per le prove, Véronique era seduta nel suo camerino insieme ad altre due *étoiles*. Stava tirando fuori dalla borsa il cellulare non intercettabile che le aveva dato Lucius per vedere se per caso le avesse mandato un in bocca al lupo prima della rappresentazione, quando bussarono. Prima che potesse rispondere, Sasha era già sulla porta. Con presenza di spirito fece di nuovo scivolare il cellulare nella borsetta mentre Sasha, senza chiedere e con la solita sfacciataggine e voluttuosa eleganza, si era seduto sulla toilette per il trucco di Véronique sfiorando così le sue gambe.

«Tutto bene, colombella mia?», iniziò a flirtare Sasha.

Véronique avrebbe voluto alzarsi di scatto dalla sedia, ma sapeva di dover fare buon viso a cattiva sorte se non voleva tradirsi.

«Sì, tutto bene Sashenka», rispose con tono affettato.

Felice, il ballerino russo notò che Véronique lo aveva persino chiamato con il suo nomignolo noto a tutti a Mosca.

«Allora, mia principessa facciamo vedere al pubblico e a tutto il mondo del balletto come deve veramente essere ballato *Il Lago dei Cigni*». E prima che se ne potesse accorgere Sasha le aveva già stampato un secondo, indesiderato, bacio sulla bocca.

Poi saltò su dalla toilette da trucco e con una piroetta quadrupla uscì dal camerino. Véronique lo guardò uscire scuotendo la testa e passandosi sulle labbra una salviettina per rimuovere le tracce dell'indesiderato contatto.

Sasha invece se la rideva sotto i baffi, era sicuro che ancor prima di andare a Barcellona avrebbe trascorso una notte infuocata con l'affascinante ballerina. Il fatto che tra i colleghi avesse fama di essere inavvicinabile lo spronava ancora di più aumentando la sua sete di conquista. Sino a quel momento non era mai stato respinto da una donna che voleva fare sua. Per quale motivo allora Véronique Valois doveva essere un'eccezione?

Quando fu sicura che Sasha non sarebbe tornato, Véronique tirò di nuovo fuori il cellulare sperando di trovare un segno di vita da parte di Lucius prima di salire sul palcoscenico. In effetti il messaggio c'era: "Mio angelo, tra poco sarò all'Opéra Garnier e sono strafelice di vederti finalmente ballare.

Sono con te in ogni istante. Ti abbraccio forte".

Leggendo le ultime lettere Véronique sentì un brivido caldo al cuore e spontaneamente premette il telefono contro il petto.

Sì, Lucius era con lei e lei si sarebbe semplicemente immaginata che lui fosse il Principe Sigfrido mentre interpretava il ruolo del cigno bianco Odette. Trasformata nel ruolo di Odile avrebbe però abbandonato quell'immagine lasciando il suo reale partner dimenarsi all'amo. Finalmente aveva trovato la soluzione per la serata.

Era talmente sollevata che quasi quasi le sfuggiva un secondo messaggio inviato da Lucius: "Tra l'altro io e Maurice saremo seduti proprio nel primo palco di fronte al palcoscenico, così almeno sai dove sarò seduto... Ti amo. Ps: so che ballerai meravigliosamente!".

Véronique avrebbe volentieri chiamato subito Lucius al telefono per ringraziarlo, ma era ora di iniziare il riscaldamento nel *foyer de la danse* prima di indossare il suo tutù bianco. Quindi si limitò a mandargli un ringraziamento e un bacio via SMS.

MARIE

PARIGI, 2 OTTOBRE 2013

Arrivata al Palais Garnier, dopo aver lasciato giù il cappotto, mentre stava salendo su per la grande scalinata a Marie sembrò di intravedere, dietro a una delle colonne, il volto dell'uomo che all'epoca a Salisburgo aveva visto uscire di gran fretta dal camerino di suo padre poco prima che lei ne ritrovasse il corpo.

Tremando come una foglia si fermò per tenersi alla balaustra di marmo. Tutto attorno a lei sembrava girare, così non fu in grado di capire se per caso la vista l'avesse ingannata.

Dopo questo shock avrebbe preferito ridiscendere la scalinata, infilarsi nel primo taxi e tornare a casa di corsa. Ma una cosa del genere a Véronique non poteva proprio farla. Così, per tranquillizzarsi interiormente ed esteriormente, Marie cercò di inspirare ed espirare profondamente come le aveva insegnato l'amica.

Poi di colpò sentì una mano toccarle la spalla, e sarebbe stata pronta a strillare se non avesse sentito contemporaneamente una voce familiare: «Tutto bene Marie?».

Si girò e con gratitudine mise le braccia al collo di Richard, il fratello di Véronique: «Potrebbe andare meglio», sospirò Marie, «ma cosa ci fai qui? Lo sa Véronique che ci sei?».

«No, non ne ha la più pallida idea. Lei pensa che io vi raggiunga solo all'aeroporto di Barcellona», rispose Richard con un sorriso birichino. «Ma non potevo mancare a questo spettacolo del secolo. In fondo la mia sorellina balla con la sua passione da ragazzina».

Sorpresa Marie guardò Richard.

«Non sai chi si nasconde veramente dietro a Sasha Marakov?».

«Naturalmente. Da quando è stata rapita, Véronique mi tiene al corrente di tutto, altrimenti mi preoccuperei ancora di più».

«Capisco».

Nello stesso momento si sentì un campanello che avvisava Marie e Richard di andare ai loro posti per tempo. Così Marie non riuscì a raccontargli dell'esperienza scioccante che aveva appena fatto.

«Dove sei seduto tu?».

«Nella seconda fila di palchi centrali e tu».

«Io anche. È perfetto!», esclamò Richard felice prendendo Marie per mano e dirigendosi insieme a lei verso i palchi.

Fecero appena a tempo a sedersi nei loro posti che erano uno dietro all'altro. Poco prima che si aprisse il sipario Marie rivolse ancora una preghiera di ringraziamento al cielo perché Dio a quanto pare l'aveva ascoltata: essendo Richard seduto alle sue spalle non si sentiva più né sola né indifesa. Contemporaneamente si accorse che Richard le stava gentilmente sfiorando la spalla destra e lei ebbe la certezza che tutto sarebbe andato bene anche per Véronique.

LUCIUS

PARIGI, 2 OTTOBRE 2013

Lucius era seduto insieme a Maurice de la Fontaine e all'altro russo di nome Alexander Černakov nella prima fila di palchi. Direttamente sotto di loro riusciva a scorgere Marie. Quando Lucius, dopo una banale schermaglia con il suo vicino di posto Alexander, alzò lo sguardo verso la splendida decorazione della cupola, opera di Marc Chagall, si accorse all'improvviso di essere molto nervoso. Da cosa poteva dipendere? C'era per caso qualche pericolo incombente? Oppure sentiva sul suo corpo la febbre della ribalta di Véronique?

Prima di poterci riflettere ancora, dalla fossa dell'orchestra risuonarono le prime note e Lucius venne rapito dalla musica di Čajkovskij.

Ed ecco che già entrava sul palcoscenico il Principe Sigfrido, alias Sasha Marakov, inizialmente solo vagando trasognato. Quando salutò gli ospiti, convenuti per il suo ventunesimo compleanno, Lucius dovette ammettere che il carisma del ballerino russo sovrastava quanto avesse mai visto sino a quel momento in altri ballerini di sesso maschile. Da un lato si muoveva con una grazia ed eleganza quasi eteriche, che difficilmente si sarebbero immaginate con un fisico così possente, e dall'altro emanava qualcosa di poetico, quasi mistico che Lucius non aveva mai visto prima, dato che lo conosceva solo come un agente spietato. Ancora una volta doveva dare ragione al suo maestro: solo raramente le cose erano come sembravano.

Incantato continuò a seguire ogni singolo movimento di Sasha perché non era solo un ballerino fenomenale ma anche un eccellente attore.

VÉRONIQUE

PARIGI, 2 OTTOBRE 2013

Anche Véronique, che aveva seguito il tutto a lato del palcoscenico, dovette ammettere che non aveva mai visto prima un Principe Sigfrido più convincente; Sasha si muoveva con una forte magia, che le era sfuggita durante le prove e che ora quasi toglieva il fiato al pubblico in sala e a chi era dietro alle quinte. Contrariamente a ogni supposizione, ora non vedeva l'ora di ballare anche lei con Sasha e nessun altro.

Véronique sapeva che considerata la situazione era veramente una pazzia, ma era troppo una ballerina per lasciarsi sfuggire un'occasione unica come quella. Tutto il suo corpo anelava danzare con quell'uomo che nelle prove l'aveva condotta e sollevata come nessun altro partner e che in questo momento emanava un fascino e una sensazione di innocenza a cui nessuno poteva sottrarsi.

Quando dopo la sua variazione tornò brevemente dietro le quinte, non poté fare a meno di congratularsi di cuore con lui.

Stupito Sasha inarcò le perfette sopracciglia come se non si fosse minimamente aspettato quella reazione.

«Sentire da te queste parole significa veramente molto per me» e, passandole accanto velocemente, le diede un bacio sulla fronte prima di tornare in scena per la *Danse du Prince*, il grande assolo della coreografia di Nureyev.

Per la prima volta da quando aveva incontrato Sasha a Parigi il suo bacio le sembrò sincero. Poteva essere vero? Oppure era solo uno straordinario attore.

Probabilmente non avrebbe mai avuto una risposta ma dentro di sé si augurava che le sue parole fossero sincere perché, anche se nel frattempo conosceva il suo lato oscuro, come ballerino lui restava uno dei suoi grandi idoli.

Véronique si sarebbe dovuta preparare interiormente alla sua prima entrata in scena ma non riusciva a distogliere lo sguardo da Sasha. Non aveva mai visto danzare in quel modo. I movimenti di Sasha andavano ben al di là dell'esecuzione dei passi. Era come se gli strati della sua aura, che brillavano chiari, stessero ballando con lui.

Poteva veramente essere che mentre ballava si svelasse la sua vera anima?

Poi però venne distolta dai suoi pensieri, perché il mago Rotbart, che aveva trasformato Odette e le sue fanciulle in cigni che potevano riprendere le loro sembianze umane solo di notte, si stava già dirigendo verso lo sfondo con le sponde del mistico lago e Véronique si tolse gli indumenti caldi che usava nelle prove. Poco dopo con passi aggraziati entrò anche lei in scena. Si trasformò all'istante in Odette, la regina dei cigni, dimenticandosi completamente di trovarsi in scena.

All'improvviso ebbe paura che lo sconosciuto balestriere potesse ucciderla con grande facilità. Ma quando percepì la delicatezza con la quale il Principe Sigfrido la stava irretendo s'infiammò d'amore per lui al primo tenero contatto. Tra un passo di danza e l'altro cercava di comunicargli con tutto il sentimento possibile che solo l'uomo che donava il suo cuore unicamente a lei, che le giurava amore e fedeltà eterne, avrebbe potuto liberarla dalla sua veste da cigno. Sigfrido comprendeva, ma ecco che già compariva Rotbart che a nessun costo voleva perderla a favore di un uomo. I due amanti fuggivano in direzioni opposte, prima ancora che Rotbart potesse richiamare gli altri cigni.

Il Principe Sigfrido tornava quindi al lago incantato, incontrava uno stormo di cigni femmina ma non riusciva a trovare Odette da nessuna parte. Alla spasmodica ricerca e pieno di nostalgia, osservava ogni cigno nella speranza che la sua principessa potesse celarsi in uno di quei volti illuminati dalla luna.

Solo quando era lì lì per abbandonare ogni speranza ecco ricomparire lei che lo pregava di non fare del male ai suoi simili. Naturalmente Sigfrido chiariva subito di non essere lì in veste di cacciatore sfilandosi la balestra.

Appena dopo risuonarono le famose note con l'arpa che introducevano l'indimenticabile *Adagio del Cigno Bianco* con la coreografia di Lev Ivanov, il cui effetto poetico resta a tutt'oggi ineguagliato.

Dal primo momento in cui Odette sfiorò il braccio del principe Sigfrido, i due sembrarono essere uniti da un legame molto particolare come se respirassero all'unisono. La grazia e la perfetta sincronia dei loro movimenti era talmente unica da commuovere anche il più indifferente tra i presenti in sala. Così da far scendere più di una lacrima sul volto di molti spettatori mentre Odette e Sigfrido davano espressione al loro ardente sentimento d'amore.

LUCIUS

PARIGI, 2 OTTOBRE 2013

Lucius aveva il cuore in gola vedendo i due danzare tutti avvinghiati. Tutto sembrava incredibilmente vero. Poteva essere che Véronique e Sasha recitassero così bene? Oppure provavano qualcosa uno per l'altra?

Era evidente che i cuori dei due ballerini al momento battevano all'unisono perché una simbiosi del genere era davvero rara da vedersi su un palcoscenico. Maurice de la Fontaine aveva ragione, quella era veramente la rappresentazione del secolo.

Lucius non sapeva cosa pensare. Da un lato era incredibilmente orgoglioso di Véronique che aveva ampiamente superato le sue aspettative, e dall'altro sentiva una fitta al petto e dovette ammettere che non era poi così facile vedere Sasha e la sua amata così vicini sul palcoscenico. Poteva solo sperare che non fossero sentimenti veri. Anche se riteneva Véronique estremamente fedele, non era così cieco da credere che non ci si potesse innamorare di un'altra persona, specie quando insieme a essa si può fare ciò che si ama di più.

Lucius dovette davvero controllarsi per impedire ai suoi pensieri di prendere una direzione malsana e sbagliata. Per fortuna Xiao Lin gli aveva insegnato come indirizzare altrove i pensieri e, ancor prima che se ne accorgesse, Véronique, alias Odette, era di nuovo in scena per la danza della regina dei cigni. Le magiche movenze di Véronique come Odette erano di una bellezza ultraterrena che incantò completamente Lucius.

SASHA

PARIGI, 2 OTTOBRE 2013

Anche Sasha, che aveva osservato ogni singolo passo di Véronique dal corridoio laterale, dovette ammettere con se stesso che i movimenti da cigno delle braccia di Véronique, nella loro grazia quasi trascendente, gli ricordavano quelli della grande Maja Plissezkaja. L'aspetto di Véronique però era molto più angelico di quello della famosa prima ballerina assoluta. Un cigno perfetto. Questa donna poteva davvero diventare pericolosa per lui. Ma ora doveva tornare di nuovo in scena e giurare amore e fedeltà eterna a Odette mentre danzava.

Mai prima la scena gli era sembrata così reale. Sconvolto vide sparire, su ordine del mago, la sua amata regina dci cigni, restando col cuore a pezzi sulle sponde del lago.

Tornò lentamente alla realtà solo grazie alle grida di bravo del pubblico. Rapidamente uscì di scena perché voleva assolutamente dire subito a Véronique quanto fosse stato bello danzare con lei. Quando la trovò nel corridoio laterale si limitò ad abbracciarla in silenzio perché per la prima volta da quando era bambino gli mancavano le parole.

MAURICE DE LA FONTAINE

PARIGI, 2 OTTOBRE 2013

Maurice de la Fontaine invece se la rideva sotto i baffi perché era convinto che Sasha fosse semplicemente un attore eccezionale che con la sua straordinaria interpretazione aveva adescato in modo geniale Véronique per poi farla cadere nella sua rete.

"Che gran colpo che ho messo a segno", pensava tra sé e sé dimenticandosi che l'idea di mandare Sasha a Parigi era stata di Grigori Solokov. Dato che gli sembrava di dare troppo nell'occhio facendosi vedere in compagnia di Lucius e Alexander, preferì scendere nel grande *foyer* per fermarsi a conversare con altri notabili dell'Opera.

Stupito notò che Marie Chevalier non era venuta da sola. Chi poteva essere quel bel giovanotto al suo fianco che ricordava D'Artagnan?

Per fortuna, in fondo alla sala, scorse Lucius, l'avrebbe incaricato di scoprire chi fosse quel nuovo uomo nella vita di Marie. Forse, in fondo, un'avventura non le dispiaceva?

Gli rodeva ancora molto di non essere riuscito a portarsi a letto né Marie Chevalier né Véronique Valois. Ora ci avrebbe pensato finalmente Sasha ad arrivare dove lui e Lucius avevano fallito. *Monsieur* de la Fontaine non dubitava neppure un secondo del fatto che Sasha sarebbe andato a letto con Véronique ancora prima di Barcellona, perché il carisma e il fascino che quell'uomo esercitava sulle donne era ancora più pericoloso di quello di Lucius. Perché al contrario di Lucius, Sasha non era solo bellissimo, ma anche una star. E per una celebrità, le donne mollano anche l'uomo più piacente. È risaputo da tutti.

MARIE

PARIGI, 2 OTTOBRE 2013

Marie aveva intravisto Lucius nel grande *foyer* in mezzo a tutta l'altra gente, ma fece come se avesse occhi solo per Richard. Sapeva benissimo che Maurice de la Fontaine la stava osservando e che la faceva pedinare. Quindi non doveva assolutamente tradirsi facendosi vedere troppo in confidenza con Lucius. Niente doveva turbare la serata perché secondo lei la sua amica aveva superato se stessa. Non aveva mai danzato in modo così divino. Anche Richard sprizzava entusiasmo per la straordinaria performance della sorella maggiore. «Non credi che Sasha sia il partner migliore con cui abbia ballato?», chiese a Marie.

«Oh sì!», esclamò lei. «Non ho veramente mai visto un ballerino migliore. Posso veramente capire che fosse la passione di Véronique da ragazzina», e con un sorrisino compiaciuto aggiunse: «Probabilmente quell'uomo fa battere più velocemente i cuori a molte donne e anche a qualche uomo». Involontariamente e a malincuore si chiese anche se per caso non facesse battere più forte persino il cuore di Véronique. L'*Adagio del Cigno Bianco* e le scene d'amore erano sembrate più che reali. Ma questi pensieri non voleva condividerli con Richard.

Per fortuna risuonò di nuovo la campanella; appena ripresi i loro posti, dalla fossa dell'orchestra partì anche la musica di apertura del terzo atto e il cuore di Marie iniziò ad accelerare il suo battito perché sapeva che stavano per arrivare le famose trentadue *fouettés en tournant* del cigno nero che davano filo da torcere anche alla più eccezionale delle ballerine. Così Marie inviò a Véronique ogni aiuto che le veniva in mente. Solo poco dopo il sipario si alzò.

SASHA / VÉRONIQUE

PARIGI, 2 OTTOBRE 2013

Sasha aveva rappresentato la sofferenza di Sigfrido in modo così convincente che a Véronique si strinse il cuore quasi come se davvero fosse stata al posto di Odette, perché la figura di Odile, l'aveva solo "recitata." Rivolse lo sguardo a Sasha. Era veramente un attore così fenomenale?

Non le restava molto tempo per riflettere perché doveva già di nuovo indossare i panni del cigno bianco.

Solo quando le fanciulle cigno rientrarono in scena, raccogliendosi in una meravigliosa formazione attorno al Principe, lui tornò lentamente in sé, si alzò e scomparve perché non vedeva Odette da nessuna parte.

Poi, mentre la musica si faceva sempre più struggente Odette ricomparve in mezzo agli altri cigni bianchi. Insieme a otto di loro danzò piena di nostalgia tra una schiera di cigni bianchi disposti a "v" e stesi graziosamente a terra. Odette non vedeva più alcuna speranza e coraggiosamente si piegò al suo destino e si stese a sua volta a terra nella stessa posa con la parte superiore del corpo completamente piegata in avanti.

Poco prima di un rullare di tamburi, temendo il peggio, lei si rialzò dalla sua posizione mentre già compariva il mago Rotbart. Quando la situazione sembrava essersi volta a suo favore – con i suoi poteri aveva impietrito tutti i cigni – abbandonò quel luogo fatale. Nel frattempo riapparve il Principe Sigfrido che con un lieve tocco salvò i cigni. Per ultimo andò verso Odette e con un *pas de deux* di una bellezza straziante i due si confidarono nuovamente il loro amore. Ma Odette sapeva che non avevano alcuna possibilità dopo che Sigfrido, a causa dell'inganno di Rotbart e Odile, aveva rotto la loro promessa d'amore.

Nell'ultima straziante scena Odette si trovava in mezzo ai due uomini, Rotbart e Sigfrido, che lottavano per lei, ognuno a modo suo. Allora Rotbart, impotente di fronte a un tale amore, per vendicarsi definitivamente fece tracimare il lago.

Mentre Odette riprendeva le sembianze di cigno, il Principe disperato annegava nei flutti turbinosi del lago.

Il sipario non era ancora calato che già il pubblico andava in visibilio. Appena Rotbart rientrò in scena per inchinarsi al pubblico, riecheggiarono le prime entusiaste grida di bravo ma quando da dietro al sipario, tenendosi per mano, uscirono Odette e Sigfrido, alias Véronique e Sasha l'entusiasmo fu irrefrenabile. Tutto il pubblico parigino si alzò in piedi e consacrò la nuova coppia di ballerini da sogno con una *standing ovation*.

Marie non riusciva a trattenere le lacrime, tanto si era commossa per la loro interpretazione. Non si ricordava di aver mai vissuto così profondamente *Il Lago dei cigni* o qualsiasi altro balletto. Volente o nolente, dovette ammettere che una parte non indifferente del merito andava a Sasha Marakov, perché Véronique non aveva mai danzato così magnificamente con nessun altro partner.

Anche Lucius dovette, suo malgrado, ammettere di non aver mai visto in un balletto niente di lontanamente così geniale come quella sera e che Sasha Marakov era di fatto un avversario da prendere decisamente sul serio, su tutti i piani.

Véronique non riusciva a capacitarsi di ciò che stava accadendo. Non aveva mai visto il pubblico parigino del balletto andare così fuori di testa. Era assolutamente convinta che dipendesse dal fatto che il Principe Sigfrido era stato interpretato dalla star del Teatro Bolshoi. Ma quando toccò a lei uscire dal sipario da sola si rese conto che il pubblico la acclamava e osannava al pari di Sasha. Profondamente commossa, restò a lungo immobile al bordo del palcoscenico in un grazioso inchino per esprimere tutta la sua gratitudine prima che Sasha le venisse accanto e sfiorandola la facesse rialzare.

Le ovazioni durarono mezz'ora, cosa del tutto inusuale. Tutta la compagnia del Balletto dell'Opera di Parigi era in estasi. Quando il sipario calò per l'ultima volta tutti si abbracciarono e così fu, che a un certo punto, Véronique si ritrovò tra le braccia di Sasha.

«Questo è stato il più bel *Lago dei Cigni* che io abbia mai danzato, grazie a te, caro Sasha», sfuggì di bocca a Véronique, presa dall'entusiasmo e ancor prima di potersene accorgere il russo la stava già baciando sulla bocca. Appena staccatasi, Véronique, spaventata, gli rivolse uno sguardo ma nei suoi occhi non vide traccia di un atteggiamento di sfida, solo profondo affetto e un'aura piena di luce: «Anche per me è stata la più bella rappresentazione del *Lago dei Cigni*, mia principessa».

Lei davvero non riusciva a capacitarsi come quest'uomo e lo spietato killer, stando a Lucius, fossero la stessa persona.

«Non so cosa darei per conoscere i tuoi pensieri, principessa», esclamò Sasha interrompendo i suoi ragionamenti.

Presa in castagna si morse la lingua, ma Sasha non insistette oltre, attirandola invece delicatamente a sé.

Poi di colpo sentì una voce familiare provenire dalle vicinanze: «Auguri di cuore, mia cara». Era veramente possibile? Di colpò spalancò gli occhi ed effettivamente vide nel corridoio laterale il suo amato fratello e Marie. Senza pensarci si staccò da Sasha e corse da Richard che all'istante la sollevò in aria facendola girare su se stessa.

Pensieroso Sasha si avvicinò all'esuberante scenetta, spinse Marie da dietro chiedendole: «Ma chi è quel tipo così impetuoso?

L'amante di Véronique?». Sorpresa Marie si girò scorgendo Sasha alle sue spalle.

«Sei per caso geloso?», replicò alla domanda in modo civettuolo.

«No no, per nulla», rispose Sasha cercando di allentare la tensione. «Sono solo una persona estremamente curiosa».

«Capisco», rispose Marie ammiccando. Ma non appena Sasha si sentì meno osservato, a Marie parve che non fosse proprio felice di vedere Véronique e Richard così in confidenza tra loro.

Infine, una volta ricomposta, Véronique si girò di nuovo verso Marie e Sasha: «Posso presentarvi? Sasha, il mio partner nella danza, Richard, mio fratello». Mentre i due si stringevano amichevolmente le mani, Marie notò che Sasha dava l'impressione di essersi notevolmente rilassato. Allora Véronique non gli era proprio del tutto indifferente?

«Tutto bene?», chiese Véronique alla sua amica sussurrando dopo aver seguito il suo sguardo pensieroso.

«Sì, benissimo», rispose Marie. «Che spettacolo incantevole! Complimenti con tutto il cuore, mia cara. Non riuscivo più a trattenere le lacrime tanto mi ha commossa la vostra rappresentazione».

«Davvero, Marie Chevalier?», si immischiò Sasha senza essere stato interpellato. «Sì, *monsieur* Marakov».

«Mi chiami pure Sasha, la prego», fece lui con tono poetico e in men che non si dica aveva già preso la mano destra di Marie facendole un baciamano a regola d'arte.

«Ma certamente. E per lei io sono Marie». Solo a fatica riuscì a nascondere un sorrisino.

«Ovviamente, mia carissima».

Poi scoppiarono tutti e quattro a ridere.

Quando si furono tutti un po' calmati, Véronique e Sasha decisero di andare a cambiarsi per recarsi insieme al ricevimento di gala che era stato organizzato, all'ultimo momento, per la rappresentazione del secolo.

PARTE NONA

FEDE E AMORE PER PORTARE A TERMINE LA MISSIONE

LUCIUS

PARIGI, 3 OTTOBRE 2013

Di primissima mattina Maurice de la Fontaine aveva convocato i membri parigini, così come Sasha Marakov e Alexander Černakov, nei sotterranei a volta della nota chiesa, perché Sasha non poteva assolutamente mancare alla prova mattutina all'Opera.

Lucius rimase notevolmente colpito quando Sasha entrò nella cantina a volte, illuminata da innumerevoli candele, perché sul suo volto non si leggevano assolutamente né i suoi 41 anni né lo sforzo fisico dell'esibizione del giorno precedente, compresa la festa che ne era seguita. Anzi, al contrario dava l'impressione di essere molto riposato e soddisfatto.

"Spero che questo non significhi nulla di brutto", passò velocemente per la testa a Lucius. Ma non fece a tempo a preoccuparsi oltre perché doveva, come sempre, aprire la riunione con la preghiera creata apposta. Sasha, che gli stava di fronte lanciandogli sguardi vittoriosi, l'aveva talmente confuso che stava quasi per sbagliarsi parlando.

Appena finito di pronunciare le parole «Signore, dacci la tua benedizione, oggi e tutti i giorni. Amen», a cui tutti risposero con un sonoro «Amen», Maurice de la Fontaine si rivolse con un sorriso raggiante a Sasha. «Innanzitutto vorrei congratularmi con il nostro collega di Mosca per la sua formidabile performance ne *Il Lago dei Cigni* di ieri sera. Sono certo che quella rappresentazione finirà negli annali della storia del balletto».

«Ma no, figuriamoci», fece Sasha Marakov, di colpo tutto dimesso, cosa che Lucius trovò semplicemente ridicola; era certo che quel vanitoso bellimbusto fosse più che convinto di se stesso.

Finiti gli incensamenti, Maurice de la Fontaine arrivò finalmente a parlare di ciò che gli interessava maggiormente: «Da quello che ho potuto vedere ieri al ricevimento dopo la rappresentazione de *Il Lago dei Cigni*, non ho dubbi che tu abbia Véronique in pugno, a giudicare da come avete danzato e flirtato ieri sera, dico bene vero, caro Sasha?».

«Assolutamente, *mâitre*. Véronique è cotta a puntino», rispose Sasha con un sorrisetto di sufficienza mentre elegantemente accavallava le gambe aggiungendo: «Servono altri dettagli?».

«No, no», sbottò de la Fontaine sollevando la mano in segno di rifiuto. Probabilmente per non rendere ancora più dolorosa la sua sconfitta.

Lucius invece avrebbe voluto saltare alla gola di Sasha. Come poteva parlare in modo così dispregiativo di Véronique, simile a un angelo! Poteva essere vero che questo belloccio dall'aria gay si fosse avvicinato alla sua ragazza?

Mai come in quel momento a Lucius pesava non potersi vedere con Véronique. Parlarne al telefono non era facile, proprio ora che tutti erano già così tesi per via di Barcellona e tutte le forze erano richieste per uscire vivi dalla loro missione. Per evitare di aggredire verbalmente Sasha, Lucius serrò talmente i pugni sotto al grande tavolo che le nocche si fecero bianche. Doveva assolutamente mettere in guardia Véronique perché dopo la rappresentazione della sera prima non era più certo che lei avesse ben presente con chi stava danzando.

Lucius fece anche in tempo a sentire che a Barcellona Sasha avrebbe alloggiato nello stesso albergo dei suoi tre amici.

Non poteva essere vero!

«Non è che dà un po' troppo nell'occhio?», si immischiò.

«No, penso di no», rispose Maurice, «perché ci sta che in vacanza si voglia alloggiare vicino al mare. Tu, invece, insieme ad Alexander e me, ti dovrai accontentare del W Barcelona».

«Ma non era una location più indicata per le nostre star del balletto?», ribadì Lucius.

«No, non lo è! Fine della discussione».

In questo modo la questione per il *mâitre* era chiusa e si poteva passare ad altri piani.

A Sasha invece il malumore di Lucius non era sfuggito, tanto che si chiedeva come mai fosse così contrario al fatto che lui risiedesse all'Hilton insieme agli altri tre. Si ripromise perciò di tenerlo d'occhio perché la sua intuizione gli diceva che c'era qualcosa sotto.

Lucius, a sua volta, si era accorto della rapida occhiata di Sasha. D'ora in poi non poteva più commettere alcun errore che potesse mettere in pericolo i suoi amici.

VÉRONIQUE

PARIGI, 3 OTTOBRE 2013

Più o meno contemporaneamente Véronique, raggiante di felicità, stava facendo colazione sul bancone di cucina insieme a Marie e Richard che si erano fermati a dormire da lei. Dopo la straordinaria rappresentazione della sera prima, volteggiava ancora su altre sfere. Marie e Richard osservavano il suo stato d'animo con una certa preoccupazione, perché nessuno dei due si era dimenticato chi si nascondesse dietro al bel viso di Sasha.

D'altra parte però non sapevano bene come dirlo a Véronique, anche per non rovinare subito la sua felicità così palese.

Véronique non si accorse assolutamente degli sguardi preoccupati che Marie e Richard si scambiavano alle sue spalle. Quando suonarono alla porta saltò di scatto giù dal suo sgabello da bar, attraverso lo spioncino scorse solo un enorme mazzo di fiori. Chissà di chi era?

Felicissima spalancò la porta di casa e raccolse il meraviglioso mazzo di gigli bianchi divinamente profumati. Ringraziò velocemente il fattorino prima di aprire emozionata la busta che accompagnava il mazzo di fiori.

Erano poche parole che però andarono dritte al cuore: "Per la più meravigliosa ballerina al mondo… Ti adoro, S.".

Quando Véronique entrò in cucina con l'incantevole mazzo, Marie e Richard all'unisono chiesero: «Da parte di Lucius?».

«No», rispose Véronique sorridendo.

«Beh, ma allora di chi sono?», la incalzò Marie.

«Di chi vuoi che siano... di Sasha».

«Di Sasha?», le fecero eco Marie e Richard allo stesso tempo.

«Sì, avete capito proprio bene voi due e sono per la più meravigliosa ballerina al mondo, ovvero per me», aggiunse ancora Véronique.

"Non può essere vero!", sbottò Marie tra sé e sé. "Questo tipo riesce ancora ad abbagliarla completamente". Quando si accorse della mancata reazione al suo entusiasmo, Véronique rivolse ai due uno sguardo interrogativo. «C'è qualcosa che non va? Mi sono persa qualcosa?».

«Sì, sembra proprio così», osò Richard per primo.

«Cosa intendi?», fece Véronique visibilmente indignata e puntando le sue braccia delicate ma nerborute sui fianchi.

«Ti sei forse dimenticata, sorellina mia, che Sasha non è solo un ballerino di grande talento?».

«No, non l'ho dimenticato, fratellino», ribadì Véronique con voce risentita. «E anche se ora voi due non mi crederete, vi dico che ieri sera nell'aura di Sasha non c'era traccia di oscurità, anzi c'era solo luce pura per tutto il tempo. Io credo definitivamente che lui per me non rappresenti più un pericolo».

«Speriamo che non ti sbagli», sussurrò Marie quasi impercettibilmente, ma l'udito di Véronique era addestrato.

«No, non credo, *ma chére*», rispose Véronique di nuovo calma. «Adesso però devo proprio andare, altrimenti arrivo troppo tardi per l'allenamento. Arrivederci a tutti e due». Mandò loro ancora dei baci con le mani prima di uscire volteggiando dalla cucina mentre Marie e Richard la seguirono con lo sguardo sconcertati.

«Cosa dobbiamo fare con lei?», sospirò Marie.

«Non ci resta che pregare», rispose Richard alzando le spalle. Marie lo guardò stupefatta.

«Sì, hai ragione. Lo so anche io che pregare serve», disse Marie e poi gli raccontò senza indugio della sua paura del giorno prima, della sua preghiera e dell'improvviso apparire di lui.

Trascorsero il resto della giornata facendo ricerche su Barcellona e sul Montserrat, come aveva chiesto loro Julien. In fondo lui aveva davvero poco tempo e un viaggio così importante andava preparato bene.

JULIEN / MARIE

PARIGI, 4 OTTOBRE 2013

Carica di pacchetti, Marie prese al volo il primo taxi che passava perché non voleva assolutamente arrivare tardi all'aeroporto ora che Julien tornava finalmente da lei. Ma il traffico glielo impedì. In un attimo il taxi si trovò imbottigliato in un grosso ingorgo ed era chiaro che non ce l'avrebbe mai fatta ad arrivare in orario.

Quando finalmente raggiunse l'aeroporto Charles de Gaulle, entrando di corsa attraverso la prima porta vetrata si trovò di fronte Julien che le stava già venendo incontro zoppicando leggermente.

Spaventata Marie fece cadere le sue borse esclamando: «Dio mio, cosa ti è successo?».

«Niente di grave, *chérie*», cercò di tranquillizzarla lui con un sorriso poco convincente.

«No, scusa! Non credo proprio! Hai chiaramente dei dolori e fai finta che non sia nulla?», si indignò Marie.

«Ora calmati, però. Che ne diresti se cominciassimo col salutarci? Poi ti spiego tutto per filo e per segno», fece Julien cercando di correggere il tiro.

«Hai ragione. Scusami, ti prego *mon chére*», rispose Marie docilmente. Al che Julien la strinse tra le braccia tuffando il naso nei suoi capelli meravigliosamente profumati.

Tra le braccia del suo amato Marie si tranquillizzò e sussurrò: «Mi dispiace così tanto, è che mi sono spaventata terribilmente vedendoti. Pensavo che qualcuno ti avesse fatto del male».

«Va tutto bene principessa, ma adesso cominciamo ad andare, sono piuttosto sfinito e ho urgente bisogno di farmi un bel bagno».

Marie raccolse al volo tutti i sacchetti che aveva fatto cadere e si avviò lentamente verso l'uscita insieme a Julien. Si accomodarono nel taxi tenendosi le mani e Julien con voce pacata iniziò a raccontare.

«Come sai, in previsione della Spagna Xiao Lin mi ha raccomandato di allenarmi il più possibile per essere in forma.

A Dresda ho quindi cercato e trovato un club di kung fu per potermi allenare. Probabilmente ho un po' esagerato», ammise Julien con un sorriso da adolescente.

«Solo un po'?», sbottò Marie.

«Non ti preoccupare, *ma chére*. Questo non me lo sono fatto allenandomi».

«E allora come?».

«Ieri ho avuto un incidente sul palcoscenico».

«Cosa, scusa? Durante la rappresentazione?», Marie credeva di aver capito male.

«Sì esattamene. Per la precisione durante il nostro abbraccio appassionato sono finito su un chiodo arrugginito del pavimento. Proprio con il ginocchio che da qualche anno a questa parte, dopo un incidente in scena, continua a crearmi fastidi».

Marie fissò il suo amato completamente stravolta. «Sei stato da un medico? E hai fatto l'antitetanica?».

«Sì, il medico del teatro si è subito occupato di me dopo la rappresentazione. Ciò nonostante sono un po' provato».

«Lo credo bene».

Pensierosa Marie si soffermò a osservarlo: aveva un aspetto piuttosto pallido.

«Cosa pensi?», chiese lui.

«Stavo riflettendo se quel chiodo non fosse destinato proprio a te».

«Pensi che Maurice de la Fontaine abbia incaricato appositamente qualcuno?», e mentre finiva di formulare la domanda Julien sentì salire la pelle d'oca in tutto il corpo, di solito un segno che i suoi pensieri erano molto vicini alla realtà.

«Sarebbe benissimo possibile».

«D'accordo, ma nessuno poteva prevedere che ci sarei finito proprio io contro quel chiodo».

«Anche questo è vero», constatò Marie, ma proprio sicura non lo era. «Non potrebbe entrarci anche la magia nera?», continuò lei sul filo del discorso.

«Sì, assolutamente possibile», concordò Julien. «A quel punto non ci sarebbe da stupirsi che il chiodo abbia beccato proprio me. E noi sappiamo bene che i nostri avversari ne sanno una più del diavolo».

«Hai proprio ragione purtroppo», sospirò Marie abbandonandosi sul petto di Julien, chi se ne importava di cosa avrebbe pensato il taxista. Sperava solo che in giro non ci fosse qualche paparazzo.

MARIE

PARIGI, 4 OTTOBRE 2013

Solo qualche ora più tardi, dopo che Julien si era riposato un po', i due erano di nuovo su un taxi perché lui non voleva assolutamente perdersi la rappresentazione del secolo de *Il Lago dei Cigni* con Véronique nel ruolo principale. Specialmente dopo tutto quello che Marie gli aveva raccontato su Sasha.

Con Julien al suo fianco, Marie si sentiva decisamente molto meglio rispetto a due giorni prima quando era andata allo spettacolo da sola.

Appena scesi dal taxi, davanti all'Opéra Garnier si imbatterono subito in Richard, felicissimo di poter finalmente conoscere meglio Julien; prima che Marie potesse accorgersene i due erano già tutti presi in una vivace conversazione su Barcellona e il Montserrat tanto che sembravano quasi essersi dimenticati della sua presenza. Per fortuna Marie non se la prendeva di certo per non essere al centro dell'attenzione e si godeva semplicemente il flusso del loro discorso mentre ancora una volta imboccava la grande scalinata del Palais Garnier. Era sempre una sensazione magnifica salire quella gradinata in un bell'abito da sera per dedicarsi alle Muse delle varie arti.

Prudente, Marie si guardò attorno ma questa volta non scorse nessuna figura sospetta dietro alle imponenti colonne e in nessun altro punto del salone. Forse la fugace apparizione dell'assassino di suo padre era veramente stata solo una sua fantasticheria come di tanto in tanto le accadeva dopo quell'evento traumatico?

Non avendo percepito nulla di inquietante, si rilassò e fu di nuovo tutt'orecchi. Ascoltava con diletto i discorsi di Julien e Richard che sembravano comprendersi alla grande. Del resto dopo il breve ma caloroso incontro a casa sua in seguito al rapimento di Véronique, Marie non si era aspettata niente di diverso.

Di colpo Julien si zittì nel bel mezzo del discorso e sia Richard che Marie lo fissarono stupiti.

«Va tutto bene?», chiese Marie meravigliata.

«Sì, sì tutto benissimo», rispose Julien automaticamente dando un'occhiata al suo orologio da polso. «Ditemi, è ok per voi se vi lascio un attimo da soli per dare velocemente un'occhiata a Véronique dietro al palcoscenico?».

«Certamente», risposero all'unisono Marie e Richard. «Sarà felicissima di vederti».

«Perfetto. Allora ci vediamo dopo nel palco», e in un attimo era già sparito.

JULIEN

PARIGI, 4 OTTOBRE 2013

Contrariamente a molti, Julien non aveva alcun problema a districarsi tra i vari corridoi dell'Opéra Garnier e in un attimo era davanti al camerino di Véronique. Stava per bussare quando dalla porta sbucò niente poco di meno che Sasha Marakov.

«Non ci posso credere!», esclamò questi visibilmente felice e battendo le mani. «Ho davanti a me la grande star della lirica. Posso presentarmi?».

Julien scoppiò in una sonora risata che data la sua voce risuonò per tutti i corridoi.

«Non credo che sia necessario, stimato collega Marakov», fece Julien stringendo subito la mano al ballerino.

Véronique, magneticamente attratta dalla risata che ben conosceva, fece capolino sulla porta.

«Vedo bene o mi sbaglio?», esclamò buttandosi al collo di Julien in abito da scena mentre Sasha li guardava a turno stupito.

«Che bello che sei qui, *mon chér*», Veronique era fuori di sé dalla gioia.

"Credevo che Julien de la Tour fosse l'amante di Marie Chevalier", si chiese Sasha, "oppure mi sono perso qualcosa?".

Poi, all'improvviso, sentì Véronique dire: «Ci sono per caso anche Marie e Richard nelle vicinanze?».

«Sì, ci sono. Loro due sono nel *foyer*, ma io volevo ancora augurarti di persona un bel in bocca al lupo, diciamo da artista ad artista».

«Oh che gentile da parte tua, Julien», fece Véronique stampandogli due sonori baci sulla guancia, cosa che lasciò Sasha ancora più perplesso. Ma con gli artisti non si poteva mai sapere.

In quell'istante Julien si girò e si rivolse di nuovo a Sasha: «Faccio anche a lei, ovviamente, i migliori auguri per la rappresentazione. Sono certo che sarà magnifico, dopo tutto quello che ho già sentito su di voi come nuova coppia da sogno del balletto».

«Ma no», lo interruppe Sasha di colpo modesto.

Véronique pensava di non aver sentito bene. Sasha modesto, roba da non credere. Oppure il grande tenore lo aveva un poco intimorito? Possibile, in fondo anche gli uomini belli e di successo sono solo essere umani.

Poco dopo ecco già il primo richiamo per i ballerini a presentarsi in scena e Julien si accomiatò rapidamente dai due.

Stranamente Sasha gli era risultato molto più simpatico di quello che si era aspettato. Ma come sapeva bene per esperienza, sulle persone ci si può sbagliare. Il tempo avrebbe mostrato come stavano realmente le cose.

In ogni caso ora era felice di assistere a una straordinaria rappresentazione de *Il Lago dei Cigni*. Purtroppo però i suoi dolori al ginocchio gli impedirono di sfrecciare attraverso i corridoi così che raggiunse Marie solo all'ultimissimo momento, tanto che lei si stava già preoccupando. Ma quando, sprizzante di gioia, prese posto accanto a lei la preoccupazione svanì. Chiedergli qualcosa ora, mentre l'orchestra stava già intonando i primi accordi, le sembrava un sacrilegio, anche se era molto curiosa di sapere ciò che era successo dietro le quinte.

Come incantato, Julien fissava il palcoscenico sul quale Sasha Marakov interpretava il Principe Sigfrido mentre addormentato su un trono dorato stava sognando un'incantevole fanciulla che, stregata da un mago malefico, veniva trasformata in un cigno. Julien non era uno da rimanere facilmente impressionato essendo lui stesso un cantante e un attore di pari talento. Ma ciò che il volto di Sasha rivelava in questa scena onirica era talmente ricco di sfaccettature che Julien non ebbe alcun dubbio di trovarsi di fronte a un grande artista.

Quando infine Sasha eseguì il suo assolo Julien dovette ammettere di non aver mai visto niente di simile da un ballerino di danza classica.

A parte la tecnica perfetta con la quale eseguiva ogni minimo movimento, la sua espressione emanava una tale magia, o meglio poesia, che Julien, anche sforzandosi, non riusciva più a immaginarsi che dietro a quell'uomo si celasse un gelido killer.

Anche Véronique danzava più magnificamente che mai e Julien, con tutte le volte che l'aveva vista danzare, era un ottimo giudice. Ciò che accadde tra lei e Sasha mentre eseguivano il famoso *Adagio del cigno bianco* non era più di questo mondo. Julien aveva veramente l'impressione di assistere alla danza di due angeli. Tutto ciò toccò la sua anima, tanto che il viso si rigò di lacrime, cosa che non gli era mai accaduto prima con il balletto.

Senza pensarci prese la mano di Marie se la portò alle labbra sfiorandola delicatamente con un bacio, lei rispose con uno sguardo ugualmente umido di lacrime. L'amore sul palcoscenico li faceva pensare al loro amore così prezioso e che nessuno doveva mai distruggere.

Alla fine del secondo atto, sfumati gli applausi, Marie e Julien si abbracciarono incapaci di parlare. Richard attese discretamente che i due fossero pronti per passare insieme l'intervallo.

«Puoi veramente andare fiero della tua sorella maggiore», fece Julien dopo un po' rivolgendosi a Richard. «Se va avanti così a breve sarà annoverata tra le grandi *etoile* di tutti i tempi».

«Sì, c'è del vero», rispose Richard, «anche se, purtroppo, devo ammettere che questo è in gran parte anche merito di Sasha».

«Lo pensate veramente?», si intromise Marie.

«Oh sì», rispose Julien. «Non ho mai visto prima dal vivo un ballerino così geniale come Sasha. I due sembravano fatti uno per l'altra. Respiravano praticamente all'unisono».

«Proprio fuori luogo», sbottò Marie. «Cosa vuoi dire?», chiese Julien.

«Sai benissimo cosa intendo. E chi si nasconde dietro a Sasha».

«Sì, mi è chiaro, tuttavia devo essere obiettivo nel giudicare la sua performance come ballerino».

Pensieroso aggiunse: «Richard, cosa ne pensi tu? Véronique potrebbe essersi innamorata di Sasha?».

«Onestamente non lo so», rispose alzando le spalle, «su questo Véronique tace».

«Uhm, capisco».

Purtroppo nello stesso istante Julien venne riconosciuto da un gruppo di ammiratrici che si buttarono su di lui come api sul miele, così che fu costretto a firmare autografi per tutto il resto dell'intervallo. Nel frattempo Marie e Richard si intrattennero sull'imminente viaggio a cui tutti guardavano con sentimenti misti.

Quando una campanella annunciò la fine dell'intervallo tutti e tre furono felici di riprendere i loro posti.

Julien e gli altri rimasero estasiati anche dal terzo e quarto atto perché la metamorfosi dall'angelica Odette alla sensuale Odile riuscì a Véronique ancor meglio che nella rappresentazione di due giorni prima. Senza saperlo, uno non avrebbe mai potuto immaginare che la stessa persona potesse incarnare due caratteri così opposti. L'angelo Véronique era di colpo seduzione pura. Questa sfaccettatura in Véronique non l'aveva mai notata, né in palcoscenico né tantomeno nella vita reale. Che dipendesse da Sasha? Era stato lui a farla emergere? Oppure la cosa era diametralmente opposta e Véronique era in grado di danzare e recitare così proprio perché sapeva chi si nascondeva dietro a Sasha?

Julien non lo sapeva, ma sapeva invece benissimo cosa significasse volersi identificare in un ruolo: si evocavano tutte le possibili esperienze, sensazioni e immagini per entrare nel ruolo e assumerlo completamente. Ma come Véronique ci fosse riuscita in questo istante e con una tale perfezione era un segreto solo suo.

Ancora più appassionante per Julien fu vedere e percepire con quanta sofferenza Véronique riuscisse a incorporare il dolore di Odette quando si accorge che il principe tradisce il suo giuramento.

Il successivo *pas de deux* fu talmente toccante che Julien non fece nulla per fermare le lacrime che scendevano di nuovo sulle guance.

Normalmente non era il tipo da sciogliersi in lacrime. Ma Véronique e Sasha non sembravano interpretare dei ruoli bensì incarnare, con tutte le fibre del loro essere, Odette e Sigfrido, il cui amore sembrava andare oltre la morte. A cosa avrebbe portato tutto ciò?

Julien era felice che Lucius non avesse assistito perché se non si prova di persona a stare su un palco, talvolta non si riesce a distinguere tra realtà e arte, già non era facile neppure per gli artisti.

VÉRONIQUE

PARIGI, 4 OTTOBRE 2013

Dalla fossa dell'orchestra erano appena risuonate le ultime note che già il pubblico iniziava a dare sfogo al suo grande entusiasmo alzandosi in piedi e tributando una *standing ovation* ai ballerini per la loro straordinaria performance.

Véronique non riusciva a crederci, non le era mai accaduto che il pubblico si alzasse in piedi prima ancora che la musica finisse gridando "bravo" a squarciagola.

Inchinandosi per la profonda commozione sentì le lacrime bagnarle il volto. Sasha, da partner molto attento, se ne accorse subito e quando lei si girò verso di lui per un secondo comune inchino, con un gesto delicato rimosse dalle guance le ultime tracce del pianto. Come in sogno Véronique si inchinò un infinito numero di volte senza rendersi conto di ciò che le stava accadendo.

Infine quando il sipario si chiuse per l'ultima volta si ritrovò tra le braccia di Sasha che, guardandola con occhi brillanti di gratitudine, la baciò.

In quel momento sembrava così giusto che Véronique non potè fare altro che ricambiare il bacio.

«Ah, ora finalmente sappiamo perché avete danzato in modo così straordinario». Erano le voci dei colleghi che riportarono

Véronique alla realtà. Imbarazzata che tutti fossero stati testimoni di questo bacio imprevisto, Véronique si staccò da Sasha e scendendo dal palco corse direttamente tra le braccia di Marie che perplessa aveva assistito alla scena.

«Va tutto bene?», chiese preoccupata all'amica che si stava letteralmente aggrappando a lei.

«Non lo so», ammise Véronique sottovoce. «Sono completamente per aria con le mie emozioni».

Prima che potesse proseguire, Sasha era già dietro di lei toccandole delicatamente la spalla destra.

«Véronique, scusami ti prego per averti messo in una situazione imbarazzante. Non era certo la mia intenzione».

Il tono di voce di Sasha non aveva nulla di ironico. Véronique si sciolse dall'abbraccio di Marie e si rivolse verso di lui. Anche il suo sguardo sembrava confermare la sincerità delle sue parole e così Véronique, grata, rispose: «Lo so. Inoltre ho contribuito anche io a che accadesse».

«È vero», rispose Sasha sorridendo, «ma adesso dimentichiamoci velocemente di tutto e godiamoci semplicemente il nostro grandioso successo. Cosa ne pensi principessa?».

«Sì, hai ragione», concordò Véronique. «Con un tale caos di sensazioni ci si può anche dimenticare di se stessi».

Quando la vide di nuovo un po' più rilassata, Sasha la strinse ancora un attimo a sé sussurrandole all'orecchio: «Sei stata divina stasera. E non mi pento assolutamente di averti baciato. Ci vediamo al ristorante», poi a voce leggermente più alta aggiunse: «Vengono anche i tuoi amici?».

«Non lo so, Sasha», fece Véronique girandosi verso Marie e Julien anche lui lì a pochi passi da lei. «Miei cari, venite con noi all'Opéra Restaurant?».

Marie lanciò uno sguardo interrogativo a Julien perché voleva lasciare a lui la decisione. Nelle settimane precedenti aveva lavorato sodo e in più il ginocchio gli faceva ancora male.

«Penso che stia a te decidere Véronique», rispose Julien. «Questa sera hai ottenuto qualcosa di straordinario e, se lo desideri, noi come tuoi amici ti siamo vicini».

Felice, Véronique guardò i due a turno dicendo poi: «Sarei molto felice se trascorressimo la notte insieme».

Solo quando gli altri scoppiarono a ridere Véronique si rese conto di come le sue parole potessero avere un doppio senso e si unì alla risata finalmente meravigliosamente rilassata.

LUCIUS

PARIGI, 5 OTTOBRE 2013

Pochi minuti prima di mezzogiorno Lucius e Sasha si incontrarono sull'ascensore di vetro che portava al quartiere generale degli Ottaviani.

Sasha sembrava di ottimo umore mentre Lucius era sprofondato nei suoi pensieri.

«Salve Lucius, che bello vederti».

«Ciao Sasha».

«Dimmi, come ci si sente dopo la vostra impresa eroica nel duomo di Santo Stefano?».

Leggermente irritato Lucius guardò Sasha perché non era certo se quell'osservazione fosse ironica oppure seria, in fondo lui si era limitato a uscire dal duomo mentre qualcun altro si era occupato di far fuori i quattro assalitori.

Sasha invece proseguì imperterrito: «Intendo seriamente. Avrebbe potuto esserci anche la mia firma, anche se in realtà sarebbe davvero stato un peccato se una donna così notevole avesse dovuto prematuramente lasciare questo mondo». Prima che Lucius avesse il tempo di chiarire che si doveva trattare di un equivoco avevano già raggiunto il nono piano e così si risparmiò la risposta perché erano urgentemente attesi dal loro *mâitre*.

Non appena varcata la soglia lui venne loro incontro tutto tronfio salutando, specie Sasha, con eccessiva esuberanza.

In segno di riconoscimento gli appoggiò le mani sulle spalle dicendo: «Hai veramente portato a Parigi l'Olimpo del balletto. Nel mondo se ne parlerà ancora a lungo e nessuno sospetta minimamente che doppio ruolo tu stia giocando».

«*Merci*, mio *mâitre*», rispose Sasha facendo un inchino perfetto. Ma Maurice de la Fontaine non aveva ancora finito.

«Suppongo che tu abbia trascorso la notte con la nostra incantevole ballerina, dico bene?».

Per la tensione Lucius trattenne il respiro, in fondo nel frattempo non aveva più sentito Véronique.

«Dice proprio bene», rispose Sasha con sfacciata tranquillità, mentre Lucius avrebbe voluto saltargli al collo. Era per quello allora che lei non si era fatta viva.

Più che felice, *monsieur* de la Fontaine lo applaudì. «Proprio come piace a me. Ma siete arrivati al dunque?».

«No, *monsieur* de la Fontaine, non è così, perché a un angelo così non ci si può avvicinare troppo velocemente. Ma a Barcellona potrebbe essere».

«Sì, ovvio. Hai perfettamente ragione. Essere troppo precipitosi non andrebbe a nostro vantaggio».

Lentamente Lucius riuscì di nuovo a rilassarsi un po', perché Véronique era dunque riuscita a tenere sotto controllo questo vanitoso divo del balletto.

«Tu cosa ne pensi, Lucius? Dopo la straordinaria esibizione insieme ne *Il Lago dei Cigni* credi che ci sia qualcuno più adatto di Sasha per sedurre Véronique?».

Stupito Sasha rivolse lo sguardo verso Lucius: «Vuol dire che eri tra il pubblico?».

«Sì c'ero».

«E?».

«E cosa?».

«E ti è piaciuto? Non ti ho sentito dire una sola parola a proposito».

Preso in fallo Lucius dovette ammettere che gli era scappato un altro errore. Doveva davvero fare molta più attenzione se voleva salvare la faccia con gli Ottaviani.

«È stata in assoluto l'esibizione più straordinaria che abbia mai visto. Le mie più sentite congratulazioni Sasha».

Per rafforzare l'effetto delle sue parole Lucius diede un colpo sulla spalla di Sasha con fare cameratesco.

Sasha annuì compiaciuto e la cosa si chiuse lì.

Nel frattempo anche tutti gli altri agenti coinvolti nell'Operazione Barcellona erano arrivati al quartier generale e la riunione vera e propria poteva cominciare.

JULIEN

PARIGI, 5 OTTOBRE 2013

Nel frattempo Julien era da Xiao Lin, seduto nella posizione del loto anche se il dolore al ginocchio ferito lo faceva impazzire, ma sapeva di doverlo superare come Gesù Cristo se voleva portare a termine la sua missione al Montserrat. Durante la sua ultima rappresentazione del *Lohengrin* aveva avuto altre rivelazioni che però al momento non voleva condividere con gli altri per non metterli troppo sotto pressione.

Aveva riconosciuto di dover compiere il cammino da solo, anche se Marie, Véronique e Richard l'avrebbero accompagnato durante il viaggio. Come Gesù, che nelle ore più difficili era solo. Gesù gli aveva parlato attraverso la musica trascendente di Richard Wagner mentre cantava:

> *In terra da una schiera d'angeli portata; ogni anno scende dal cielo una colomba, per dare nuova forza alla sua miracolosa virtù: è questo il Graal; e beata purissima fede per lui si comparte a tutta la sua corte*

dicendogli con voce chiara e al contempo incisiva:

Seguimi sul mio cammino, facendo tutto con cuore puro, anche se il tuo Ego vuole convincerti altrimenti.

Da quel momento in avanti Julien sapeva di dovere veramente imparare a superare i suoi istinti più bassi e ad amare i suoi, i loro nemici, non importa quale fosse il loro nome, se Sasha Marakov o Maurice de la Fontaine, perché solo così poteva diventare quell'uomo che Gesù Cristo aveva riconosciuto e voleva vedere in lui.

Contemporaneamente però era consapevole che al momento l'unico a poter sostenere questo suo atteggiamento mentale era Xiao Lin, perché sia Lucius che Marie e Véronique erano emotivamente troppo coinvolti nella storia da poter condividere una tale mentalità. Quindi condivise solo con il suo maestro quello che Gesù Cristo gli aveva chiesto di fare perché sapeva che avrebbe potuto svelare definitivamente l'enigma di Maria Maddalena sono nel momento in cui fosse stato totalmente in pace con se stesso e con il mondo, qualunque cosa accadesse. Solo così sarebbe riuscito a nascondere il tesoro di Gesù Cristo, anche correndo il pericolo di perdere la sua stessa vita.

Xiao Lin lo comprese senza tante parole e fece di tutto per sostenere Julien ad attingere alla forza più intima del suo essere per poterlo così riunire alla vera forza che era in lui.

Così facendo apparì una luce talmente chiara e rifulgente che avvolse completamente Julien tanto da farlo divenire lui stesso una mera apparizione luminosa. Xiao Lin ebbe la certezza che Julien era pronto a compiere la profezia millenaria.

VÉRONIQUE

PARIGI / BARCELLONA, 6 OTTOBRE 2013

Marie, Julien, Véronique e Richard arrivarono allo sportello del *check-in business* un attimo prima che chiudesse sperando segretamente che questo consentisse loro di salire in aereo almeno per una volta senza essere seguiti. La loro si rivelò ben presto una speranza davvero ingenua perché, appena saliti sul piccolo aereo che li doveva portare a Barcellona, si accorsero subito che Sasha aveva prenotato lo stesso volo, aveva infatti già preso posto nella *business class*.

Scorgendolo, a Véronique venne da sudare freddo non sapendo davvero come comportarsi. Per fortuna suo fratello reagì prontamente salutando Sasha con un sorriso.

«Ciao Sasha, ma guarda che sorpresa! Eccoci di nuovo qui».

«Ciao Richard, hai proprio ragione», rispose lui visibilmente felice mentre si alzava dal suo posto per salutare tutti e quattro con dei rapidi baci. Véronique non era per nulla a suo agio perché non aveva parlato con nessuno su quanto accaduto due notti prima. La sua idea iniziale era di raccontare tutto a Marie proprio durante il volo, ma ora con Sasha così vicino la cosa era assolutamente da escludere.

Si rannicchiò il più possibile vicino al finestrino stringendosi nella sua pashmina color acquamarina come se questa potesse proteggerla da chissà cosa. Marie osservò stupita la sua amica che normalmente, anche nelle situazioni più difficili, era la calma in persona. Cosa le era accaduto? Purtroppo in quel momento non poteva assolutamente chiederglielo. Per questo, senza farsi vedere, si limitò a stringerle la mano in silenzio, gesto che Véronique apprezzò con un leggero sorriso.

Seduti proprio dietro a Sasha, Julien e Richard davano l'impressione di essere molto più rilassati. Apparentemente senza pensieri conversavano sulle attrazioni turistiche di Barcellona. Soprattutto Richard sembrava perfettamente a suo agio, tutto preso a raccontare del famoso Antoni Gaudì, delle sue celebri opere e della sua vita, più informato di un'enciclopedia. Quando accennò al fatto che il celebre architetto e visionario avesse realizzato anche una delle stazioni della via crucis sulla montagna del Montserrat, a Julien vennero i brividi in tutto il corpo perché si rammentò della sua visione nella Frauenkirche. Cercò di non far trapelare nulla limitandosi ad ascoltare attentamente le parole di Richard. In fondo uno dei persecutori era seduto proprio davanti a loro.

Nel frattempo anche Véronique si era di nuovo tranquillizzata e stava parlando del più e del meno con Marie mentre Sasha, a giudicare dalle cuffie che aveva indossato appena decollati, sembrava ascoltare della musica.

Poco dopo venne annunciato l'imminente atterraggio e Véronique non vedeva l'ora di scendere dall'aereo per passare di nuovo inosservata.

Al nastro dei bagagli salutarono calorosamente Sasha senza sapere che a breve l'avrebbero nuovamente incontrato.

MARIE

BARCELLONA, 6 OTTOBRE 2013

Dopo essersi tutti e quattro sistemati nelle loro camere, Marie e Julien nella loro suite all'Hilton Diagonal Mar Barcelona, si ritrovarono sulla terrazza della *executive lounge* per discutere dei passi successivi da fare. Mentre si godevano il panorama del mare e la vista su Barcellona, spizzicando qua e là, decisero, dato che era già tardi, di iniziare facendo baldoria in città. Anche se avevano noleggiato un'auto optarono per andare alla famosa Sagrada Familia in taxi per non perdere tempo a cercare parcheggio.

Quando Marie vide la grande folla di gente davanti alla gigantesca chiesa incompiuta fu assalita dalla paura: dopo l'assalto nella cattedrale di Santo Stefano a Vienna, che le era quasi costato la vita, la prima cosa che cercava era una via di uscita e lì non ne trovò nessuna. Ma, dato che sapeva che vedere finalmente la chiesa dall'interno era il più grande desiderio di Richard, si mise in coda cercando di calmarsi con esercizi di respirazione; una coda infinita, in mezzo a turisti sudaticci che parlavano a voce alta in tutte le lingue del pianeta.

Dopo una mezza eternità raggiunsero finalmente il moderno gabbiotto della cassa e acquistarono i biglietti per visitare l'interno della basilica. Insieme a Véronique fece ancora un salto alla toilette perché voleva godersi la visita di quell'edificio unico in tutta tranquillità.

Proprio prima di entrare in chiesa, sotto la facciata della passione ancora incompleta, all'improvviso Marie scorse tra i visitatori l'uomo che aveva creduto di riconoscere all'Opéra Garnier e che continuava a perseguitarla nei sogni dal giorno dell'assassinio di suo padre, quando l'aveva visto uscire dal suo camerino. Senza alcun preavviso le si chiuse la gola, le mancava l'aria come se stesse per soffocare da un momento all'altro. Véronique fece appena in tempo a tenerla prima che cadesse svenuta.

Stravolta Véronique si guardò attorno perché aveva bisogno di aiuto ma non voleva in nessun caso attirare l'attenzione su di loro. Per fortuna Julien aveva presagito qualcosa e le stava già velocemente raggiungendo. Delicatamente prese Marie tra le braccia iniziando a parlarle dolcemente mentre Véronique tirava fuori dalla borsa il suo olio essenziale di menta. Cautamente lo passò sotto le narici dell'amica che poco dopo iniziò a tossire e strabuzzare gli occhi. Li guardò a turno con un'espressione interrogativa prima di ricordarsi di quanto era accaduto. Spaventata cercò di liberarsi dalle braccia di Julien per cercare con lo sguardo lo sconosciuto. Ma questi pareva essere sparito nel nulla.

«Cosa è successo, *chérie*?», chiese Julien preoccupato. A Marie mancò la voce per rispondere. Prontamente Richard tirò fuori dalla sua borsa a tracolla una bottiglietta d'acqua che portava sempre con sé e gliela porse invitandola a bere.

Dopo aver bevuto qualche sorso, Marie fu finalmente in grado di raccontare l'accaduto. Completamente scioccati i quattro amici, di primo acchito, non seppero cosa fare. Una sola cosa era certa: Marie non doveva assolutamente entrare nella Sagrada Familia.

«Dove preferisci andare, mia cara?», chiese Véronique preoccupata.

«Da qualche parte nel verde? Ho assolutamente bisogno di un po' d'aria».

«Lo capisco», rispose Véronique rivolgendo lo sguardo a Richard e Julien.

«Ragazzi, avete per caso un'idea? Io in questo momento ho la testa vuota».

«Sì», rispose Julien, «forse il Parc del Laberint d'Horta sarebbe una buona idea con il suo romantico giardino e l'incantevole labirinto, lì di sicuro c'è più calma che nel resto della città. Cosa ne pensi Marie?».

«Sì mi pare una buona idea, l'importante è che mi portiate via da qui il più presto possibile».

I due uomini non se lo fecero dire due volte, presero Marie sottobraccio mentre Véronique faceva loro strada in mezzo alla folla di persone.

Per fortuna appena usciti dal recinto e raggiunta la strada all'angolo scorsero un taxi; vi salirono al volo per allontanarsi il più velocemente possibile dal luogo di quel traumatico incontro. In auto Marie con lacrime di disperazione negli occhi confessò a Véronique non solo di aver visto l'uomo che con grande probabilità aveva sulla coscienza la vita di suo padre, ma anche di essere finita contemporaneamente in una vita passata come Giovanna d'Arco dove aveva riconosciuto lo stesso uomo tra i suoi aguzzini.

Marie notò lo spavento negli occhi dei suoi amici.

«Non so davvero come farcela con il Monserrat, se questo è solo l'inizio!», sospirò Marie.

Dolcemente Julien l'attirò a sé, così che la testa di Marie era appoggiata al suo petto mentre lui intonava a bocca chiusa una melodia per calmarla. Ed effettivamente dopo un po' lei si calmò.

Quando il taxi si fermò nei pressi del parco, lontano dai soliti tragitti turistici, Julien aiutò Marie a scendere. Con passi ancora un po' incerti ritrovò il suo equilibrio. Sorridendo grata, prese a braccetto Julien e Véronique mentre lei prendeva in consegna i biglietti che Richard aveva già timbrato.

VÉRONIQUE

BARCELLONA, 6 OTTOBRE 2013

Non appena oltrepassato il cancello di ingresso del parco, Marie ebbe la sensazione di liberarsi di un enorme peso. Riconoscente guardò gli altri uno a uno e sorridendo coraggiosamente disse: «Credo che adesso vada meglio».

«Molto bene, *mon amour*», rispose Julien visibilmente sollevato. Ma Véronique non si fece ingannare più di tanto, perché sapeva benissimo che in ogni momento potevano scatenarsi altri flashback sino a quando il trauma della vita passata di Marie come Giovanna d'Arco non fosse stato cancellato dal suo sistema.

«Anche io sono felice che tu stia meglio, Marie. Ma dovremmo subito fare qualcosa per far sì che tu non finisca continuamente in questa tua incarnazione passata», si intromise Véronique.

«Stai dicendo che vorresti fare con lei una regressione nelle vite passate?», chiese Julien stravolto.

«Sì, è quello che intendevo».

«Ma sarà proprio una buona idea?», si lasciò scappare Julien.

«Direi che è un'ottima idea», intervenne Marie stessa con voce ferma, «perché mi voglio liberare dei fantasmi del passato il più presto possibile. Altrimenti non riesco a gestire neppure quelli del presente».

«Se è così, allora sono d'accordo», cedette Julien.

«Bene allora. Troviamoci un posticino tranquillo, possibilmente vicino all'acqua, dove accomodarci», ribadì Véronique decisa.

«Tutto chiaro. Io so dove possiamo metterci. Quasi in fondo al parco c'è un padiglione in stile classico dedicato alle muse. All'interno si trova una grande vasca con una fontana a getto dedicato alla ninfa Egeria. Quello è sicuramente un posto ideale per quello che avete in mente», concluse Julien prendendo Marie per mano e incamminandosi seguito dagli altri.

Senza soffermarsi un attimo a osservare l'incantevole bellezza del parco, Julien, imboccando una scorciatoia, condusse la sua amata, così come Véronique e Richard, verso la famosa statua della ninfa nella parte posteriore dell'enorme giardino. Poi si sedettero su una panchetta di pietra nelle immediate vicinanze.

Senza perdere ulteriore tempo, Véronique spiegò a Marie come avrebbe proceduto. Sapendo che a breve Marie sarebbe caduta in una trance profonda con un conseguente abbassamento della temperatura corporea, per precauzione Véronique la avvolse nella sua pashmina color acquamarina. Proprio mentre voleva pregare Julien e Richard di far sedere Marie e lei stessa al centro, dal nulla una piuma bianca si posò in grembo a Marie. E quando Marie sollevò lo sguardo fece a tempo a vedere una colomba bianca che volava via.

Pieni di gratitudine i quattro amici si guardarono sapendo che quello era un segno del cielo a indicare loro che erano sulla via giusta.

Marie felice diede una spinterella all'amica e con un luminoso sorriso in volto aggiunse: «Cosa aspetti ancora? Dai, cominciamo. Io sono pronta».

«Ti prego, dammi ancora un attimo per prepararmi interiormente», disse Véronique alzandosi dalla panchina di pietra.

Con passi aggraziati si avvicinò alla fontana, chiuse gli occhi e si mise in contatto con il suo sé superiore e con i mondi celesti. In brevissimo tempo si sentì sostenuta e tornò dagli altri. Véronique si mise alla sinistra di Marie con i due uomini attorno a loro dicendo: «Ora sono pronta anche io».

«Allora, cara Marie, chiudi gli occhi e inspira ed espira profondamente». Non ci volle molto e Marie cadde in un profondo stato di trance facilitato non poco dal dolce gorgogliare dell'acqua e dal leggero cinguettio degli uccelli.

Mentre Véronique con voce pacata accompagnava Marie nel passato, lei si rilassava sempre di più.

Quando Véronique chiese: «Dove ti trovi?», Marie iniziò a tremare come una foglia raccontando di essere di nuovo prigioniera in un'oscura segreta dopo avere invano tentato la fuga saltando dalla torre del castello di Beaurevoir.

Julien inorridito guardò a turno Marie e Véronique, mentre lei gli faceva segno di avere ancora un po' di pazienza.

Come Giovanna d'Arco non riusciva a concepire che a Rouen nessuno le venisse in aiuto. Era profondamente disperata specie in quel momento, in cui aveva appreso che Pierre Cauchon avrebbe presieduto il tribunale contro di lei in qualità di giudice supremo, iniziando a intuire che a breve non sarebbe più stata tra i vivi. Con voce straziante iniziò a raccontare di tutte le umiliazioni subìte in carcere tanto che ai tre amici vennero le lacrime ascoltandola.

Eppure Véronique non metteva ancora fine a quel viaggio nel passato. Se Julien non fosse stato certo che Véronique sapeva bene ciò che stava facendo avrebbe già messo fine a tutto da un bel po'. Si limitò invece a pregare che Marie ne potesse uscire salva.

A un certo punto sembrò calmarsi e riferì piena di speranza che al suo processo erano stati convocati da Parigi dieci dottori. Quando però si accorse che tra di loro vi sarebbe stato Thomas de Courcelles, un pericoloso seguace di Cauchon, ebbe la certezza che la sua ultima ora si avvicinava.

Véronique cercò quindi con cautela di accompagnare Marie, alias Giovanna, verso gli ultimi istanti di quella vita, anche per risparmiarle altre continue torture.

«La sensazione è quella di essere stata definitivamente abbandonata da Dio» urlò Giovanna con la voce di Marie mentre su un carro traballante veniva trasportata dal castello di Rouen alla piazza del vecchio mercato. Quando scorse la gigantesca pira dove sarebbe stata arsa viva, implorò che le dessero una croce. Ma nessuno tra la folla sembrava averne una a portata di mano sino a quando un soldato senza nome si staccò dalle fila dei suoi aguzzini e gliene porse una fatta da lui al momento spezzando un ramo e legandolo con dello spago. Lei iniziò a piangere accoratamente piena di gratitudine sapendo che Dio era al suo fianco, anche se a quanto pareva non la risparmiava dal rogo. Così si abbandonò completamente nelle sue mani, recitò un "Padre nostro" e con grande fervore esclamò:

> *Gesù! Gesù! Gesù! Non sono un'eretica! Oh, santi in cielo! San Michele! Santa Caterina! Santa Margherita! Le mie voci erano di Dio. Tutto ciò che ho fatto è stato per ordine di Dio. Le mie rivelazioni erano di Dio: Gesù!*

e si abbandonò alla morte tra le fiamme.

Sentendo queste ultime parole Julien pianse lacrime amare perché sapeva che se nella vita precedente non fosse stato così vigliacco avrebbe probabilmente potuto salvare Giovanna.

Delicatamente Véronique gli accarezzò il braccio prima di iniziare a dissolvere i traumi dalla vita precedente di Marie come Giovanna d'Arco con l'aiuto del potente arcangelo Raziel. Marie emise ancora un paio di violenti gemiti poi sembrò calmarsi sempre di più sino a tranquillizzarsi del tutto.

Ciò nonostante non riportò ancora indietro la sua amica dalla trance, bensì la pregò di trovare ancora quel momento nella vita di Giovanna dove si sentiva piena di forza. D'improvviso attorno al viso di Marie apparve una luminosità ultraterrena che i tre amici percepirono con grande stupore, poi la udirono pronunciare con voce chiara e penetrante:

Io non ho paura. Io sono nata per fare questo

e aggiungere con un tono leggermente più basso:

Ora so di avere anche nella mia vita come Marie la forza di sopportare tutto ciò che rientra nella mia missione in questa vita.

JULIEN

BARCELLONA, 6 OTTOBRE 2013

A Julien sembrò di essersi liberato di un peso al cuore. D'impulso avrebbe voluto stringere forte a sé Marie, ma per esperienza sapeva che lei doveva essere riportata dolcemente nel qui e ora, cosa che Véronique aveva già iniziato a fare.

Infine Marie iniziò lentamente a stirarsi e allungarsi e quando riaprì gli occhi brillavano come stelle nel firmamento. Non era ancora in grado di parlare, così Véronique si limitò ad abbracciarla mentre Julien le accarezzava gentilmente la schiena.

Tornata completamente nella realtà Marie, felice, esclamò: «Mi sento come rinata. Véronique sei semplicemente geniale, grazie con tutto il cuore».

Poi per un attimo aggrottò la fronte, come se stesse cercando qualcosa che le era sfuggito. Trepidanti i tre la fissarono sino a quando le tornò in mente qualcosa.

«Tra l'altro, Thomas de Courcelles, questa ignobile creatura di Cauchon, oggi è quell'uomo che prima ho visto davanti al portale della Sagrada Familia e che ha sulla coscienza la vita di mio padre. Molto interessante che anche in questa vita tessa nuovamente delle trame insieme a Pierre Cauchon, alias Maurice de la Fontaine», e dopo una breve pausa, secca, aggiunse:

«Non ha proprio imparato nulla», al che tutti non poterono che ridere di cuore.

Dopo essersi tutti ristorati con un sorso d'acqua e un pezzetto di cioccolato fondente, che Véronique aveva sempre con sé, ed essersi soffermati ancora un po' a parlare della regressione, Julien propose di andare ancora a dare un'occhiata a quello straordinario labirinto per potersi riprendere un poco dagli strapazzi della giornata prima di fare ritorno in albergo.

Giunti lì, si erano comodamente seduti su una panca di pietra quando Marie di colpo esclamò: «Non è pazzesco che davanti alla mia chiesa preferita a Parigi ci sia proprio una gigantesca statua di Giovanna d'Arco, opera di Hippolyte Lefèbre? Giovanna è rappresentata in sella a un nobile cavallo sulla cui bardatura è riportato un giglio».

«Sì, è davvero sorprendente», rispose Véronique, «ma non c'è da stupirsi più di tanto perché ogni cosa è connessa all'altra».

«Hai ancora una volta ragione», fece Marie dandole scherzosamente un colpo al fianco. Tutti erano sollevati di vederla di nuovo così rilassata dopo tutti quei turbamenti.

SASHA

BARCELLONA, 6 OTTOBRE 2013

«Com'è possibile che abbiate perso le tracce di quei quattro?», tuonò Maurice de la Fontaine di fronte a tutti gli agenti radunati a Barcellona nella sua fantasmagorica Extreme WOW Suite dell'Hotel W Barcelona e seduti sui quattro divani di pelle bianca della zona giorno.

«Avete tutti i paraocchi?», continuò a sbraitare.

Mentre continuava a passeggiare nervosamente avanti e indietro alle spalle dei divani, la vena sulla sua fronte, pallida per la grande tensione, era sempre più gonfia tanto da spaventare quasi Lucius sebbene fosse segretamente molto fiero dei suoi amici che erano riusciti a sfuggire persino ad Alexander Černakov, il più pericoloso tra i killer degli Ottaviani russi.

Tutti, a eccezione di Sasha, subivano a testa bassa la giustificata sfuriata senza osare intervenire mentre il *mâitre* continuava a inveire.

Solo quando non seppe più cosa aggiungere Sasha prese pacatamente la parola dandogli semplicemente del tu: «Maurice, io ti capisco benissimo, ma penso che non ci sia motivo di preoccupazione, visto che andrò comunque a trovare Véronique in albergo questa sera».

«Sa già della fortuna che le toccherà?», chiese Maurice de la Fontaine più pacatamente.

«No», rispose Sasha sinceramente, «ma sono assolutamente certo che non ci saranno intoppi».

Sollevato da quest'ultima dichiarazione Lucius si rilassò un poco. Stranamente queste parole ebbero lo stesso effetto sul *mâitre*, cosa che stupì un po' tutti. Sasha sembrava così convincente che nessuno, tranne Lucius, mise in dubbio che lui avrebbe rivisto Véronique in serata. Si fermarono ancora un attimo a conversare su come procedere il giorno successivo poi si salutarono tornando negli alberghi dove alloggiavano. Lucius e Alexander restarono al W Barcelona dove avrebbero pernottato.

Poco dopo, mentre attraversava la porta girevole dell'Hilton, Sasha scorse Véronique e gli altri nel *foyer*. Senza farsi notare li raggiunse esclamando allegramente: «Ma guarda che sorpresa! Vuol dire che siamo tutti nello stesso albergo?».

«Alloggi qui anche tu?». Sorpresa Véronique si girò di scatto correndo il rischio di finire addosso a Sasha in piedi dietro di lei.

«Sì, è così», disse Sasha sorridendo, «significa che nei prossimi giorni avremo spesso occasione di incontrarci».

«Certamente», fece Julien rilassato.

«Beh, adesso vi lascio in pace. Vi auguro ancora una buona serata; alla prossima allora».

Sasha accennò ancora un saluto inchinandosi con disinvoltura prima di sparire nell'ascensore.

«Non riesco a crederci», sospirò Véronique, «possibile che non abbia mai pace con quell'uomo?».

«Sembrerebbe proprio di no», ribadì Marie comprensiva prendendo la mano dell'amica.

«Ora cosa pensi di fare?».

«Devo urgentemente cercare di meditare e a seguire farò un paio di vasche in piscina. Ho assolutamente bisogno di movimento. Spero che per voi sia ok».

«Naturalmente», risposero i tre all'unisono.

«Oggi hai già fatto più che abbastanza con la regressione e lo scioglimento del karma».

«Allora fatti semplicemente viva quando sei di nuovo in camera e poi facciamo i programmi per la cena, ok?», suggerì Marie.

«Sì è una buona idea», concordarono gli altri dirigendosi poi tutti verso gli ascensori.

Dentro di sé Véronique era dilaniata. Da un lato era profondamente grata per aver potuto aiutare Marie, dall'altro la presenza di Sasha la metteva in seria difficoltà perché a essere sincera doveva ammettere con se stessa di provare qualcosa per lui. E questo sebbene sapesse chi si nascondeva dietro al suo bell'aspetto.

Inorridita di sé, affondò il viso tra le mani chiedendosi cosa doveva fare.

Non venendole in mente nulla si lasciò cadere sulle ginocchia e chiese aiuto perché sapeva che da sola non avrebbe trovato una via di uscita da questo dilemma. «Chiunque mi possa aiutare, lo faccia per favore».

Non ci volle molto e sentì chiara una voce:

Véronique, amata sorella, perché chiedi solo ora? Lo sai che possiamo aiutarti solo se ce lo chiedi, dato che dobbiamo rispettare il libero arbitrio.

Stupita di averlo dimenticato, Véronique alzò la testa e guardò nei chiari occhi di Sarah-Tamar.

"Hai veramente ragione. Ma negli ultimi giorni sono accadute così tante cose…". Con un sorriso complice Sarah-Tamar accarezzò delicatamente la testa di Véronique.

Lo so, mia cara. Ricordati delle parole di mia madre che dicevano che tu sei un'intermediaria tra i mondi, tra la luce e l'oscurità, perché hai il dono di saper amare incondizionatamente. Per questo motivo non rimproverarti per amare Sasha.

Véronique credendo di aver capito male rivolse a Sarah-Tamar uno sguardo interrogativo.

Sì, hai capito bene. Tu ami quest'uomo anche se non ne eri del tutto consapevole. Non ti giudicare, ma accetta ciò che è.

Prima che Véronique potesse farle altre domande Sarah-Tamar era già sparita. Sebbene quelle parole la scombussolassero ancora di più, Véronique era felice di non dover lottare contro i suoi sentimenti per Sasha.

VÉRONIQUE

BARCELLONA, 6 OTTOBRE 2013

Di nuovo tranquilla dopo una prolungata meditazione, Véronique si spogliò, indossò il suo bikini color acquamarina, legò i lunghi capelli a treccia e da ultimo indossò un kimono di seta blu scuro. Non vedeva l'ora di farsi una bella nuotata nella piscina priva di cloro sulla terrazza sul tetto dell'Hilton. Prima di lasciare la stanza afferrò ancora velocemente dal bagno un asciugamano, gli occhialini da piscina e si infilò le infradito ornate con gli strass Swarowski. Arrivata sul tetto dell'hotel si stupì di quanta poca gente ci fosse in piscina. E ancora di più che in acqua non ci fosse nessuno.

«Meglio per me», pensò Véronique felice, «così posso nuotare come piace a me senza dover fare attenzione agli altri».

Con passo leggero attraversò la pedana di legno scuro per raggiungere uno dei lettini in legno di teak al bordo della piscina, appoggiò l'asciugamano e con grande grazia si tolse il kimono attirando, senza saperlo, tutti gli sguardi su di sé. Cosa avrebbe dato per poter incontrare Lucius. Ma non era assolutamente possibile, a maggior ragione se Sasha era alloggiato nello stesso albergo.

Con la punta del piede, pensierosa, saggiò l'acqua dai riflessi blu oro nella luce della sera. La temperatura dell'acqua era ideale, né troppo fredda, né troppo calda, cosa che Véronique avrebbe trovato molto fastidiosa perché non amava sudare mentre nuotava.

Non volendo spruzzare nessuno non si tuffò di testa ma si lasciò scivolare dolcemente nella piscina prima di iniziare a nuotare con potenti bracciate. Apprezzò molto che al posto del cloro l'acqua fosse stata arricchita con del sale così da dare l'impressione di essere in mare.

A ogni vasca che faceva si sentiva sempre meglio, perché il suo corpo, abituato a un intensivo allenamento giornaliero, aveva bisogno del movimento per rilassarsi.

Dopo aver nuotato per trenta vasche, pronta a virare per fare l'ultima, Véronique notò un paio di gambe maschili di fattura divina.

Avrebbe dovuto immaginarselo: nessun altro se non Sasha poteva avere gambe così muscolose e tuttavia eleganti. Quando con lo sguardo incontrò i suoi occhi Sasha sorrise con quel suo modo unico che fece il suo effetto su Véronique e prima che potesse accorgersene lui era già in acqua e la stava raggiungendo. Senza chiedere nulla sollevò i suoi occhialini e la baciò sulla bocca. Véronique si liberò cautamente da Sasha perché comunque non voleva fare scenate di fronte ai presenti, anche se pochi, e guardò oltre il bordo della piscina. Così si accorse del pubblico che la stava osservando estasiato esclamando «che magnifica coppia!».

"Da fuori sembriamo davvero una coppia da sogno, tutti e due biondi e con i corpi levigati e temprati dal balletto", pensò Véronique.

Sasha la osservava divertito perfettamente in grado di seguire i suoi pensieri. «Vedi questi spagnoli, o meglio dovrei dire catalani, sono esattamente della mia idea, che noi due formiamo una magnifica coppia», fece Sasha con voce suadente. «Ora non mi resta che convincere te, principessa».

«Ti prego smettila, Sasha», cercò di difendersi Véronique, sapendo che in realtà era inutile.

«No, non lo farò, *chérie,* perché tu sai bene quanto me che non ti sono indifferente».

Véronique lo guardò colpita perché era la verità, una verità che aveva appena ammesso con se stessa ma che con tutta la sua buona volontà non poteva rivelare ai suoi amici.

«Allora, che succede? Questa sera usciamo a cena insieme?», Sasha ripeté la domanda che Véronique, presa dall'emozione, non aveva capito.

«No, non si può fare, perché per cena sono già in parola con mio fratello e con degli amici, ma possiamo vederci dopo».

Véronique stentava a credere alle sue parole, ma ormai non poteva più ritirarle.

«Così è ancora meglio!». Il viso di Sasha si illuminò. «Avvisami quando hai finito. Io sono alloggiato in una suite e potremmo stare molto comodi», disse lanciando a Véronique uno sguardo che la penetrò.

«Tutto chiaro», rispose Véronique velocemente, «ora devo proprio andare». Diede a Sasha un veloce bacio sulla guancia e uscì dalla piscina. Mentre si stava asciugando Sasha aveva iniziato a fare le sue vasche come se nulla fosse successo.

"Non può essere vero", sospirò Véronique tra sé e sé: "Sono di nuovo per aria e lui è lì che se la nuota come se nulla potesse portarlo fuori dalla sua traiettoria di vita".

Tremando, si strinse nel kimono senza rendersi conto che Sasha non l'aveva persa di vista un attimo perché anche lui era tutto sotto sopra.

LUCIUS

BARCELLONA, 6-7 OTTOBRE 2013

Lucius riusciva benissimo a immaginarsi i suoi amici che cenavano insieme nella suite di Marie e Julien. Dato che doveva assolutamente liberarsi del mostruoso pensiero che Véronique avesse veramente un appuntamento con Sasha, Lucius cercò di distrarsi con le immagini delle registrazioni del *Lohengrin*. Voleva capire perché a Julien l'idea di venire a Barcellona per risolvere il mistero fosse venuta proprio mentre cantava quell'opera.

Si era perciò appositamente procurato il libretto, la famosa registrazione del *Lohengrin* diretto da Jean Chevalier, così come quella di Julien de la Tour nel ruolo del protagonista. Coricato a pancia in giù sul letto dell'albergo ascoltava la musica seguendo il testo riga per riga. Come già provato ascoltando il Parsifal, anche da questa musica sortiva un incanto dal quale era quasi impossibile sottrarsi.

Lucius capiva benissimo come Franz Liszt ascoltando questi suoni fosse arrivato alla conclusione che il mondo dell'opera era arrivato alla fine e che il *Lohengrin* avrebbe portato la luce.

Quando Julien, alias Lohengrin, infine cantò i versi

Chi dunque è scelto a servire il Graal, costui Egli munisce
d'un sovrumano potere; contro di lui si perde l'inganno

d'ogni malvagio; quando egli Lo contempla, a lui si dissipa la notte della morte

Lucius sentì le lacrime rigargli il volto sapendo che avrebbe fatto tutto ciò che era in suo potere per servire il Graal della linea di sangue, anche se ciò avesse dovuto significare perdere la sua amata Véronique perché, all'improvviso, si rendeva conto che il piano della sua anima era divenire il suo sé superiore privo di desideri e bassi istinti.

Sentì l'impellente bisogno di alzarsi dal letto, inginocchiarsi e pregare:

Caro Dio, lascia che io ti serva, così come promisi un giorno. Nel sacro cerchio dell'augusto cavalierato di cui mi ricordo oggi, qui, in questo giorno. Qualunque cosa comporti, io la voglio fare. Aiutami, Signore ti prego, affinché possa riuscirci. Amen.

Restò ancora un attimo in ginocchio mentre si sentì pervadere da una profonda pace sapendo che qualunque cosa fosse accaduta lui era pronto.

SASHA / VÉRONIQUE

BARCELLONA, 6-7 OTTOBRE 2013

Più o meno nello stesso momento Véronique, trepidante, stava bussando alla porta della suite di Sasha all'ultimo piano dell'albergo. Lui aprì all'istante, quasi fosse già lì ad attenderla dietro alla porta, e l'accolse con un inchino galante.

«Benvenuta principessa».

«Ti ringrazio», rispose Véronique defilandosi con passo svelto ed elegante perché non voleva assolutamente stargli troppo vicino. Spaventata, notò che accanto all'angolo sofà color beige troneggiava un enorme letto. Cercando di non far notare il suo disappunto si sedette sul divano dando la schiena al letto. «Gradisci dello champagne?», chiese Sasha sorridendole con i suoi luminosi occhi verdi.

«No, meglio di no», rispose lei impacciata. In nessun caso voleva bere alcolici perché voleva avere la mente chiara per la gita al Monserrat prevista per il giorno seguente.

Ma questa era una cosa che Sasha non doveva venire assolutamente a sapere. «Cosa vuoi allora? Qualcosa di più forte?».

«Spiritoso. Va bene anche dell'acqua naturale».

Stupito, Sasha alzò un sopracciglio e senza ulteriori commenti si diresse verso il frigo per prendere una bottiglia d'acqua.

Ne porse un bicchiere a Véronique e si versò una vodka prima di sedersi accanto a lei sul morbido sofà.

«Facciamo un brindisi, anche se con l'acqua in realtà non si converrebbe, ma credo che abbiamo veramente qualcosa da festeggiare», esclamò Sasha serio.

Meravigliata Véronique lo squadrò.

«Noi due siamo la nuova coppia da sogno nel mondo della danza classica, te lo sei già dimenticato principessa?».

«Naturalmente no», si affrettò a rispondere Véronique. «Chi se lo sarebbe mai aspettato?».

«Effettivamente è vero», ammise Sasha. «Avevo sentito parlare di un'affascinante prima ballerina francese, ma non avrei mai pensato che potesse davvero essere più entusiasmante di tutte le dive russe con le quali ho ballato».

Véronique cercò di capire se Sasha veramente pensava ciò che diceva. E il suo intuito le diceva che non stava mentendo. «Grazie Sasha, detto da te, ha un grande valore». Véronique sollevò il bicchiere per brindare con Sasha.

«A noi», esclamò Sasha allegramente.

«A noi», replicò Véronique.

Dopo un sorso generoso Sasha appoggiò il bicchiere e si girò versò Véronique guardandola attentamente.

«Nei pochi giorni da quando ti conosco sei diventata molto importante per me e ho l'impressione che per te non sia diverso», iniziò a dire. Prima di proseguire si schiarì la voce passandosi velocemente una mano tra i capelli quasi fosse incerto sulla reazione di Véronique.

«Mi piacerebbe molto conoscerti meglio anche privatamente e chissà cosa potrebbe venirne fuori».

Mentre a Véronique salì il rossore in volto per il disagio, Sasha, quasi timidamente, prese la sua mano destra tra le sue prima di chiederle: «Cosa ne pensi?».

«Sasha, cosa ti devo dire?».

«È così difficile rispondere?», ribadì Sasha chiaramente preoccupato. «Cosa ti impedisce di provare insieme a me?».

«Da un punto di vista strettamente teorico, nulla», rispose Véronique, «ma io non sono ancora arrivata a quel punto».

«Ne sei sicura?».

«Sì, lo sono Sasha, mi dispiace terribilmente», sospirò Véronique. «Tu ti sarai probabilmente immaginato che la serata finisse diversamente».

«Questo è vero», ammise, «ma preferisco che tu sia sincera con me. E forse, chissà col tempo ci sarà un'altra occasione».

All'improvviso molto delicatamente prese il viso di Véronique tra le sue mani come se tenesse qualcosa di molto prezioso e la baciò teneramente. Véronique non poté fare altro che ricambiare il bacio. Infine Sasha si staccò da lei e guardandola con occhi melanconici a voce bassa aggiunse: «Ora dovresti andare principessa, altrimenti non posso garantirti più nulla». Poi si alzò dal divano.

Véronique rimase seduta come paralizzata. Anche volendo non riusciva a muoversi.

«Véronique?».

«Sì, ho sentito. Ma mi pesa così tanto».

Sasha la guardò meravigliato prima di porgerle la mano e aiutarla a sollevarsi. «Allora cosa vuoi?», chiese con voce rauca mentre Véronique sapeva di dover andare se non voleva commettere un errore di cui si sarebbe amaramente pentita la mattina dopo.

«Io vado ma voglio che tu sappia che anche tu significhi qualcosa per me».

Gli diede ancora un rapido bacio sulla bocca prima di svincolarsi dalle sue mani e uscire dalla suite. Pensieroso e decisamente deluso, Sasha rimase indietro ma non aveva avuto il coraggio di sedurre quella donna che in qualche modo gli si era avvicinata più di qualunque altra prima, anche se Maurice se lo aspettava da lui.

Avrebbe trovato un modo per convincere il *mâitre* di avere in pugno Véronique.

PARTE DECIMA

LA META, I PAPIRI, LA SCOPERTA

MARIE

BARCELLONA / MONTSERRAT, 7 OTTOBRE 2013

Di buon mattino i quattro amici si misero in viaggio verso il Montserrat su una BMW X3 blu scura presa a noleggio. Ognuno era immerso nei suoi pensieri così che trascorsero il viaggio praticamente in silenzio.

Marie sentiva che Véronique aveva qualcosa sul cuore, ma in presenza dei due uomini probabilmente non avrebbe raccontato nulla. Per questo motivo si limitò a stringere la mano all'amica seduta accanto a lei sul sedile posteriore della vettura. Riconoscente Véronique le sorrise aggiungendo a voce bassa: «È veramente un casino».

«Non hai tutti i torti», rispose Marie, poi tutti ripresero il filo dei loro pensieri. Quasi arrivati a destinazione mentre imboccava le ultime curve che portavano al monastero del Montserrat, Julien ruppe il silenzio: «A quanto pare siamo di nuovo seguiti», e tutti erano di nuovo perfettamente svegli.

«Sei sicuro?», chiese Marie spaventata, sebbene sapesse che il giorno prima erano solo stati fortunati a non essere pedinati dopo la loro fortunosa sparizione dalla Sagrada Familia.

«Sì», rispose Julien, «ho notato subito, già da Barcellona, quella Mercedes blu che ha continuato a seguirci senza mai superarci anche quando sono andato apposta piano per provocarli».

«Mi sarei stupito se di colpo avessimo potuto circolare liberamente», constatò Richard asciutto.

«Questo è vero», ribadirono le due donne in coro. «Adesso cosa facciamo?«, chiese Marie.

«Ci guardiamo il monastero del Montserrat come fanno tutti i turisti normali parlando solo del più e del meno perché il posto pullulerà di agenti. Presumo che *monsieur* de la Fontaine non ci abbia messo alle calcagna solo un'auto», ribadì Julien.

«Hai perfettamente ragione», concordò Richard girandosi poi subito indietro verso Véronique per sapere se avesse ottenuto qualche altra informazione da Lucius.

«Sì, mi diceva che Maurice de la Fontaine era fuori di sé per averci perso di vista ieri e che voleva raddoppiare il numero di agenti».

«Lo sospettavo», fece Julien molto rilassato, «ma questo non deve preoccuparci più di tanto. Anzi dobbiamo mostrarci il più rilassati possibile così che per loro sia più difficile carpire qualcosa dai nostri movimenti e pensieri».

«Tu credi che analizzino ogni nostro movimento e persino i nostri pensieri?», si inserì Véronique.

«Sì lo credo, perché questi signori dispongono di potenti risorse che non dobbiamo assolutamente sottovalutare, è proprio per questo motivo che dovremmo fare tutto il possibile per essere completamente nella nostra forza».

«Io non ho paura, io sono nata per fare questo», fece di colpo Marie citando a chiara voce le parole di Giovanna d'Arco. «Farò tutto il possibile per connettermi con la forza che avevo allora».

Si accorse della forza che saliva in lei e anche dello sguardo meravigliato della sua amica fisso su di lei.

«Anche io mi connetterò con la mia essenza più forte».

«E io di mio sono già d'Artagnan», fece Richard con tono goliardico facendo ridere tutti. «A pensarci bene, noi comunque siamo i quattro Moschettieri, uno per tutti e tutti per uno, giusto no?».

«Giusto», risposero tutti all'unisono mentre senza accorgersene Julien stava già parcheggiando la BMW nel gigantesco parcheggio annesso al monastero del Montserrat.

Appena scesa dall'auto Marie rimase di stucco, il massiccio del Montserrat era molto più imponente di quello che facevano pensare le foto viste in internet. Anche il profilo della montagna sagomato da acqua, sole, pioggia, gelo e vento a cui il massiccio doveva il suo nome di "montagna segata" era unico nel suo genere.

A Marie parve di essere arrivata in un luogo arcaico. Senza preoccuparsi di quello che avrebbero potuto pensare i turisti tutt'attorno, allargò le braccia e le sollevò per assorbire l'energia del Montserrat. Julien la osservava felice perché percepiva chiaramente che grazie alla regressione Marie si era finalmente lasciata alle spalle la paura che la perseguitava dall'assalto nel duomo di Santo Stefano che le era quasi costato la vita, e che ora era veramente tornata a essere se stessa.

Anche Véronique assorbì l'energia del Montserrat con tutti i suoi sensi e si rese di colpo conto che in quel luogo c'era già stata molto tempo prima. Solo Richard sembrava un bambino che non vedeva l'ora di tuffarsi in un'appassionante avventura. Ma lui era anche l'unico che non era mai stato veramente in pericolo. Avrebbe voluto precipitarsi subito nella basilica ma Julien sentiva ancora il bisogno di un caffè per darsi la carica, così tornarono nel piccolo Bar de la Place per poi dirigersi verso il portale di pietra su cui spiccava lo stemma del Montserrat. Mentre lo attraversavano ebbero tutti la sensazione di aver sorpassato un confine energetico da cui non c'era ritorno.

JULIEN

BARCELLONA / MONTSERRAT, 7 OTTOBRE 2013

Interiormente tesi, passarono davanti al museo e giunsero alla grande piazza antistante il monastero, la Plaça de Santa Maria. Da lì si godeva una spettacolare vista su quella montagna così particolare. A Julien pareva che le montagne gli parlassero e quasi senza accorgersene iniziò a cantare un piano ultraterreno: «In paese lontano, inaccessibile ai vostri passi, havvi un castello di nome Monsalvato; un luminoso tempio s'alza colà nel mezzo, così prezioso, quale niente di simile si conosce in terra. Ed in esso una coppa di miracolosa virtù, viene guardata come la più sacra delle reliquie essa fu, perché i più puri tra gli uomini ne prendessero cura, in terra da una schiera d'angeli portata…».

Meravigliati, gli altri si scambiarono degli sguardi perché Julien sembrava essere in tutt'altro luogo. Una volta finito di cantare continuava a guardare in lontananza, tanto che Marie lo toccò leggermente sulla spalla.

«Va tutto bene?».

Lentamente Julien tornò indietro, ma prima doveva fare mente locale su dove si trovava.

«Sì, va tutto bene. Ora so cosa c'è da fare. Venite», e senza dare ulteriori spiegazioni, passando per la facciata principale del monastero dall'aspetto piuttosto moderno, condusse gli amici nell'adiacente atrio. Qui si fermò innanzitutto davanti a un medaglione inciso nel pavimento, chiedendo agli amici di posizionarsi come lui su una delle altre fiamme decorate con animali marini e di connettersi tra loro su un piano superiore.

Tutti e quattro ebbero l'impressione di essere alimentati attraverso la pianta dei piedi da un'energia divina proveniente da una fonte sconosciuta. Infine, all'unisono, come accompagnati da una musica udibile solo a loro, si mossero verso il centro del medaglione attorniato dalla scritta "Cristo è il capo della Chiesa in tutto il mondo (l'alpha e l'omega)", alzando lo sguardo con profonda devozione verso le magnifiche sculture di Gesù Cristo e degli apostoli sulla facciata della basilica. Su di loro scese una profonda pace mentre erano certi che sarebbero stati guidati qualunque cosa li attendesse.

Mentre aspettavano, Julien con lo sguardo fece una scansione dei dintorni senza che nessuno se ne accorgesse perché aveva imparato da Xiao Lin a guardare a 360° e si accorse, come era prevedibile, della presenza di alcune figure che di certo non erano turisti. Dato che non voleva distrarre i suoi amici, si tenne per sé ciò che aveva osservato, perché più riuscivano a stare nella loro forza e più facilmente avrebbero potuto percepire la guida dall'alto di cui avevano così impellente bisogno per portare a termine la loro missione comune.

I due amici rimasero quasi tre ore nel chiostro che portava all'ingresso laterale della basilica prima che arrivasse il loro turno per entrare.

Tutto il tempo si parlarono a malapena, ognuno era preso con i suoi pensieri. Quando infine raggiunsero la buia anticamera dove timbrarono il biglietto di ingresso, pensavano di essere vicini alla meta, invece anche qui proseguirono a passo di lumaca tanto che ci volle quasi un'altra ora prima di raggiungere la Madonna Nera.

MARIE

BARCELLONA / MONTSERRAT, 7 OTTOBRE 2013

Per non essere assalita da un attacco di panico tra la folla di gente ammassata negli angusti spazi, Marie doveva continuare a connettersi consapevolmente con l'energia di Giovanna d'Arco. Continuando a ripetere mentalmente il motto di Giovanna d'Arco "Io non ho paura! Io sono nata per fare questo!", si accorse che si stava lentamente calmando. Non riusciva a staccare gli occhi dalle magnifiche vetrate dai brillanti colori che campeggiavano in alto e che raffiguravano scene dei Vangeli. In particolare era affascinata dalla vetrata che illustrava la nascita di Gesù. Sia Maria che Giuseppe guardavano commossi il loro figlio immerso nella luce mentre due angeli volteggiavano sopra le loro teste. Sollevando ulteriormente lo sguardo Marie trasalì per lo stupore quando nella parte superiore della vetrata riconobbe lo stesso simbolo che Julien aveva trovato nel cofanetto nascosto nel duomo di Vienna e che ornava anche il relativo anello. Senza dare troppo nell'occhio e senza parlare, Marie cercò di far notare a Julien quel segno. Nel suo stato di consapevolezza superiore lui reagì subito rivolgendole uno sguardo riconoscente perché lui non lo aveva notato. Quello era un segno che si trovavano al posto giusto nel momento giusto.

Lentamente si stavano avvicinando alla grande scalinata di marmo che attraverso un singolare portale di alabastro, ornato di allegorie mariane, portava alle due anticamere sino alla sala del trono con la figura di Maria.

Stordita dalla bellezza di tutte quelle preziose opere d'arte che la circondavano, Marie stava quasi per dimenticarsi della sua vera missione.

Quando infine, oltrepassando le porte cesellate d'argento, raggiunsero gli ultimi gradini che portavano alla Madonna Nera, detta anche la Moreneta per la colorazione scura, si percepiva una tale tensione, o forse meglio un tale senso di elevazione, delle vibrazioni che li circondavano da far letteralmente trattenere il respiro ai quattro amici. Marie si accorse solo in quel momento che le figure della madre e del figlio erano protette da una lastra di plexiglas, mentre i turisti allungavano la mano, attraverso un varco lasciato libero, per toccare il globo terrestre nella mano destra di Maria.

Marie doveva essere la prima a toccare il globo. Già avvicinando la mano sinistra in quella direzione Marie percepì la potente energia emanata da quella statua.

Quando infine le sue dita toccarono la sfera, fu come se un fulmine le attraversasse tutto il corpo e nel giro di pochi secondi Marie venne catapultata indietro nel tempo: vide Maria Maddalena davanti alla tomba vuota. Stravolta per non aver trovato Gesù cadde a terra in ginocchio piangendo. Mentre le lacrime le rigavano il volto percepì la presenza di due angeli all'interno della camera funebre. Queste due figure celesti riuscirono a consolarla. Dopo essersi leggermente calmata percepì un'ulteriore presenza, nessun altro se non il Cristo stesso risorto. In quello stesso istante Maria Maddalena iniziò a rifulgere della stessa luce di Gesù e Marie ritornò nel qui e ora.

L'esperienza era durata solo pochi secondi ma sufficienti per toccarla profondamene. Quella miracolosa scena non le era mai apparsa prima in sogno anche se spesso era stata riportata ai tempi di Gesù. Profondamente grata, cedette il posto davanti alla sacra Madonna a Richard che era dopo di lei. Contrariamente a Marie, lui non ebbe alcuna visione ma fu pervaso da un senso di totale felicità che lo cambiò.

VÉRONIQUE

BARCELLONA / MONTSERRAT, 7 OTTOBRE 2013

Con grande stupore Véronique aveva osservato come si era trasformata l'aura di Marie e Richard grazie al contatto con quella straordinaria statua venerata da pellegrini provenienti da tutto il mondo. Era curiosa di conoscere la sua reazione nel momento in cui avrebbe toccato il globo terrestre, visto che già poco prima, soffermandosi davanti alla statua di Ignazio di Loyola, si era fatta strada la certezza di essere già stata in questo luogo.

Era come se il suo corpo fosse attraversato da scosse elettriche. Improvvisamene riconobbe di aver già vissuto nel monastero di Monserrat come monaco e di essere stato testimone della conversione di Ignazio di Loyola, che fece qui la confessione della sua vita che durò tre giorni e tre notti. E all'improvviso seppe anche che all'epoca aveva avuto diverse visioni di Maria Maddalena.

Véronique si sarebbe volentieri fermata più a lungo davanti alla Madonna ma si accorse che la gente in coda dietro di lei, compreso Julien, si stava innervosendo. Così si fece da parte e lasciò il posto a Julien.

JULIEN

BARCELLONA / MONTSERRAT, 7 OTTOBRE 2013

Già mentre c'era Marie davanti alla Moreneta, Julien aveva provato strane sensazioni.

Quando infine, da ultimo dei quattro, sfiorò la sfera, da essa iniziarono a scaturire fiotti d'energia di guarigione per il suo ginocchio sinistro. Per la prima volta dopo l'incidente sul palcoscenico di alcuni anni prima non provava più alcun dolore. Era come se fosse stato testimone di una guarigione miracolosa. Il volto di Julien si rigò di lacrime di profonda gratitudine mentre in silenzio raggiungeva gli altri nella cappella dell'altare circolare proprio dietro alla Madonna Nera. Come avevano letto prima, Antoni Gaudì aveva avuto una parte non trascurabile nella direzione dei lavori a questo reliquiario.

Senza dire una parola si sedettero uno accanto all'altra nell'ultima fila di banchi. Marie prese la mano di Julien che stava ancora piangendo e gli porse un fazzoletto. Riconoscente, Julien si asciugò le lacrime che continuavano a scendere copiose perché anche questa cappella era pervasa da una vibrazione molto particolare. Era il luogo perfetto per lasciare sfumare le toccanti esperienze avute con la Madonna Nera.

VÉRONIQUE

BARCELLONA / MONTSERRAT, 7 OTTOBRE 2013

Mentre gli altri restavano a occhi aperti per osservare la bellezza di questo sacrario, Véronique sentì l'esigenza di chiuderli. All'improvvisò percepì una presenza accanto a sé. Alzò lo sguardo e vide una graziosa donna di carnagione ambrata e dai lunghi capelli neri che la guardava con luminosi occhi verdi rivolgendosi a lei:

> *Salve a te, IO SONO Sarah, l'egiziana. Quella non è la Madonna che tutti credono, bensì la nostra amata Signora, Maria Maddalena. E il bambino tra le sue braccia è Sarah-Tamar, sua figlia.*

Sentendo queste parole Véronique iniziò a tremare come una foglia sapendo che quella donna diceva la verità anche se nei libri di tutto il mondo si sosteneva diversamente. Spaventato Richard, seduto accanto a lei, bisbigliando chiese: «Tutto bene, sorellina?».

Véronique, che non era in grado di parlare, si limitò ad annuire così che lui si dedicò nuovamente alle numerose opere d'arte custodite in questo spazio tutt'altro che grande.

Véronique invece continuava a percepire la presenza di Sarah la cui rivelazione aveva più che un senso per lei e per la loro comune missione. Per quale ragione al mondo sarebbero dovuto venire lì al Montserrat se quel luogo non avesse avuto una particolare connessione con Maria Maddalena?

A stento riusciva a trattenersi dal desiderio di raccontare agli altri la sua esperienza. Così aprì gli occhi guardandoli piena di aspettative. Tutti compresero il suo sguardo e si alzarono contemporaneamente. Decisero di fare ancora un giro nella stanza e si fermarono attoniti davanti a una gigantesca statua dell'arcangelo Michele sul cui scudo campeggiava una croce le cui quattro estremità terminavano con una sorta di giglio stilizzato. Per Véronique fu un ulteriore segnale che nel santuario del Monserrat non vi era solo l'energia di madre Maria, anche se il cammino che percorrevano per uscire dalla cappella dell'altare portava il nome di Cammino dell'Ave Maria.

JULIEN

BARCELLONA / MONTSERRAT, 7 OTTOBRE 2013

Questo passaggio, naturalmente delimitato dalle spesse mura della chiesa e dalla roccia e protetto da una tettoia in vetro acrilico, era ornato dalle cosiddette maioliche, mattonelle di ceramica colorata e vetrificata, sulle quali si invocava Maria. Inoltre c'erano molte possibilità per accendere ceri per ringraziare o per chiedere una grazia.

Julien sentì l'impellente esigenza di acquistare una candela color verde smeraldo e di accenderla in onore di Maria per ringraziarla per la miracolosa guarigione del suo ginocchio, che non gli dava più alcun dolore.

Gli altri lo imitarono.

Sempre in silenzio attraversarono l'atrio per tornare nella Plaça de Santa Maria. Giunti lì, raggiunsero il grande muraglione di pietra alla loro sinistra e si sedettero accanto a una delle finestre ad arco da cui si godeva una magnifica vista sul paesaggio circostante.

Ci volle ancora un bel po' di tempo prima che potessero nuovamente parlare. Inoltre erano tutti perfettamente consapevoli di essere quasi certamente osservati e che dai movimenti delle loro labbra si sarebbero potuti leggere gli eventuali commenti sull'esperienza vissuta nella basilica. Così Julien decise di riprendere la parola con un commento molto banale: «Allora gente che si fa? Siete affamati come me?».

«Assolutamente», risposero gli altri all'unisono.

«Allora andiamo al ristorante Mirador del Apostols che abbiamo superato venendo qui dal parcheggio», propose subito Julien.

«Sì dai», concordarono tutti avviandosi.

Passando accanto ai piccoli alberi di ulivo che costeggiavano la via verso la Plaça del Abat Oliva incapparono in una vecchia dalla pelle grinzosa che nulla aveva a che fare con il resto dei turisti. Indossava miseri abiti di foggia antica ma nei suoi occhi brillava una luce che nessuno si sarebbe aspettato.

Bruscamente prese Marie per un braccio rivolgendosi a lei in un velocissimo catalano. Marie non capiva una parola, ma Julien che le camminava accanto e che parlava correntemente spagnolo riuscì a farsi un'idea del messaggio della vecchia.

Si accomiatò dicendo «Tenir bona cura de vostè» ("prendetevi buona cura di voi stessa") e in un attimo era sparita con la stessa velocità con la quale era comparsa.

«Ma che roba era?», sfuggì a Marie mordendosi poi le labbra per non essersi ricordata di tenere la bocca chiusa.

«Tutto bene», rispose Julien sorridendo, «voleva solo augurarci un buon soggiorno qui al Montserrat».

Dallo sguardo di Marie capì che non credeva neppure a una parola ma che ne ammirava la credibilità.

Dopo essersi rifocillati con insalate e tapas decisero di prendere la Funicolar de la Santa Cova, la funicolare che portava alla sacra grotta. Julien acquistò quattro biglietti e poi si sedettero su una piccola panca in attesa della partenza.

Arrivò il momento, per primi attraversarono la barriera e scesero i pochi gradini che portavano a quella famosa cremagliera. Insieme raggiunsero la parte superiore di quella sorta di treno e ne rimasero affascinati perché non si trattava di un treno normale. Era letteralmente appeso di traverso e dal tetto a vetri si poteva vedere il cielo.

Mentre Marie, Véronique e Richard conversavano a bassa voce, Julien ne approfittò per scansionare con lo sguardo il resto della funicolare accorgendosi che avevano nuovamente i loro inseguitori alle calcagna. Erano rimasti inosservati solo e unicamente nella cappella dell'altare.

Quando la funicolare si mise in movimento Julien iniziò a pregare perché sulla base di quanto gli aveva rivelato la vecchia era quasi certo che il mistero si sarebbe risolto nella grotta della "Santa Cova", o lungo il tragitto che portava lì. Ma come faceva a comunicare ai suoi amici il suo presentimento se venivano costantemente spiati e ogni loro minimo movimento o parola che si scambiavano venivano analizzati? Così chiese nuovamente aiuto al padre celeste:

> *Caro Dio,*
> *rendimi un tuo strumento in questa santa missione. Fai che riconosca quando poter comunicare agli altri senza pericolo ciò che penso di aver inteso dalle parole di quella vecchia, in modo da poter trovare la soluzione del mistero celato in questo luogo. Ancora una volta mi rimetto nelle tue mani sapendo che guiderai meravigliosamente me e gli altri. Con profonda umiltà sono il tuo servo. Amen.*

Mentre Julien pregava in silenzio, la vecchia lasciava questa vita perché Alexander Černakov, nascosto dietro alle arcate e camuffato da una parrucca bionda e un paio di occhiali da sole scuri, si era accorto che aveva fatto arrivare un messaggio a Marie e Julien. Contrariamente a loro due, lui sapeva benissimo dove la donna voleva dileguarsi e grazie alla sua decennale esperienza era riuscito a precederla afferrandone i polsi con la sua presa d'acciaio. Contemporaneamente le aveva puntato al fianco la sua pistola con silenziatore, invisibile agli altri, intimandole di non fiatare. Senza battere ciglio la fiera vecchia catalana si rimise al suo destino quasi sapesse ciò che sarebbe accaduto.

Nel frattempo i quattro amici, raggiunta la stazione inferiore della funicolare, uscirono uno dopo l'altro dal treno. Lentamente scesero i gradini che conducevano al cammino con i quindici misteri del rosario e poi infine alla sacra grotta.

Sebbene il cammino al di sotto dei gradini piegasse a destra, il primo mistero era alla loro sinistra. Senza parlare vi si diressero tutti. Rappresentava l'*Annunciazione dell'arcangelo Gabriele a Maria Vergine*. Quando, nella parte superiore del bassorilievo in marmo, Julien scorse la luminosa colomba i cui raggi toccavano Maria, si guardò prudentemente attorno per assicurarsi che la via fosse libera. A quanto pareva i loro inseguitori erano già andati avanti. Julien approfittò dell'occasione e si rivolse ai suoi amici. «Devo comunicarvi urgentemente qualcosa. La vecchia sapeva della profezia. Ha riconosciuto Marie e me come coloro che erano stati annunciati già quasi duemila anni orsono. Conosceva persino le nostre date di nascita, 1.4.1983 e 22.7.1970».

«Ma è incredibile!», si fece scappare Marie a voce più alta di quanto volesse. Spaventata si guardò intorno per vedere se qualcuno avesse udito la sua esclamazione, ma sembravano davvero essere soli.

«Sì lo è», proseguì Julien. «Ma lei ha aggiunto anche dell'altro, ovvero: "E che sia per voi un segno: Maria Maddalena è stata la prima a cui è apparso il Cristo risorto accanto alla tomba"».

Sentendo queste parole a tutti venne la pelle d'oca in tutto il corpo sapendo che dovevano definitivamente seguire questo segno.

Si fermarono ancora per un po' davanti al magnifico bassorilievo, ognuno immerso nei propri pensieri, poi fu Richard a prendere la parola: «Stando alle dichiarazioni della vecchia, direi che la soluzione del segreto ha a che fare con il mistero che Gaudì ha contribuito a realizzare. Esso raffigura non solo la *Resurrezione di Gesù* bensì anche Maria Maddalena così come le altre due Marie accanto alla sua tomba».

«Quello è! Sei geniale», esclamò Julien entusiasta.

«Ti prego calmati. È solo una mia idea, ma lungi dall'essere la soluzione», fece Richard cercando di frenare l'entusiasmo del tenore.

«No, non è solo un'idea», lo contraddisse Julien, «perché la vecchia catalana, in una frase secondaria, ha anche citato Gaudì solo che il resto non l'ho capito. Il catalano è una lingua a sé».

«Allora cosa stiamo aspettando?», si intromise Véronique. «Diamoci una mossa e troviamo quella scultura».

«Ancora una cosa», aggiunse Julien, «siamo seguiti già da quando siamo usciti dal parcheggio sotterraneo dell'Hilton, ciò significa che i nostri inseguitori non sono lontani. Dobbiamo quindi prestare la stessa attenzione a tutte le sculture per non destare il sospetto che una possa avere qualcosa di particolare. Questo significa anche che non possiamo soffermarci più brevemente o più a lungo in nessun punto. Capito?».

«Tutto chiaro, maestro!», disse Marie dandogli per scherzo un pugno al fianco.

MARIE

BARCELLONA / MONTSERRAT, 7 OTTOBRE 2013

Gli amici si rimisero in cammino. Appena raggiunto il secondo mistero notarono alcuni uomini immersi a contemplarlo, o almeno così sembrava. Richard, che aveva compreso la situazione come gli altri tre, iniziò a spiegare, come ci si poteva benissimo aspettare da un esperto d'arte, che le due statue di bronzo erano opera di Enric Sagnier i Villavecchia. Aggiungendo poi che non si trattava del mistero originale realizzato in marmo bianco e purtroppo andato distrutto per una caduta di massi.

Oltre a Marie, Véronique e Julien, anche i tre sconosciuti sembravano ascoltare assorti.

"Davvero astuto, mio fratello", pensò Véronique orgogliosa, a lei non sarebbe mai venuto in mente un modo così smaliziato per rivolgersi agli altri. Suo fratello invece li intratteneva e si muoveva in modo così naturale da far benissimo credere che stavano percorrendo il "Camì de la Santa Cova" per interessi esclusivamente artistici.

Continuando a tenere d'occhio le due figure femminili in bronzo, i tre uomini erano già andati avanti, ma i quattro amici erano certi che avessero a che fare con i loro inseguitori. Non si lasciarono destabilizzare, anzi si godettero ogni singola scultura di questo cammino così mistico; perché anche se i veri e propri esperti d'arte erano Marie e Richard, Vèronique e Julien non erano da meno nella passione per le belle arti e vi attingevano come fonte inesauribile di ispirazione per le loro discipline artistiche.

Continuavano a incappare nei tre uomini, tanto che Marie quasi si aspettava di essere, prima o poi, coinvolta in una conversazione, ma nulla di questo accadde. Invece il suo cuore iniziò all'improvviso ad accelerare in modo strano; lanciò un'occhiata a Julien che contraccambiò perché a lui stava accadendo lo stesso. Si capirono al volo senza parole: d'ora in avanti avrebbero dovuto essere ancora più cauti.

Anche Véronique ebbe di colpo una strana sensazione che la indusse ad aprire ancora di più tutti i suoi sensi.

Quando imboccarono la curva seguente mancò loro la parola perché davanti avevano l'opera d'arte che avevano cercato basandosi sul messaggio della vecchia catalana: un piccolo incavo nella roccia con la tomba di Gesù. Maria Maddalena affranta, riversa sul sarcofago, la Madonna appoggiata a Maria Salomé, un angelo che vegliava sulla tomba così come il Cristo risorto che si eleva ai bordi della rupe. Naturalmente i tre uomini erano già lì, così che Marie, Julien, Véronique e anche Richard dovettero rapidamente ricomporsi per non far trasparire che stavano per fare una scoperta unica. A salvare la situazione ci pensò di nuovo Richard spiegando tra l'altro che questo primo mistero glorioso era opera dell'architetto Antoni Gaudì e degli scultori Josep Llimona e Dionìs Renart; a Dionìs Renart si dovevano le tre Marie e a Josep Llimona il Cristo risorto e l'angelo che veglia sul sarcofago. Richard riferì anche che l'opera venne pesantemente danneggiata nei primi giorni della guerra civile. Erano state mutilate sia le ali dell'angelo che le teste, le braccia e le gambe delle altre sculture. L'inscrizione "Resurrexit, no est hic" (È risorto, non è qui) era del tutto scomparsa. Il mistero era stato riparato solo nel dopoguerra nell'ambito dei lavori di restauro del santuario. L'inaugurazione del monumento ebbe infine luogo il 7 e 8 giugno 1947 in occasione dei festeggiamenti per la consacrazione della Nostra Signora del Montserrat.

Mentre Richard faceva sfoggio della sua conoscenza, Julien cercava di incamerare il maggior numero possibile di dettagli perché la gigantesca opera d'arte collocata all'interno di una grotta incastonata nella roccia e circondata da un cancello di ferro era difficilmente fotografabile in prospettiva e poi avrebbe dato comunque troppo nell'occhio. Ma ogni fibra del suo essere gli diceva che dietro a quel cancello, ornato con un'alfa e un'omega così come da una croce equilatera, si nascondeva la soluzione del mistero. Non aveva però la più pallida idea di come fare a scavalcare inosservato il cancello e avvicinarsi al sarcofago e alle figure marmoree per scoprire di più.

Marie intuì chiaramente ciò che stava accadendo a Julien e in lei crebbe la paura che altri potessero accorgersene.

Stava riflettendo febbrilmente sul da farsi quando le venne in mente ciò che Lucius aveva detto a Julien, ovvero che la ritenevano una stronzetta e allora pensò di comportarsi come tale.

«Gente, sentite cominciano a farmi male i piedi», iniziò a lamentarsi. «Non potremmo darci una mossa e vedere di arrivare finalmente a questa cosiddetta santa grotta, la Santa Cova?».

Julien capì all'istante perché Marie si comportasse in modo così anomalo. «Sì, certo», rispose al volo, «dovremmo finalmente arrivare a vedere il posto dove, a quanto si dice, fu ritrovata la Moreneta».

Anche Véronique e Richard avevano capito il senso delle lamentele di Marie, così si rimisero tutti in cammino.

Mentre loro si soffermavano ad ammirare uno dopo l'altro tutti i misteri del rosario, Alexander era impegnato a torturare a regola d'arte la vecchia catalana perché voleva assolutamente sapere ciò che aveva rivelato a Marie Chevalier e a Julien de la Tour. Ma lei rivelò solo di averli riconosciuti come quelli preannunciati dalla profezia millenaria indicando le loro date di nascita per confermare i suoi presagi. Alexander non credeva neppure a una parola ma, nonostante la sua brutalità, la fiera catalana resistette stoicamente al dolore più insopportabile.

Non appena raggiunto il quarto mistero della gloria, che raffigurava l'Assunzione di Maria in cielo, Marie sentì una fitta intensa che la fece piegare dal dolore. Julien fece appena in tempo ad afferrarla prima che crollasse a terra. Dalla bocca di Marie iniziò a fuoriuscire del sangue scuro e Julien venne assalito dalla paura.

Spaventato, lui e gli altri si guardarono attorno ma in quel momento nei pressi non c'era nessun altro.

Mentre Julien disperato teneva Marie tra le sue braccia, Véronique le si inginocchiò accanto sollevando le braccia al cielo per inviarle energia di guarigione con l'aiuto degli angeli. Nel frattempo Richard, piantato a gambe larghe, apparentemente intento a osservare il meraviglioso bassorilievo in marmo, fece loro da scudo con la sua presenza. In realtà stava pregando e invocando l'aiuto di Gesù che svettava sopra alle figure marmoree.

In tempi relativamente brevi Véronique riuscì a bloccare il flusso di sangue. Sollevato Julien si asciugò il sudore freddo dalla fronte mentre Marie riaprendo lentamente gli occhi mormorò con voce flebile: «È appena accaduto qualcosa di spaventoso».

«Sì, sei crollata, cuore mio», rispose Julien.

«No, non intendo quello», sospirò Marie. «Io ho solo percepito gli effetti energetici di qualcosa di molto più terribile. Ma non so dire cosa sia stato esattamente».

Facendosi aiutare da Richard, Julien rimise in piedi Marie. I due la affiancarono mentre Véronique rimase in retroguardia.

Marie aveva avuto ragione, oltrepassarono un'ultima scultura, quella dell'incoronazione di Maria, poi si trovarono di fronte all'ingresso della Santa Cova, che nel frattempo non era più un incavo nella roccia bensì una piccola cappella costruita nel XVII secolo. Stando alla leggenda, lì era stata ritrovata la famosa immagine miracolosa della Moreneta nell'880 dopo Cristo.

Appena entrati in quel luogo sacro, Marie si sedette su una delle semplici sedie in legno vicino all'altare dietro al quale, in una specie di piccola nicchia di pietra, c'era una raffigurazione stilizzata della Madonna Nera. Lì lentamente si tranquillizzò, percepì la sottile vibrazione che pervadeva quel luogo mistico ed ebbe nuovamente la certezza che tutto sarebbe accaduto esattamente come previsto dal piano superiore mentre su di lei scese un profondo senso di pace. Anche gli altri si accorsero del cambio di frequenza e che Marie era di nuovo perfettamente in sé. Si soffermarono comunque ancora per un po' in quel luogo ameno e pacifico per raccogliere le forze per affrontare ciò che li attendeva.

MARIE

BARCELLONA / MONTSERRAT, 7 OTTOBRE 2013

Sulla via del ritorno verso la stazione inferiore della funicolare nessuno dei quattro prestò più attenzione né alla bellezza del panorama né alle sculture; l’unica cosa che avevano in mente era arrivare il più presto possibile all’auto. Con il loro passo spedito raggiunsero i gradini che portavano alla stazione in molto meno di venti minuti. Lì incontrarono nuovamente i tre uomini che annuirono con fare amichevole vedendoli entrare nella sala d’attesa.

Marie era più che felice che non si fossero accorti del suo malore. Oppure si stava sbagliando?

In ogni caso tornare indietro non si poteva più. L’importante era che ora si sentiva di nuovo bene e in forze. Il suo nuovo o “vecchio” mantra “Io non ho paura! Io sono nata per fare questo!” sembrava, in ogni caso, sortire miracoli.

Una volta scesi dalla funicolare, i quattro amici decisero di fare una tappa nel piccolo Bar della Plaça per rifocillarsi prima di tornare a Barcellona e fare il punto della situazione. Per fortuna non avevano la minima idea di ciò che stava per capitare a breve, altrimenti i bocconi sarebbero loro rimasti in gola.

«Cosa ne pensate? Non sarebbe il caso di dare un’occhiata anche alla basilica prima di tornare a Barcellona?», chiese Richard bevendo l'ultimo sorso del suo caffè. «Per ora abbiamo visto solo la Madonna e la cappella dell'altare».

«Normalmente l'avrei fatto molto volentieri», rispose Marie al posto degli altri, «ma ho la netta sensazione che dovremmo fare ritorno alla nostra vettura il più presto possibile».

«Anche se la cosa mi dispiace molto, mi fido completamente del tuo sentire», ammise Richard all'istante; così i quattro amici diedero un ultimo sguardo alle incredibili formazioni di roccia che svettavano verso il cielo e che non a caso erano sopranominati "Els Frares" (i fratelli/i monaci) perché davvero ricordavano degli amichevoli ma irremovibili guardiani che avevano custodito quel sacro luogo per millenni.

Durante il tragitto verso l'auto, l'inquietante sensazione di Marie aumentò tanto che invitò gli altri ad accelerare il passo. Lei stessa si mise quasi a correre raggiungendo per prima la BMW. Quando vide cosa sporgeva da sotto l'auto parcheggiata accanto alla loro a Marie sfuggì un grido straziante: era una mano mozzata. In pochi secondi fu raggiunta dagli altri che rimasero altrettanto sconvolti. Julien colto da un terribile sospetto si inginocchiò per guardare meglio sotto la Rover di colore verde scuro e scorse tutto il cadavere. Come immaginava si trattava della vecchia che poco prima aveva dato loro il messaggio. Pallido come un fantasma si rialzò da terra.

«Gli altri si sono dati davvero da fare. Possiamo solo sperare che Marie non venga coinvolta in questo assassinio perché lei è stata, probabilmente, l'ultima persona ad avere un contatto con la catalana», aggiunse Julien sconvolto. «In ogni caso dobbiamo subito segnalare questo macabro ritrovamento».

Senza consultarsi ulteriormente con gli altri, Julien fece subito il numero della polizia riferendo al capo della sezione Omicidi, che gli era stato passato dal centralino, di aver rinvenuto un cadavere.

In brevissimo tempo il parcheggio del Montserrat si riempì di poliziotti e di curiosi mentre il capo della Omicidi, uno spilungone dall'aspetto giovanile e una nera chioma ondulata, si dedicava ai quattro amici nelle immediate vicinanze della vittima.

«*Bon dia*, mi chiamo Ruben Castell e sono il capo della sezione Omicidi di Barcellona. Chi voi siate mi è naturalmente ben noto visto che sono un grande appassionato di lirica. Ovviamente avrei preferito che la nostra conoscenza fosse avvenuta in un altro contesto, *madame* Chevalier, *monsieur* de la Tour e Véronique Valois, suppongo», il poliziotto si presentò così con fare amichevole. «Purtroppo non riesco a inquadrare l'altro signore. Mi scusi, *monsieur*».

«Poco male. Sono Richard Valois, il fratello di Véronique», fece Richard con disinvoltura. «Lei qui ha decisamente altro a cui pensare, signor Castell».

«Direi che è proprio così, *monsieur* Valois. Bene allora andiamo subito al punto: conoscevate bene questa donna?».

«No, non proprio», rispose Julien, «come le ho già accennato al telefono, abbiamo incontrato brevemente l'anziana donna solo poco prima di salire sulla funicolare quando questa ci ha parlato di una profezia millenaria nella quale, a quanto pare, siamo coinvolti sia Marie che io. Ma a essere sincero le parole le ho più intuite che capite, dato che purtroppo nessuno di noi conosce il catalano».

Ruben Castell passò il suo sguardo indagatore da uno all'altro per capire se dicessero veramente tutto ciò che sapevano.

«Sembrava piuttosto agitata», intervenne Marie, «perché prima di rivolgersi a noi parlando velocemente mi ha afferrato il braccio. Ma come le ha appena detto Julien purtroppo non siamo riusciti a capirla».

«Bene», rispose Castell pensieroso. «E mi sapete dire più o meno quando è stato? Intendo, vi ricordate esattamente che ora era quando le avete parlato?».

«Penso, più di due ore fa, ma meno di tre», aggiunse Marie cercando di circoscrivere il lasso di tempo trascorso.

«Immagino che in quel momento la sfortunata avesse ancora tutte le dita, vero?», osservò Castell sarcastico.

«Decisamente», sfuggì a Marie, «era viva e vegeta e i suoi occhi brillavano in modo molto particolare».

«Cosa intende? Che era forse sotto l'effetto di una qualche droga o di farmaci?», insistette il commissario.

«No, non credo proprio», rispose Marie. «Al contrario, mi sembrava più una luce interiore, quella luce che emanano le persone che hanno una profonda fede».

«Potrebbe benissimo essere, se era a conoscenza della famosa profezia».

«Vuol dire che ne ha sentito parlare anche lei?», chiese Véronique da dietro a voce bassa.

Come al rallentatore Ruben Castell si girò verso Véronique lanciandole un intenso sguardo che lei non riuscì però a decifrare.

«Controdomanda: sapevate già della profezia prima di arrivare qui al Montserrat?».

«Sì», ammise Véronique.

«Ah, ecco».

Il commissario Castell sembrava riflettere su che peso dare alla cosa.

In ogni caso tenne un attimo in sospeso i quattro amici per rivolgersi al medico legale che nel frattempo era arrivato sul luogo del crimine o, presumibilmente, solo sul luogo del ritrovamento del cadavere.

La risposta del commissario arrivò quando Vèronique non se l'aspettava quasi più: «Già mia nonna mi aveva raccontato della profezia e sapevo che forse sarei stato partecipe del suo compimento, ma non mi era chiaro, almeno sino a oggi, che i prescelti si chiamassero Marie Chevalier e Julien de la Tour».

Sentendo queste ultime parole Marie arrossì, cosa che non sfuggì a Ruben Castell.

«Quindi è da tempo che ne siete al corrente», si limitò semplicemente a constatare in modo obiettivo. «E che altro sapete?».

«Non molto di più», ammise Julien anche perché, pur non volendo mentire, non poteva rivelargli il sospetto che la soluzione dell'enigma si trovasse al Montserrat o forse nel mistero di Gaudì, Llimona e Renart.

«Bene allora, non voglio tormentarvi oltre, perché mi è chiaro che non siete voi ad avere sulla coscienza l'anziana donna, che in zona molti ritenevano essere una guaritrice capace di fare miracoli. Sospetto piuttosto che a colpire sia stata la stata la stessa banda che l'ha aggredita nel duomo di Santo Stefano. Perché a me non potete proprio raccontare che quella sia stata una semplice aggressione», aggiunse ancora Castell.

Stupiti i quattro amici ascoltarono le conclusioni a cui era arrivato il commissario. Decisamente quest'uomo ne sapeva molto di più di tutti gli altri che si erano occupati del caso sino a quel momento.

«Grazie per non ritenerci capaci di un'azione tanto infame», aggiunse Marie sollevata, sapendo molto bene che sugli abiti della guaritrice vi erano impronte che si sarebbero potute facilmente interpretare in modo molto diverso.

«Ma come si chiamava quella povera donna?».

«Montserrat Castell».

Inorridita Marie si mise una mano sulla bocca. «Dio mio», le sfuggì. «Era per caso sua nonna?».

«No, ma era la sorella di mio nonno dalla parte di mio padre. Non si era mai sposata, è per questo che mi chiamo come lei».

«È terribile che una sua parente sia dovuta morire per colpa nostra».

Marie si sentiva malissimo al pensiero, ma Ruben Castell non pareva per nulla turbato.

«Affinché qualcosa di veramente grande possa compiersi, molte anime devono sacrificarsi, perché solo con la più profonda devozione è possibile servire il piano divino con tutti gli onori», esclamò profondamente assorto in se stesso. «Non datevi troppa pena, Montserrat sapeva che un giorno ci avrebbe lasciati in modo non naturale. Ce lo aspettavamo da sempre».

«Comunque ci dispiace con tutto il cuore, signor Castell», si sentì di aggiungere Julien.

«Grazie, ma ora devo proseguire per scoprire, mi auguro, chi abbia torturato così crudelmente mia zia mandandola poi all'altro mondo con tanta destrezza. Immagino vi sia chiaro che dovete rimanere a disposizione?».

«Ovviamente», risposero i quattro in coro.

«Alloggiamo all'Hilton Diagonal Mar di Barcellona qualora volesse rintracciarci», aggiunse Julien, «inoltre lei ha anche il mio numero di cellulare per tutte le evenienze».

«Giusto», rispose il commissario. «Restiamo in contatto e ci teniamo informati sull'evolversi della situazione. *Au revoir*».

«Aspetti un attimo», lo interruppe Julien. «Possiamo semplicemente uscire dal parcheggio superando le transenne?».

«No, lei ha ragione, non è così semplice».

Si rivolse a un giovane poliziotto poco distante e gli diede rapidamente le disposizioni del caso.

Poi si girò di nuovo verso Julien aggiungendo amichevolmente: «Joan vi scorterà attraverso il tumulto».

«*Moltes gràcies*», rispose Julien in catalano altrettanto cordialmente. «Arrivederci».

Grato, Ruben Castell sorrise al tenore prima di accomiatarsi definitivamente. Con l'aiuto di Joan, Julien riuscì infine ad allontanarsi rapidamente in auto dal luogo della disgrazia.

Appena usciti dal parcheggio, Véronique intuitivamente prese dalla borsa il suo cellulare non intercettabile e si accorse che Lucius si era fatto vivo più volte. Spaventata lesse il primo

SMS: "Mio angelo, purtroppo ti devo mettere in guardia. Nella vostra auto e nelle vostre camere d'albergo sono state installate delle cimici. Significa che non dovete assolutamente parlare di cose importanti. Mi dispiace. Ti abbraccio forte".

Senza dire una parola Véronique passò il telefonino a Marie, seduta di nuovo accanto a lei sul sedile posteriore della BMW X3.

Julien che dallo specchietto retrovisore si era già accorto che qualcosa non andava allungò la mano destra per poter leggere subito ciò che aveva appena lasciato sbigottita Véronique. Poi, senza minimamente fiatare, passò il cellulare anche a Richard così che tutti e quattro fossero al corrente.

«Che razza di giornata!», esclamò Richard tanto per dire qualcosa di innocuo. «Uno si mette in viaggio per il Montserrat, per visitare un luogo sacro e rilassarsi e poi si incappa in un assassinio».

«Veramente spaventoso», concordò Julien. «Ma al giorno d'oggi non si può mai sapere quando capita la prossima disgrazia».

«Non credi che l'assassinio dell'anziana donna abbia qualcosa a che fare con noi?», intervenne Marie facendo la tonta.

«No, certamente no», rispose Julien tranquillo, «sapeva solo le nostre date di nascita e che probabilmente siamo i due della profezia. Questo non è di certo motivo per far fuori qualcuno».

«Beh sì, anche qui hai ragione», fece Marie convinta. «Deve essersi trattato di una strana coincidenza».

Continuarono a conversare in modo analogo lungo tutto il tragitto verso Barcellona mentre Véronique scorreva gli altri messaggi inviati da Lucius nei quali la informava che era Alexander Černakov ad avere sulla coscienza la guaritrice e che Maurice de la Fontaine era fuori di sé per il fatto che nemmeno quell'agente russo, così speciale, era riuscito a cavar fuori dalla vecchia ciò che volevano sapere, nonostante le torture.

MAURICE DE LA FONTAINE

BARCELLONA / MONTSERRAT, 7 OTTOBRE 2013

Nel frattempo metà degli Ottaviani presenti in Spagna e radunati nella suite di Maurice de la Fontaine all'Hotel W Barcelona ascoltavano attentamente i discorsi delle loro quattro vittime mentre viaggiavano in auto.

«Che sciocchezza non aver potuto mandare Lucius al Montserrat», bofonchiava il *mâitre* tra sé e sé in preda alla rabbia. «Lui sarebbe sicuramente riuscito a far parlare la vecchia. Al contrario di te Alexander. Mi hai deluso su tutta la linea, specie dopo che Solokov ti ha venduto come il suo uomo migliore. Ma fammi ridere!», e dalla sua gola si alzò veramente una spaventosa risata che fece rabbrividire anche Sasha, solitamente imperturbabile.

Alexander però ribatté prontamente all'offesa. A bassa voce ma con un tono tagliente si difese: «Qui ti sbagli alla grande, Maurice. Quella donna era talmente animata dalla sua fede che se anche l'avessi gettata nella fossa dei leoni non si sarebbe piegata. Nonostante le torture non le è sfuggito un solo grido di dolore e, credimi, io so fare il mio mestiere e ho sciolto la lingua alle spie più efferate. Ma di fronte a una tale fede siamo tutti impotenti».

Prima ancora che *monsieur* de la Fontaine potesse minimamente reagire, Alexander si era già diretto verso la porta della suite e girandosi ancora una volta aggiunse: «Indipendentemente da quello che pensi tu, io ora mi riposo perché al contrario di voi tutti oggi ho lavorato duramente e inoltre sono l'unico che potrebbe finire dietro le sbarre se quel Ruben Castell è veramente così in gamba come corre voce a Barcellona».

Per la prima volta dopo molto tempo de la Fontaine venne assalito dalla paura, perché se quel Ruben Castell era veramente così brillante come si diceva sarebbe potuto risalire anche agli eventi di Vienna e Salisburgo; e allora la cosa avrebbe potuto mettersi male, anche se gli Ottaviani avevano agganci ai massimi livelli.

Gli ci volle molto prima di riuscire a prendere sonno quella notte perché anche tra le quattro mura delle stanze d'albergo i discorsi dei suoi quattro obiettivi non lo facevano avanzare neppure di un centimetro. Sembrava una situazione stregata.

VÉRONIQUE

BARCELLONA, 8 OTTOBRE 2013

Il mattino seguente Véronique si alzò esausta, aveva dormito malissimo. Si ricordava vagamente di aver sognato qualcosa di spaventoso. Mentre tutta dolorante si allungava nel letto le tornarono alla mente alcune immagini ed ebbe la certezza che nel suo sogno Lucius era in pericolo di vita.

All'istante afferrò il cellulare non intercettabile e gli inviò un messaggio nel quale gli diceva quanto sentisse la sua mancanza e quanto fosse preoccupata per lui. Lo supplicò di fare attenzione a non fare nessun errore che potesse smascherare la sua copertura perché sapeva che in tal caso Maurice de la Fontaine non avrebbe avuto nessuna pietà.

Poi, sospirando, si fece cadere nuovamente tra i cuscini. Avrebbe preferito restare con la testa sotto le coperte per tutto il resto della giornata per non sapere più nulla del mondo che la circondava perché l'immagine della guaritrice torturata e mutilata, così come l'oscuro presagio che il suo sogno avesse a che fare con la realtà, per un attimo le tolsero la speranza che il loro viaggio potesse avere un esito felice.

Per fortuna Véronique non era certo una persona che si compiangeva, possedeva invece sufficiente autodisciplina per superare quella sensazione desolante. Solo pochi minuti dopo era decisa a scoprire se per caso poteva farsi un giro di allenamento alla sbarra al Gran Teatre del Liceu perché nulla più della danza le permetteva di liberarsi dal turbinio delle sue emozioni e ritrovare il suo centro.

Ebbe fortuna. Informandosi presso il teatro venne infatti a sapere che l'English National Ballet era ospite a Barcellona così da potersi aggregare alle prove mattutine della compagnia di ballo inglese.

Prima di lasciare la stanza d'albergo munita dell'occorrente per il balletto, inviò ancora velocemente un messaggio a Marie e a suo fratello per informarli delle sue intenzioni. Sapeva che gli altri non ci sarebbero rimasti male perché comunque avevano deciso di concedersi una giornata più rilassata.

Scesa dal taxi all'altezza della famosa Rambla, Véronique si sentì di colpo eccitata e felice. Non si poteva mai sapere chi si poteva incontrare in un luogo sconosciuto nel mondo del balletto o come in questo caso in una sala prove generale. Si fece spiegare dal portinaio come raggiungere i camerini delle ballerine e poi la Sala d'*asseig* Mestres Cabanes, la sala prove del teatro.

Trovato rapidamente il camerino, bussò, visto che in fondo non faceva parte della compagnia che si esibiva attualmente al Liceu.

Prima di rendersene conto la porta si aprì e vi sbucò una sorridente biondina. «Lisa, questa sì che è una sorpresa!». Felice Véronique cadde nelle braccia della vecchia amica dei tempi trascorsi all'Opera di stato di Vienna.

«Ora sei con l'English National Ballet?».

«Ciao Véronique, sì lo sono», rispose Lisa radiosa. «Ma tu cosa ci fai qui? Il nuovo splendente astro nel firmamento del balletto!».

«Beh adesso non esagerare», fece Véronique cercando di frenare l'entusiasmo dell'amica.

«Ora comincia a venire dentro e a cambiarti, l'allenamento sta per iniziare». In men che non si dica Véronique era vestita e pronta per raggiungere insieme a Lisa la Sala d'*asseig* Mestres Cabanes, l'enorme sala utilizzata per le prove sia per l'opera lirica che per i balletti. Lungo il tragitto fece in tempo a spiegarle che era a Barcellona in veste di turista.

Quando, insieme a Lisa, mise piede nell'enorme sala tutti gli occhi erano puntati su di lei e i ballerini iniziarono spontaneamente ad applaudire.

Véronique, che era tutto fuorché arrogante, arrossì perché proprio non se lo aspettava.

Quando anche il direttore del corpo di ballo le diede un caloroso benvenuto, quasi si era dimenticata di essere venuta lì solo per liberarsi dalla confusione e dal dolore danzando. Nel frattempo infatti non si sentiva certamente più male.

Véronique aveva appena preso posto alla sbarra quando la porta si riaprì di nuovo. Non riusciva a credere a suoi occhi, e per gli altri presenti in sala fu probabilmente lo stesso, quando nella sala entrò Sasha Marakov in tutta la sua splendente bellezza.

«Questa sì che è una sorpresa! Prima appare la prima ballerina assoluta, Véronique Valois, e a ruota anche il suo partner, un altro astro di prima grandezza», esclamò il direttore del corpo di ballo, Thomas Wilson, dando voce al pensiero di tutti. «Un caloroso benvenuto a Barcellona, Sasha Marakov».

Con fare amichevole il direttore porse la mano alla star del balletto che la strinse energicamente.

«Grazie Thomas», rispose Sasha disinvolto. «A essere sincero quella di allenarmi oggi è stata una decisione del tutto spontanea».

"Non ti credo, neanche a una parola", pensò Véronique costernata perché era chiaro che la sua conversazione con il Teatre del Liceu era stata intercettata e che Sasha era lì nella sala prove unicamente per quel motivo. Come aveva potuto pensare anche per un solo attimo di potersi fidare di quest'uomo?

E con diabolica perfezione l'unico altro posto libero alla sbarra era proprio di fronte a lei. Nonostante il ritardo nell'inizio delle prove, Sasha si prese il tempo per salutare Véronique con dei bacini aggiungendo a voce udibile da tutti: «Che bello trovare qui anche te», cosa che probabilmente non era neppure una bugia.

«Decisamente una sorpresa», mormorò Véronique che trovava davvero imbarazzante trovarsi al centro dell'attenzione. «Però adesso non disturbiamo oltre le prove».

Sasha era nuovamente riuscito a scombussolare l'equilibrio di Véronique. Chi era veramente quell'uomo?

Mentre i pensieri si affollavano in testa, il corpo di Véronique eseguiva quasi automaticamente i *pliés* in perfetta sintonia con la musica al pianoforte di Frédéric Chopin. Contemporaneamente Sasha continuava a cercare il suo sguardo. Alla lunga non riuscì a sfuggirgli, anche per non destare sospetti, così gli sorrise, cosa che fece ancora di più brillare i suoi occhi verdi.

Nuovamente Véronique dovette ammettere con se stessa che Sasha le era tutt'altro che indifferente. Quasi si odiava per questo, perché era una persona molto fedele e amava Lucius dal profondo del cuore. Cosa non avrebbe dato per poterlo finalmente rivedere. Ma al momento non era assolutamente immaginabile se non voleva mettere in pericolo la vita di tutti loro.

Dopo l'allenamento mattutino durato un'ora e mezza scarsa, Véronique si sentiva relativamente bene nonostante la presenza di Sasha e, quando lui alla fine la invitò a mangiare un boccone insieme, lei non disse di no anche perché Lisa non aveva tempo visto che si doveva riposare in vista dell'esibizione della sera.

Quando Véronique uscì dal teatro, Sasha era già lì ad aspettarla e quasi fosse la cosa più normale al mondo la prese subito a braccetto per allontanarsi dalla Ramblas e imboccare una stradina laterale. Sembrava essere già molto pratico di Barcellona perché camminando raccontò a Véronique tutti i posti che aveva già visitato. Si fermò davanti a un locale, il Restaurant Organic, dove sosteneva offrissero ottime insalate. Stupita Véronique lo guardò perché non avrebbe di certo immaginato che lui si accontentasse di un ambiente relativamente modesto.

Mentre stavano per accomodarsi a uno dei tavoli quadrati in legno, lo sguardo di Véronique cadde sui titoli di testa di un giornale appoggiato sul tavolino accanto. Con grande spavento si accorse che sulla prima pagina de La Vanguardia, il famoso quotidiano catalano, spiccava la notizia dell'assassinio di Montserrat Castell con tanto di foto di lei, Marie, Julien e Richard.

Sasha che sapeva leggere lo sguardo di Véronique, premuroso le chiese subito. «Tutto ok?», mettendole un braccio attorno alle spalle.

«Non proprio», rispose lei sinceramente.

«Ma cosa è accaduto ieri al Montserrat?».

«Siamo stati testimoni di un omicidio», rispose Véronique prontamente, ben sapendo naturalmente che probabilmente Sasha conosceva più dettagli di lei.

«Ma è spaventoso! Avete visto come è accaduto?».

«No, noi, o meglio Marie, ha solo trovato il cadavere». Raccontò tutto per filo e per segno omettendo i dettagli essenziali. Lo fece consapevolmente perché voleva vedere se e come l'aura di Sasha cambiava sentendo le sue parole.

Incredibilmente, nel suo campo energetico percepì del dolore mentre raccontava di come la povera donna fosse stata torturata senza pietà. Questo di nuovo non corrispondeva affatto con la descrizione di gelido killer che Lucius le aveva fatto di Sasha. Con tutta la sua buona volontà Véronique non riusciva a raccapezzarsi con il suo nuovo partner. L'intuizione le diceva che Sasha era cambiato dalla prima volta che si erano incontrati, anche se era certa che né suo fratello né tantomeno Marie e Julien le avrebbero creduto. Solo il tempo poteva portare alla luce la verità.

Dopo aver finito di mangiare l'insalata presero un taxi per l'albergo, non aveva senso viaggiare separatamente visto che la meta era la stessa.

MARIE

BARCELLONA, 8 OTTOBRE 2013

Leggendo i messaggi di Véronique, Marie un poco si spaventò perché sapeva che se la sua amica sentiva l'urgenza di ballare anche nei pochi giorni liberi, beh voleva dire che doveva essere piuttosto sconvolta.

«Qualcosa deve essere successo, Julien, altrimenti Véronique non avrebbe lasciato così di colpo l'albergo senza fare colazione con noi».

«Probabilmente hai ragione... ma le cose sono come sono. Cominciamo almeno a fare colazione in tutta calma visto che oggi non siamo di fretta». Solo uscendo dalla loro suite si resero conto di aver fornito agli Ottaviani un'informazione preziosa, ovvero che Véronique era in giro senza di loro. «Non può essere vero!».

Marie non poteva credere di aver agito così avventatamente mettendo forse in pericolo Véronique.

«Non crucciarti troppo, amore mio. Non le faranno nulla; ora che è intervenuta la polizia, dopo l'evento di ieri non possono permettersi di mettere sotto torchio Véronique», spiegò Julien mentre percorrevano il corridoio che portava agli ascensori.

«A Dio piacendo», fu l'unica cosa che a Marie venne in mente di dire. Anche a colazione insieme a Richard, fu di poche parole.

VÉRONIQUE

BARCELLONA, 8 OTTOBRE 2013

Appena tornata in albergo, Véronique organizzò una riunione con gli altri nella suite. Come entrò lesse sul volto della sua amica il sollievo. Dopo essersi salutate con i soliti bacetti Marie chiese: «Allora come stai, mia cara?». Entrambe sapevano bene che la società segreta ascoltava ogni loro parola e allora dovevano comportarsi nel modo più naturale possibile. «Favolosamente. Un allenamento così fa semplicemente dei miracoli».

Il volto di Véronique era radioso. «E sai chi ho incontrato lì?».

«Per caso Sasha?», ipotizzò Marie.

«Proprio così. Come me, anche lui probabilmente aveva bisogno di movimento», spiegò Véronique. «Ma non ho incontrato solo lui, bensì anche un'amica di vecchia data, con cui ho ballato all'Opera di stato di Vienna».

In quel momento, dal bagno, Julien raggiunse le amiche che si erano già accomodate sul divano di velluto.

«Julien, ti ricordi di Lisa Nichols?».

«Intendi la vivace biondina di New York?».

«Proprio lei. Ora balla nell'English National Ballet, attualmente ospite del Gran Teatre del Liceu».

«Che combinazione» si rallegrò Julien.

«Sì, e ci ha offerto quattro biglietti per il *Romeo e Giulietta* di questa sera. Avete voglia di andarci?».

«Perché no», fece Marie, «in fondo al momento non abbiamo comunque idea di dove proseguire con le nostre ricerche. Quindi possiamo benissimo andare al famoso Teatre del Liceu, tanto amato da mio padre».

«Giusto», rispose Julien, «solo che sinceramente io sono piuttosto stanco e preferirei andare a letto presto, ma non lasciatevi condizionare da me». Marie e Véronique intesero subito che Julien doveva avere altri programmi, ma ovviamente nessuna delle due chiese ulteriori ragguagli.

«Al posto mio potrebbe subentrare Sasha».

Véronique faticò un attimo a controllarsi per non sbottare con un "Come prego?", esattamente come Marie. Ma pensando a chi li stava ascoltando esclamò: «È veramente una buona idea. Glielo chiedo subito».

«Ma scusa un po', dov'è finito Richard?», chiese Marie rivolgendo uno sguardo interrogativo agli altri.

«Non ne ho idea», rispose Véronique, «in realtà voleva raggiungervi subito. Ora lo chiamo».

Prima che potesse finire di comporre il numero, qualcuno bussò alla porta ed era Richard.

«Dove sei stato, fratellino?».

«Mi sono fatto ancora una doccia visto che ero appena uscito dalla palestra».

«Bene, e adesso che si fa?».

«Hai voglia di venire con noi a teatro questa sera? Al Gran Teatre del Liceu c'è la compagnia dell'English National Ballet con *Romeo e Giulietta*».

«Assolutamente sì. Del resto al momento non abbiamo niente di meglio da fare sino a quando non ci viene in aiuto un lampo di genio», sintetizzò Richard.

«Allora bene. Non mi resta che chiedere a Sasha se vuole unirsi a noi», dichiarò Véronique.

Perplesso Richard sollevò un sopracciglio e, mentre sua sorella era all'apparecchio, Marie lo ragguagliò velocemente sull'accaduto.

Nel frattempo Julien scriveva un messaggio per i suoi amici sul blocchetto con il logo dell'Hilton che si trovava sul comodino accanto a ogni letto dell'albergo. Quando Véronique, terminata la telefonata, si riunì a loro Julien porse a tutti e tre il biglietto sul quale c'era scritto quanto segue:

"Miei cari, dato che non possiamo discutere niente a voce, dovremmo andare in spiaggia; se camminiamo a riva parlando sottovoce il rumore delle onde dovrebbe coprire a sufficienza le nostre parole. Troviamoci fra quindici minuti nel *foyer* con le calzature adeguate. Grazie!".

Dopo aver letto il messaggio di Julien, tutti si limitarono ad annuire mentre Véronique con presenza di spirito propose: «Cosa ne dite se verso le 18 ci troviamo al ristorante Purobeach sulla terrazza per uno spuntino prima di raggiungere il teatro?».

«Sì, volentieri», risposero Julien e gli altri due alzandosi dal divano.

«Bene allora, ci si vede alle 18 in terrazza», esclamò ancora Richard prima di lasciare la suite insieme a Véronique.

LUCIUS

BARCELLONA, 8 OTTOBRE 2013

Soddisfatto e tronfio, Maurice de la Fontaine se ne stava seduto nella sua spettacolare suite. Tutto filava liscio come l'olio. Ora erano loro a invitare spontaneamente Sasha a trascorrere la serata insieme.

Solo per Lucius, che aveva ugualmente ascoltato, la notizia non era certo motivo di gioia. Sembrava che Véronique trascorresse sempre più tempo con questo ballerino. In ogni caso non poteva farsi sfuggire alcun commento anche perché poteva trattarsi di una mossa tattica. Veramente non erano riusciti a fare nessun passo avanti?

«Questa volta sembrano brancolare nel buio», fece Maurice interrompendo il filo del suo pensiero.

«Sì, l'impressione è questa», concordò Lucius.

«Se solo sapessero che appena fiatano noi li ascoltiamo...», aggiunse Maurice gongolando.

"Questo lo credi tu", pensò Lucius esultando tra sé e sé; a voce alta invece disse: «Eh sì, non sanno proprio con chi hanno a che fare».

«È vero, è proprio vero, mio caro».

In pace con il mondo, Maurice diede un colpetto sulla spalla del suo migliore agente. «Stare confinato qui da me in attesa solo ad aspettare che arrivi una qualche informazione importante sarà alquanto noioso per te. Ma vedrai che arriverà il tuo momento per entrare in azione».

«Di sicuro!».

Ma nessuno dei due immaginava quanto rapidamente sarebbe accaduto.

MARIE

BARCELLONA, 8 OTTOBRE 2013

Nel frattempo gli altri si erano radunati nel *foyer* dell'Hilton e si stavano avviando a raggiungere la spiaggia. Bastava attraversare un paio di strade è già si intravedeva il mare. Scesero di corsa lungo una sorta di rampa ed ecco la sabbia.

Rapidissima, tanto che gli altri fecero fatica a seguirla con lo sguardo, Véronique si era già sfilata le ballerine argentate e danzando nella sabbia aveva già raggiunto l'acqua. Non poteva davvero negare di essere una creatura marina. Richard la osservò scuotendo la testa ma, come gli altri, non poteva che farsi contagiare dalla sua gioia di vivere. Ridendo iniziarono a spruzzarsi a vicenda sentendosi come bambini che vedono per la prima volta il mare. Chi li avesse osservati non avrebbe mai pensato che queste quattro persone stavano per parlare tra loro di argomenti molto importanti.

Dopo essersi sfogati per bene, Véronique uscì dicendo: «Julien, il tuo ginocchio nel frattempo si deve essere davvero ristabilito, se ti muovi con tanta foga».

«Hai visto proprio bene, Véronique», rispose Julien ridendo. «Devo assolutamente ancora raccontarvi qualcosa di meraviglioso. Passeggiamo semplicemente lungo la riva vicini vicini».

Appena messisi in riga, Julien iniziò a raccontare della meravigliosa guarigione che aveva avuto quando aveva preso in mano il globo della Madonna Nera. «È stato come se dal globo o dalla mano della sacra statua fuoriuscissero fiotti d'energia di guarigione diretti al mio ginocchio», cercò di spiegare. «È difficile spiegare a parole ciò che è accaduto, ma è stato veramente così, dal momento del contatto i dolori sono scomparsi, cosa che non accadeva da anni. Per questo motivo non posso che definirla una guarigione miracolosa».

«Ma è veramente straordinario!», si entusiasmò Véronique che riusciva molto bene a immaginare cosa volesse dire convivere costantemente con il dolore al ginocchio; in fondo da ballerina anche lei era abituata agli infortuni.

«Sì, è esattamente così», assentì Julien felice. «Ora sarei interessato a sapere cosa avete sperimentato voi».

Cominciò Richard dicendo: «Io non ho avuto un'esperienza così spettacolare come la tua, però ho avuto la sensazione di non avere di fronte una statua bensì un'energia vivente e pulsante e poi ho avuto l'impressione che qualcosa dentro di me andasse a posto, anche se non so bene come definirlo».

«Che bello!», esclamò Véronique. «Sono felice per te con tutto il cuore».

«Grazie. E tu cosa hai provato sorellina?».

«Io ho avuto la sensazione di essere attraversata da scosse elettriche e all'improvviso sapevo di essere stata al Montserrat come monaco ai tempi di Ignazio di Loyola. Inoltre ho avuto la rivelazione che durante la confessione della sua vita, durata 72 ore, lui ha avuto diverse visioni di Maria Maddalena, da cui deduco che lei è sempre stata molto presente al Montserrat».

«È sicuramente così», fece Julien confermando quanto affermato da Véronique. «E poi hai fatto qualche altra esperienza?».

«Oh sì. Mentre eravamo nella cappella dell'altare, all'improvviso mi è apparsa una graziosa donna con splendenti occhi verdi che si è presentata come Sarah, l'egiziana».

«Cosa ti ha detto?», irruppe Marie che già sentiva in tutto il corpo che sarebbe stato un messaggio importante.

«Ha detto più o meno quanto segue: "Salute a te, IO SONO Sarah, l'egiziana. La Madonna non è quella che tutti credono bensì è la nostra amata Signora, la Maddalena! E la creatura che tiene in braccio è Sarah-Tamar, sua figlia"».

«Come? Non ci posso credere», si scaldò Marie. «In realtà si sa che Maria Maddalena è spesso stata rappresentata come Madonna Nera, e ora tutto il mondo vuole farci credere che al Montserrat abbiamo a che fare con Maria Vergine! Non ho niente contro Maria Vergine, ma è veramente indegno come Maria Maddalena sia stata messa da parte».

«È indubbiamente vero», sospirò Véronique, «ma questo ci porta avanti, anche di un solo passo, nella nostra ricerca?».

«Io credo di sì», rispose Marie, «perché quando ho sfiorato io il globo della Maddalena ho avuto una visione di lei, precisamente davanti al sepolcro di Gesù. Profondamente sconvolta per averlo trovato vuoto, si era gettata a terra in ginocchio. Mentre piangeva disperatamente, all'improvviso sentì accanto a sé una presenza e riconobbe due magnifici angeli venuti lì per consolarla, così che poi fu in grado di percepire un'altra presenza che non era nessun altro se non lo stesso Cristo risorto. Nel momento in cui Maria Maddalena lo vide, anche lei iniziò a rifulgere come lui, e poi sono stata catapultata di nuovo nel qui e ora».

Assorto nei suoi pensieri Julien aveva ascoltato il loro racconto. Poi ne trasse le sue conclusioni.

«Penso che abbiamo ricevuto tre segni e che siamo sulla strada giusta. Primo: la statua rappresenta Maria Maddalena con Sarah-Tamar. Secondo: Maria Maddalena ha mostrato a

Marie il sepolcro, del quale, e siamo al terzo punto, ha parlato anche Montserrat Castell. Per me tutto questo significa che la soluzione del mistero è nascosta nel sarcofago di Gaudì, perché questo mi è stato mostrato in una visione che ho avuto nella Frauenkirche di Dresda».

«Tutto torna perfettamente», ritenne anche Richard. «Inoltre anche Schiller e Goethe ritenevano che il Sacro Graal si trovasse al Montserrat, ipotesi a cui ha poi definitivamente dato voce Wagner nel suo *Lohengrin* e nel *Parsifal*. E proseguendo nella riflessione direi che quei due signori, Schiller e Goethe, erano probabilmente molto più vicini alla linea di sangue di quanto si sia pensato sinora».

«Potresti avere davvero ragione», concordò Julien. «Mi fai venire in mente una messa in scena molto particolare del *Parsifal,* alla quale ho assistito qualche anno fa, dove Longino, ancora sul Golgota, porge la fatale lancia a Maria Vergine e a Maria Maddalena. Poi più avanti si vede come le due donne arrivano al Montsalvat, alias Montserrat. Lì Maria dà la lancia a Titurel mentre Maria Maddalena gli dona il calice dell'Ultima Cena».

«Ma è incredibile!».

Marie quasi non riusciva a capacitarsi che a un regista d'opera potesse avere in mente un'idea simile.

«Chi è stato a metterlo in scena?».

«Un tizio di nome Peter Simon».

«Beh, anche il nome non è certo casuale», aggiunse Richard sorridendo.

«Sicuramente no», concordò Julien. «Inoltre credo che quell'uomo sappia di più di quello che sembra. Purtroppo non mi è venuto in mente prima di contattarlo in merito alla nostra questione».

«Chissà, forse è meglio così», si intromise Véronique. «Meno persone conoscono le nostre intenzioni e meglio è».

«Sì, anche questo è vero, però come vogliamo procedere ora che crediamo di sapere di dover aprire il sarcofago sul cammino di misteri?».

«Di fatto possiamo frugare lì solo di notte», rifletté Marie a voce alta: «Ma come ci arriviamo se l'ultima corsa della funicolare c'è quando fa ancora chiaro?».

«Semplice, scendiamo con la funicolare senza risalire», propose Richard.

«E come facciamo col buio, di notte, a tornare su?», chiese Véronique preoccupata. «Di notte la temperatura cala di molto specie in montagna. È un'impresa decisamente pericolosa».

«Tutto il viaggio è pericoloso», intervenne Marie, «ma questo lo sapevamo anche prima di cominciare».

«È vero, però non dovremmo correre pericoli inutili.»

«Sono d'accordo Véronique, ma la nostra unica possibilità di aprire il sarcofago è di notte perché durante il giorno il posto è sempre pieno di turisti. Con l'aiuto dei nostri accompagnatori celesti troveremo un modo», disse Julien fiducioso.

«Sicuramente», disse Richard d'accordo con Julien, «del resto prima che costruissero la funicolare la gente andava lì a piedi».

«Avete ragione», si diede per vinta Véronique, «e comunque dovremmo prepararci bene e procurarci scarpe e abbigliamento adatti».

«... così come gli utensili adatti ad aprire il sarcofago di pietra», fece Marie per concludere la frase iniziata.

«Giusto», rispose Julien. «A questo dovremmo pensare domattina, perché domani notte dobbiamo entrare in azione».

«Già domani?», chiese Marie stupita.

«Sì, domani è il 9 di ottobre e nove è il numero del compimento. Quindi il giorno perfetto per la nostra impresa».

«Tutto chiaro», esclamò Richard ridendo. «Io ci sto».

«E noi naturalmente anche», esclamarono Marie e Véronique in coro.

«Bene, allora tutti d'accordo».

Julien era radioso come un sole.

«Mentre voi questa sera a teatro vi godete *Romeo e Giulietta*, io mediterò in tutta calma per vedere se mi arrivano altre risposte».

«Fantastico». Marie era entusiasta perché di colpo aveva l'impressione che non fossero mai stati vicino alla loro meta come ora.

«Beh, ora però godiamoci ancora un po' questo bel sole autunnale», fece Marie lasciandosi semplicemente cadere sulla sabbia, lì dove era.

Véronique scosse la testa per i modi impetuosi della sua amica, che non la trattennero però dal sedersi accanto a lei sulla sabbia con tutta la grazia di cui solo le ballerine sono capaci.

RUBEN CASTELL

BARCELLONA, 8 OTTOBRE 2013

L'intuizione non aveva tradito Ruben Castell, l'analisi dei capelli rinvenuti sugli abiti di Montserrat aveva infatti rilevato che la persona che aveva sulla coscienza il famoso direttore d'orchestra Jean Chevalier era la stessa che aveva assassinato la sorella di suo nonno. Nonostante indossasse probabilmente una parrucca bionda, un capello grigio era fuoriuscito ed era finito sul fazzoletto che la vittima aveva al collo. Per fortuna aveva analizzato personalmente, millimetro per millimetro, gli indumenti, altrimenti non avrebbe mai potuto trovare questo indizio essenziale.

Determinato, afferrò il telefono e fece il numero di Julien de la Tour che al momento si trovava sulla terrazza dell'Hilton insieme agli altri e che rispose all'istante.

«*Bona tarda senior* Castell, ci sono novità?», chiese Julien molto naturalmente.

«Buona sera *monsieur* de la Tour», ribatté il commissario con altrettanta cortesia, «sì ce ne sono. Sarebbe possibile incontrarci di persona, perché non si sa mai chi altri possa ascoltarci?».

«Naturalmente. Solo, per favore, non qui nell'hotel», rispose Julien prontamente.

«Capisco. Cosa ne dice se passo a prenderla, diciamo fra venti minuti?».

«Perfetto. Per quell'ora dovremmo aver finito tutti di cenare».

«Ottimo, l'aspetto giù nella hall».

«Tutto chiaro. A più tardi. *Adéu*».

«*Adéu*».

«Era il commissario, vero? Cosa voleva da te?», chiese Marie curiosa.

«Non lo so con precisione, ma evidentemente ha qualche novità che non voleva rivelare al telefono».

«Interessante. Vuol dire che vi incontrate mentre noi andiamo a teatro?».

«Giusto. In qualche modo avevo la sensazione di non dover proprio assistere allo spettacolo questa sera».

«Fai attenzione, ti prego», si intromise Véronique, «perché sono certa che sarete spiati e probabilmente anche intercettati da qualche Ottaviano».

«Lo do per scontato, ma presumo che lo sappia anche Ruben Castell visto che mi ha appena detto che non si sa mai chi altro possa essere all'ascolto».

«Un uomo intelligente», constatò Richard, «che mi sembra sappia di più di quanto non ci ha rivelato ieri. Ma forse lo scoprirai proprio oggi».

«Sicuramente. Vi riferirò tutto».

MARIE / VÉRONIQUE

BARCELLONA, 8 OTTOBRE 2013

Dopo aver gustato anche un piccolo dessert, insieme scesero dabbasso con l'ascensore dove trovarono già ad attenderli sia Sasha che il commissario. Stupito, Sasha osservò come sia Marie che Julien salutassero prima quel tipo, chiaramente un catalano, prima di rivolgersi a lui. Chi poteva essere quel tipo affascinante? Dopo aver abbracciato calorosamente Véronique, mosso dalla curiosità chiese: «Ma dimmi un po' chi è quell'uomo che sta parlando con Julien? Non so, mi sembra di conoscerlo».

Lei rispose, apparentemente sovrappensiero: «È il commissario incaricato di indagare sull'omicidio di ieri».

Marie faceva fatica a credere alle sue orecchie, ma Véronique ammiccò impercettibilmente, così da farle capire che sapeva benissimo ciò che stava facendo.

«Ah, ma allora, probabilmente l'ho visto fotografato sul giornale», fece Sasha. «C'è qualche novità?».

«Può darsi», rispose Véronique, «ma io non ne so nulla. E poi è ora che ci muoviamo se non vogliamo arrivare in ritardo alla rappresentazione».

Senza lasciargli neppure il tempo di aggiungere qualcosa, Véronique prese Sasha sottobraccio dirigendosi insieme a lui verso la porta girevole. Prima di uscire al braccio di Sasha si girò ancora un attimo per mandare un bacio a Julien con la mano.

«Quello era per caso Sasha Marakov, la leggenda del balletto di Mosca?», chiese Ruben Castell meravigliato.

«Sì, era proprio lui», rispose Julien.

«Cosa ci fa qui?».

«Questa è una lunga storia, ma ora andiamo, per favore».

Véronique sapeva che non poteva assolutamente dare a Sasha la possibilità di informare i suoi colleghi sul fatto che Julien si era incontrato con il commissario. Per questo, sul sedile posteriore del taxi, si strinse letteralmente a lui tanto che Sasha non capiva cosa le stesse succedendo. Anche a Marie non era chiaro cosa fosse passato per la mente della sua amica così all'improvviso. Solo Richard, seduto davanti accanto al taxista, capì all'istante perché Véronique si comportava in modo così strano.

La tattica di Véronique sembrava funzionare, perché Sasha non fece minimamente il gesto di voler tirare fuori il cellulare, o qualcosa di simile; al contrario, tutta la sua attenzione era rivolta alla donna incantevole che gli stava a fianco e che lo affascinava molto di più di quanto voleva in realtà ammettere. Forse lei ci avrebbe ripensato e un giorno, magari, si sarebbe messa con lui.

JULIEN

BARCELLONA, 8 OTTOBRE 2013

Mentre Marie e Richard, così come Véronique e Sasha, assistevano al balletto dal palco di proscenio del Gran Teatre del Liceu, Julien era impegnato in conversazione con Ruben Castell in un locale piuttosto malandato. Julien era certo che il commissario sapesse benissimo perché l'aveva portato proprio lì. Per questo non si fece altre inutili domande.

In ogni caso Julien venne subito informato che l'assassino di Montserrat Castell era lo stesso che aveva ucciso il padre di Marie, cosa che non lo stupì più di tanto.

«Questo è effettivamente interessante, perché Marie ha visto quell'uomo solo l'altro ieri davanti all'ingresso principale della Sagrada Familia, cosa che le ha provocato uno shock. Ma non abbiamo potuto inseguirlo perché è subito sparito mescolandosi tra la folla».

«Questo significa che Marie sa che aspetto ha l'assassino di suo padre?» insistette il commissario.

«Assolutamente» confermò Julien.

«Allora devo convocarla urgentemente in commissariato per poter fare un identikit, cosa che a Salisburgo è stata evidentemente tralasciata. Non può essere che l'assassino di Jean Chevalier sia a piede libero e continui a perpetrare i suoi crimini».

«Devo proprio darle ragione, in particolare perché quell'uomo continua a essere un incubo per la mia amata».

«Allora la prego di informare Marie che l'attendo domani mattina per le dieci alla sezione Omicidi».

«Tutto chiaro. Riferirò».

Infine i due si intrattennero ancora per un po' parlando della profezia ma senza veramente mettere in tavola tutte le loro carte.

Evidentemente ai seguaci della linea di sangue in Catalogna era chiaro da tempi immemori che i due prescelti sarebbero un giorno apparsi al Montserrat. E dunque ora era arrivato il momento. Questo è quanto Ruben Castell aveva comunicato a Julien senza farsi prendere troppo dalle emozioni, contribuendo a rafforzare la convinzione di Julien che la soluzione del mistero di Maria Maddalena si trovasse proprio lì.

MAURICE DE LA FONTAINE

BARCELLONA, 9 OTTOBRE 2013

«Come può esserci sfuggito che Julien de la Tour si è incontrato con Ruben Castell?», sbottò Maurice de la Fontaine di fronte ai dodici agenti convenuti nella sua suite per una riunione che aveva indetto di punto in bianco di prima mattina. «Chi di voi ha commesso questo grave errore?».

«Io», ammise Sasha in tono minore.

«Come, prego?», urlò il *maître*. «Com'è possibile che la presunta èlite di Solokov di colpo continui a far cilecca?».

Accennando un inchino, Sasha si scusò aggiungendo senza eccessivi sensi di colpa: «Maurice mi dispiace veramente ma in quel momento ero a stretto contatto con Véronique».

In quello stesso momento a Lucius venne quasi da vomitare. Ricorse a tutta la sua forza di volontà perché nessuno se ne accorgesse.

Maurice de la Fontaine invece sembrava essersi riappacificato da un momento all'altro.

«Beh, se le cose stanno così, allora sei naturalmente perdonato Sasha», aggiunse con voce melliflua. «Significa che nel frattempo l'hai conquistata?».

«Diciamo che al momento sta mangiando dalla mia mano», rispose Sasha sicuro di sé.

«Queste sì che sono buone notizie. E per quanto riguarda il commissario scopriremo di che cosa si tratta».

Solo pochi secondi dopo, dall'angolo riservato agli esperti in informatica, seduti davanti a un gran numero di schermi per tenere tutto sotto osservazione, partì un urlo.

«Cosa succede? Cos'hai da sbraitare?», sbottò Maurice furioso perché non sopportava assolutamente che i suoi discorsi venissero interrotti senza autorizzazione.

L'uomo interpellato rispose subito con voce tesa: «Il commissario Castell ha appena dichiarato in una conferenza stampa che sul corpo della vittima sono state rilevate tracce di DNA dell'assassino e che queste sarebbero riconducibili a un altro caso di omicidio irrisolto».

Per un attimo Maurice de la Fontaine ebbe la sensazione che gli mancasse la terra sotto i piedi perché i suoi peggiori timori sembravano prendere corpo, ovvero che Ruben Castell potesse realmente essere in grado di sconfiggere gli Ottaviani.

Anche Alexander era scioccato. Nel giro di pochi secondi si era fatto bianco come un lenzuolo. Com'era possibile? Aveva sempre agito con grande cautela. A meno che il commissario non stesse bluffando e dicesse effettivamente la verità è probabile che fosse già arrivato alla conclusione che l'assassino della vecchia e quello del famoso Jean Chevalier erano la stessa persona.

Doveva assolutamente lasciare il Paese al più presto prima che Castell scoprisse chi era e, tenuto conto della situazione oggettiva, era solo una questione di tempo.

Maurice de la Fontaine, che era arrivato alla stessa conclusione, si mise subito a muovere tutte le leve per riuscire a imbarcare l'agente russo su un aereo privato e farlo partire nel giro di un'ora.

Inoltre fece ispezionare la suite di Alexander da un team di specialisti, che in questi casi lo seguiva sempre, per poi rimuovere ogni possibile traccia di DNA che potesse indicare che avesse alloggiato lì nei giorni precedenti. Tuttavia, per sviare gli investigatori e non far sospettare che qualcuno avesse ripulito i locali, il team provvide a mettere in disordine la suite e a tappezzarla di impronte, così che la sezione Omicidi sarebbe stata impegnata per ore a rilevare false impronte per poi arrivare alla conclusione che non portavano da nessuna parte.

Alexander invece si spaccò la testa per tutto il tragitto che portava all'aeroporto privato fuori Barcellona chiedendosi quale errore avesse commesso, un errore tale da smascherare a breve la sua identità.

Anche Sasha era più che sorpreso, in fondo Alexander era considerato il migliore degli uomini di Solokov, un perfezionista in tutto e per tutto che non si lasciava mai trascinare dalle emozioni. Non aveva mai messo in pericolo una sola missione perché era sempre professionale al cento per cento, sino a questo affare con Jean Chevalier e con la vecchia.

«Cosa è successo?», continuava a chiedersi Sasha rimuginando, ma anche sforzandosi non riusciva a spiegarselo. Poteva essere che ci fossero delle forze superiori che vegliavano sugli appartenenti alla linea di sangue così da permettere loro di portare a compimento la profezia?

Anche gli altri Ottaviani dovettero ammettere che la loro società segreta ritenuta intoccabile era a un passo dall'essere esposta alla ribalta dell'opinione pubblica se effettivamente si fosse verificato ciò che il commissario aveva annunciato: ovvero che sarebbero cadute teste che nessuno prima aveva mai messo in relazione con crimini efferati.

Nel frattempo tra i vari media girava già un identikit di Alexander Černakov. Potevano solo sperare che Alexander riuscisse a lasciare il Paese prima che la sua identità venisse smascherata.

Ormai era una questione di minuti, al massimo di qualche ora, prima che qualcuno del personale dell'hotel afferrasse un telefono per svelare la sua identità.

Mentre per tutta Barcellona circolavano fiumi di notizie su questo assassino, un pericolo pubblico che girava in mezzo a loro, i quattro amici stavano tranquillamente acquistando tutto l'occorrente per la loro gita notturna al Montserrat. Dei loro inseguitori non c'era traccia in lungo e in largo. Probabilmente erano tutti impegnati a nascondere l'identità del pluriomicida e a farlo fuggire dal Paese, dopo che Marie aveva contribuito a rendere noto al pubblico il suo volto.

Quindi anche Lucius aveva approfittato del momento e del tumulto per chiamare Véronique senza farsi vedere e avvertirla. Dopo tutto quello che era accaduto negli ultimi due giorni, Maurice de la Fontaine era certamente pronto ad agire se fosse riuscito a mettere le mani su loro quattro al momento giusto, perché li riteneva responsabili del fatto che prima o poi gli Ottaviani avrebbero dovuto rispondere delle loro azioni.

Per questo motivo Lucius raccomandò loro di procurarsi dei giubbotti antiproiettile per la loro impresa, perché il *mâitre* non avrebbe mostrato alcuna pietà nel momento in cui avesse avuto tra le mani il tesoro segreto.

I quattro moschettieri, ormai scherzando tra loro si chiamavano così da quando lo aveva fatto Richard due giorni prima, si procurarono anche i gilet antiproiettile nel negozio che Lucius aveva loro consigliato. Erano certi che nessuno si sarebbe accorto delle loro misure di sicurezza.

Nel frattempo alla sezione Omicidi era arrivata una segnalazione anonima, probabilmente da un impiegato dell'hotel W Barcelona che il ricercato aveva fatto il *check in* come Alexander Černakov. E comunque ormai il suo nome era sulla bocca di tutti.

Eppure, a quanto pareva, Černakov era riuscito a fuggire perché non era da nessuna parte, né in albergo né altrove nonostante la città fosse stata ispezionata a tappeto; al più tardi da quando si era venuto a sapere che era stato lui ad assassinare Jean Chevalier, il direttore d'orchestra di fama mondiale.

La stampa riportò anche la notizia che Maurice de la Fontaine, noto mecenate, apparentemente un conoscente di Černakov e attualmente in visita a Barcellona, inorridito aveva preso le distanze da quest'ultimo dichiarando: «Se solo avessi saputo che Černakov aveva qualcosa a che fare con l'omicidio del più grande interprete wagneriano di tutti tempi, non mi sarei mai lasciato avvicinare, perché per me Jean Chevalier era un Dio». Ascoltando queste parole e di fronte all'impudenza di quest'uomo, Marie sentì rivoltarsi lo stomaco ma contemporaneamente le venne un'idea.

RUBEN CASTELL

BARCELLONA, 9 OTTOBRE 2013

Solo poco più tardi Marie e Julien si incontrarono con il commissario Castell nella stessa buia taverna dove i due uomini avevano conversato la sera prima. Cercarono un angolo nascosto nell'antica cantina a volte, così da poter controllare chi si avvicinava senza essere visti facilmente.

«Cosa c'è di così importante *mademoiselle* Chevalier da volermi incontrare con tanta urgenza?».

«In realtà sarebbe una storia troppo lunga ma, considerando la situazione nella quale ci troviamo, non sarebbe forse meglio se scoprissimo tutti le nostre carte e collaborassimo? Cosa ne pensa?», esordì Marie.

«Mi sembra un'ottima idea», rispose il commissario, «ma a cosa è dovuto questo improvviso cambiamento di idea?».

«A far traboccare il vaso è stato il fatto che *monsieur* de la Fontaine abbia dichiarato in diverse interviste di ignorare che Alexander Černakov fosse un assassino, per la precisione quello di mio padre, quando lui stesso fa parte di quell'associazione segreta.

«Capisco», fece Ruben Castell cercando di restare calmo anche se quella rivelazione era più che eclatante. «Questo significa che lei sospetta che Černakov e de la Fontaine siano in combutta?».

«Sì, perché Maurice de la Fontaine è anche responsabile dell'aggressione che ho subìto nella cattedrale di Santo Stefano a Vienna».

«Ma perché allora a Vienna non ha reso nota la cosa?».

«Perché all'epoca ancora lo ignoravo».

«Sì, comunque questo non spiega ancora perché non lo ha segnalato nel momento in cui è venuta a saperlo», insistette Castell.

Solo dopo una rapida occhiata a Julien, Marie decise di mettere sul tavolo tutta la verità.

«Come anche lei sa da tempo, Julien e io abbiamo una missione che non può essere messa a rischio, per quanto possa essere pericoloso compierla. Per questo motivo avevamo inizialmente deciso di portarla a termine prima di rendere pubblico ciò che sospettavamo o già sapevamo per certo. Però dopo che Julien l'ha ritenuta persona più che affidabile a seguito del vostro incontro di ieri sera, abbiamo deciso di metterla al corrente dei nostri piani per questa notte, perché probabilmente non c'è momento migliore per catturare Maurice de la Fontaine e i suoi uomini».

Ruben Castell sentiva salire l'adrenalina nel suo corpo. «Cosa avete in mente di fare?».

«Come forse lei già sospetta, presumiamo che il compimento della profezia sia legato al Montserrat e in particolare al primo mistero della Gloria, realizzato da Gaudì, Llimona e Renart».

«Come siete arrivati a questa conclusione?».

Marie arrossì leggermente prima di avere il coraggio di proseguire. «Montserrat Castell ci ha affidato questo messaggio: "E che questo sia per voi un segno, Maria Maddalena è stata la prima alla quale è apparso il Cristo risorto accanto al sepolcro"».

"Lo sapevo che mi aveva sempre tenuto nascosto qualcosa", pensò il commissario, contentissimo però di aver appreso finalmente tutta la verità.

«E il suddetto mistero», proseguì Marie «rappresenta sia il sepolcro sia Maria Maddalena e il Cristo risorto. Inoltre abbiamo avuto altre visioni che indicano ugualmente che lì è celato il segreto che siamo chiamati a svelare».

«Farò di tutto affinché voi due riusciate a compiere la vostra missione perché, come forse avete già immaginato, io, come molti altri catalani, sono cresciuto nella tradizione della linea di sangue. Ci sono molte tradizioni orali che sostengono che Maria Maddalena stessa sia stata qui e che sia più volte apparsa tra l'altro anche a Ignazio di Loyola. Molti poi credono che la Moreneta non raffiguri la Madonna con il Gesù Bambino bensì Maria Maddalena con sua figlia».

Perplessi, Marie e Julien si scambiarono uno sguardo prima che il commissario si rivolgesse ancora a loro chiedendo: «Allora cosa avete in mente di fare questa notte?».

«Vorremmo prendere l'ultima funicolare», iniziò a spiegare Julien, «poi aspettare che se ne vadano via tutti i turisti per esaminare attentamente il primo mistero della Gloria».

«Capisco. E come farete a incastrare Maurice de la Fontaine?».

«Molto semplice; facendoci seguire da uno dei suoi uomini che nel frattempo si è schierato dalla nostra parte, abbiamo appreso che sia nell'auto che abbiamo noleggiato che nelle nostre camere d'albergo erano installate delle cimici. Questo significa che i suoi uomini, o forse addirittura lui personalmente, si faranno certamente vedere cercando di metterci sotto torchio perché *monsieur* de la Fontaine brama di entrare in possesso del tesoro che dovremmo rinvenire lì. Non voglio nemmeno pensare a ciò che poi ha in mente di fare con noi».

«Lo sapete che siete incredibilmente coraggiosi!», esclamò Ruben Castell ammirato. «Perché in verità in quattro non avete la minima chance di successo di fronte a un'orda di uomini sanguinari e avvezzi al combattimento».

«Io non la vedrei proprio così», si intromise Marie.

«Cosa intende?», chiese il commissario attento.

«Quando nel duomo di Vienna sono stata aggredita da quattro uomini che mi hanno quasi fatta andare all'altro mondo, Julien con l'aiuto delle forze superiori è riuscito ad avere la meglio su quegli energumeni».

«Lei è riuscito a neutralizzare quattro agenti addestrati?».

Stupito Castell sollevò una delle sue arcuate sopracciglia.

«Non io da solo», rispose Julien con modestia. «Non ce l'avrei mai fatta, ma l'arcangelo Michele mi è chiaramente venuto in aiuto».

«Ma è incredibile!». Ruben Castell appariva davvero meravigliato, tuttavia non sembrava dubitare neppure un attimo delle parole di Marie e Julien.

«Se le cose stanno così, allora comprendo che vogliate correre il rischio di lottare contro quegli uomini. Ma sinceramente ora che lo so, la cosa non mi farebbe stare tranquillo. Significa che farò il possibile per aiutarvi cercando di radunare gli uomini giusti per l'odierna missione».

Marie e Julien gli lanciarono uno sguardo di gratitudine e Marie non poté fare a meno di stringergli anche calorosamente la mano.

«Lei non ha idea di quanto ora sia più sollevata per aver seguito la nostra intuizione ed esserci fidati di lei perché, a essere del tutto sincera, l'idea di essere inseguita da un branco di aguzzini aizzati da de la Fontaine non mi faceva proprio stare tranquilla».

«La capisco più che bene. Però ora mangiamoci un boccone e discutiamo con calma su come procedere. Ho solo ancora una domanda: la società segreta di cui parliamo è quella dei cosiddetti Ottaviani?».

«Sì», rispose Marie allibita, «ma lei come ci è arrivato?».

«È una lunga storia, ma al momento non è così importante, perché abbiamo decisamente delle cose più urgenti da fare e il tempo stringe».

«Eccome!».

Restarono seduti quasi per un'ora discutendo lo svolgersi della loro azzardata impresa e mangiando gustose tapas.

Il commissario volle ancora assicurarsi che tutti e quattro si gettassero all'avventura ben armati.

LUCIUS

BARCELLONA, 9 OTTOBRE 2013

Lucius, che nel frattempo era stato messo al corrente del piano dei quattro amici, era tormentato da oscuri presagi. Nel suo intimo sapeva che dopo quella notte niente sarebbe stato come prima. Era anche consapevole che avrebbe potuto perdere la vita.

Così decise di fare una retrospettiva e da un piano superiore scusarsi per tutto il male che aveva fatto agli altri durante la sua fase di accecamento; se proprio doveva "andarsene", voleva farlo in pace.

Si sedette nella posizione del loto davanti alla vetrata della sua suite affacciata sul mare e iniziò a respirare secondo un ritmo ben preciso per raccogliersi completamente in se stesso.

Poi chiuse gli occhi e vide delle immagini che lo fecero inorridire. Stentava a credere a quante vite aveva rovinato quando faceva lo speculatore, tanto che provò un profondo senso di vergogna.

Senza accorgersene iniziò a versare lacrime silenziose che lo aiutarono a sopportare il suo dolore.

In silenzio chiese perdono a ognuna delle persone che aveva danneggiato. All'improvviso con il suo occhio interiore scorse una brillante luce bianco-dorata mentre una calda voce maschile si rivolgeva a lui:

Amato fratello, tutte le tue colpe ti sono già state perdonate da tempo, com'è vero che sono qui di fronte a te. Ti ringrazio dal profondo del cuore per aver riconosciuto la retta via e per seguirla con tanto ardore. Il mio amore ti proteggerà, anche nel mezzo della grande lotta tra luce e oscurità. Sii sempre consapevole di questo. E ora vai, fedele cavaliere del Graal.

Poi tutto il corpo di Lucius fu pervaso da un brivido di profonda beatitudine, nella consapevolezza che colui che gli aveva parlato altri non era se non Gesù Cristo stesso. Ebbe la sensazione di essere avvolto in un amore molto più grande di quanto avesse mai potuto immaginare sino a quel momento e seppe di essere stato partecipe della grazia divina. Qualunque cosa potesse accadere, era pronto a portare a termine la sua parte nella missione, qualunque cosa questo potesse significare.

Prima di lasciare la suite volle ancora inviare un messaggio a Véronique per dirle quanto contava per lui: "Mia amata Véronique, qualunque cosa accada sappi che ti amo più della mia stessa vita. Farò tutto ciò che è in mio potere per aiutarvi a trovare il prezioso tesoro e per proteggervi. Ti bacio con tutto il mio amore e la mia passione. Eternamente tuo, Lucius».

VÉRONIQUE

BARCELLONA, 9 OTTOBRE 2013

Véronique si era recata insieme agli altri al Parc de Laberint d'Horta per prepararsi in tutta calma e in mezzo alla natura alla grande impresa che li attendeva, quando lesse quelle righe che le spezzarono il cuore. Da un lato percepiva il suo grande amore ma dall'altro venne assalita dalla paura perché Lucius sembrava avere oscuri presentimenti sul futuro. Le venne allora da pensare alla ghematria del suo nome che non molto tempo prima Lucius le aveva lasciato sul suo letto. Già allora aveva avuto l'impressione che lui non fosse certo di sopravvivere alla missione.

Marie si accorse subito che qualcosa aveva turbato la sua amica così che sussurrando le chiese: «Cosa ti succede?».

Senza parlare Véronique le porse il suo iPhone e Marie comprese. In silenzio strinse l'amica a sé sapendo che Véronique la capiva anche così.

La mente di Julien vagava attraverso le dimensioni mentre raccoglieva forza e ispirazione per la notte, ben sapendo che de la Fontaine e i suoi uomini si stavano sfregando le mani dalla soddisfazione per ciò che avevano appena appreso dalle loro intercettazioni.

Mentre si apprestava a tornare nel qui e ora, all'improvviso si sentì lievemente sfiorare sulla spalla sinistra e si rese conto della familiare presenza di Maria Maddalena. In silenzio la ringraziò prima di udire la sua amorevole e tuttavia chiarissima voce:

Amato fratello, ti ricordi dell'anello che ti ho dato a Vienna?

Julien annuì in silenzio.

Prendilo con te e indossalo questa sera. È la chiave del tesoro di Gesù Cristo che tu e Marie siete stati chiamati a trovare. Io vi proteggo con tutta la mia forza e il mio potere, così fa anche il mio amato Gesù Cristo. E ora preparatevi al vostro grande compito.

Julien fece appena in tempo ad accorgersi che, prima di svanire, gli accarezzò ancora dolcemente il capo.

Molto lentamente tornò alla realtà e dovette raccogliersi prima di poter raccontare agli altri ciò che aveva appena appreso.

JULIEN

MONTSERRAT, 9 OTTOBRE 2013

I quattro amici raggiunsero il parcheggio del Montserrat giusto in tempo per prendere l'ultima corsa della funicolare.

Improvvisamente, salendo sulla BMW a Marie venne di nuovo in mente il cadavere dell'anziana Montserrat e per un attimo fu presa da una terribile paura. Ma nel frattempo aveva talmente interiorizzato il mantra di Giovanna d'Arco da iniziare a sussurrarlo senza accorgersene: «Io non ho paura! Io sono nata per fare questo» e già si sentì più calma.

Anche gli altri si raccolsero un attimo prima di dirigersi alla funicolare della Santa Cova. Una volta saliti si tennero per mano pronunciando a bassa voce, inudibile agli altri:

Uno per tutti, tutti per uno. Possano Dio, insieme a Gesù Cristo, Maria Maddalena e tutte le schiere celesti, indicarci la via da seguire per compiere la profezia. Che si possa essere senza paura e che il puro, divino amore possa essere il nostro scudo più potente. Amen.

Nonostante le loro ultime frasi, erano tutti felici di aver dato ascolto a Lucius e di aver indossato i giubbotti antiproiettile sotto ai loro normali indumenti, perché erano certi che si sarebbe arrivati alle armi al momento dello scontro tra le parti.

Stranamente Julien ebbe l'impressione che sull'ultima corsa della funicolare tra loro non si fosse infiltrato nessuno degli uomini di de la Fontaine. Questo poteva voler dire due cose: o che erano già scesi con la corsa precedente oppure che *monsieur* de la Fontaine aveva attivato tutte le sue conoscenze per far partire un'altra corsa successiva. Tutto era possibile.

Anche se avrebbero preferito dirigersi direttamente verso il gruppo scultoreo di Llimona, Renart e Gaudì, i quattro amici dovettero pazientare un attimo perché oltre a loro c'erano molti turisti che volevano ugualmente percorrere e godersi il cammino dei misteri del rosario.

Anche se avevano il cuore in gola tutti cercavano di sembrare il più rilassati possibile. A Véronique e Julien risultò più facile, essendo per mestiere abituati a fingere uno stato d'animo diverso da quello in cui si trovavano; Marie e Richard invece faticarono a controllare la loro agitazione.

Non essendo riusciti la volta precedente, a causa del malore di Marie, a vedere con calma gli ultimi due misteri decisero di recarsi di nuovo lì. Ebbero anche modo di osservare meglio la singolare bellezza dell'aspra natura che li circondava, perché la volta prima non c'era stato tempo per farlo. Le imponenti rupi, che maestose si stagliavano in cielo, davano un senso di grande solennità ma anche di inquietante misticismo. O forse quella sensazione era dovuta al fatto di essere sempre più consapevoli, col passare dei secondi, del pericolo incombente.

Infine raggiunsero la *Resurrezione di Cristo* e con dispiacere dovettero trattenersi dal saltare subito oltre il cancello di ferro per ispezionare il sarcofago.

Julien dovette trattenere Marie per la mano e letteralmente strapparla via, tanto i suoi sguardi si erano fissati sulla bara di pietra senza che lei se ne accorgesse. Quando se ne accorse, rivolse lo sguardo a Julien con un senso di colpa.

Poi di colpo si trovarono davanti al quarto mistero della gloria che doveva rappresentare l'*Ascensione di Maria in cielo*, ma tutti e quattro ebbero l'impressione che non si trattasse di Maria Vergine, bensì di Maria Maddalena.

«Osservate solo lo sguardo che dall'alto le rivolge Gesù», disse Marie dando voce ai pensieri degli altri. «Nessun figlio guarda così sua madre, quello è lo sguardo di un uomo rivolto a una donna che era la sua apostola più importante nonché la donna amata. Lui sembra molto più grande di lei. Cosa ne pensate?», fece Marie girandosi verso gli altri.

«Concordo pienamente», rispose Richard e anche Véronique e Julien annuirono in segno di assenso.

Restarono ancora un attimo lì immersi nella contemplazione di quel rilievo marmoreo così toccante per poi rivolgere la loro attenzione all'ultimo dei misteri che doveva rappresentare l'*Incoronazione della Vergine Maria*. Qui riuscivano più facilmente a immaginare che si trattasse effettivamente della madre di Gesù, ma anche in questo caso non ne erano del tutto certi.

Prima di ritornare lentamente al gruppo marmoreo della *Resurrezione* vollero fare un'altra visita alla Santa Cova perché la volta precedente erano arrivati solo sino alla piccola via crucis sulla bocca di tutti.

Dopo aver ancora una volta invocato, in silenzio, la guida dall'alto davanti alla copia della Madonna Nera, attraversando la cappella raggiunsero la porta in legno che portava alla via crucis e dalla quale se ne diramavano altre.

Arrivati, solo loro quattro, alla via crucis all'improvviso videro aprirsi uno spiraglio in una delle porte e sbucare il familiare volto di Ruben Castell che faceva loro l'inequivocabile segno di tacere mettendosi un dito sulle labbra.

Voleva che sapessero che lui e i suoi uomini erano già da ore appostati nelle vicinanze.

Grati, gli fecero un segno di intesa e la porta si richiuse all'istante.

Dando un'occhiata all'orologio verificarono di poter tornare alla loro destinazione perché chi voleva salire sull'ultima funicolare doveva già essersi messo da un bel po' in cammino per raggiungere la stazione a valle.

Allora si fecero coraggio e tornarono sul luogo dove avrebbe avuto termine la loro grande ricerca.

Sulla via del ritorno non incontrarono anima viva, cosa che parve loro strana, perché da qualche parte gli uomini di de la Fontaine dovevano pur essersi imboscati. In fondo dovevano intralciare il loro piano.

Quando si ritrovarono infine di nuovo davanti all'impareggiabile opera d'arte della *Resurrezione di Cristo*, vennero presi da un senso di profondo timore reverenziale. Si tennero per mano, ognuno pronunciando tra sé e sé una preghiera che a guidarli fosse l'amore e non la paura, qualunque cosa potesse accadere.

Infine Julien superò agilmente il cancello di ferro aiutando poi Marie a fare altrettanto, mentre gli altri, come concordato, rimasero indietro per poter avvisare se qualcuno si avvicinava.

Trovarsi di colpo così vicini al gruppo marmoreo fu un'esperienza travolgente tanto che né Julien né Marie furono in grado di avvicinarsi al sarcofago.

Come aspirati in un vortice, entrambi vennero riportati a quei tempi e riprovarono l'immenso dolore di Maria Maddalena le cui braccia erano avvinte alla tomba di pietra. Come pietrificati restarono immobili con l'impressione di trovarsi non di fronte a una statua scolpita nella pietra bensì a Maria Maddalena vivente. Ed effettivamente lei alzò il braccio sinistro indicando l'altro estremo del sarcofago. All'improvviso Julien riprese come vita e si diresse con la sicurezza di un sonnambulo verso la direzione indicata. Senza riflettere oltre, si inginocchiò a terra con la schiena rivolta all'angelo che custodiva la tomba tastando la parte posteriore del sarcofago.

Di colpo, armeggiando, sentì tra le dita della mano sinistra una piccola apertura circolare e seppe all'istante cosa fare. Sfilò l'anello che Maria Maddalena gli aveva donato a Vienna inserendolo delicatamente nell'apertura; immaginava che quell'anello fosse la chiave per far scattare il meccanismo che gli avrebbe permesso di sollevare la pietra sepolcrale. L'anello combaciava perfettamente con l'apertura e si lasciò girare in senso orario sino a quando si udì uno strano rumore mentre nel coperchio del sepolcro si apriva un piccolo spiraglio. Gli amici stettero a osservare a occhi spalancati, perché se anche avevano sperato che funzionasse, mai avrebbero pensato di riuscire così facilmente.

«Marie, ti prego, vieni ad aiutarmi», chiese Julien con voce smorzata avendo ben presente che i loro nemici potevano trovarsi a pochi metri di distanza dietro la curva; «da solo non ce la faccio a sollevare questa pesante lastra».

Marie non si fece pregare oltre, ma anche in due il pesante coperchio del sepolcro si lasciò sollevare solo di pochi centimetri; Richard venne loro in aiuto, anche se questo significava lasciare Véronique sola di guardia davanti al cancello e quindi più esposta al pericolo. Ma dovevano rischiare. In effetti in tre riuscirono a spostare il coperchio tanto da poter estrarre dall'interno del sepolcro un piccolo vaso di terracotta che sembrava contenere un rotolo di papiro. Vedendolo rimasero senza fiato.

Véronique bruciava dal desiderio di sapere ciò che gli altri avevano trovato ma contemporaneamente era consapevole di non poter abbandonare la sua postazione.

Non appena Julien riuscì a estrarre il vaso dal sepolcro, diverse figure incappucciate e vestite di nero si avvicinarono.

Con un balzo Véronique fece appena in tempo a saltare oltre il cancello mentre Richard lasciava andare il coperchio del sepolcro che con un tonfo assordante ricadde al suo posto.

LUCIUS

MONTSERRAT, 9 OTTOBRE 2013

Delle pistole erano puntate su loro quattro quando all'improvviso risuonò la voce tagliente di de la Fontaine: «Restate dove siete, non muovetevi di un passo. Avete capito?».

Julien assentì tranquillo perché confidava che, con l'aiuto di Gesù Cristo e di Maria Maddalena, a loro non sarebbe accaduto nulla.

«Bene così, perché se anche uno solo di voi fa cenno di muoversi, siete tutti morti stecchiti. È chiaro?», aggiunse ancora il maestro per assicurarsi che tutto filasse secondo i suoi piani.

«Sì, abbiamo capito», risposero tutti all'unisono.

Apparentemente soddisfatto, de la Fontaine fece cenno a uno dei suoi uomini appostati più in là di avvicinarsi. Quando questi si avvicinò, Véronique riconobbe Lucius dal suo modo di muoversi che conosceva così bene.

Maurice de la Fontaine gli sussurrò qualcosa all'orecchio poi Lucius balzò oltre il cancello. Dalla tensione Véronique trattenne il fiato. Muovendosi come al rallentatore, Lucius si diresse verso Julien sbattendo le palpebre per farsi riconoscere. Quando fu proprio davanti a lui si girò verso il capo francese degli Ottaviani e gli altri uomini armati fino ai denti e allargando di lato le braccia per proteggere con il suo corpo Julien e il vaso con voce cristallina disse: «*Mâitre* non eseguirò il mio compito perché nel frattempo so dov'è veramente il mio posto».

Se il volto di de la Fontaine non fosse stato coperto da una maschera lo si sarebbe visto farsi cinereo.

Per un attimo ci fu un silenzio totale sino a quando, all'improvviso, Maurice come un toro infuriato urlò: «Tu fai ciò che ti ordino, perché altrimenti per tua sorella è giunta l'ultima ora».

«Mia sorella?», gridò Lucius sconvolto. «Sì, tua sorella, Véronique Valois».

Sentendo queste parole Véronique iniziò a tremare in tutto il corpo perché all'istante seppe che era la verità, mentre Lucius reagì urlando: «Non è vero!».

«Sì che lo è!», rispose Maurice con un ghigno diabolico. «Non ti sei mai chiesto come mai sembrate essere quasi gemelli? Tua madre aveva una storia con il defunto padre di Véronique».

In quell'istante Lucius riconobbe la crudele verità perché lui stesso si era più volte chiesto, per la loro incredibile rassomiglianza, se per caso lei non potesse essere sua sorella. Come aveva fatto a dimenticarsene?

«Allora che si fa? Non abbiamo poi tutto questo tempo», aggiunse Maurice strappando Lucius dai suoi pensieri.

«Portami quel vaso e io mi dimenticherò del fatto che volevi rivoltarti contro di me».

«No, non lo farò. So che avete fatto uccidere i miei genitori per avere il controllo su di me e addestrarmi ai vostri scopi», fece Lucius con voce decisa. «Io stesso ho decodificato il file Operazione Nizza».

In quell'istante partì un colpo e Lucius cadde a terra mentre Julien si metteva in salvo saltando sul sarcofago.

Véronique non riuscì a trattenere il grido di orrore che le saliva dal petto. «Sasha porta tu a termine quello che Lucius non è riuscito a fare», ordinò de la Fontaine a un altro dei suoi uomini. «E lei Julien non tenti di far cadere l'anfora altrimenti la sua amata finisce di vivere».

Julien annuì in silenzio concentrandosi completamente sul lasciare andare ogni paura ed essere di nuovo connesso con la forza dell'amore, mentre Sasha saltò con agilità il cancello. Portò tutta la sua attenzione sul russo cercando di ritrovare in lui quell'uomo che aveva visto sul palcoscenico, un artista di grande sensibilità capace di profondi sentimenti e non quello conosciuto come un gelido killer. In quel momento con un elegante balzo Sasha salì sul sarcofago accanto a Julien, che teneva sul cuore la sacra anfora in gesto di protezione. Contemporaneamente Lucius si rialzò da terra come se nulla fosse accaduto, nonostante la gamba sanguinasse copiosamente, puntando la sua pistola contro Sasha.

«Mettila giù Lucius», sussurrò Sasha, «io sto dalla vostra parte».

Lucius non credeva a una sola parola, ma Julien chiaroveggente del mondo capì che diceva la verità.

«Calmati Lucius», disse Julien altrettanto piano, «lascia fare a me».

Sasha, che aveva capito, con voce chiara e imperiosa disse: «Julien mi porga all'istante l'anfora! Altrimenti lei sa cosa accade», e Julien fece come gli venne ordinato.

Ma Sasha si comportò come nessuno avrebbe potuto prevedere. Tenendo con cautela l'anfora in entrambe le mani, leggero come una piuma, saltò giù dal sarcofago. In pochi secondi la nascose dietro all'angelo di marmo che dall'alto vegliava su tutto, si girò di scatto puntando l'arma contro Maurice de la Fontaine che non riusciva a capacitarsi di quello che stava accadendo.

«Se lei torce ancora un solo capello a una di queste persone, è un uomo morto».

Sentendo l'algido tono di quella voce, che non lasciava dubbi sulla veridicità delle sue parole, tutti i presenti trattennero il fiato, perché non sapevano con tutta la buona volontà come la situazione sarebbe potuta finire.

RUBEN CASTELL

MONTSERRAT, 9 OTTOBRE 2013

Poi, come un fulmine a ciel sereno, risuonò la voce familiare di Ruben Castell: «Deponete tutti le armi, all'istante. Siete circondati e non avete *chance*».

Come per trasformare quelle parole in azione, sbucarono fuori un gran numero di poliziotti armati che sfruttando l'effetto sorpresa disarmarono gli uomini di de la Fontaine mentre Castell riuscì, all'ultimo momento, ad afferrare la pistola con la quale lo stesso Maurice de la Fontaine voleva spararsi in bocca. Il *mâitre* venne preso talmente alla sprovvista che si lasciò ammanettare senza opporre resistenza, come del resto tutti i suoi uomini.

Una volta resi inoffensivi tutti gli Ottaviani, Ruben Castell scavalcò il cancello e raggiunse i quattro amici, Sasha e Lucius gravemente ferito.

«Mi dispiace essere intervenuto così in ritardo, ma ho dovuto attenermi alle parole che Montserrat mi aveva inculcato già da piccolo: tu potrai intervenire solo quando il tesoro sarà al sicuro. Mi dispiace veramente molto».

«Allora anche lei fa parte della profezia», constatò Marie, la prima a riaversi dalla paralisi che aveva colto tutti.

«Sì, però adesso dobbiamo urgentemente prenderci cura del ferito», disse inginocchiandosi accanto a Lucius, steso a terra, per esaminare la ferita. Con una pinzetta disinfettata che portava sempre con sé per questi casi estrasse la pallottola dalla gamba di Lucius e la bendò mentre Véronique, chinata dietro il fratello, sosteneva la sua testa in grembo.

«Lei ha perso molto sangue, ma pensò che ce la farà. Ora chiamo subito i paramedici in attesa a poche centinaia di metri da qui».

Alla fine tutto si concluse molto rapidamente. Maurice de la Fontaine e i suoi uomini vennero portati via, Lucius venne caricato su una barella da mani esperte e Julien con grande cautela infilò l'anfora con il rotolo di papiro nel suo zaino che si era portato dietro per sicurezza.

Su indicazione di Ruben Castell, tutti si diressero verso la stazione a valle e a tappe risalirono con la funicolare della Santa Cova che in via eccezionale funzionava anche di notte; ad attenderli in alto c'era già un elicottero che trasportò Lucius e Véronique più rapidamente possibile all'Ospedale dal meraviglioso nome di Hospital de la Santa Creu i Sant Pau.

Sasha invece fece ritorno in città sulla BMW di Marie, Julien e Richard.

JULIEN

MONTSERRAT / BARCELLONA 9-10 OTTOBRE 2013

Mentre facevano ritorno a Barcellona scortati dalla polizia, Julien cercò nello specchietto retrovisore lo sguardo di Sasha nonostante l'oscurità.

«In mezzo a quel tumulto non abbiamo avuto modo di ringraziarti, Sasha. Senza di te saremmo probabilmente tutti feriti se non morti e la sacra ampolla sarebbe finita nelle mani di *monsieur* de la Fontaine. Credo di parlare a nome di tutti quando dico che ti siamo infinitamente grati».

«Sì, lo siamo», si unirono all'istante Marie e Richard.

«Mi fa piacere, non potevo che agire così».

«Cosa ti ha indotto a schierarti di colpo dalla nostra parte?», chiese Julien interessato.

Sasha contraccambiò lo sguardo di Julien, poi dopo una breve riflessione rispose: «Onestamente ancora oggi mentre ero in viaggio verso il Montserrat non ero certo da che parte stare, perché sin da piccolo sono stato un importante membro degli Ottaviani. D'altro canto però, per la prima volta nella mia vita mi sono veramente innamorato di una donna e questa donna è Véronique. Lei mi aveva accennato di amare un altro, ma non sono sicuro che questo amore abbia un futuro. Come potrete ben immaginare ero molto combattuto sul da farsi».

Gli altri annuirono in segno di approvazione.

«Quando però ho ascoltato Lucius dire che i suoi genitori erano stati uccisi per poterlo manipolare a piacere, all'improvviso mi sono reso conto che ai miei genitori era toccata una fine molto simile e che non erano di certo morti in un incidente stradale».

Scioccati gli altri continuarono ad ascoltarlo.

«In quell'istante l'unica cosa che volevo fare era denunciare Maurice de la Fontaine come rappresentante di tutti i capi degli Ottaviani».

Sasha si arrestò un attimo quasi a voler riascoltare le sue parole.

«Questo però non spiega ancora come mai per prima cosa hai voluto mettere al sicuro l'anfora», insistette Julien.

L'espressione del volto di Sasha iniziò a cambiare e all'improvviso il suo sguardo parve come provenire da una grande distanza, poi quasi con tono riverente aggiunse: «Mentre mi stavo avvicinando a Julien, di colpo l'ho visto avvolto da una luce bianca brillante mentre l'anfora che teneva tra le mani iniziava a colorarsi di rosa e oro. Era come se da quel qualcosa di argilla si sprigionassero i raggi di un'aureola, raggi che mi hanno colpito dritto al cuore». Mentre sembrava cercare le parole giuste da aggiungere, gli altri restarono col fiato sospeso.

«Anche se può sembrare una cosa assolutamente folle, è stato come se tutto il mio corpo fosse pervaso da una gigantesca onda d'amore, come mai avevo sperimentato prima. Semplicemente sapevo che quell'anfora doveva custodire qualcosa di immensamente prezioso se produceva in me un tale effetto».

Udendo le ultime parole di Sasha, gli occhi di Julien si riempirono di lacrime di profonda gratitudine perché sapeva di aver portato a termine la sua missione attenendosi veramente alla preghiera di Gesù Cristo e avendo imparato ad amare anche i suoi nemici. Solo così era riuscito nel momento del massimo pericolo a superare la paura della morte e a essere connesso con l'amore, così che Sasha potesse provare quale potere fosse celato in quella sacra anfora.

All'improvviso sentì Sasha toccargli affettuosamente la spalla da dietro. «Julien, ti ringrazio con tutto il cuore per essere l'uomo che sei perché, sebbene tu sapessi che io ero un vostro nemico, nel momento del massimo panico sei riuscito a vedere la mia anima capendo così che non vi avrei fatto del male. È solo per quello che Lucius non mi ha sparato. Questo significa che in realtà sei tu l'eroe della serata».

«Parsifal, veggente del mondo», si sentì mormorare Marie che in quel momento capì che Julien era potuto diventare l'uomo che ora era solo attraverso le sacre opere di Richard Wagner. Un uomo capace di avere sempre un cuore puro anche nel peggior pericolo.

Appoggiando la mano destra sulla sua gamba sussurrò. «Io ti amo, mio scudo, mio angelo, mio redentore».

Commosso, Julien la guardò un attimo negli occhi prima di riportare la sua attenzione sulla strada notturna e accarezzando dolcemente con la mano destra quella sinistra di lei.

«Anche io ti amo, mio angelo».

Infine liberò la sua mano da quella di Marie e l'appoggiò su quella di Sasha ancora posata sulla sua spalla.

«Sasha, ti ringrazio ma credo che il punto non sia chi è l'eroe della serata perché in verità è stata la forza dell'amore a salvarci tutti».

«L'amore di Maria Maddalena e di Gesù Cristo», intervenne all'improvviso Richard, che sino a quel momento era rimasto in silenzio, «perché quel papiro sarà una testimonianza del loro amore».

Meravigliata, Marie si girò verso Richard: «Come fai a saperlo, Richard?».

«Semplicemente lo so», disse sorridendo e tutti capirono che stava dicendo la verità.

LUCIUS / VÉRONIQUE

BARCELLONA, 9-10 OTTOBRE 2013

Nel frattempo Véronique e Lucius erano arrivati in ospedale, dove lui venne medicato da un medico molto cordiale mentre lei attendeva in corridoio. Lo percorse avanti e indietro tutto il tempo in preda a un mare di emozioni. Da un lato era infinitamente grata che tutti l'avessero scampata riuscendo persino a nascondere il tesoro. Ma apprendere che lui era suo fratello, o meglio fratellastro, la faceva quasi uscire di senno perché non avrebbero mai potuto stare insieme.

Infine Lucius venne nuovamente spinto in corridoio e Véronique poté accompagnarlo nella stanza che era già stata preparata per lui. Ruben Castell, che nel frattempo aveva raggiunto anche lui l'ospedale, aveva predisposto che Lucius venisse sistemato in una stanza da due letti così da permettere a Véronique di stargli accanto. Inoltre aveva messo di guardia alla porta due poliziotti perché non era del tutto certo che il pericolo fosse veramente passato, o se ci fosse qualcuno pronto a mettere a tacere e far fuori Lucius che ormai era un traditore.

Assicuratosi che Lucius stesse bene, il commissario si accomiatò dai due perché doveva fare urgentemente ancora un paio di interrogatori dopo che nella rete erano finiti dei pesci così grossi. In più, era certo che a causa dello shock molti uomini sarebbe stati più inclini a vuotare il sacco a caldo, piuttosto che il giorno dopo.

Appena uscito Ruben Castell, Véronique e Lucius rimasero per la prima volta soli dopo la rivelazione.

Senza parlare Lucius fece segno a Véronique di sedersi sul suo letto. Si scambiarono sguardi di profonda tristezza, poi Véronique non riuscendo più a trattenersi, scoppiò a piangere. Gentilmente Lucius la trasse a sé dandole un tenero bacio sui capelli.

«So come ti senti, amata sorellina, perché provo qualcosa di molto simile anche io», le sussurrò in un orecchio, «ma dobbiamo essere grati per aver contribuito a portare a termine questa sacra missione».

«Sì, indubbiamente», sospirò Véronique, «ma talvolta non è così facile accettare il volere divino».

«Lo so, mio meraviglioso angelo, ma dopo le cose terribili che ho fatto nella mia vita avevo giurato di diventare la migliore versione possibile di me stesso, anche a costo di perderti».

«Tu non mi perderai mai, Lucius» esclamò Véronique sconvolta.

«Questo lo so, ma ho perso l'amata con la quale volevo condividere la mia vita», disse Lucius con tristezza aggiungendo poi, assorto nei pensieri e malinconico: «Mentre tu hai già al tuo fianco un compagno che dopo quanto è successo ti porterà in palmo di mano».

«Non dire queste cose».

«È la verità Véronique e lo sai anche tu».

Stettero a lungo abbracciati sino a quando Lucius ritenne che era meglio cercare di dormire per riprendersi dalla forte emorragia. Véronique si offrì di passare lì la notte ma Lucius voleva restare da solo per elaborare la nuova situazione e il suo dolore.

Così Véronique chiamo al telefono Marie per chiederle se insieme a Julien potevano andarla a prendere, perché non se la sentiva proprio di prendere un taxi.

Di ritorno all'Hilton Diagonal Mar, scortati dalla polizia, lei, Richard e Marie si ritrovarono tutti nella suite di Julien, nel frattempo ripulita da tutte le cimici, per passare in rassegna le ultime ore appena trascorse.

Marie comprendeva benissimo lo stato d'animo dell'amica e così, seduta su uno dei divani accanto a lei, le tenne la mano per tutto il tempo.

A un certo punto Julien venne fuori dicendo che avrebbero dovuto invitare anche Sasha perché, in fondo, tutti gli dovevano molto. Visto che tutti erano d'accordo, Véronique gli inviò un SMS perché non voleva svegliarlo via telefono se per caso stava già dormendo.

VÉRONIQUE

BARCELLONA, 9-10 OTTOBRE 2013

Non ci volle molto e Sasha era già lì alla porta. Vedendo Véronique, all'improvviso comprese tutto e senza dire una parola la prese tra le braccia accarezzandole dolcemente la schiena mentre gli altri continuavano a conversare sottovoce.

Quando si accorse che si era rilassata, le sollevò leggermente il mento per guardarla negli occhi.

«Ho appena capito ciò che è successo e mi dispiace infinitamente per te e per Lucius», disse Sasha con tono affettuoso, «ma voglio che tu sappia che non ho mai amato una donna come amo te».

Véronique stava per dire qualcosa ma Sasha le appoggiò un dito sulle labbra: «Capisco che tu al momento non voglia sentirlo, ma devi sapere che io ti aspetterò perché so che Lucius vuole che tu sia portata in palmo di mano e che anche tu mi ami, anche se sarà una sensazione completamente diversa rispetto a quello che sentivi per lui».

A Véronique venne di nuovo da piangere e si aggrappò a Sasha che dolcemente si mise a cullarla tenendola tra le braccia.

Dopo un po' sottovoce le disse: «Penso che sia ora che tu vada a dormire, principessa, così che i tuoi nervi si possano riprendere dallo shock. Vuoi che ti accompagni in camera tua?».

Véronique annuì in silenzio e Sasha fece un cenno agli altri che si sarebbero ritirati. All'istante gli altri si alzarono dal divano e si diedero tutti la buona notte. Richard, Sasha e Véronique uscirono insieme dalla suite, ma Richard si accorse che in quel momento era più Sasha a poter sostenere Véronique che non lui, così augurò loro la buonanotte nel corridoio dell'albergo.

Sasha voleva salutare Véronique sulla porta della camera, ma lei lo pregò di entrare con lei e di non lasciarla sola quella notte.

«Puoi semplicemente abbracciarmi mentre cerco di prendere sonno?», lo pregò.

«Naturalmente, principessa. Faccio tutto ciò che desideri», e così Véronique poté infine abbandonarsi all'oblio del sonno tra le braccia protettive di Sasha.

Svegliandosi la mattina dopo, Veronique inizialmente si stupì di trovare accanto a se Sasha addormentato. Ma si accorse anche che lui, con il suo modo di fare affettuoso e discreto, l'aveva aiutata a lasciarsi alle spalle molto dolore. Appoggiandosi ai gomiti si tirò su e piena di gratitudine si soffermò a osservare quel bel viso dai tratti maschili, sapendo che sarebbe arrivato il giorno in cui avrebbe ricambiato il suo amore su tutti i piani. In quell'istante lui aprì gli occhi cercando di capire dove si trovava.

Poi il suo viso si fece radioso e Véronique non poté fare a meno di dargli un tenero bacio che lui contraccambiò più che volentieri.

Anche se avrebbe dato di tutto per poter dimostrare a Véronique il suo amore anche sul piano fisico, sapeva che non era ancora il momento giusto. Quindi godette semplicemente di quello che lei era pronta a donargli.

RUBEN CASTELL

BARCELLONA, 10 OTTOBRE 2013

Dopo una sostanziosa colazione nella suite di Marie e Julien, Ruben Castell passò a prendere i "quattro moschettieri" e Sasha per accompagnarli in un laboratorio specializzato nell'apertura di rotoli di papiro.

Julien sentì il cuore salirgli in gola mentre percorrevano i freddi corridoi di un bell'edificio in stile liberty perché a breve avrebbe veramente svelato il mistero.

Ruben bussò a una porta a battenti bianca accanto alla quale spiccava una targhetta con la seguente dicitura: "Prof. dr. Pablo Puig". Si udì una voce sonora dire «Avanti», e così entrarono in un luminoso locale dalle pareti alte. Contrariamente alle loro aspettative, lo scienziato non era un uomo anziano, bensì un gigante dall'aspetto giovanile, capelli neri arruffati e una barba non rasata da almeno tre giorni che gli dava un aspetto un po' trasandato.

Quando il prof. dr. Puig riconobbe il commissario, si alzò subito dalla sua antica scrivania in legno di quercia dietro alla quale alla parete era appesa una scena della *Resurrezione* di straordinaria bellezza.

«Ciao amico mio, non vedo l'ora di esaminare il vostro prezioso reperto», esclamò entusiasta, prima ancora di salutare le persone in compagnia del commissario.

«Oh, scusatemi vi prego, *madame* Chevalier, *monsieur* de la Tour, *madame* Valois, *monsieur* Valois e *monsieur* Marakov. Come ho fatto a essere così maleducato...».

Stupito di se stesso, il giovane professore scosse la testa salutando poi tutti con una cordiale stretta di mano.

«Sapete, sono anni che vi aspettiamo qui a Barcellona, o meglio al Montserrat, e io sono, come dire, gasato all'idea di potervi essere d'aiuto nell'apertura di questo sacro papiro».

«Questo significa che anche lei fa parte della linea di sangue?», volle rassicurarsi Marie.

«Sì, gentile signorina, ne faccio parte», rispose il professore e dottor Puig con un certo orgoglio.

Marie era divertita dal fatto che un giovanotto si rivolgesse a lei con modi da persona più anziana.

«Sembra quasi che qui in Catalogna sia una cosa pressoché normale», constatò Julien.

«No, non è proprio così», ribadì il professore. «In effetti ce ne sono un paio anche qui, ma anche noi agiamo di nascosto esattamente come fanno le nostre sorelle e i nostri fratelli negli altri Paesi».

«Capisco», fece Marie, «ma adesso nulla può più trattenerci dall'apprendere finalmente ciò che c'è scritto sul papiro».

«Condivido pienamente», disse Puig. «Allora non perdiamo più tempo».

Così, insieme a loro, lasciò il suo ufficio per recarsi nel laboratorio. Volendo assicurarsi di non essere distratto mentre estraeva il papiro dall'anfora, Puig pregò i quattro amici e il commissario di rimanere all'esterno del vero e proprio laboratorio dove l'umidità dell'aria era particolarmente elevata. Attraverso una vetrata potevano però osservare ogni singolo movimento delle sue mani mentre con grande cautela srotolava il prezioso reperto.

Finalmente ecco, stesi su un enorme tavolo, due rotoli di papiro non danneggiati, che erano stati avvolti uno dentro all'altro. Il professore e dottor Puig cercò di decifrare ciò che c'era scritto ma riconobbe solo che presumibilmente si trattava di una scrittura in aramaico.

Con cautela aprì la porta chiedendo: «Qualcuno di voi è in grado di leggere l'aramaico?».

«Lucius», rispose Véronique prontamente, «ma non è qui, è in ospedale».

«Allora mi sa che dobbiamo attendere che venga dimesso», fece il commissario Castell, «perché non mi fido a far visionare questi scritti da altri».

«Anche io conosco l'aramaico», intervenne Sasha timidamente da dietro mentre tutti si giravano verso di lui.

«Veramente?» fece Julien con un'espressione interrogativa.

«Sì».

«Beh, ma allora cosa aspetti?», si animò Marie facendogli posto accanto a sé.

«È un vostro ritrovamento e voi siete quelli citati nella profezia», iniziò a spiegare Sasha, «e non volevo in nessun caso intromettermi».

«Molto nobile da parte tua», fece Julien, «ma noi vogliamo finalmente sapere cosa abbiamo scoperto».

«Giusto», concordò il professore, «ma dato che l'umidità dell'aria si modifica notevolmente se più persone entrano nel locale, suggerirei di entrare con voi tre», indicando Marie, Sasha e Julien; «vi porgo gli appositi guanti nonché delle pinzette speciali perché il papiro non può essere assolutamente toccato a mani nude. D'accordo?».

«Sì, naturalmente», risposero i tre in coro.

«Bene, allora seguitemi».

Senza esitare Marie, Julien e Sasha entrarono in quella stanza speciale, indossarono i guanti e si avvicinarono ai sacri papiri mentre il prof. Puig usciva per assistere da fuori insieme al commissario, Véronique e Richard. Per fortuna c'erano degli altoparlanti all'esterno, così che potevano ascoltare ciò che Sasha era in procinto di tradurre mentre delle silenziose lacrime iniziavano a rigare il suo bel volto.

Mia amatissima Maria Maddalena, sono qui prigioniero e so che è iniziata la mia ultima notte sulla Terra. Anche se sono stato preparato sin da bambino ad affrontare ciò che accadrà domani, è tutt'altro che facile per me portare a termine il piano divino.
Specialmente sapendo che porti nel tuo grembo divino il frutto del nostro amore.
Promettimi che dopo la mia morte non attenderai troppo a lungo a lasciare queste terre perché devi diffondere la buona novella.
Qui ti attenderebbe solo la morte e nostra figlia non riuscirebbe neppure a venire alla luce. Ti prego chiamala Sarah-Tamar, come avevamo già deciso prima di offrirci uno all'altra nella notte delle nostre sacre nozze di Cana. E promettimi di condurla nel Sud della Francia per iniziare una nuova vita, perché lì potrete stare al sicuro e agire in pace.
Ora però devo smettere perché a breve canterà il gallo.
Anche se devo abbandonare il mio ricettacolo terreno per portare a termine la mia missione sulla Terra sarò sempre e comunque al tuo fianco. Mia incantevole donna, amata oltre ogni misura. Ricordalo sempre.
Io ti amo oggi, domani e ogni giorno. Per tutta l'eternità.
Che tu possa sentire per sempre sulle tue labbra i miei baci d'amore.
Tuo per sempre Gesù, il Cristo.

Sentendo queste parole, gli occhi di tutti si inumidirono, perché ognuno di loro comprese quale grazia fosse stata loro concessa in quel momento.

Nessuno riusciva a proferire parola, troppo prezioso era quell'istante di rivelazione divina di quella sacra eredità.

Infine Julien abbracciò Sasha perché senza di lui avrebbero dovuto attendere ancora a lungo la rivelazione di quel meraviglioso messaggio.

Naturalmente a tutti era chiaro che l'autenticità di quel testamento spirituale avrebbe dovuto ancora essere confermata ma nessuno ne dubitava neppure un secondo.

Poi nel silenzio si udì di nuovo la voce di Sasha: «E questo non è ancora tutto. C'è anche una lettera scritta da Maria Maddalena», e così riprese a tradurre.

Mio amatissimo,
quanto è pesante oggi il mio cuore perché questa è l'ultima volta che posso venirti a trovare, vederti.
Tu domini tutti i miei sogni, tutto il mio essere, la mia intera essenza perché ciò che tu mi hai insegnato negli anni che ci sono stati donati si è inciso a fuoco nella mia anima. Sii certo che farò tutto il possibile per diffondere sulla Terra i tuoi insegnamenti d'amore e di perdono.
E per aiutare gli esseri umani a riportare un giorno la pace sulla Terra. Così come tu, solo attraverso la tua illuminata presenza, hai trasformato me, così io farò di tutto per crescere oltre il mio dolore e per insegnare agli esseri umani, con la mia sola presenza, cosa significhi portare a termine sulla Terra il proprio piano divino, anche quando questo non combacia con i nostri desideri.
Io ti prometto di insegnare agli esseri umani ciò che hai insegnato tu vivendolo per primo ovvero
che uomini e donne sono uguali e che solo uniti possono compiere qualcosa di veramente grandioso.
Io sarò l'apostola tra gli apostoli, così come mi hai sempre chiamato tu, mio signore e sovrano,

mio amatissimo Gesù Cristo.
IO SONO per l'eternità tua.
Maria Maddalena

Le rivelazioni di Sasha commossero di nuovo tutti profondamente. Specialmente Marie e Julien, perché avevano realmente portato a termine la loro missione di restituire all'umanità qualcosa di immensamente prezioso in tempi in cui gli esseri umani erano pronti a riceverlo. In silenzio si presero per mano condividendo un senso di profonda beatitudine.

«Che grazia poter condividere dal vivo un istante così unico nella storia dell'umanità», era la voce incrinata dalle lacrime di Pablo Puig che improvvisamente ruppe il silenzio.

«Sì, è proprio così», ammise Ruben Castell sottovoce, anche lui toccato nel profondo e incapace di riprendere a parlare normalmente.

Ci volle ancora un bel po' prima che ognuno potesse uscire dal suo mondo interiore e fosse in grado di prendere altre decisioni.

Infine fu il commissario ad arrivare alla conclusione che quell'impareggiabile reperto dovesse essere custodito in un posto sicuro prima di essere esposto all'opinione pubblica e così prese la parola.

«Pablo, c'è in questo istituto una cassaforte dove poter custodire in assoluta sicurezza l'anfora con le sacre missive?».

«Sì, naturalmente amico mio», rispose il professore. «Abbiamo spesso a che fare con reperti molto preziosi che devono essere custoditi mentre vengono esaminati. Tuttavia devo confessare che non mi è mai capitato di avere tra le mani qualcosa di altrettanto sacro quanto il testamento spirituale di Maria Maddalena e di Gesù Cristo».

Di nuovo gli si inumidirono gli occhi prima di proseguire con voce commossa: «Devo anche ammettere di aver scelto questa professione nella speranza di poter un giorno avere a che fare con la profezia millenaria e così oggi voi mi avete fatto il regalo più bello della mia vita».

Per dare sfogo alla sua gioia, con impeto strinse a sé il commissario perplesso, perché Marie, Julien e Sasha si trovavano ancora nella stanza speciale.

«È meraviglioso!», esclamò Marie, «ma adesso cosa dobbiamo fare? Uscire dalla stanza e lei si prende carico dei rotoli di papiro?».

«No, aspettate. Vi raggiungo io».

Poco dopo, accanto a loro, il professore osservava con atteggiamento reverenziale le lettere d'amore più uniche che rare che avesse mai visto. Lentamente volse lo sguardo verso Julien guardandolo in quei suoi occhi blu brillanti di luce quasi ultraterrena.

«Cosa ne dice se ora riavvolgiamo di nuovo cautamente le lettere rimettendole poi nell'anfora?».

«Del resto lo dobbiamo a lei se sono state ritrovate, come mi ha riferito Ruben».

Julien lanciò uno sguardo interrogativo a Marie che annuendo gli fece capire che condivideva l'opinione dello scienziato.

«Lo faccio», rispose Julien emozionato, «ma solo se lei mi spiega esattamente ciò che devo fare, per non recare alcun danno a questi preziosi scritti».

«Ovviamente», rispose il professore iniziando subito a spiegargli dettagliatamente come procedere.

Prima di questa delicata operazione Julien però pregò:

> *Caro Dio, ti prego dal profondo del cuore*
> *di farmi nuovamente divenire un tuo strumento in questa sacra missione. Io sono il tuo servitore pieno di umiltà e mi affido completamente nelle tue mani. Sia fatta la tua volontà. Amen.*

Con la massima cura Julien eseguì ciò che gli veniva detto. Ma nel momento in cui per un solo attimo sfiorò la lettera di Maria Maddalena questa si fece polvere sotto gli occhi di tutti e dalla gola di Marie fuoriuscì un grido straziante.

Julien si fece pallido come un cadavere e rimase come paralizzato. Con tutta la buona volontà non riusciva a capire cosa potesse aver fatto di sbagliato.

Tutti erano come pietrificati tanto erano sconvolti da ciò che era accaduto sotto i loro occhi.

Infine Sasha si era sufficientemente ripreso da poter dire una cosa non certo irrilevante: «Non so se siate consapevoli del fatto che il valore numerico di Julien de la Tour, applicando la ghematria, il sistema ermeneutico per interpretare le parole con l'ausilio dei numeri, è lo stesso di quello del termine "Il Messia"».

Julien non riusciva a credere alle sue orecchie e avrebbe perso l'equilibrio se non si fosse appoggiato all'angolo del tavolo. Sasha però non si lasciò fuorviare e proseguì nella sua spiegazione. «Credo quindi che Julien sia molto più affine all'energia di Gesù Cristo di quanto non possiamo aver immaginato noi. E sono dell'idea che il fatto che la lettera di Maria Maddalena sia finita in polvere, cosa che presumo accadrà anche con la lettera di Gesù Cristo, abbia un senso superiore. In ultima analisi, non si tratta di dimostrare ciò che abbiamo appreso. Ma attraverso la reale lettura di queste sacre scritture il messaggio per il mondo si è rinnovato, e non potrà mai più finire in mani sbagliate o essere utilizzato per fini non nobili. Sta ora a noi vivere quel messaggio e diffonderlo. So che Julien farà tutto ciò che è in suo potere per vivificarlo. La luce sta veramente tornando».

Con gli occhi bagnati dalle lacrime Julien guardò Sasha sapendo che lui aveva riconosciuto la verità. Pieno di gratitudine abbracciò questo nuovo amico; poi da dietro si fece vivo

Ruben Castell: «Io sono assolutamente convinto che quelle di *monsieur* Marakov non siano solo delle sagge parole per consolare *monsieur* de la Tour. La ghematria del suo nome parla da sola. Tuttavia vorrei ancora aggiungere una cosa che forse non sapete ancora. Questo papiro mistico è già stato leggibile agli occhi di altri prescelti, è accaduto circa mille anni fa, attorno al 1033. Anche all'epoca era stata una coppia francese a riuscire a svelare il segreto di Maria Maddalena. Allora però non era ancora arrivato il tempo per il compimento della profezia e per questo motivo tutto venne nuovamente racchiuso in un anfratto nelle rupi del Montserrat. Sino a ora non sono riuscito a spiegarmi chi possa aver nascosto poi l'anfora nel sepolcro. Quello che però so è che dalla lettura di quelle lettere d'amore è scaturito il movimento del *minnesang* così come lo stile di vita particolare dei Catari. Anche Eleonora d'Aquitania probabilmente ne sapeva di più».

Sentendo quelle ultime parole, a Julien venne da boccheggiare come udirono tutti. Era semplicemente incredibile come tutto fosse collegato!

Julien sentì se stesso dire: «Può benissimo essere, perché a quanto pare sono stato uno dei suoi trovatori. E il messaggio di Maria Maddalena per me era che solo uno degli ultimi veri trovatori sarebbe stato in grado di decifrare il suo mistero».

Tutti continuarono a guardare Julien in silenzio mentre, come guidato da una forza superiore, sfiorava anche la lettera di Gesù Cristo che esattamente come quella di Maria Maddalena si ridusse in minuscoli frammenti di polvere.

«È compiuta», furono le sue parole che provenivano dalle profondità della sua anima.

«Così è», risposero gli altri sei in coro.

LUCIUS

BARCELLONA, 10 OTTOBRE 2013

Infine il piccolo gruppo, scortato da un'auto della polizia, raggiunse l'ospedale per andare finalmente a trovare Lucius e informarlo delle novità. Quando entrarono nella sua stanza, Véronique fu molto sollevata vedendolo seduto bello dritto nel letto e molto meno pallido della sera precedente.

«Allora, come state?», esclamò allegramente. «Siete letteralmente splendenti, tutti quanti».

«Ne abbiamo davvero motivo», rispose Véronique rapidamente. «Ma tu come ti senti?».

«Tenendo conto di tutto quello che è successo ieri mi sento incredibilmente bene. I medici non riescono a spiegarsi come la ferita sia quasi del tutto guarita».

«Ma è fantastico!».

Dalla gioia Véronique gli saltò al collo e lui la lasciò fare ben volentieri.

«Ora però voglio sapere ciò che avete scoperto, nel minimo dettaglio, perché so che deve essere qualcosa di incomparabile».

Pieno di aspettative guardò Julien sapendo che lo si doveva a lui se il mistero era stato risolto.

Lui a sua volta diede uno sguardo a tutti e ricevuto l'assenso iniziò a raccontare, non prima di essersi passato una mano tra i capelli come sempre faceva, ciò che avevano scoperto grazie alla conoscenza dell'aramaico di Sasha.

Senza fiato Lucius ascoltò il racconto e anche lui non riuscì a trattenere le lacrime di commozione quando Julien a memoria, quasi parola per parola, gli ripeté il contenuto delle lettere.

«Così da poter finalmente provare che Gesù Cristo e Maria Maddalena si erano veramente sposati», sospirò Lucius felice. «Ti ringrazio con tutto il cuore, Sasha per aver tradotto il messaggio al posto mio».

Sasha voleva dire qualcosa ma Lucius gli fece cenno di tacere.

«Mi dispiace di non essermi accorto ieri che tu eri dalla nostra parte già da tempo. Ma a causa del mio dolore non ero più in grado di vedere attraverso il velo delle illusioni», spiegò Lucius con sincerità. «Inoltre voglio dirti che so che ami Véronique con tutto il cuore».

Spaventata, Véronique passò lo sguardo da uno all'altro prima che Lucius continuasse a parlare con un sorrisino saccente sulla bella bocca. «Hai la mia benedizione, amico mio, perché da fratello so che sei l'uomo giusto per lei».

Sasha, riconoscendo la grandezza che Lucius aveva appena dimostrato, non poté fare altro che baciarlo su entrambe le guance.

«Ti ringrazio, amico mio».

A Véronique sembrò che nel suo petto migliaia di pietre si dissolvessero in nulla.

Grata, prese per mano i due e con tono felice esclamò: «E io amo voi due oltre ogni misura».

In sottofondo si udì la voce commossa di Marie: «La luce sta veramente tornando, perché l'amore di Maria Maddalena e di Gesù Cristo può veramente trasformare TUTTO se lo permettiamo, anche i nemici più acerrimi diventano amici».

«Così è, mio amato angelo», fece Julien baciandola teneramente.

Dopo essersi ripreso da quelle dimostrazioni di affetto, Lucius volle sapere cosa ne era stato di quei preziosi papiri e

Julien, a malincuore, dovette confessare che erano finiti in polvere e che lui non li avrebbe mai potuti vedere.

Sentendo quelle parole, Lucius si irrigidì in tutto il corpo perché nelle ultime ventiquattro ore non solo gli avevano sparato, aveva perso l'amore della sua vita ma anche perso l'occasione di vedere con i suoi occhi quel prezioso reperto. Véronique, legata a lui come da un filo invisibile, percepì subito il suo dolore.

«Mi dispiace così tanto, mio caro», sussurrò abbracciandolo affettuosamente e cullandolo dolcemente tra le sue braccia.

Colpiti, gli altri stettero a osservarli sino a quando Sasha di nuovo prese la parola con voce cristallina: «Amico mio, ti capisco più che bene. In realtà avresti dovuto esserci tu al posto mio a tradurre le lettere. Ma le forze superiori avevano altro in mente. Tu eri già stato purificato da tempo, mentre solo la notte scorsa ho compreso da che parte dovevo in verità stare. Per quello mi è stato concesso di vedere la cosa più sacra tra il sacro, affinché io non abbandoni mai più la retta via».

Incantata, Véronique fissò Sasha le cui parole si erano fatte largo verso il suo cuore. Nelle ultime ventiquattro si era sempre di più palesata la vera essenza di questo straordinario ballerino e lei non doveva più vergognarsi di provare intensi sentimenti per quell'uomo. Anche Lucius, come gli altri tre, fu molto colpito da questa sincera confessione.

«Sasha sei veramente grandioso, non solo come ballerino. Io sono veramente un uomo baciato dalla fortuna per avere una sorella e un fratello come Véronique e Richard e per avere degli amici come voi. Qui bisogna assolutamente festeggiare».

«Hai ragione», concordò Richard che si era tenuto più o meno in disparte tutto il giorno. «É quello che volevo già dirti da un po': sono felicissimo d'ora in avanti di avere un fratello».

«Figurati io!» Lucius era raggiante. «Beh, allora direi che è arrivato il momento di farmi dimettere dall'ospedale. Cosa ne dite?», fece Lucius rivolgendosi agli altri.

«Solo se i medici acconsentono, fratellino», si intromise Véronique. «Non voglio assolutamente che tu abbia degli strascichi».

«Va bene, sorellina», sorrise Lucius tirandole affettuosamente i capelli.

Il medico curante però fu dell'avviso che fosse più prudente per Lucius trascorrere ancora una notte in ospedale, cosa che fece a malincuore rimandando Véronique e Richard in albergo nonostante si fossero offerti di restare con lui.

VÉRONIQUE

BARCELLONA, 11 OTTOBRE 2013

Il mattino successivo Sasha, piuttosto pallido, si presentò nella suite di Marie e Julien per la colazione, così che Véronique volle subito sapere cosa fosse accaduto.

«Vengo minacciato per aver cambiato fronte», rispose lui relativamente apatico. Ma quando iniziò a raccontare delle foto che gli era state recapitate la sua espressione cambiò di molto.

«Dopo il suo arrivo a Mosca, Alexander Černakov è stato prima torturato ad arte nella sua casa e successivamente ucciso. Preferisco risparmiarvi i dettagli. Mi sono invece pervenute un gran numero di foto che documentavano ogni passaggio con l'annotazione: "Guarda bene cosa accade agli indicibili falliti o ai subdoli traditori. Anche il tuo sangue verrà versato. Prima o poi ti troviamo. Puoi esserne certo».

Spaventate, Marie e Véronique si misero una mano sulla bocca quasi contemporaneamente. Anche Julien e Richard rimasero più che sconvolti, ben sapendo quanto potente e assetato di sangue fosse il loro avversario.

«Penso che dovremmo parlarne con Ruben Castell» esordì Julien dando voce ai suoi pensieri.

«Di certo non è una brutta idea», fece Sasha asciutto, «ma prima o poi,toccherà a me. E a Lucius non andrà molto meglio».

Le immagini che passavano per la mente di Véronique erano troppo e senza dare il minimo segno si afflosciò a terra. Sasha fece appena a tempo a sostenerle la testa per impedire che sbattesse a terra.

Sebbene scioccato come gli altri, Julien mantenne la calma e sollevò in alto le gambe di Véronique. Solo pochi secondi dopo, lei riaprì gli occhi guardando stupita gli amici che si erano raccolti attorno a lei. «Cosa è successo?».

«Sei semplicemente svenuta, sorellina», fece Richard con finta leggerezza. «Probabilmente devi solo mangiare qualcosa».

«Sì, può essere» e, aiutata da Sasha, con movimenti aggraziati si rialzò da terra.

Dopo essersi tutti ripresi, almeno sul piano fisico, Julien concluse: «Credo che dovremmo lentamente fare ritorno a Parigi».

«Sì, ma qui, grazie agli uomini di Ruben Castell, siamo più protetti, specialmente Lucius e Sasha», ribadì Véronique.

«Sì, è chiaro, mia cara, ma non possiamo stare in eterno in questa bolla, dobbiamo anche vivere il messaggio che abbiamo ricevuto».

«Qui ti do ragione», concordò Sasha. «Per come ti conosco, Messia, tu hai già un'idea».

«Non chiamarmi così, ti prego», lo pregò Julien sottovoce.

«Va bene», dichiarò Sasha, «ma io so chi sei. Allora che idea hai?».

«Appena arriviamo a Parigi dobbiamo mettere te e Lucius momentaneamente al sicuro da Xiao Lin».

«Xiao Lin, il maestro di shaolin?».

«Sì, giusto, ma lui è molto di più di quello, insieme a lui troveremo nuove vie», fece Julien fiducioso: «Ne sono assolutamente certo».

Queste parole sollevarono un po' l'animo di tutti, anche se il racconto iniziale di Sasha pendeva ancora sulla loro testa come una spada di Damocle.

Poi si udì bussare alla porta. Tutti si guardarono a vicenda meravigliati.

«Vado a dare un'occhiata», si offrì Sasha tirando fuori una pistola dalla cintola. «Non si sa mai come la gente si mimetizzi».

Con un'alzata di spalle balzò verso la porta, guardò attraverso lo spioncino mettendosi a ridere perché dall'altra parte c'erano Lucius e Ruben Castell. Presi dall'agitazione si erano del tutto dimenticati che il commissario si era preannunciato per le undici. Felice, Sasha spalancò la porta saltando al collo di Lucius e invitando i nuovi arrivati a entrare nella suite.

Castell riferì sui più recenti sviluppi, ovvero che tutti gli Ottaviani russi arrestati si erano autospediti all'altro mondo per mezzo di una capsula di cianuro pur di non essere giustiziati da altri, essendo venuti a sapere ciò che era capitato ad Alexander Černakov. Maurice de la Fontaine invece si era dichiarato disposto a denunciare anche gli altri capi per salvarsi la testa e per assumere un'altra identità all'interno di un programma di protezione.

Al commissario era certamente chiaro quanto fosse pericolosa la situazione in cui si trovavano Lucius e Sasha e ritenne molto sensata l'idea che facessero ritorno a Parigi con un jet privato scortati dalla polizia.

«Prima però *monsieur* Marakov dovrebbe fare una conferenza stampa da diffondere poi in tutto il mondo, perché senza di lui a quest'ora sareste tutti morti stecchiti. E quando il mondo del balletto verrà a sapere che la sua più grande star è un tale eroe, farà di tutto per proteggerlo. Ciò significa che non sarà così facile farla fuori», tentò di scherzare Ruben Castell.

«Questa è una bella idea», fecero Lucius e Julien dando ragione al commissario. «Tu cosa ne pensi, Sasha?».

«Significa che devo anche ammettere che razza di mostro ero prima?», ribadì Sasha.

«No, naturalmente no», rispose tranquillo il commissario.

«Con poche parole possiamo dire che lei è stato manipolato dagli Ottaviani ma che aveva scoperto la verità e che già da tempo aveva pianificato di sostenere Marie Chevalier e Julien de la Tour».

«Mi sembra sensato».

«Ma ovviamene ci sarebbe anche per lei e Lucius la possibilità di rientrare in un programma di protezione dei testimoni».

«Non se ne parla neppure!», esclamarono i due all'unisono indignati.

«Noi non siamo dei vigliacchi e confidiamo che moriremo come e quando previsto da Dio», aggiunse ancora Lucius.

«Allora siamo tutti d'accordo», sorrise compiaciuto il commissario.

«Ora mi rimetto in moto per organizzare il vostro volo di ritorno a casa. A lei, signor Marakov, farò ancora sapere per tempo a che ora si terrà esattamente la conferenza prevista per il pomeriggio o in serata».

Stava già dirigendosi verso la porta quando si girò ancora una volta indietro dicendo: «Sapete una cosa? Credo che sarebbe anche un'ottima idea se alla conferenza partecipaste anche voi due, *madame* Chevalier e *monsieur* de la Tour, per annunciare la buona novella a tutto il mondo. Allora, ci vediamo in pomeriggio. *Adeu*».

XIAO LIN

PARIGI, 11 OTTOBRE 2013

Alle otto in punto Xiao Lin era seduto davanti al televisore nel suo salotto per ascoltare l'edizione speciale del notiziario indetta a seguito degli straordinari eventi in Catalogna. In fondo non era certo cosa di poco conto che si fosse risaliti al responsabile dell'omicidio del più famoso direttore d'orchestra wagneriano francese. Per non parlare del sacro reperto che la figlia di lui aveva recuperato e restituito al mondo con l'aiuto della star mondiale della lirica, Julien de la Tour.

Naturalmente Xiao Lin sapeva già che l'intera truppa sarebbe tornata da lui l'indomani. Non vedeva veramente l'ora di apprendere tutti i dettagli dell'avventura direttamente da loro anche se lui li aveva accompagnati quasi tutto il tempo avvalendosi della visione remota.

Ciononostante, per la commozione gli venne da piangere, come probabilmente a un numero infinito di persone in tutto il mondo.

RUBEN CASTELL

BARCELLONA, 11 OTTOBRE 2013

Nello stesso momento Marie, Julien, Sasha, Ruben Castell e il prof. Puig si trovavano sotto la luce dei riflettori presso la sezione Omicidi di Barcellona, in attesa di rilasciare le loro dichiarazioni alla stampa.

Marie fu la prima a essere intervistata da un giornalista in giacca di pelle nera di nome Jordi Rey, che nonostante la giovane età sembrava ricoprire un posto importante nella televisione catalana.

«*Mademoiselle,* o forse sarebbe meglio dire *madame* Chevalier, che effetto le fa sapere finalmente chi ha sulla coscienza la vita di suo padre?».

«Anche se nulla può cambiare il dato di fatto che mio padre sia morto, sono estremamente grata al commissario Castell per avere messo insieme tutti i pezzi del puzzle. Perché da quando ho avuto la conferma che le mie supposizioni sull'omicida erano giuste i miei incubi sono scomparsi. E già questo è impagabile».

Marie regalò a Ruben Castell un luminoso sorriso che lui quasi timidamente ricambiò.

«Questo indubbiamente», commentò il giornalista. «Ma, la prego, ora ci racconti come è arrivata a fare questo viaggio a

Barcellona anche se molti degli spettatori catalani contavano già da tempo sulla sua venuta».

«Dato che mio padre mi aveva pregato di aprire la sua cassaforte nel caso in cui gli fosse accaduto qualcosa, mi sono sentita in dovere, dopo la sua morte, di realizzare il suo desiderio».

«Questo significa», la interruppe il giornalista, «che Jean Chevalier aveva messo in conto di poter essere ucciso?».

«Presumo di sì. Lì ho comunque trovato qualcosa che mi ha portato sulle tracce della profezia millenaria».

«E a quel punto è entrato in gioco Julien de la Tour, giusto?» si intromise di nuovo l'esponente della stampa.

«Sì esatto», rispose Marie con uno sguardo trasognato ripensando al suo primo incontro con Julien al Café de Flore.

«Allora, ora mi rivolgerò alla nostra star della lirica. *Moltes gràcies* per la sua trasparenza, *madame* Chevalier».

«Si figuri, signor Rey».

«Dunque, *monsieur* de la Tour come faceva a sapere di far parte della profezia?», chiese il giornalista rivolgendosi a Julien.

«Attraverso un diario lasciatomi in eredità da mia madre; lei sapeva già dalla mia nascita che avrei dovuto restituire al mondo questa sacra eredità insieme alla figlia di Jean Chevalier».

«Capisco. Ma come vi è venuta l'idea che l'avreste trovata proprio al Montserrat?».

«Grazie a un'indicazione di Maria Maddalena che mi ha rivelato che avrei trovato la soluzione del mistero cantando».

«Ma è incredibile!», esclamò Jordi Rey stupefatto.

«In effetti...», fece Julien. «Ma comunque è andata proprio così».

«E cosa ha cantato?».

Senza rifletterci su, Julien con un piano mozzafiato iniziò a cantare come solo lui sapeva fare: «In paese lontano, inaccessibile ai vostri passi, havvi un castello di nome Monsalvato...».

Tutti nella stanza trattennero letteralmente il fiato tanto erano ammaliati dal canto e dalle parole del *Lohengrin*.

«Quindi lei ha capito all'istante che con Monsalvato era inteso Montserrat, giusto?», chiese il giornalista a bassa voce dopo che Julien ebbe finito di cantare.

«Sì, esattamente così».

«Ma non eravate i soli sulle tracce del sacro Graal, c'era infatti anche un'associazione occulta di uomini potenti, chiamati Ottaviani, che spiava ogni vostro movimento con occhi di Argo sino al Montserrat dove si è svolta la battaglia finale».

«Esatto, ma ora vorrei passare la parola al commissario Castell, perché è stato lui a riunire tutti i fili».

«Certamente *monsieur* de la Tour. E *moltes gràcies* per il suo meraviglioso canto».

Prima di procedere, Jordi Rey si inchinò leggermente di fronte a Julien. «Nessuno immaginava di poter ascoltare la sua ineguagliabile voce all'interno di un notiziario. Lei sicuramente ha toccato non solo il mio cuore ma anche quello di migliaia di spettatori in tutto il mondo».

Julien rispose solo con un sorriso che lo rese ancora più splendente di quello che già era.

«E ora a lei signor Castell: cosa l'ha coinvolta così tanto in questo caso?».

«Beh, è una storia piuttosto lunga». Pensieroso il commissario si scostò i capelli dalla fronte. «Sin da piccolo sono cresciuto con la consapevolezza di dovere un giorno fare di tutto per proteggere questa sacra eredità che avrebbe dovuto essere rinvenuta in Catalogna da una giovane coppia francese. La donna che mi ha tramandato questa conoscenza non era altri che Montserrat Castell, la sorella di mio nonno, torturata e poi uccisa dagli Ottaviani pochi giorni fa quando Marie Chevalier e Julien de la Tour sono arrivati per la prima volta al Montserrat. In quell'istante mi è stato assolutamente chiaro ciò che da tempo supponevo: Marie e Julien dovevano essere la coppia di cui parlava la profezia e da quel momento sono rimasto in allerta. Quando i due mi hanno infine rivelato il loro piano per recuperare l'eredità, mi sono reso all'istante disponibile. Ma devo confessare che, nonostante il valido aiuto dei miei uomini, la sacra anfora sarebbe certamente andata distrutta se il grande Sasha Marakov non avesse avuto il coraggio di intervenire con un balzo salvifico facendo da scudo con il proprio corpo. Ma lasciamo che sia lui a raccontarcelo».

«Molto volentieri», rispose Jordi Ray rivolgendosi a Sasha. «Incredibile a credersi che dietro alla leggenda del balletto di Mosca si celasse un vero combattente?».

«A essere sincero non so quanto giovi alla mia reputazione. Ho perso i miei genitori da piccolo in un incidente. Quello che però ho appreso solo ora è che quell'incidente era stato provocato dagli Ottaviani per mettere le loro grinfie su di me e utilizzarmi per i loro scopi. Solo grazie a quell'incomparabile persona di Julien de la Tour ho compreso di trovarmi dalla parte sbagliata e così in quella notte campale ho potuto sfruttare il mio passato per fare la cosa giusta».

Sasha Marakov, solitamente avvezzo al successo, guardò nella telecamera puntata su di lui con un sorriso quasi timido, ben sapendo che quell'*outing* gli sarebbe potuto costare caro. Ma dopo tutto quello che aveva vissuto recentemente era l'unica cosa giusta da fare.

«Con tutto il cuore vorrei scusarmi per aver riconosciuto la verità solo da poco e chiedo perdono a tutte le persone che ho danneggiato nella mia vita. Non sapevo veramente cosa stessi facendo».

Una lacrima si fece strada sul suo volto mentre invitava Julien a citare le sacre lettere.

Ancora una volta Julien le ripeté parola per parola e nel commissariato e tra la troupe televisiva nessuno riuscì a trattenere le lacrime.

Da ultimo il professore e dottor Puig, un'autorità di fama mondiale, schiarendosi la voce prese la parola: «Sì, queste lettere sono un vero miracolo e chi ha avuto modo di visionarle, e incidersi quelle parole nell'anima e nel cuore, sa con irrefutabile certezza che sono, o meglio erano, autentiche. Purtroppo dobbiamo ammettere che dopo aver tradotto il messaggio, o meglio, dopo essercelo fatto tradurre da Sasha Marakov, le lettere sono finite in polvere. Riesco letteralmente a sentire il grido che ora si alza tra le vostre fila e lo comprendo benissimo perché per noi è stato lo stesso. Tuttavia, con tutta la mia autorità nel campo delle scritture antiche posso testimoniare con il mio nome che le lettere erano originali. Desidero ancora citare testualmente il grandioso commento di Sasha Marakov assistendo alla distruzione delle lettere, ovvero: "Io sono dell'idea che il fatto che la lettera di Maria Maddalena sia finita in polvere, cosa che presumo accadrà anche con la lettera di Gesù Cristo, abbia un senso superiore e che Julien non abbia commesso nessun errore. In ultima analisi non si tratta di dimostrare ciò che abbiamo appreso. Ma attraverso la reale lettura di queste sacre scritture il messaggio per il mondo si è rinnovato, e non potrà mai più finire in mani sbagliate o essere utilizzato per fini non nobili. Sta ora a noi vivere quel messaggio e diffonderlo. E sono sicuro che Julien farà tutto ciò che è in suo potere per vivificarlo. La luce sta veramente tornando"».

«Con queste incisive parole concludiamo la nostra odierna edizione speciale», aggiunse Jordi riprendendo la parola.

«Con l'auspicio che tutti noi, che abbiamo ascoltato queste parole infinitamente preziose di Maria Maddalena e di Gesù Cristo, possiamo sempre ricordare che donne e uomini sono uguali e che il nostro compito è quello di diffondere e vivere l'amore e il perdono. In questo senso porgo i più sentiti ringraziamenti ai partecipanti di questa incredibile avventura: *madame* Chevalier, *monsieur* de la Tour, *monsieur* Marakov, *monsieur* Grimaldi, *madame* Valois, *monsieur* Valois, il signor Castell e i suoi uomini così come il prof. Puig, e naturalmente Maria Maddalena e Gesù Cristo. *Adéu*».

Nell'ultima immagine vennero ripresi anche Véronique, Lucius e Richard che poi si abbracciarono con grande trasporto dopo la riuscitissima trasmissione.

VÉRONIQUE

BARCELLONA, 11-12 OTTOBRE 2013

Passarono la notte a festeggiare che la sacra novella fosse stata diffusa in tutto il mondo. Che dono celeste!

Si poteva solo sperare che gli esseri umani la prendessero veramente a cuore senza dimenticarla dopo pochi giorni. Gli amici si promisero poi a vicenda di fare tutto il possibile per diffondere il messaggio nei più svariati modi.

Nonostante fossero tutti al colmo della felicità, Véronique non riuscì neppure per un secondo a dimenticare ciò che Sasha aveva detto loro durante la prima colazione e così fece qualcosa che in origine avrebbe voluto rimandare. Ma non voleva assolutamente perdere l'occasione dato che non si poteva mai sapere quando il destino avrebbe potuto di nuovo colpire senza pietà.

Mentre tutti si stavano calorosamente salutando sussurrò all'orecchio di Sasha: «Tra una mezz'ora vieni per favore nella mia stanza».

Basito, Sasha chiese sottovoce: «Sei sicura, principessa?».

«Sì lo sono».

«Allora bene».

Di fronte agli altri però si comportarono come se di dovessero rivedere solo la mattina seguente a colazione, perché non volevano ferire Lucius.

Dopo essersi struccata ed avere meditato un poco, Véronique non era ancora del tutto certa di fare la cosa giusta. Aprì la porta a Sasha coi capelli sciolti e indossando un *negligé* di seta color turchese che faceva ancor di più brillare il suo corpo eterico.

Vedendola, a momenti non gli cadeva la mascella sapendo istintivamente cosa volesse significare. Era partito dall'idea che l'avrebbe semplicemente tenuta tra le braccia per un'altra notte. Niente di più e niente di meno.

«Non vuoi entrare?», disse piano Véronique mentre lui non dava segno di voler superare la soglia della porta.

«Ma certo, amore mio», rispose lui con voce rauca.

«Il tuo aspetto per un attimo mi ha tolto il fiato. La tua bellezza è semplicemente impareggiabile».

«*Merci*», rispose Véronique arrossendo.

Prima di rendersene quasi conto, Sasha aveva già chiuso la porta dietro di loro e l'aveva sollevata in aria. Sulle note di un'aria udibile solo a loro, lui iniziò a muoversi mentre Véronique avvinghiava le sue gambe attorno alla sua snella vita iniziando lentamente a sbottonargli la camicia bianca.

Quando con la punta delle dita lei iniziò a sfiorare il suo torace dalle forme perfette, Sasha perdette il controllo. I suoi occhi si fecero scuri dal desiderio e baciò Véronique con una foga che a lei sembrò che il suo corpo ardesse tra le fiamme.

Sempre danzando attraverso la stanza, Sasha le sfilò la camicia da notte di seta. Si fermò solo in prossimità della finestra per poter ammirare il suo corpo quasi nudo alla luce della mezza luna. Con gli occhi accarezzava i suoi seni con una tale irresistibile intensità che Véronique quasi voleva pregarlo di toccarla, desiderio che poi luì iniziò a esaudire.

Era come se tutte le emozioni accumulate e trattenute dalle esibizioni de *Il Lago dei Cigni* irrompessero dai loro corpi in un fiume di passione, una lava ardente che avrebbe potuto bruciarli se tra loro nei giorni precedenti non fosse nato un profondo amore.

Quando, esausti dai giochi d'amore, si erano infine sdraiati sul letto, Sasha si arrotolò una ciocca dei lunghi capelli biondi di Véronique attorno all'indice e quasi timidamente chiese: «É stata un'esperienza a sé, perché volevi placare il tuo desiderio e scaricare le intense emozioni dei giorni scorsi? O questa notte significa di più?».

«Per l'amor del cielo, Sasha!».

Véronique era indignata che Sasha potesse equivocare a tal punto.

«Io ti amo Sasha! Questo è il motivo per cui non volevo attendere oltre. Chissà quanto tempo ci resta per vivere il nostro amore».

Nel frattempo Véronique si era messa seduta sul letto.

«O per te è stata solo un'avventura passionale di una notte?», chiese lei spaventata visto che Sasha non aveva reagito alle sue parole.

«Hai per caso appena detto che mi ami, principessa? Oppure sto sognando?», chiese Sasha con le lacrime agli occhi.

«Sì, l'ho fatto», rispose Véronique irrequieta. «Perché non reagisci?».

«Veramente sto reagendo», rispose Sasha indicando le lacrime che gli scendevano sul viso.

«Ti faccio piangere?».

Véronique non sapeva come interpretarlo, perché Sasha non sembrava il tipo d'uomo da scoppiare in lacrime alla prima occasione.

«Sì, lo fai perché a parte mia madre, che amo più della vita, nessuno mi ha mai detto di amarmi».

Con un sorriso tenero, Sasha accarezzò il viso di Véronique dicendo una cosa che non avrebbe mai pensato di dire: «Tu sei la donna della mia vita, Véronique. Io ti amo più di ogni altra cosa. E se posso, farò tutto il possibile per renderti felice per il resto della mia vita. Posso?».

Sentendo quelle parole a Véronique venne la pelle d'oca in tutto il corpo e poi gli sussurrò all'orecchio: «Sì puoi». E riprese a baciarlo.

XIAO LIN

BARCELLONA / PARIGI, 12-13 OTTOBRE 2013

Il giorno dopo tutto si svolse molto velocemente. Subito dopo aver salutato il commissario Castell, erano saliti su un aereo della polizia camuffato da jet privato e in un attimo furono di nuovo a Parigi. Lì vennero accolti da uomini fidati appositamente richiesti dal commissario.

Su due diverse vetture, e con percorsi diversi, Marie, Julien e Sasha, così come Véronique, Richard e Lucius, vennero accompagnati da Xiao Lin.

I primi ad arrivare nel Marais furono i tre fratelli, ma il conducente dell'auto e la loro cosiddetta guardia del corpo non gli permisero di scendere sino a quando non fosse stato escluso qualsiasi pericolo.

Lucius zoppicando raggiunse la soglia e, proprio mentre stava per suonare alla porta, questa si aprì e lui incrociò il luminoso sguardo di Xiao Lin.

Senza riflettere troppo sul fatto che sarebbero dovuti scomparire al più presto in quella casa, abbracciò calorosamente il suo amico e maestro sussurrando: «Finalmente sono di nuovo a casa».

«Sì, lo sei, figlio mio», rispose Xiao Lin con affetto e Lucius a fatica riuscì a trattenere le lacrime. «Ma ora su, entrate tutti».

Velocemente salutò Véronique e Richard per poter subito richiudere la porta ma non senza aver comunque scansionato la zona circostante con tutti i sensi. Apparentemente a nessuno era ancora giunta la notizia che gli eroi della Catalogna erano arrivati a Parigi. Véronique e Richard, con il loro fratellastro seduto in mezzo, si stavano gustando il prezioso tè bianco offerto da Xiao Lin quando questi si diresse nuovamente verso la porta senza che avessero suonato.

Richard inarcò un sopracciglio con aria interrogativa.

«È chiaroveggente», fece Véronique lapidaria, come se questo spiegasse tutto.

«Ah», rispose Richard non troppo convinto. Prima di poter aggiungere altro, udì le voci chiare di Marie e Julien.

«Tutto chiaro», disse ridendo «ora capisco cosa volevi dire».

«Esatto», fece anche Lucius sorridendo. Negli ultimi giorni aveva già accolto nel suo cuore il suo nuovo fratello.

Poco dopo anche Marie, Julien e Sasha entrarono nella comoda cucina abitabile.

Da un momento all'altro nella stanza si fece silenzio perché la postura del maestro era cambiata. Con agili passi, quasi di danza, si avvicinò a Sasha appoggiandogli sulla fronte le mani congiunte in preghiera e inchinandosi di fronte a lui.

«Benvenuto nel cerchio dei fratelli e delle sorelle del sacro cammino che ci ha lasciato Gesù insieme alla sua leggiadra compagna, Maria Maddalena».

Gli amici lo ascoltarono senza fiatare mentre il volto di Sasha, ancora una volta nelle ultime 24 ore, si bagnò di lacrime.

«Ti ringrazio dal profondo del cuore, maestro Xiao Lin», rispose con voce commossa, «ma devo ancora fare penitenza per ciò che ho commesso nella mia vita prima di poter essere ammesso in questo sacro cerchio».

«Oh no», rispose amorevolmente Xiao Lin asciugando le lacrime dal suo bel viso. «Nel momento in cui hai salvato la cosa più sacra tra il sacro, disposto anche a sacrificare la tua vita, ti sei liberato da ogni colpa».

«Chi lo dice?», chiese Sasha confuso. «Voi maestro?».

«No, non oserei mai farlo. Ma questa mattina vostro fratello Gesù Cristo mi ha parlato durante la mia meditazione mattutina pregandomi di riferirti queste parole non appena tu fossi arrivato a casa mia».

«È vero?», Sasha non riusciva a credere alle sue orecchie.

«Sì è vero», fece all'improvviso Julien da dietro, «perché anche io sono stato incaricato da nostro fratello di portarti questo messaggio, così che tu possa definitivamente liberarti dai tuoi sensi di colpa».

«Se lo dici anche tu, mio Messia, allora ci posso credere».

Con grande rispetto Sasha si inchinò davanti a Xiao Lin, lo ringraziò poi si rivolse a Julien e lo strinse con forza a sé.

«Tu sei veramente degno del tuo nome, fratello, e io farò di tutto per sostenere la tua missione nel mondo che va bene al di là del tuo canto».

«Ti ringrazio, Sasha. Questo per me significa molto di più di quanto tu possa immaginare», fece Julien sciogliendosi dall'abbraccio.

«Ma ora beviamo finalmente questo meraviglioso tè».

A tutti venne da ridere e Xiao Lin versò altro tè nelle quattro tazzine di finissima porcellana.

Una volta rifocillati e rilassati Xiao Lin volle sapere di più sulle loro avventure a Barcellona e al Montserrat, perché anche se era in grado di vedere molte cose grazie alla chiaroveggenza, sentirselo raccontare nei dettagli dai protagonisti era un'altra cosa.

«Che viaggio!», esclamò Xiao Lin quando Julien finì il suo racconto, dove anche gli altri non erano rimasti certo in secondo piano.

«Sì, puoi proprio dirlo forte», fece Lucius. «Niente è più come era prima».

«Lo so, figlio mio», rispose Xiao Lin comprensivo, «ma hai raggiunto ciò che desideravi».

«Cosa vuoi dire?», chiese Lucius stupito.

«Sei diventato la versione migliore di te stesso sotto tutti gli aspetti», dichiarò Xiao Lin solennemente e sottovoce, udibile solo a Lucius, aggiunse: «Lo so quanto ti è costato per Véronique e mi dispiace molto di non avere io stesso capito i segni all'epoca».

«Sono felice che tu non l'abbia intuito, Xiao Lin, altrimenti mi sarei perso una preziosa esperienza d'amore».

Con lo sguardo Lucius cercò Véronique e capì che lei e Sasha erano ormai una coppia. Li stimò molto per non darlo troppo a vedere agli altri. Per lui, che sapeva leggere i gesti e la mimica di Véronique, erano come un libro aperto.

Dato che ormai era cosa fatta, aggiunse: «Véronique e Sasha vi ringrazio per avere così grande riguardo per i miei sentimenti, ma io so che vi appartenete. Quindi non nascondete il vostro amore ma godetene finché potete». Meravigliati guardarono Lucius, poi si rivolsero uno verso l'altra e Véronique nascose il volto tra le mani di Sasha.

«Grazie, amato fratellino», sussurrò Véronique commossa.

«Bene, così possiamo passare al prossimo punto», li interruppe Xiao Lin, perché sapeva che conoscere ulteriori dettagli sul loro amore sarebbe stato troppo doloroso per Lucius. «So che Lucius e Sasha sono stati additati dagli Ottaviani come traditori e vengono inseguiti. Questo significa che ci serve un piano, ma prima di rifletterci su seriamente dovremmo celebrare con una cerimonia sacra il fatto che tutti voi insieme siate riusciti a portare a compimento la profezia millenaria. Andiamo nel tempio». I sei amici non se lo fecero dire due volte.

Quando entrarono nel luogo sacro di Xiao Lin, il vicino campanile della chiesa batteva la mezzanotte. Marie, Richard e Sasha, che entravano lì per la prima volta, restarono senza parole quando ne percepirono l'energia.

La sensazione era quella di aver attraversato il portale e di aver raggiunto un altro mondo o un'altra dimensione. Stupefatti si guardarono intorno prima di togliersi le scarpe come gli altri. Anche Julien, Lucius e Véronique si accorsero che la vibrazione di quel "tempio" si era ulteriormente elevata dalla loro ultima visita.

Xiao Lin invitò i sei giovani ad accomodarsi sul tappeto, che occupava gran parte della stanza, e a sedersi nella posizione del loto creando attorno a lui una sacra forma geometrica con lui al centro.

A occhi chiusi sollevò gli occhi al cielo e iniziò a pregare:

> *Caro Dio, caro Gesù Cristo, cara Maria Maddalena e cara Maria così come tutti gli amati esseri di luce, a nome di tutti i convenuti qui desidero ringraziarvi dal profondo del cuore per aver avvolto nel vostro sacro mantello protettivo dell'amore supremo tutti i compagni che si sono messi in viaggio in nome vostro e per aver fatto sì che potessero portare a termine la loro missione vivi e praticamente indenni e radunarsi infine come in tempi antichi per l'Ultima cena. Faremo tutto ciò che è in nostro potere per portare nel mondo in molti modi il sacro messaggio delle lettere. Con profonda umiltà siamo al servizio del piano divino ora per tutta l'eternità. Amen.*

Profondamente commossi i discepoli di una volta avevano ascoltato le parole di Xiao Lin tra le cui mani improvvisamente apparve un brillante calice dal quale fuoriuscivano dei raggi rosa dorati che andavano a toccare i cuori di ognuno di loro. Tutti si accorsero di essere connessi con l'amore puro mentre Xiao Lin si rivolgeva a loro: «Cari amici, questa mattina mentre ero in profondo raccoglimento, mi sono apparsi Maria Maddalena e Gesù Cristo in tutta la loro bellezza e sovrumana potenza e mi hanno pregato di riportare sulla Terra sul piano energetico il messaggio originale delle lettere, insieme a voi. Ho chiesto loro come dovevamo fare e mi hanno spiegato quanto segue:

Chiedi a ognuno di loro di sedersi nella sacra disposizione che tu conosci dai tempi antichi con te al centro. Insieme immaginate di trovarvi nel vero cuore del mondo là dove il vortice d'amore è più forte. Non appena percepite l'amore divino in tutta la sua forza celeste in voi e attorno a voi, Julien dovrà recitare la mia lettera, quella di Gesù Cristo, mentre Lucius la tradurrà in aramaico così da far discendere di nuovo sul sacro suolo di madre Terra la vibrazione delle parole originali per poi toccare il cuore di tutti gli esseri umani attraverso il cuore di madre Terra.
Lo stesso farete per la lettera di Maria Maddalena, dove a parlare sarà Marie e a tradurre Sasha.
Vi accorgerete di come queste sacre parole attraverso onde di frequenza superiore usciranno da questa stanza per raggiungere il mondo così che la verità degli insegnamenti d'amore, perdono e uguaglianza dell'uomo e della donna possano modificarsi partendo dall'interno.

Appena Xiao Lin ebbe finito di parlare, di colpo dal nulla si udì una meravigliosa musica delle sfere. Quando iniziarono a visualizzare, fu come se suoni celesti li connettessero con il cuore della Terra.

Dopo un po' a tutti sembrò di non essere più seduti bensì di volteggiare e quando poi Julien con voce melodiosa iniziò a parlare, tutti videro apparire una figura di luce che altri non era se non Gesù Cristo.

Tutti i presenti ebbero l'impressione che parlasse attraverso Julien e Lucius che traduceva le sue parole.

Ogni parola li animava ancora di più e li collegava sempre di più con l'amore puro, divino che era in loro.

Lucius, che poté ripetere quelle parole nella lingua originale, ebbe la sensazione di una profonda guarigione delle sue ferite interiori a ogni sillaba che si formava nella sua bocca, perché la forza del Cristo che così si sprigionava al di là delle parole, attraverso la sola vibrazione, poteva produrre veri miracoli.

Véronique e Xiao Lin videro contemporaneamente come le infinite, geometriche onde d'amore contenute in queste parole penetrassero nella terra diffondendosi in tutto il mondo per portare ovunque guarigione. Poi, all'improvviso apparve Maria Maddalena che prese dalle mani di Xiao Lin il luminoso calice per porgerlo a Marie che non riusciva a capacitarsene.

Di nuovo fu come se Maria Maddalena stessa parlasse attraverso Marie e Sasha pronunciando queste preziose parole:

> *Mio amatissimo, quanto è pesante oggi il mio cuore perché questa è l'ultima volta che posso venirti a trovare, vederti. Tu domini tutti i miei sogni, tutto il mio essere, la mia intera essenza perché ciò che mi hai insegnato negli anni che ci sono stati donati si è inciso a fuoco nella mia anima. Sii certo che farò tutto il possibile per diffondere sulla Terra i tuoi insegnamenti d'amore e di perdono e per aiutare gli esseri umani a riportare un giorno la pace sulla Terra. Così come tu, solo attraverso la tua illuminata presenza, hai trasformato me, così io farò di tutto per crescere oltre il mio dolore e per insegnare agli esseri umani, con la mia sola presenza, cosa significhi portare a termine sulla Terra il proprio piano divino, anche quando questo non combacia con i nostri desideri. Io ti prometto di insegnare agli esseri umani ciò che hai insegnato tu vivendolo per primo, ovvero che uomini e donne sono uguali e che solo uniti possono compiere qualcosa*

di veramente grandioso. Io sarò l'apostola tra gli apostoli, così come mi hai sempre chiamato tu, mio signore e sovrano, mio amatissimo Gesù Cristo: IO SONO per l'eternità tua. Maria Maddalena.

Mentre pronunciava le parole di Maria Maddalena in aramaico Sasha si accorse come la sua energia lo stesse cambiando all'interno così da comprendere all'improvviso che lui era già stato da tempo perdonato e che ora era lui che doveva perdonare se stesso.

Questa presa di coscienza gli inondò il viso di lacrime di grazia. L'amore di Maria Maddalena e la forza del Cristo possono veramente cambiare ogni cosa se ci si abbandona a essi con cuore puro.

Quello che gli amici non poterono vedere, visto che si trovavano all'interno, fu una luminosa sagoma di luce che ricordava la stella di Betlemme apparsa nello stesso istante sopra al tempio di Xiao Lin mentre i passanti stupefatti commentavano: «La luce sta veramente tornando».

Epilogo

PASQUA 2014

Nel frattempo la notizia del ritrovamento delle lettere originali di Gesù Cristo e di Maria Maddalena aveva fatto il giro del mondo.

Non tutti erano felici di questo fatto straordinario perché scuoteva antiche credenze.

Tuttavia questa lieta novella sembrò cambiare molte persone, quelle che compresero che essere spirituali non significava esaudire tutti i propri desideri con l'aiuto del mondo spirituale, bensì crescere oltre se stessi come ci hanno mostrato Gesù Cristo e Maria Maddalena vivendolo prima di noi.

Così Véronique dovette imparare a convivere con l'idea che Lucius o Sasha, o magari anche entrambi, potessero perdere la vita in un incidente d'auto o qualcosa di simile; visto che non tutti gli Ottaviani erano stati catturati e processati, i due "traditori" erano costantemente in pericolo di vita.

Ogni volta che erano a Parigi, Lucius e Sasha soggiornavano da Xiao Lin perché grazie alle sue potenti facoltà spirituali quello era il luogo dove erano più al sicuro.

Dopo il loro ritorno, Sasha non era più rientrato a Mosca perché dopo la brutale esecuzione di Alexander Černakov sapeva che non avrebbe più potuto mettere piede in patria.

Ma pensando a tutto ciò che aveva dovuto passare Maria Maddalena dopo la morte di Gesù Cristo, loro erano solo semplicemente grati per ogni momento che potevano trascorrere insieme.

Véronique e Sasha si esibirono insieme in ogni parte del mondo come la coppia da sogno del balletto e anche il loro legame personale era una vera fusione.

Lucius invece intraprese insieme a Xiao Lin un lungo pellegrinaggio nei vari luoghi sacri in tutto il mondo perché, pur avendo lasciato a Sasha la sua amata Véronique con tutto il cuore, ci volle parecchio prima che il suo smettesse di sanguinare. E chi poteva sostenerlo al meglio se non il suo amico e maestro Xiao Lin a cui doveva così tanto?

Richard nel frattempo organizzò la sua prima grande mostra a Parigi con dipinti di Maria Maddalena, Gesù Cristo, Sarah-Tamar, Giovanna d'Arco e i suoi compagni più fedeli, mentre Julien aveva scritto un libro sul loro viaggio alla scoperta dell'eredità di Maria Maddalena e di Gesù Cristo e sulla sua esperienza cristica, per condividere con tutti il suo personale cammino dal cuore umano a quello puro.

Contemporaneamente Marie e Julien pianificavano le loro nozze perché Marie era in attesa della loro prima figlia, che si sarebbe chiamata Sarah.

E in ogni giorno della vita di tutti loro fu l'amore a muoverli e guidarli…

Opere musicali menzionate nel libro

PARSIFAL
di Richard Wagner

Parsifal è andato in scena per la prima volta il 26 luglio 1882 al secondo Festival di Bayreuth. L'opera è considerata l'ultimo dramma musicale di Richard Wagner. Lui stesso lo definì un "dramma mistico da festival" che doveva essere rappresentato solo nell'ambito del festival. Così come *Lohengrin*, l'opera in tre atti si basa sul poema epico *Parzival* del poeta Wolfram von Eschenbach.

Antefatto

Amfortas, il re del Graal, ha aggredito Klingsor, l'oppositore dei cavalieri del Graal. In quel frangente Amfortas viene sedotto da Kundry, asservita a Klingsor, così da potergli portare via la sacra lancia e ferirlo gravemente. Gurnemanz, il fedele cavaliere del Graal, aiuta però Amfortas a fare ritorno nel castello del Graal. Da quel momento in avanti Amfortas è tormentato da un'inguaribile ferita. La guarigione e la redenzione gli vengono annunciati nella profezia «per compassione sapiente, il puro folle, costante attendilo cui io ho eletto». Amfortas, Gurnemanz e i cavalieri del Graal attendono dunque l'ignoto, salvifico redentore. Sino a quel momento Amfortas deve continuare a svolgere i suoi obblighi con grande sofferenza.

I atto

Di prima mattina, un nuovo giorno di sofferenza e speranza. Gurnemanz sveglia gli scudieri. Inizia un dialogo sulla storia del castello del Graal e sul ferimento di Amfortas. All'improvviso compare Kundry, che ha con sé un balsamo medicamentoso proveniente dall'Arabia per lenire la piaga di Amfortas che tra grandi sofferenze viene condotto al lago per l'abluzione.

All'improvviso si crea una grande agitazione a causa di un cigno che cade a terra ucciso da una freccia. Amfortas aveva salutato l'apparizione in cielo del cigno come un segno benigno. I cavalieri del Graal catturano il responsabile. Gurnemanz lo interroga, vuole sapere il suo nome e la sua provenienza ma il cacciatore, che più avanti si rivelerà essere Parsifal, non sa rispondere. Amfortas viene prelevato dal bagno per far ritorno nel castello e assistere al sacro rito dell'ultima cena.

Gurnemanz, rimasto colpito dalla "ignoranza" di Parsifal, d'istinto lo porta con sé nel castello per farlo assistere all'iniziazione dei cavalieri del Graal.

Quando entrano in scena i cavalieri del Graal insieme ad Amfortas, Titurel, il padre del re del Graal, lo invita a scoprire il Graal per invocarne la forza per lui e per tutto l'ordine dei cavalieri. Amfortas vorrebbe rifiutarsi, i dolori lo ostacolano e la sofferenza è troppo lancinante. Ma i cavalieri lo incitano e alla fine Amfortas in preda al dolore compie il rito.

Parsifal, che osserva tutto, sembra non comprendere il nesso tra il Graal, l'Ultima Cena e la sofferenza di Amfortas. Per questa ragione Gurnemanz, deluso dal fatto che Parsifal non sia il salvatore tanto atteso, lo caccia dal castello per la sua via.

II atto

Parsifal continua a vagare per il mondo sino a raggiungere il castello di Klingsor, con il suo giardino incantato dove lo attendono le fanciulle-fiore per sedurlo. Klingsor sveglia Kundry dal suo sonno e lei non può che obbedirgli. Le ordina di sedurre Parsifal perché ha capito che Parsifal può portare ad Amfortas la redenzione. Klingsor vuole definitivamente sconfiggere i cavalieri del Graal e per questo deve avere il controllo di Parsifal.

Parsifal viene accolto dalle fanciulle-fiore, poi entra in scena Kundry che mette in atto il suo gioco di seduzione. Quando lo chiama per nome, lui si ricorda che sua madre lo chiamava così. Parsifal cede alla seduzione di Kundry a cui segue "il primo bacio d'amore". Questo bacio rende Parsifal veggente, così da ricordare le sofferenze di Amfortas e il significato della ferita. Quando gli è chiaro che deve tornare da Amfortas, Parsifal respinge Kundry. Nonostante lei cerchi ancora di sedurlo, Parsifal resiste e la prega di indicargli la via per raggiungere Amfortas. Kundry si rifiuta, maledice il suo cammino e chiama aiuto. Appare Klingsor che scaglia la sacra lancia contro Parsifal, ma la lancia si arresta a mezz'aria sopra la testa di Parsifal. Parsifal l'afferra facendo con essa il segno della croce e il regno incantato di Klingsor sprofonda.

È trascorso molto tempo. L'ordine dei cavalieri del Graal è allo stremo, Gurnemanz vive da eremita nei boschi. Un giorno Gurnemanz ode un grido lamentoso. È di Kundry, le cui uniche parole sono: «servire …servire!». Gurnemanz le racconta ciò che ne è stato dei cavalieri. Poi si profila la figura di un cavaliere sconosciuto, armato di tutto punto. Quando questi, interrogato da Gurnemanz, non risponde, lui gli fa notare che di Venerdì Santo non si conviene indossare armi e il cavaliere si spoglia delle armi e dell'armatura. A quel punto Gurnemanz riconosce colui che ha ucciso il cigno e infine anche la sacra lancia.

Kundry unge i piedi di Parsifal mentre Gurnemanz gli asperge il capo. In questo modo lo consacra come nuovo re dei cavalieri del Graal e Parsifal può fare ritorno il giorno stesso nel castello del Graal per redimere Amfortas.

Nel castello del Graal i cavalieri si radunano per il sacro rito. Titurel, padre di Amfortas, nel frattempo è deceduto. Il suo corpo viene portato in processione a titolo di monito perché la confraternita necessita del rito sacro generatore di vita. Amfortas, ormai allo stremo delle forze e dilaniato dalla sofferenza, chiede ai cavalieri del Graal di ucciderlo, ma questi si rifiutano. La situazione rischia di degenerare quando all'improvviso compare Parsifal con la sacra lancia. Egli risana la ferita di Amfortas, porta a termine il sacro rito dell'Ultima Cena così che si possa creare per il futuro una nuova generazione di cavalieri del Graal con una diversa comprensione del messaggio del Graal.

LOHENGRIN
di Richard Wagner

Lohengrin è un'opera romantica in tre atti composta da Richard Wagner e messa in scena per la prima volta il 28 agosto 1850 a Weimar, diretta da Franz Liszt.

Le fonti sono il poema epico medioevale *Parzival* di Wolfram von Eschenbach e la figura di Lohengrin. Wagner intreccia questo materiale con altri racconti epici tratti dalle saghe tedesche e colloca la storia nella prima metà del X secolo nel ducato di Brabante.

I atto

Enrico l'Uccellatore arriva nel Brabante per tenere un'udienza e per passare in rivista le truppe. Il conte Telramund accusa Elsa, figlia del defunto duca di Brabante, di avere ucciso il proprio fratello per ereditare la successione al ducato.

Enrico chiama a giudizio Elsa chiedendole di prendere posizione ma lei si limita a rispondere «il mio povero fratello». Dato che il fatto non può essere chiarito, Enrico invoca un giudizio divino. Ovvero che le due parti contendenti si devono affrontare mentre Dio fa vincere coloro che hanno detto la verità. Dato che Elsa stessa non può combattere, deve nominare un araldo che lo faccia al posto suo. A quel punto Elsa racconta di aver visto in sogno un cavaliere che la può difendere e lo invoca.

All'araldo di guerra di Enrico viene più volte chiesto chi voglia combattere al posto di Elsa. All'ultimo richiamo appare un cavaliere che la gente del Brabante e il re riconoscono come inviato da Dio. Lohengrin, di nobile aspetto, pretende da Elsa che lei non lo chiami mai per nome e che non gli chieda nulla sulla sua provenienza. Elsa lo promette e accetta di sposarlo.

Innanzi al giudizio divino, Telramund ha la peggio e il cavaliere sconosciuto ha il diritto di ucciderlo. Lui però gli fa dono della vita consigliandogli di pentirsi delle sue azioni. Il re e il popolo inneggiano al salvatore con una grande festa.

II atto

Alle prime luci dell'alba, mentre la festa ancora impazza, Telramund e sua moglie Ortrud si lamentano del giudizio divino. Ortrud accusa Telramund di essere un vigliacco e decide di distruggere il legame tra Elsa e il nobile cavaliere, inducendo Elsa a interrogare lo sconosciuto sul suo nome e sulla sua provenienza. A quel punto Telramund si rende conto di essere stato strumentalizzato dalla moglie che vuole diventare lei stessa duchessa di Brabante.

Elsa si sta godendo l'atmosfera del mattino quando Ortrud inizia a manipolarla con lusinghe riuscendo a minare passo dopo passo la fiducia di Elsa nel suo salvatore.

Alla mattina l'araldo di guerra annuncia il bando dalla legge di Telramund emesso dal re, ciò significa che non ha più alcun diritto e può essere ucciso da chiunque. Il cavaliere sconosciuto viene nominato "protettore del Brabante". Elsa si reca a Münster per le nozze. Ortrud la incrocia e continua a minare le sue certezze con false dichiarazioni e accuse. Appare il cavaliere che rimette al suo posto Ortrud chiedendo poi a Elsa se vuole fargli la domanda proibita sul suo nome e la sua provenienza. Elsa ancora resiste alla tentazione. A quel punto, all'improvviso, ricompare Telramund mettendosi così in pericolo di vita. Volendo essere riabilitato, anche lui lancia accuse contro lo straniero. Ma tutte le accuse cadono e Ortrud e Telramund vengono richiamati nei ranghi; segue il corteo nunziale verso Münster.

III atto

Tra i festeggiamenti, la coppia viene accompagnata alla camera nuziale. È la prima volta che Elsa e il cavaliere restano soli da quando si sono conosciuti. Ora si vedono lentamente i primi segni del veleno del dubbio che Ortrud ha instillato nel cuore di Elsa. Cautamente Elsa continua a riportare il discorso sulla domanda della provenienza del cavaliere sconosciuto. Lohengrin lo intuisce all'istante e cerca di distrarre Elsa rammentandole che non deve porre quella domanda. Ma Elsa si fa sempre più insistente sino a quando, infine, gli chiede il suo nome e la sua provenienza.

In quel momento Telramund irrompe nella camera nuziale per vendicarsi di Lohengrin ma questi lo uccide sapendo di aver distrutto la sua fortuna. Lascia la camera nuziale per rispondere dei suoi atti di fronte al re il mattino successivo.

Il mattino seguente, il corpo di Telramund viene mostrato al re spaventato. Arriva anche Elsa molto provata nell'animo, consapevole del limite che ha superato; Ortrud sembra trionfare. Nel famoso racconto del Graal "in paese lontano, inaccessibile ai vostri passi" Lohengrin svela infine il mistero della sua origine, del suo nome e della sua missione.

Lohengrin deve lasciare il Brabante, già si avvicina il cigno con il quale deve fare ritorno al castello del Graal. Commosso dal dolore di Elsa e con il desiderio di non far prevalere la malvagità di Ortrud, Lohengrin inizia a pregare. In quel momento ritorna Gottfried, il fratello di Elsa e Lohengrin lo proclama erede e futuro duca di Brabante.

Mentre Lohengrin sta per lasciare definitivamente il Brabante, il popolo consapevole della perdita esclama «Ahinoi...»; solo Ortrud sembra aver trionfato. Ma poi la musica si fa espressione di una chiarezza carica di speranza. Lohengrin deve andarsene ma agli esseri umani resta la consapevolezza del Graal che consente loro di cambiare.

La musica esprime così l'auspicio che in avvenire gli esseri umani possano nuovamente avere l'occasione di portare a termine la loro missione per un mondo di pace. Può sembrare che al momento abbia vinto il male, ma la forza dell'amore resta come un'occasione sino a quando gli esseri umani saranno pronti a coglierla ancora.

IL LAGO DEI CIGNI
di Pëtr Il'iĉ Čajkovskij

Il Lago dei Cigni è probabilmente uno dei più acclamati balletti messi in musica dal compositore Pëtr Il'iĉ Čajkovskij, andato in scena per la prima volta il 20 febbraio del 1877 al Teatro Bolshoi di Mosca. È entrato a far parte del repertorio standard delle compagnie di balletto.

I atto

Il principe Sigfrido festeggia il suo ventunesimo compleanno. A quell'età diviene maggiorenne e deve dunque sposarsi. Il suo stato d'animo oscilla però dalla spensieratezza alla malinconia. Sua madre lo riprende e gli ricorda che il giorno successivo al ballo di corte dovrà scegliere la sua sposa.

All'improvviso Sigfrido scorge in cielo dei cigni bianchi e in preda a una sensazione indefinibile decide di andare a caccia.

II atto

Sigfrido raggiunge la riva di un mistico lago, il lago dei cigni. Sul lago scorge un cigno che vuole abbattere con la sua balestra. In quell'istante però il cigno si trasforma nella principessa dei cigni Odette, che gli racconta di essere stata trasformata in cigno dal mago Rotbart e che l'incantesimo può essere rotto solo da colui che le giura amore eterno. Sigfrido, ardente d'amore per Odette, le promette amore eterno. Ebbri d'amore, i due non si accorgono di esseri osservati dal malvagio mago Rotbart che medita vendetta.

III atto

Ha luogo l'annunciato ballo durante il quale Sigfrido dovrà scegliere la sua futura sposa. Sigfrido balla con tutte le fanciulle ma ha in mente solo l'amata Odette. A quel punto viene annunciato un ospite. È il barone Rotbart, accompagnato da Odile che rassomiglia in modo impressionante a Odette. Sigfrido crede di riconoscere in lei la sua amata incontrata al lago dei cigni e di aver così trovato la sua futura sposa. Le promette dunque amore eterno. L'inganno di Rotbart è riuscito: Sigfrido ha tradito Odette, che cade nuovamente vittima dell'incantesimo di Rotbart. Sigfrido si accorge troppo tardi del suo errore, quando Odette appare all'orizzonte sotto forma di cigno incantato. Rotbart e Odile lasciano la festa mentre Sigfrido crolla nella sala del trono.

Alla fine si rialza e disperato corre verso il lago.

IV atto

I cigni sul lago attendono Odette, la regina dei cigni. Quando appare lei racconta loro del tradimento di Sigfrido; ha perso ogni speranza perché Rotbart ricompare mostrando chiaramente di averli in suo potere. Con questa consapevolezza lascia i cigni dietro di sé.

In quel momento appare Sigfrido e chiede perdono a Odette. Lei lo perdona e nuovamente si confessano il loro amore. Rotbart, che è impotente di fronte a un tale legame, per vendetta fa tracimare il lago.

Mentre Odette torna a essere un cigno, il principe disperato annega tra i flutti del lago.

Esistono tuttavia anche altre varianti del finale. In funzione della coreografia muore uno dei due (Sigfrido oppure Odette) oppure muoiono entrambi oppure, ancora, entrambi vivono felici e contenti sino alla fine della loro vita.

Ringraziamenti

Nella notte tra il 24 e il 25 dicembre del 2012 ho avuto un'ennesima esperienza di premorte, che ha di nuovo cambiato sostanzialmente la mia vita. Quella notte ho avuto una visione nella quale Gesù Cristo, che fedelmente mi accompagna fin dall'infanzia, mi ha pregata, tra l'altro, di scrivere questo libro che in quel momento ho, in gran parte, visto come fosse un film.

Le ricerche che ho intrapreso mi hanno condotto in molti luoghi e mi hanno riservato gli incontri più incredibili per i quali sono profondamente grata.

La maggior parte di questo libro è nata a Nizza nella mia amata "Baia degli Angeli"; ma anche Monaco, la Provenza, Barcellona, Vienna, Weiler e le Hawaii sono stati luoghi meravigliosi che mi hanno sostenuto e ispirato durante la scrittura. *Merci, Dankeschön, Gràcies, Mahalo*, insomma grazie con tutto il cuore!

A questo punto però vorrei ringraziare, dal profondo dell'anima, i miei genitori per avermi avvicinata sin da piccola alla musica, all'arte e alla letteratura. Mi ricordo ancora benissimo della prima volta che ho assistito a un concerto, avevo due anni, e questo mio primo grande amore (per la musica) è rimasto tale sino a oggi! Ma ad accompagnarmi fedelmente attraverso questa emozionante vita non c'è solo la musica, bensì anche l'arte e la letteratura.

Senza i miei genitori questo libro oggi non esisterebbe, ma anche senza Hubert, mio marito. Perché per poter scrivere un'opera così, in aggiunta a tutto il resto del mio lavoro, è indispensabile avere una comprensione e un sostegno infiniti da parte delle persone più vicine. Ed è proprio questo incondizionato esserci che Hubert mi ha regalato giorno per giorno! Un vero dono del cielo! Per questo lo ringrazio dal profondo del cuore. *MERCI*!

Anche i miei suoceri, con la loro approfondita conoscenza delle opere di Wagner e per molti altri aspetti, sono stati una costante fonte di ispirazione per la quale sono loro infinitamente grata!

Cos'è un essere umano senza dei fedeli amici al suo fianco? Con tutta la buona volontà non riesco proprio ad immaginarmelo, perché sono stata abbondantemente benedetta da meravigliose amicizie!

Desidero innanzitutto ringraziare Susanna, che mi ha sempre meravigliosamente ospitato a Nizza durante la stesura del libro accompagnandomi in tutti i viaggi di ricerca attraverso il Sud della Francia. Tra le sue sacre mura è nata gran parte di questo libro. Quale benedizione! *Merci de tout mon cœur*!

Il mio ringraziamento di tutto cuore va anche ad Angela; il suo incondizionato sostegno e la sua infinita comprensione nei miei confronti e in quelli del mio lavoro sono assolutamente unici. *Merci de tout mon âme*!

Un grande grazie spetta anche ad Arne, il cui incondizionato sostegno, in ogni momento, è un dono impagabile. *MERCI vielmol*!

E cosa farei senza la mia cara, vecchia amica Tilde, lei stessa ex cantante lirica, con la quale ho conversato infinite ore di opere liriche e cantanti, che mi è a fianco da sempre e sostenendomi meravigliosamente con la sua grande conoscenza! Per questo le sono infinitamente grata!

Al grande Maestro Celibidache devo la mia prima profonda esperienza di Wagner che mi ha permesso di capire che la musica di questo autore è qualcosa a sé rispetto a quello che credevo sino a quel momento. *Merci de tout mon cœur*!

Una straordinaria fonte di ispirazione per le scene di *Parsifal* e di *Lohengrin* è stata naturalmente l'indimenticabile performance di Jonas Kaufmann come Parsifal al MET e a Vienna, così come la toccante esecuzione di Lohengrin alla Scala di Milano. A lui va il mio più profondo ringraziamento.

Altra fonte di incredibile ispirazione sono state anche le incantevoli movenze dell'impareggiabile, leggiadra Lucia Lacarra, così come quelle del carismatico e mistico Marlon Dino, due *étoiles* di fama internazionale. Ma non è solo per questa ragione che desidero ringraziarli con tutto il cuore, bensì anche per la loro grande disponibilità nel rispondere con grande pazienza e gentilezza a tutte le mie domande sul balletto, su *Il Lago dei Cigni* e sulla loro professione. *Muchisimas gracias e shumë të faleminderit*!

Nel caso in cui non avessi rappresentato qualcosa in modo del tutto corretto, me ne assumo definitivamente tutta la colpa.

Grazie di cuore anche alla cara Cristina Unterberger che mi ha calcolato non solo la ghematria dei nomi "Véronique Valois" e "Julien de la Tour", bensì di tutti i principali personaggi del libro. E ciò che ne è risultato era semplicemente "incredibile", perché il significato di ogni nome calzava perfettamente con il personaggio!

Che dono poi aver trovato un editore come Michael Görden che fin dal primo giorno (per la cronaca era un Giovedì Santo) ha creduto in questa storia che tanto ci tenevo a raccontare, sostenendomi in ogni modo per mettere al mondo questo libro, così come è oggi. Per questo gli sono grata dal profondo del cuore.

Naturalmente molte sono le persone direttamente o indirettamente coinvolte con la nascita di questo libro, ma citarle tutte sarebbe impossibile. Quindi mi limito a dire GRAZIE dal profondo del cuore!

E non da ultimi, dal profondo del cuore desidero ringraziare Dio, Gesù Cristo, Maria Maddalena, la Vergine Maria, Sarah-Tamar, gli angeli e tutti gli esseri di luce per accompagnarmi ogni giorno così meravigliosamente e ispirarmi insieme ai divini artisti come Sandro Botticelli, Richard Wagner, Franz Liszt, Jules Massenet, Pëtr Čaikovskij, Frédéric Chopin e molti altri ancora!

DANKE - GRAZIE – MERCI

Da quando ho iniziato a lavorare a questo romanzo, ho sentito forte il desiderio che *La lettera della Maddalena* venisse pubblicata anche in italiano.

Quando ho iniziato a guardarmi in giro per sondarne la fattibilità, mi sono velocemente resa conto che trovare un editore disposto a finanziare la traduzione del libro sarebbe stata un'impresa pressoché impossibile, visto che *La lettera della Maddalena* è composta davvero da moltissime parole.

In occasione di un workshop a Milano è nata così l'idea di finanziare la traduzione del romanzo con un *fundraising*.

La risposta è stata ed è travolgente. Non solo dall'Italia, ma anche dalla Germania, dall'Austria e dalla Svizzera, le persone ci hanno dimostrato il loro sostegno inviando denaro.

Desidero quindi ringraziare, dal profondo del cuore, TUTTE le persone che hanno contribuito. Il punto non era l'ammontare del contributo, bensì l'energia, la dedizione, l'entusiasmo e la volontà che abbiamo condiviso affinché il libro potesse vedere la luce anche in italiano.

Un grande "GRAZIE" a tutti voi dal profondo del cuore.

A questo punto desidero nuovamente ringraziare in particolare Cristina Unterberger, che non a caso chiamo "la mia voce italiana". Non potevo desiderare una traduttrice migliore.

GRAZIE DI CUORE!

Vita di Isabelle von Fallois

Isabelle von Fallois è cresciuta in una famiglia di artisti e già da bambina voleva diventare una pianista, sebbene avesse già avuto visioni celesti a seguito di un'esperienza di premorte attorno agli otto anni.

Ha studiato musica all'Università di musica e teatro di Monaco e in seguito è stata allieva del pianista Arnaldo Cohen e del Maestro Sergiu Celibidache. A quel periodo risale anche un'intensa attività con cantanti ed esponenti del mondo della danza classica così come del flamenco.

Una forma di leucemia potenzialmente letale l'ha portata nuovamente a confrontarsi in modo intensivo con i fenomeni paranormali, fatto che è stato determinante per la sua guarigione.

Ha scritto diversi saggi, tra i quali i bestseller "Gli Arcangeli" e "Il potere di guarigione degli Angeli.

Questo libro è il suo romanzo d'esordio.

INDICE

SCHEDA BIBLIOGRAFICA

Von Fallois, Isabelle

La Lettera della Maddalena / Isabelle Von Fallois.
Cesena (FC): Macro, 2022.

Titolo originale: Der Brief der Magdalena
Traduzione: Cristina Unterberger

704 pp.; 15x21 cm
(Nuova Saggezza)

ISBN 9788828537816

ISBN: 978-88285
9 788828 537816
[redacted]